国学新读本

文心雕龙

刘勰 著
戚良德 注说

河南大学出版社

国学新读本编辑委员会

总策划　马小泉

主　编　李振宏

编　委　(以姓氏笔画为序)

马小泉　王　健　朱绍侯　刘小敏

李中华　李振宏　苏凤捷　何晓明

张云鹏　张富祥　宋会群　杨天宇

杨寄林　杨朝明　赵国华　郑慧生

姜建设　袁喜生　曹　峰　曹础基

曾振宇　戚良德　龚留柱　熊铁基

目　录

序 …………………………………… 李振宏（1）
《文心雕龙》通说 ………………………………（1）

原道第一 ……………………………………（69）
征圣第二 ……………………………………（74）
宗经第三 ……………………………………（78）
正纬第四 ……………………………………（84）
辨骚第五 ……………………………………（89）
明诗第六 ……………………………………（95）
乐府第七 ……………………………………（102）
诠赋第八 ……………………………………（109）
颂赞第九 ……………………………………（114）
祝盟第十 ……………………………………（120）
铭箴第十一 …………………………………（126）
诔碑第十二 …………………………………（132）
哀吊第十三 …………………………………（138）
杂文第十四 …………………………………（143）

谐隐第十五 …………………………………（148）
史传第十六 …………………………………（153）
诸子第十七 …………………………………（163）
论说第十八 …………………………………（169）
诏策第十九 …………………………………（177）
檄移第二十 …………………………………（184）
封禅第二十一 ………………………………（189）
章表第二十二 ………………………………（194）
奏启第二十三 ………………………………（200）
议对第二十四 ………………………………（207）
书记第二十五 ………………………………（214）
神思第二十六 ………………………………（224）
体性第二十七 ………………………………（229）
风骨第二十八 ………………………………（233）
通变第二十九 ………………………………（237）
定势第三十 …………………………………（241）
情采第三十一 ………………………………（246）
镕裁第三十二 ………………………………（250）
声律第三十三 ………………………………（254）
章句第三十四 ………………………………（259）
丽辞第三十五 ………………………………（263）
比兴第三十六 ………………………………（267）
夸饰第三十七 ………………………………（271）
事类第三十八 ………………………………（275）
练字第三十九 ………………………………（281）

隐秀第四十 …………………………………（287）

指瑕第四十一 ………………………………（290）

养气第四十二 ………………………………（295）

附会第四十三 ………………………………（299）

总术第四十四 ………………………………（304）

时序第四十五 ………………………………（308）

物色第四十六 ………………………………（319）

才略第四十七 ………………………………（324）

知音第四十八 ………………………………（334）

程器第四十九 ………………………………（340）

序志第五十 …………………………………（345）

参考文献 ……………………………………（351）

序

最近一些年来，一股"国学热"的思潮强劲涌动，在文化学界以至于整个社会上，引起了强烈反响。为什么在这样一个社会的大变革时代，在从传统社会向现代社会的转型期，最为传统的国学，却能引起国人的极大兴趣，这的确是一个值得思考和研究的问题。

"国学"作为一个学术文化概念，产生于近代。从渊源上讲，"国学"概念的产生，与"国粹"有些关联，并且是从对抗西学侵入的角度提出来的。今天，中华民族早已是一个独立于世界民族之林的自立自强的民族，全球经济一体化所带来的世界文化的汇合与交融，也早已是历史发展的必然趋势，而在这样的历史大势中，却会有"国学热"的产生，乍一看来，确有不可思议之处。但实际上，国学的当代走红，则与我们今天所处的历史时代有着一定的关系。

随着改革开放的迅速推进，随着市场经济的强劲发展，传统道德受到了强烈冲击，传统文化与现代文化观念的碰撞也日益强烈。于是，如何看待传统文化的问题，就严峻地提到了国人的面前。传统文化的出路何在，它从何而来，要走向何方，如何对之进行价值重估，一切关心文化问题，有着强烈历史责任感的人们，无不把关注的目光投向中国的传统学术。当然，也不排除一些对改革开放和市场经济所带来的冲击无法理解和接受，对现代经济发展对传统道德的亵渎强烈抗议的人们，自然而然地发出向传统文化复归而倡导国学的呼声。总之，不论是出于积极的思考，还是抱着一种向后看的心态，对国学的重视则成了最近十多年来一种普遍的文化选择。

于是，对待"国学热"就需要有一个分析的态度。对于任何一个民族的发展来说，传统文化都是其牢固的根基，是其一切历史的出发点，摒弃传统、甚至全盘否定传统文化，都是幼稚可笑的，不可取的。但一遇到问题就求助于传统，甚至一味狂热地提倡向传统复归，也是走不通的，过去那句常说的"倒退是没有出路的"话，虽说不是什么至理名言，却也还是有些道理的。这些年来，一些地方出现的中小学生、甚至幼儿园小朋友的读经热，就是一种值得注意的倾向。国学，毕竟是一种学术，需要有一定的文化基础，有一定的分析批判能力，才能对之进行识读、鉴别而决定其取舍。所以，严格地说，对于国学，尤其是经学，在当代中国，需要的是研究以及在此基础上的批判继承，而不是再像传统社会中那样采取唱诗班的方式，对青少年一代进行无分析地灌输。因此，如何弘扬传统文化，就是一个需要思考的问题。

正是基于以上考虑，为着弘扬优秀传统文化的需要，也为着对社会上盲目崇尚读经的风气有所引导，我们组织了这套"国学新读本"丛书，选择一些在中国传统文化中影响较大的国学典籍，对之进行简明扼要的注释，然后在读本前边，用较大篇幅解读该典籍的基本思想文化内涵，评述其在中国文化史上的地位和影响，并对如何阅读该典籍做出读书方法上的引导。通过这样一个较为翔实的导读内容，以批判分析的态度，给青年人的国学典籍阅读提供一个健康的思想导向。根据这样的宗旨，这套丛书，在大的结构上，每本都分为通说和简注两个部分,通说是导读的性质,简注在于疏通文字,希望这样的安排,能够为青年朋友和一般社会读者提供一个国学入门的向导。果能如此,也就实现了撰著者和出版者的愿望。

国学所以是国学,就在于它是我们祖国优秀民族文化和民族精神的载体。在这些国学典籍中,包含着民族文化的基因,蕴藏着民族精神的范型。衷心期待这套丛书能够成为广大读者学习国学精华,体认民族精神,继承祖国优秀文化遗产的良师益友。

李振宏

2008 年 2 月 28 日

《文心雕龙》通说

一　刘勰的生平与著述

刘勰,字彦和,东莞莒(今山东莒县)人。东晋时,莒县已沦陷,晋明帝在京口(今江苏镇江)侨置南东莞郡,刘勰祖、父即居于此。刘勰大约生于南朝宋明帝泰始三年(467年)。其祖父刘灵真,除了《梁书·刘勰传》提到乃"宋司空秀之弟也"以外,不见于史传记载。刘秀之是司徒刘穆之的从兄子,官位司空,仅次于丞相。刘穆之则是汉齐悼惠王刘肥之后,刘肥乃高祖刘邦长庶男。如此以来,刘勰祖上便可追溯至汉高祖刘邦,自然是颇为显赫的。但许多研究者指出,《梁书·刘勰传》的这句话是不可靠的,正因如此,《南史·刘勰传》就将其删掉了。另外,《南史》以家传为体例,以同宗同族者合为一传,其中穆之、秀之一宗并无刘灵真等人;且秀之、粹之兄弟皆以"之"字为名,不大可能有一个名为"灵真"的弟弟。据此,研究者一般认定刘勰乃出身贫寒庶族。但对《梁书》本传的这句话以及《南史》的删节,有着不同的理解和看法,对刘勰的出身也就有着不同的解释。

刘勰在《文心雕龙·序志》中说,自己七岁之时,梦见一片五彩祥云,犹如锦缎般美丽,便"攀而采之"。然而不久,刘勰的父亲刘尚便去世，无疑打碎了刘勰的美梦。《梁书·刘勰传》说："勰早孤，笃志好学，家贫不婚娶。"大约在刘勰二十岁左右，母亲又去世了。守孝三年以后，刘勰来到京师，举步踏入了钟山名刹定林寺。《梁书·刘勰传》这样记载："依沙门僧祐，与之居处，积十余年，遂博通经论，因区别部类，录而序之。今定林寺所藏，勰所定也。"这句简单的"积十余年"，意味着刘勰几乎全部的青春时光都是在定林寺度过的；而沙门僧祐则成为这一时期刘勰生活中关系最为密切的人。僧祐乃佛家律学名僧，刘勰跟随其十余年，所受影响是难以估量的。作为僧祐的得力助手，刘勰帮助其大规模地整理佛经。厘定文献，区别部类，造立经藏，撰制经录，"或专日遗餐，或通夜继烛；短力共尺波争驰，浅识与寸阴竞晷"（僧祐《法集总目序》），最终"博通经论"，成为佛学的专家。正是在这一时期，刘勰写下了一篇重要的佛学论文《灭惑论》。

齐明帝建武五年（498年）前后，已逾而立之年的刘勰又做了一个美梦。他梦见自己手捧红色的祭器，跟随孔子向南走。梦醒以后，他感到非常高兴。遥想夫子当年，尚且慨叹："甚矣吾衰也！久矣吾不复梦见周公！"（《论语·述而》）而今，他老人家竟然托梦于自己这个无名小卒，这难道不是重任在肩吗？于是，刘勰"搦笔和墨，乃始论文"（《序志》）。根据牟世金先生比较精确的推断，从建武五年至齐和帝中兴二年（502年）三月（牟世金《刘勰年谱汇考》，巴蜀书社1988年，第50-54页），刘勰焚膏继晷、兀兀穷年，以大约四载的光阴，全力结撰自己的论文之作。呕心沥血四个春秋，刘勰在定林寺为中华文化增添了光辉夺目的一章，并为这一精彩的华章定下一个动听千古的美名：《文心雕龙》。

《文心雕龙》书成之时，正值齐梁禅代之际。刘勰身居定林十余载，却一直是白衣之身；既不愿出家为僧，则长此以往又怎能甘心呢？回首岁月，已历宋、齐、梁三朝；屈指青春，则近不惑之年。

其人生之路通向何方,已是摆在面前的迫切问题。刘勰自然期望《文心雕龙》能够成为自己命运的新开端,而不是像司马迁那样准备"藏之名山"。可是,以自己无名小辈,又久居寺门之内,纵有旷世惊人之作,又怎能得到世人之肯定和承认呢?于是,刘勰想到了沈约,一个历仕宋、齐、梁三朝并成为当朝权贵、而又身兼文坛领袖的人。

《梁书·刘勰传》是这样记载的:"约时贵盛,无由自达,乃负其书,候约出,干之于车前,状若货鬻者。"千载之下看来,这实在是颇富戏剧性也颇有喜剧性的一幕;然而不难想见,刘勰迈出这一步,实在需要很大的勇气,甚至要承受不少痛苦的折磨。不过,事情出人意料的顺利。《梁书·刘勰传》云:"约便命取读,大重之,谓为深得文理,常陈诸几案。"沈约无愧为一代文坛领袖。其"便命取读"的态度显示了他的贵而无骄,其"大重之"的激赏证明了他奖掖后进之无私,其"深得文理"的评价说明了他的目光深邃,而其"常陈诸几案"的举动则尤属难能可贵。

梁武帝天监二年(503年)前后,刘勰"起家奉朝请"(《梁书·刘勰传》)。"奉朝请"者,奉朝会请召而已,既不为官,亦无职任;但既已"奉朝请",则正式踏上仕途便指日可待。第二年正月,扬州刺史、临川王萧宏晋号中军将军;其开府置佐,网罗幕僚,刘勰有幸成为他的记室。记室之位虽然不高,然其专掌文翰,职务乃是颇为重要的。刘勰一入仕途便成为梁武帝之弟萧宏府中记室而居枢要之职,可谓幸运了。一年以后,刘勰转为车骑将军夏侯详的仓曹参军。此次改任,并非职务的升迁,不过夏侯详德高望重,其车骑将军之位亦高于中军将军,这对刘勰而言,自然是值得欣慰的。天监六年(507年)六月,夏侯详被征为侍中、右光禄大夫,刘勰亦离开仓曹之职,出为太末(今浙江龙游)令,走上治理一方的为官之路。《梁书·刘勰传》特地记载了刘勰治理太末的结果:"政有清绩。"文字可谓简略之至,但作为父母官,没有比为官的清明和清廉更重要的了。

刘勰任太末令三年期满以后,被任命为仁威南康王萧绩的记室,兼太子萧统的东宫通事舍人。萧绩乃梁武帝第四子,聪警异常,梁武帝爱之有加;所以简拔刘勰为其记室,乃是莫大的优渥。更为重要的是,刘勰同时成为东宫之主、太子萧统的通事舍人,则其受到梁武帝的信任,是显然可见的。若以职位而论,东宫通事舍人之职位列末班,官品固低;但东宫官属的选拔,或以出身世家大族而声名清要,或以才华出色而众望所归,其严格谨慎,是一般职位所不能比拟的。

关于刘勰和萧统的关系,《梁书·刘勰传》只有这样一句话:"昭明太子好文学,深爱接之。"刘勰以知天命之年而奉事萧统,且有"深得文理"的《文心雕龙》名世,其深得"爱接"自是情理之中的事情。但不少研究者也有这样一个疑问:所谓"昭明太子好文学"决非虚言,不仅他为后世留下的一部《文选》可以作证,而且其"爱接"文士的种种具体情况,史书亦多有记载;何以身为他的通事舍人的刘勰,除了一句泛泛的"深爱接之",就再也找不到其他有关的记述了呢?

据笔者的揣测,萧统以对"文学"的爱好而对刘勰青眼有加,彦和本人却未必引以为幸事。文章之于刘勰,固然是立身之本,甚至可以说,没有呕心沥血的《文心雕龙》,就不会有他的仕途生涯;然而,所谓"士之登庸,以成务为用",所谓"安有丈夫学文而不达于政事哉"(《程器》),刘勰的人生目标决非只是一个文人;其所以跻身仕途,也决非以一个御用文人为满足。正是在这里,萧统与刘勰就有了巨大的差异。以太子之位,天下迟早运于掌上,军国大政反而变成平常之事;对文学的爱好和重视,既是题中应有之义,更属锦上添花,自然无可非议。而对刘勰来说,如果仅仅以"文学"

而受到太子的"爱接",随其游宴雅集,随其制韵赋诗,或者为其《文选》的编纂出谋划策,从而混同东宫众多的文士,那么,离其人生目标可就相去远矣!

事实也证明,刘勰考虑的问题并非文学之事。《梁书·刘勰传》较为详细地记述了这样一件事情:"时七庙飨荐已用蔬果,而二郊农社犹有牺牲,勰乃表言二郊宜与七庙同改;诏付尚书议,依勰所陈。"天监十六年(517年)四月,隆佛正盛的梁武帝曾下诏,要求天子宗庙的祭祀品不能再用牺牲(家畜),因其与佛家不杀生之旨不合;至十月,梁武帝再次下诏,因为宗庙祭祀虽已不再用牺牲,但还有干肉一类的东西,诏书要求改用蔬果。这就是所谓"时七庙飨荐已用蔬果"。不过,梁武帝的两次下诏,皆引起"公卿异议,朝野喧嚣"(《南史·梁本纪上》),甚至有不服从诏命者;而祭祀天地社稷之神的郊社之祀,仍然使用牺牲。这便是刘勰上表的用意了,他认为既然天子七庙之祭祀已经改用蔬果,二郊农社之祭祀亦当与七庙相同。

显然,刘勰的表奏是符合梁武帝之意的。天监十七年(518年),五十二岁的刘勰升迁步兵校尉,仍兼东宫通事舍人。步兵校尉职掌东宫警卫,位列六品;较之属于九品的通事舍人,无疑是连升三级了。历任此职者,皆士林名流,则刘勰之迁任,既为荣升,更是殊遇。所以此时的刘勰,可谓一生中最为幸运和辉煌的时期了。

然而,当刘勰苦苦奋斗、孜孜以求数十载,终于看到希望的曙光之时,这扇希望的大门却又缓缓关闭了。天监十八年(519年)四月,梁武帝于无碍殿亲受佛戒,法名冠达,从而掀起崇佛的高潮,刘勰亦接到诏令:解除步兵校尉之职,与慧震和尚一起,回定林寺编纂经藏。其实,正值梁武帝隆佛之时,把编集经藏的任务交给刘勰,算得上信任之举。而且,此时僧祐去世不久,令刘勰回到定林寺整理佛经,也是合乎情理之事。然而,这对升任步兵校尉之职刚满一年的刘勰来说,不能不说是相当残酷的。

可以想见,回归定林之路是漫长而又无奈的。遥想三十年前,当刘勰初次踏上定林寺的石阶时,虽同样是无可奈何,甚至是走投无路,但并没有失去希望;他身居佛寺十几年却并未剃度出家,正是坚信总有一天会走出佛门,走上辅时报国的人生通衢。未曾料到的是,三十年后竟重返定林寺!时过境迁,物是人非,望着定林寺熟悉的僧房,刘勰又当作何感想呢?

对刘勰来说,整理、编订经藏的任务可谓轻车熟路,用不了太长的时间。但是完成任务以后呢?细思萧梁王朝对他的态度,刘勰不能不感到与其希望实在是相去甚远。太子萧统的"爱接"有加当然并非虚情,然而如上所述,在太子的眼中,刘勰似乎只是一个文人;或者说,其文士的身份更令萧统感兴趣;太子优礼以待者,正因其文才。与太子一起谈文论诗,甚至助其编辑《文选》,当然也是一些文人梦寐以求的事情,但却决非彦和所愿。梁武帝对他的注意似乎与萧统有所不同,但也显然并未着眼军国大政而予以安排任用。在隆佛至极的梁武帝的心目中,东宫步兵校尉之职是远不如整理佛经重要的,这就是刘勰不得不面对的现实。

从熙熙攘攘的俗世再次沉潜佛国,我们难以揣度刘勰的心境发生了怎样的巨大变化,但这种变化显然是存在的。他也许终于真正理解了什么是佛,理解了人们为什么要出家,理解了那永不疲倦的暮鼓晨钟的真正含义。他也许有一种终于参透世事的大彻大悟,但不知他是否会有觉今是而昨非的痛悔?所谓"摛文必在纬军国,负重必在任栋梁;穷则独善以垂文,达则奉时以骋绩"(《程器》),看来"纬军国"、"任栋梁"的"奉时骋绩"之梦最终是不可能实现了,然而"独善其身"之路,除了"垂文",更彻底的自然是出家为僧。梁武帝普通二年(521年),完成整理佛经任务之后的刘勰上表"启求出家"(《梁书·刘勰传》)。他先用火烧掉了两鬓之发,以表明自己出家之念已不可动摇。其实,梁武帝自己都能"舍身事佛",何况他人?刘勰终于穿上缁衣,改名慧地,皈依佛门。出家不到一年时间,刘勰即辞别人世,享年五十六岁。

关于刘勰的卒年,尚有种种不同意见,如李庆甲先生考定:"刘勰,这个中国文学批评史上杰出的理论家,他的生年当是公元465年左右,他的卒年是公元532年,总共活了六十七、八岁。"(李庆甲《文心识隅集》,上海古籍出版社1989年,第9页)新版《辞海》就采纳了李庆甲先生的意见。实际上,由于资料的缺乏,关于刘勰生平的许多问题,都尚无定论而需要进一步探讨。

现存刘勰的著作,除了《文心雕龙》以外,可以肯定的尚有《灭惑论》和《梁建安王造剡山石城寺石像碑》两篇。前者近三千字,是一篇佛学论文;后者二千三百余字,是一篇碑文。除此之外,中古时期近三万字的《刘子》一书,也有学者认为是刘勰的著作,这是一个尚待研究的重要问题。

二 《文心雕龙》的理论体系

《文心雕龙》全书五十篇,其结构经过精心安排而部伍严整,其理论观点之间讲究次序而回环照应、互相补充而逻辑严密,形成一个完整、精密的系统。在中国文艺理论和美学史上,具有如此完整、系统而庞大的理论体系的著作,可以说是独一无二的。下面我们即对这一体系作简要介绍。

(一)《文心雕龙》的枢纽论

《序志》有云:"盖《文心》之作也,本乎道,师乎圣,体乎经,酌乎纬,变乎骚;文之枢纽,亦云极矣。"这段话包含了两层意思:一是就《文心雕龙》的理论体系而言,乃是以道为根本、以圣人为老师、以儒家经典为主体、以纬书为参考、以《离骚》为变体,从而体现出刘勰论文的基本思想;二是就文章写作而言,"为文"的根本问题,也都包含其中了。研究者一般将这五篇称之为《文心雕龙》的总论。笔者以为,还是刘勰所谓"文之枢纽"更为准确,因此,我们将这部分称之为"枢纽论"。

《文心雕龙》以"原道"开篇,正如纪昀所评:"自汉以来,论文者罕能及此,彦和以此发端,所见在六朝文士之上。文以载道,明其当然;文原于道,明其本然:识其本乃不逐其末。"(黄叔琳注、纪昀评《文心雕龙辑注》,中华书局1957年,第23页)其实,刘勰对文学现象所作形而上的哲学思考,不仅在六朝文士之上,而且在中国古代文论中也是不多见的。这种思考,也不仅是"明其本然"的问题,而且表征着文艺观念的真正自觉,因而具有划时代的意义。

《原道》之"道",刘勰没有予以具体规定和说明,而是作为一个既成概念直接运用,也因此引起研究者不同的理解,形成所谓"都是道其所道"(袁枚《答友人论文第二书》)的局面。有人认为指的是儒家之道,有人认为指的是佛家之道,有人则认为指的是道家之道等等。正如牟世金先生所说:"若不知'原道'之'道'为何物,便无'龙学'可言。"(《〈文心雕龙〉研究的回顾与展望》,《文心雕龙学刊》第二辑,齐鲁书社1984年,第44页)之所以如此,乃因为"盖《文心》之作也,本乎道","道"是《文心雕龙》的逻辑起点,是刘勰用以考察文艺现象、探讨文艺本质的理论武器,更是《文心雕龙》理论体系的根本。

其实,"道"本是一个平常的概念。《周易·履》谓:"履道坦坦,幽人贞吉。"此"道"乃是道路之意。所以许慎《说文解字》说:"道,所行道也。"可以说甚为平易。由道路之意引申为方向、道理,也是"道"的通常用法。然而,自先秦以来,"道"发展成为中国古代思想中最重要的概念之一,成为中国古代哲人用以认识世界、概括天地万物之产生及其运行规律的一个概念。在中国古代哲学思想中，"道"的含义主要有两个方面：一是世界的本原，是天地万物赖以产生的根本。老子说："有物混成，先天地生。寂兮寥兮，独立不改，周行而不殆，可以为天下母。吾不知其名，字之曰道。"（《老子》第二十五章）又说："道生一，一生二，二生三，三生万物。"（《老子》第四十二章）在这个意义上，"道"与中国古代思想中另一个极为重要的概念"气"是一致的。所以道教著作《云笈七签》说："道即元气也。"（卷五十六）另一部道教著作《性命圭旨》说得更为明确："道也者，果何谓也？一言以定之曰：气也。"（《元集》）在《周易》中，这个产生天地万物的"道"和"气"也被称为"太极"："是故易有太极，是生两仪。"（《系辞上》）"道"的另一个含义是指天地万物运行的法则和规律。《周易》说："一阴一阳之谓道。"（《系辞上》）这个"道"便是阴阳相互转化的规律。《黄帝内经》则说得更明确："阴阳者，天地之道也，万物之纲纪，变化之父母，生杀之本始……"因为这种阴阳的转换和变化是不以人的意志为转移的，是不可测度的，所以古人有时用"神"来描述"道"的特点，所谓"阴阳不测之谓神"（《系辞上》）。

可以说，刘勰正是在上述思想背景下使用"道"这一概念的。在写《文心雕龙》之前，刘勰曾著《灭惑论》批判道教著作《三破论》；但对《三破论》所谓"道以气为宗，名为得一"之论，他是并不反对的，而且据以作出如下论断："至道宗极，理归乎一；妙法真境，本固无二……但言万象既生，假名遂立；梵言菩提，汉语曰道。"又说："孔释教殊而道契……梵汉语隔而化通。"显然，在刘勰看来，无论道家、佛家还是儒家，其立教固然有异，但其终极之理却是一致的；看上去各有其道、道其所道，实际上不过如盲人摸象、以偏概全而已，所谓"至道虽一，歧路生迷"（《灭惑论》）。那么，刘勰的这个"至道"和"真境"，实际上就是先秦以来中国古代哲学所崇奉的

"道"。在刘勰的思想中,这个"道"不属于哪一家,而是长期以来人们对天地万物之产生及其规律的概括;其借以"论文",又有何不可呢?

《原道》开篇而谓:"文之为德也,大矣!"这既是《原道》的开篇语,更是一部《文心雕龙》的开卷语。它陈述了这样一个事实:文的作用是非常大的。看上去至为平易,实际上起点很高,是对整个"文"的一种概括,它说明了"文"在当时的发展状况,也标示了"文"的长期历史积淀过程,更显示出对"文"这一人类文化现象进行哲学思考的气度。因为"文"并非从来都有如此巨大的作用,更不是人们从来都承认"文"的巨大作用;只有在文艺的自觉时代、在为艺术而艺术的时代到来时,"文"才成为"经国之大业,不朽之盛事"(曹丕《典论·论文》);也只有在这时,探讨"为文之用心"才成为一件重要的事情;也正是在这个时候,真正的理论家开始思考这样一个看上去十分平常甚至是不成问题的问题:"文"之于人类的意义是什么呢?人类为什么会有"文"、何以需要"文"呢?可以说,对这类问题的思考和回答才是真正从哲学的角度审视文艺现象,也才真正标志着文艺理论、文艺观念的自觉。"文之为德也,大矣"的开篇语,就正是这种思考的开始。所以,刘勰紧接着便提出了这样的问题:"与天地并生者,何哉?"也就是"文"与天地一同产生的原因是什么呢?这一问题正包含着上述两个问题,这也就决定了刘勰要从哲学的高度思考人类的"文"的现象,从而对"文"的本质作出自己的回答。他之所以要借用"道"的概念来"论文",原因也正在这里。

刘勰说:"夫玄黄色杂,方圆体分。日月迭璧,以垂丽天之象;山川焕绮,以铺理地之形:此盖道之文也。"从宇宙混沌到天地分判,日圆月满,如交替出现的两块璧玉,显示出美丽的天象;山明水秀,如色彩华艳的锦缎,展现出条理清晰的地形。刘勰以为,这都是"道之文"。这个"道",便是中国古代哲学中产生天地万物的"道"。也就是说,随着天地万物之产生,天地之"文"也就产生了,这是不以人的意志为转移的规律。这个天地之"文",其实质乃是天地之美,是大自然的美。刘勰接着说:"仰观吐曜,俯察含章;高卑定位,故两仪既生矣。惟人参之,性灵所钟,是谓三才。为五行之秀,实天地之心。心生而言立,言立而文明,自然之道也。"天上呈现出光辉的景象,地上展露出绚丽的风光,天地之间则出现了富有聪明才智的人类;人是宇宙的精灵、天地的中心,天地尚且各有其"文",作为天地的主宰,人类之有文也就是自然而必然的了。所谓"心生而言立,言立而文明,自然之道也",便极富逻辑地回答了"与天地并生者何哉"的问题。值得注意的是,刘勰对人类必然有文的回答,其着眼点放在了"心"上。正因为人类有"心"亦即具有思想感情,所以才有表达内心世界之语言的产生;有了语言,也便会形成文章。刘勰认为,这同样是不以人的意志为转移的,是"自然之道"亦即自然而必然的道理。这样,刘勰不仅回答了人类何以有文的问题,而且也从哲学的高度、世界观的高度,肯定了文的自觉时代到来的历史必然性,从而形成了符合时代潮流的先进的文艺观念。

从天地之"文"到人类之文,《原道》初步回答了文何以与天地并生的问题。紧接着,刘勰又推而广之、生发开来,进一步论证人类之文产生的合理性和必然性。他说:

> 傍及万品,动植皆文。龙凤以藻绘呈瑞,虎豹以炳蔚凝姿。云霞雕色,有逾画工之妙;草木贲华,无待锦匠之奇。夫岂外饰,盖自然耳。至于林籁结响,调如竽瑟;泉石激韵,和若球锽。故形立则章成矣,声发则文生矣。夫以无识之物,郁然有彩;有心之器,岂无文欤?

不仅天地各有其"文",而且动植万物亦无不富有文采:龙凤以其艳丽的鳞羽表现着吉祥，虎豹以其华美的皮毛展露出雄姿；五彩云霞胜过画工的妙笔，鲜花朵朵不劳匠人的修饰。至于松涛阵阵，犹如竽瑟和鸣；泉流潺潺，仿佛磬钟齐奏。这些没有意识的东西都有浓郁的文采，作为富有智慧、充满感情的人类，怎会没有文章呢？人类所以有文的必然之理，可以说讲得很充分了。值得注意的是，刘勰这里的"文"始终与美不可分割，乃是美的同义语；其所表现出的文艺观念，充分体现出文的自觉时代的先进性。同时，刘勰又一再说明，这个"文"，这个"美"，"夫岂外饰，盖自然耳"，也就是自然而然的美，并不是刻意雕琢、过分修饰的结果；所谓"形立则章成矣，声发则文生矣"，文章之美是必然的，又是自然的。这样，刘勰又毫无疑问地批判了创作中"爱奇"、"浮诡"以至"离本弥甚，将遂讹滥"（《序志》）的文风。可以看出，刘勰以"道"的精神论文，确乎是用心良苦的。

在从哲学的高度对人类何以有文的问题进行论述之后，《原道》进入对人文之发展历程的具体考察。这一考察既是对上述逻辑论证的具体历史的落实，实际上又贯穿着上述文艺观念。如果说，刘勰用"道之文"的理论回答了文"与天地并生者，何哉"的问题，那么，刘勰对人文历史的考察，就是企图初步总结出文之"道"。也就是说，既然人类有文是必然的，而这个"文"既是美的却又应是自然而不加外饰的，那么其必然而自然的历史根据是什么呢？其具体的面貌又是怎样的呢？

刘勰的考察是从《周易》开始的。相传伏羲首先画了八卦，孔子为了阐述其理而写了《十翼》，即《彖辞》上下、《象辞》上下、《系辞》上下、《文言》、《说卦》、《序卦》和《杂卦》，共十篇。其中《文言》乃是对《乾》、《坤》二卦的解释，刘勰以此而谓："而《乾》、《坤》两位，独制文言；言之文也，天地之心哉！"这里的"天地之心"，亦即天地之心意，与"自然之道"是一致的。刘勰的意思是说，孔子特地为象征天地的《乾》、《坤》二卦而作《文言》,岂不证明言之有文乃"自然之道"吗?其实,刘勰对《文言》的解释未免牵强,但其欲为人文产生的必然之理寻找历史根据的用意是显然可见的。刘勰以为,不仅《文言》之产生体现了"自然之道"的精神,而且传说所谓黄河中有龙献出图画而孕育了八卦的产生,洛水中有龟献出书籍而其中蕴藏着治理天下的各类大法,以及所谓玉版上刻有金字、绿简上刻有红字等等人文现象,"谁其尸之?亦神理而已",仍然是"神理"亦即"自然之道"所主宰的。所以,刘勰实际上是将"道之文"的理论落实到了具体的人文产生过程,从而为之找到了历史的根据。

不过,更重要的还是通过对人文历史的考察而总结出文之"道"。刘勰从文字的产生谈到孔子对"六经"的整理,集中表达了这样一种观念:符合"自然之道"精神的表现人类思想感情的"文",应当是文质彬彬、情采芬芳,并从而具有巨大的感染力和教育作用的。他说:"逮及商、周,文胜其质;《雅》、《颂》所被,英华日新。"文章发展至商周时代,已臻于文质相称之境;《雅》、《颂》等影响所及,使得富有文采的作品日益增多。到了孔子,则"独秀前哲":"镕钧《六经》,必金声而玉振;雕琢情性,组织辞令;木铎起而千里应,席珍流而万世响;写天地之辉光,晓生民之耳目矣。"其整理"六经",必使其文质彬彬而具有集大成的风范,其抒发思想感情,著成美妙的华章,则产生巨大的感召力,从而实现描写天地之辉光、开启世人之聪明的重要作用。可以说,刘勰既是在考察人文发展的历史,并企图通过这种考察总结出人文发展的规律,从而找到为文之道,又是在以自己"道之文"的观念来观照人文发展的历史。其结果则是他不仅找到了符合"自然之道"精神的文之"道",而且更找到了集中体现文之"道"理想的代表,那就是圣人。

所以,刘勰说:"爰自风姓,暨于孔氏,玄圣创典,素王述训,莫不原道心以敷章,研神理而设教。"从伏羲到孔子,从八卦之作到《十翼》的阐发,无不根据"自然之道"的基本精神而进行写作,亦无不遵循"自然之道"的规律而发挥文章的教育作用。从而,圣人成为从"自然之道"到人类之文、从"道之文"到文之"道"的理论中介,所谓"道沿圣以垂文,圣因文而明道",正是此意。至于圣人如何以自己的作品落实"自然之道"的精神,从而为文章写作确立具体的原则,则是《征圣》、《宗经》等篇所要解决的问题了。

《征圣》之"征"乃验证之意。儒家圣人之可"征",首先在于其对"文"的重视。刘勰列举了三个方面:一是"政化贵文",即在政治教化方面重视文章的作用。孔子称赞唐尧之世"焕乎其有文章"(《论语·泰伯》),更赞美周代而谓"郁郁乎文哉,吾从周"(《论语·八佾》),都是"政化贵文之征"。二是"事迹贵文",即在事业方面重视文章的作用。刘勰举例说,郑国的子产因为善于辞令而为国立功,所谓"以文辞为功";宋国招待贵宾,因宾主谈话都富有文采,所以孔子要求弟子记录下来,所谓"以多文举礼":这都是"事迹贵文之征"。三是"修身贵文",即在个人修养方面重视文章的作用。孔子赞扬郑国的子产,谓其"言以足志,文以足言"(《左传·襄公二十五年》);谈到君子的修养,则说"情欲信,辞欲巧"(《礼记·表记》):这都是"修身贵文之征"。值得注意的是,刘勰所谈圣人所重视的"文",无论哪个方面,也都可以说是"美"的同义语。因此,所谓"征圣",实际上首先仍然是在验证"自然之道",证明人类有美的文的合理性和必然性。其次,通过圣人重文之"征",这个美的文更为具体而成为文章写作的原则了。刘勰说:"然则志足而言文,情信而辞巧,乃含章之玉牒,秉文之金科矣。"思想内容充实,语言富有文采;感情真挚诚实,文辞巧妙华美:这便是文章写作的基本原则。所谓"圣文之雅丽,固衔华而佩实者也",雅正而又华丽,既有动人的文采又有充实的内容,那么,"自然之道"便通过圣人而确立起可以把握的为文之法则;所谓"征之周孔,则文有师矣",所谓"若征圣立言,则文其庶矣",也就确乎实而有征了。

儒家圣人之可"征",更在于其作品堪为文章写作的楷模。圣人的思想是通过经典表现出来的,圣人的作品更明白无误地体现着其创作的原则,所以,取法儒家经典乃是学习圣人的必由之路。正因如此,刘勰在《征圣》之后再写一篇《宗经》,其宗旨乃是一致的。只不过,《宗经》更深入圣人作品的内部,以总结其具体的写作特点和创作方法。

刘勰对儒家经典的推崇和赞扬应该说是无以复加了,所谓"经也者,恒久之至道,不刊之鸿教也",经典乃是永恒的真理、不变的教义。但其具体的特点又是什么呢?《宗经》说,儒家经典"洞性灵之奥区,极文章之骨髓","义既极乎性情,辞亦匠于文理",其深入人的灵魂,从而真正体现出文章之精髓;其充分表现人的性情,从而抓住了文章写作的根本道理。那么,刘勰的着眼点就决不是儒家之教义而是文章之写作,是表现人的心灵和性情的美的文了。所以,刘勰通过"宗经"而得出的结论,便是文章写作的原则和规律。他说:

> 故文能宗经,体有六义:一则情深而不诡,二则风清而不杂,三则事信而不诞,四则义贞而不回,五则体约而不芜,六则文丽而不淫。

为文而能"宗经",其文章便可具备六个方面的特点:一是感情深厚而不虚假,二是思想纯正而不繁乱,三是叙事真实而不怪诞,四是说理切当而不邪僻,五是文体规范而不芜杂,六是辞采华美而不过分。可以说,这里所谓"六义",就是"志足而言文,情信而辞巧"以及"衔华而佩实"的展开和具体化。这样,刘勰通过"征圣"、"宗经",最终确立了切实可行的文章写作的原则。

但是，对以"弥纶群言"为目的而"论文"的刘勰来说，既然要通过"征圣"、"宗经"而确立文章写作的原则，那么对与儒家经典密切相关的两个问题，亦不能视而不见：一是如何看待兴于西汉而盛于东汉的纬书，二是如何评价在《诗经》之后"奇文郁起"的楚辞。于是，刘勰在《文心雕龙》的"枢纽论"部分，又写下了《正纬》和《辨骚》两篇。

纬书问题之有"正"的必要，是因为纬书乃假托经义之作。它借用孔子之名，宣扬符瑞迷信，以致"乖道谬典"而搅乱了经书。如果不予以拨乱反正，则有可能使真正的圣人及其经典淹没其中，则所"征"何"圣"、所"宗"何"经"，也就难以说得清了。不过，既然"征圣"、"宗经"的角度是"文"而不是儒家教义，那么"正纬"的着眼点就更应是文章的写作了。《正纬》之成为"论文"之作的一篇而非经学著作，正因其最终目的仍然是"文"；刘勰说"酌乎纬"，其意便是纬书固然要"正"，但"正"的目的是为文章的写作提供参考。《正纬》有云：

> 若乃羲、农、轩、皞之源，山渎钟律之要，白鱼赤雀之符，黄银紫玉之瑞：事丰奇伟，辞富膏腴，无益经典而有助文章。是以古来辞人，捃摭英华。

纬书中那些关于伏羲、神农、轩辕、少皞等的传说，关于山水和音乐灵异的说法，关于周武王渡河而有白鱼跃入舟中以及武王屋上之火变为赤鸟的记载，还有深山出现黄银和紫玉等祥瑞的传说，凡此种种，固然荒诞不经，但刘勰以为，其事迹颇为奇特而辞采又相当丰富，虽然对经书无益，却有助于文章的写作，以至后世作者经常采用其中一些精彩的部分。那么，对文章写作而言，"征圣"、"宗经"之外，便又有了新的内容；《正纬》之成为"枢纽论"，其意在此。于此我们也可以更为清楚地看到，刘勰谈论一切问题的着眼点都在于"文"，在于"为文之用心"（《序志》）。

楚辞的代表作《离骚》之有"辨"的必要,首先是因为汉代以来对屈原及其作品的不同评价和论争。淮南王刘安以为:"《国风》好色而不淫,《小雅》怨诽而不乱,若《离骚》者,可谓兼之。蝉蜕秽浊之中,浮游尘埃之外,皭然涅而不缁,虽与日月争光可也。"对屈原及其作品的评价是相当高的。班固则不以为然,他认为屈原"露才扬己,忿怼沉江",其作品中的一些内容或与《左传》不合,或为儒家经书所未载;但又以为"其文辞丽雅,为词赋之宗,虽非明哲,可谓妙才"。王逸则认为"《离骚》之文,依经立义",完全符合儒家经典。其他如汉宣帝、扬雄等人,也都认为楚辞是符合儒家学说的。

《辨骚》列举上述各家之说而后谓:"四家举以方经,而孟坚谓不合传。褒贬任声,抑扬过实,可谓鉴而弗精,玩而未核者矣!"也就是说,各家所论皆言过其实而不得要领。那么,问题在哪里呢?刘勰通过对屈原作品的仔细分析,发现问题的症结就在于"举以方经"即依经立论上。他列举了屈原作品与经典相同的四个方面,也指出了其与经典不同的四个方面,从而得出这样的结论:

> 固知《楚辞》者,体宪于三代,而风杂于战国;乃《雅》、《颂》之博徒,而词赋之英杰也。观其骨鲠所树,肌肤所附,虽取镕经旨,亦自铸伟辞。……故能气往轹古,辞来切今,惊采绝艳,难与并能矣。

刘勰认为,楚辞固然比《诗经》略逊一筹,然而却是"词赋之英杰";其固然有"取镕经旨"的地方,但更重要的还是"自铸伟辞"。"举以方经"者,无论对其褒扬还是贬抑,之所以不得要领,就在于没有看到屈原乃是"自铸伟辞",走着与儒家经典不同的道路。值得注意的是,"论文"先欲"征圣"、"宗经"的刘勰不仅明确指出了屈原及其作品不能以儒家经典的标准来衡量,而且在此基础上,给了楚辞以前所未有的高度评价,谓其气势超越古人、文采横绝后世而

"惊采绝艳,难与并能",认为其惊人的文采和绝妙的艺术,没有谁可以与之并驾齐驱。

从而,刘勰对"骚"之"辨",不仅是辨别汉代以来各家的评论,更重要的是对屈原作品本身的辨别。通过这种辨别,刘勰发现了一个重要的问题,那就是楚辞的"变",《序志》所谓"变乎骚",正是指明了这个问题。汉代诸家对屈原及其作品的评价之所以不得要领,正在于不懂得其"变"。这个"变",当然是相对于儒家经典的"变"。刘勰不仅认识到了这一"变",而且充分肯定了变化之后的楚辞,这并非说明刘勰改变了"征圣"、"宗经"的宗旨,而是再一次证明,刘勰的着眼点是"文",是文章的写作。由对《离骚》之"辨"而识其"变"并予以肯定,则意味着刘勰对文章写作原则的认识又增加了新的内容。他说:

> 若能凭轼以倚《雅》、《颂》,悬辔以驭楚篇,酌奇而不失其贞,玩华而不坠其实;则顾盼可以驱辞力,欬唾可以穷文致,亦不复乞灵于长卿,假宠于子渊矣。

这里,刘勰已经把《楚辞》和《诗经》并列而论,一个是"奇",一个是"贞"(正);一个是"华",一个是"实"。也就是说,作为儒家经典的《诗经》,其风格在于平正、实在;作为与儒家经典不同的楚辞,其风格则是奇伟、华丽。刘勰认为,如果能把这两者结合起来,既有奇伟的气势而又不失平正的格调,既有华美的词采而又不失朴实的文风,那么驰骋文坛便易于反掌,何须再向司马相如和王褒这些辞赋家借光讨教呢?

综上所述,《序志》所谓"本乎道,师乎圣,体乎经,酌乎纬,变乎骚",实际上是在论述文学本质的基础上,确立了文章写作的法则,乃是刘勰的文学本质论和创作原则论。从对文之"原道"的探讨,可以看出刘勰至少从以下五个方面对文的本质作出了规定:第一,文是美的,所谓"夫以无识之物,郁然有彩;有心之器,岂无文软"，这个"文"乃是"美"的同义语。第二，文章之美在于表现人的心灵世界，所谓"心生而言立，言立而文明"，所谓"有心之器，岂无文欤"，人类必然有美的文是因为人类独具思想感情。第三，文章之美应当是自然而不加"外饰"的，所谓"自然之道"，所谓"夫岂外饰，盖自然耳"，所谓"形立则章成矣，声发则文生矣"，皆为此意。第四，文章之美的理想是文质彬彬、情采芬芳，也就是要充分把握艺术之美的"度"，做到无过无不及，所谓"文胜其质"，所谓"金声而玉振"。第五，这种"文"具有巨大的艺术感染力和教育作用，所谓"写天地之辉光，晓生民之耳目"。应当说，刘勰对文之本质的认识既站在了时代文艺的制高点上，从而体现出文艺自觉时代先进的文艺观念，又矫正了文章写作中过分注重形式的雕琢而使得文章流于"讹滥"的倾向，为文艺的健康发展指明了正确的道路。通过"师乎圣，体乎经"，刘勰找到了所谓"六义"的基本原则；通过"酌乎纬，变乎骚"，刘勰总结出"酌奇而不失其贞，玩华而不坠其实"的写作要求。合而观之，应当说刘勰之文学本质论以及创作原则论的内容是丰富而具体的。

（二）《文心雕龙》的文体论

从第六篇《明诗》至第二十五篇《书记》的二十篇，刘勰称之为"论文叙笔"，研究者通称之为文体论。《总术》有云："今之常言，有文有笔，以为无韵者笔也，有韵者文也。"从《明诗》至《哀吊》的八篇论述"有韵之文"，从《史传》至《书记》的十篇论述"无韵之笔"；介于《哀吊》和《史传》中间的《杂文》、《谐讔》两篇，所论文体则兼有"文"、"笔"两类。从"论文叙笔"二十篇的篇名看，刘勰便论及诗、乐府、赋、颂、赞、祝、盟、铭、箴、诔、碑、哀、吊、杂文、谐、讔、史、传、诸子、论、说、诏、策、檄、移、封禅、章、表、奏、启、议、对、书、记等三十四种文体，其中一些文体还分若干子目，如《杂文》便述及"对问"、"七发"、"连珠"等多种形式,《书记》一篇则除对书牍和笺记作重点论述外,还对各类"笔札杂名"一一予以考察,达六类二十四种之多。可以说,刘勰对当时的文体搜罗殆尽而使其"论文叙笔"成为文体论的洋洋大观。

刘勰"论文叙笔"的方式,《序志》篇有明确的说明:"原始以表末,释名以章义,选文以定篇,敷理以举统。"即追溯各种文体的起源并考察其演变,解释文体的名称和含义,评述有代表性的作家作品,概括各种文体的写作经验并总结共同的文章写作之道。以如此全面而系统的方式考察各类文体,便使《文心雕龙》的文体论首先具有了相对独立的意义,即成为一部分体文学史。我们试以文体论之首《明诗》篇为例,一窥其分体文学史的面貌。

《明诗》首先"释名以章义":"大舜云:'诗言志,歌永言。'圣谟所析,义已明矣。是以'在心为志,发言为诗',舒文载实,其在兹乎!诗者,持也,持人情性。"有些研究者以为,刘勰对诗的解释没有什么特点和创见,实乃似是而非之论。刘勰首先引用《尚书·尧典》和《毛诗序》对诗的定义,其用意甚深。作为中国古代诗论的"开山的纲领"(朱自清《诗言志辨》,《朱自清说诗》,上海古籍出版社1998年,第4页),《尚书·尧典》的"诗言志"较为明确地概括了诗的特征;但先秦时期所谓"诗言志"之"志",主要是指志意或抱负,与后世所谓思想感情并非完全一致。汉代的《毛诗序》则把"志"和"情"统一起来,提出"在心为志,发言为诗,情动于中而形于言"(《毛诗序》),使得"诗言志"有了新的内容。刘勰既引"诗言志"之说,又引"在心为志,发言为诗"之论,正是将二者统一起来为论;所谓"舒文载实",这个"实"便是包含"志"和"情"的人的整个心灵世界,诗就是用语言文辞来表现这个"实"。正因如此,诗才能"持人情性",即影响、培养和陶冶人的情性。所以,刘勰对诗的解释可以说是高屋建瓴的,简洁而又准确,抓住了诗歌的本质特征。

　　"释名以章义"之后,刘勰将"原始以表末"和"选文以定篇"结合进行,对诗的发展演变进行了详细考察。谈到诗的起源,刘勰说:"人禀七情,应物斯感;感物吟志,莫非自然。"不仅明确地将情和志合而为一,而且以"自然之道"的理论解释诗的产生,认为心有所感而发为吟咏乃自然而然的事情。同时,刘勰通过对早期诗歌的考察,又认识到其"顺美匡恶,其来久矣",也就是诗歌从来就是兼具赞美和批判两种功能的。先秦诗歌的代表作品当然是《诗经》和《离骚》,因为《诗经》不仅是诗而且是儒家经典,刘勰在《文心雕龙》的许多地方都要提到它,而《离骚》则有专篇论述,所以这里对诗、骚的论述都较为简略。刘勰说:"自商暨周,《雅》、《颂》圆备;四始彪炳,六义环深。"从商代至周代,《诗经》之作已经相当成熟:《国风》、《小雅》、《大雅》和《颂》这四个部分光辉灿烂,而"风"、"赋"、"比"、"兴"、"雅"、"颂"这六种表现手法的广泛运用,更使其内容精深。需要指出的是,刘勰这里所谓"六义",研究者往往按照唐代孔颖达对《毛诗序》的解释,将"风、雅、颂"作为《诗经》的体裁,将"赋、比、兴"作为《诗经》的表现手法。实际上,将《毛诗序》作为一个整体的"六义"说,分解为体裁和表现手法,是不符合其原意的。"六义"所指其实皆为《诗经》的表现方法,刘勰乃是继承了《毛诗序》的说法,认为正是这六种表现方法的运用,使得《诗经》博大精深。很显然,刘勰对《诗经》的评价是极高的。论及《离骚》,刘勰特别指出:"逮楚国讽怨,则《离骚》为刺。"认为《离骚》是讽刺怨恨之作,应该说是符合屈原作品思想内容的实际的。这也就是诗之"顺美匡恶"中所谓"匡恶"的作用了。

　　对汉代诗的考察,刘勰以五言诗为重点,可以说抓住了诗歌发展的根本之处。关于五言诗的起源,刘勰通过历史的考察,认为"阅时取证,则五言久矣",是符合五言诗发展的历史实际的。对汉代五言诗的代表作《古诗十九首》，刘勰给以高度评价："观其结体散文，直而不野；婉转附物，怊怅切情：实五言之冠冕也。"认为其文风直率而不粗野，既能婉转而真实地描写客观景物，又能哀感而深切地表达心灵世界，从而成为两汉五言诗的"冠冕"之作。刘勰之说，早已成为文学史上的不易之论。建安时期的诗歌创作，刘勰以"五言腾跃"来概括，可谓恰如其分。既有曹丕、曹植兄弟"纵辔以骋节"，更有王粲、徐干、应玚、刘桢等"望路而争驱"；他们流连风花雪月，遨游清池幽苑，叙述恩宠荣耀，描摹畅饮集宴，形成"慷慨以任气，磊落以使才"的一代诗风。其写作特点则是"造怀指事，不求纤密之巧；驱辞逐貌，唯取昭晢之能"，无论抒怀叙事，还是写景状物，他们不追求纤细的技巧，只图能明白畅达。刘勰对建安文学的论述，早已为文学史家们所接受。建安之后的正始文学，由于政治的黑暗而呈现出逃避现实的倾向，所谓"正始明道，诗杂仙心"；而其代表作家嵇康和阮籍则各有自己的创作特点，刘勰谓之"嵇志清峻，阮旨遥深"，用语简洁而又相当准确地概括了二人的诗风。

西晋的诗风，刘勰以"轻靡"二字概括，认为虽有"张、左、潘、陆，比肩诗衢"，但其"采缛于正始，力柔于建安；或析文以为妙，或流靡以自妍"，只以字句的讲究和文辞的丽靡为能事了。此评虽略嫌苛刻，但其对诗风大势的把握则是不错的。需要指出的是，这里的"张、左、潘、陆"，研究者往往等同于钟嵘所谓"三张、二陆、两潘、一左"（钟嵘《诗品序》），其实不确。刘勰所指乃是张华、左思、潘岳和陆机等四人，与钟嵘之说不完全一致。西晋既如此，东晋的诗歌则是"溺乎玄风"，玄言诗充斥了诗坛。所谓"嗤笑徇务之志，崇盛忘机之谈"，玄言诗人们讥笑对时务的关心，推崇忘却世情的空谈；刘勰认为，只有郭璞的《游仙诗》算是当时的佳作了。南朝刘宋初年的诗歌，对前代诗风既有继承，也有革新，其趋势是"庄老告退而山水方滋",即玄言诗淡出诗坛而山水诗方兴未艾。刘宋一代诗歌的写作特点则是"俪采百字之偶,争价一句之奇;情必极貌以写物,辞必穷力而追新",概括是极为准确的。

在对历代诗歌详细考察的基础上,刘勰进行所谓"敷理以举统":

> 故铺观列代,而情变之数可鉴;撮举同异,而纲领之要可明矣。若夫四言正体,则雅润为本;五言流调,则清丽居宗;华实异用,惟才所安。故平子得其雅,叔夜含其润,茂先拟其清,景阳振其丽;兼善则子建、仲宣,偏美则太冲、公干。然诗有恒裁,思无定位;随性适分,鲜能圆通。若妙识所难,其易也将至;忽以为易,其难也方来。

因为《诗经》主要是四言诗,所以刘勰谓四言为"正体";五言诗是发展变化后的体裁,谓之"流调";一为源,一为流,并无明显的褒贬之意。刘勰以为,四言诗的主要风格是"雅润",即典雅而润泽;五言诗的主要风格是"清丽",即清纯而华丽。其主要区别在于四言诗较为质朴,而五言诗较为华丽;所谓"华实异用,惟才所安",作者可以根据自己的特点作出选择。重要的是"随性适分",即作者应当着眼于自己的个性特点而选择体裁,从而发挥所长,取得创作的最大成功。应该说,刘勰对诗歌文体风格及其与作家关系的认识,既是贴近实际的,也是超越前人的。

从《明诗》一篇我们可以看出,《文心雕龙》的文体论确是一部空前的分体文学史;其泽被后世文学史研究,非一代也。不过,对《文心雕龙》而言,文体论不是独立的,而是其体大思精的理论体系的重要组成部分。因此,文体论的重要理论意义,更在于它与"剖情析采"的创作论是息息相关而不可分割的。正如周振甫先生所指出:"他的创作论,就是从文体论里归纳出来的;他的文学史、作家论、鉴赏论、作家品德论,也是从他的文体论中得出来的……没有文体论,就没有创作论、鉴赏论等,也没有文之枢纽,没有《文心雕龙》了,所以文体论在全书中是很重要的部分。"(《文心雕龙今译》,中华书局 1986 年,第 49 页)

其实,对文体论和创作论这种密不可分的关系,刘勰自己有明确的说明。《总术》有云:"昔陆氏《文赋》,号为曲尽;然泛论纤悉,而实体未该。"陆机在谈到《文赋》的写作时说,希望自己对"作文之利害所由"的探讨,能够帮助人们"曲尽其妙";刘勰所谓"号为曲尽",即指陆机此言。但是,陆机着重论述的乃是写作的种种技巧,所谓"泛论纤悉",所谓"巧而碎乱",实际上难以做到"曲尽其妙"。那么,问题在哪里呢?刘勰指出,《文赋》的缺陷在于"实体未该",也就是陆机的文体论不够完备。《文赋》只论及诗、赋、碑、诔、铭、箴、颂、论、奏、说等十种文体,谓其"实体未该"可谓不诬。陆机在《文赋》中也说过:"体有万殊,物无一量。"李善的注解是:"文章之体有万变之殊,众物之形无一定之量也。"(李善《文选注》卷十七)《文心雕龙》之所以用二十篇的篇幅"论文叙笔",就是要穷尽"文章之体"的"万变之殊",从而找到正确的为文之术。正如《总术》所说:"自非圆鉴区域,大判条例,岂能控引情源,制胜文苑哉?"所谓"圆鉴区域",就是全面考察各种文体;所谓"大判条例",就是明确总结写作法则。前者是后者的基础,后者是前者的总结和升华。所谓"文场笔苑,有术有门",为文之术不仅是"剖情析采"的创作论的问题,同样是"论文叙笔"的文体论的问题;所谓"文体多术",离开了"论文叙笔","术"便无从谈起。如前所述,文体论的所谓"敷理以举统",既是对各种文体之术的总结,更是在此基础上总结共同的为文之道;而整个"剖情析采"的创作论,其实正是对整个"论文叙笔"之文体论的"敷理以举统"。没有"论文叙笔"就难以"剖情析采",没有文体论就没有创作论,也就难以找到真正的为文之术,最终便难以"控引情源"而"制胜文苑"了。文体论之于《文心雕龙》理论体系的重要,正在这里。

(三)《文心雕龙》的创作论

从第二十六篇《神思》到第四十四篇《总术》的十九篇,刘勰称之为"剖情析采",乃是《文心雕龙》的创作论,历来受到研究者的重视。应该说,这不是偶然的。"论文叙笔"的文体论本来就既着重于每种文体的写作之道,更放眼于整个文章的创作通途;而所谓"弥纶群言"(《序志》),正是要在"论文叙笔"的基础上寻找文章写作的大道通衢。《总术》有云:"夫不截盘根,无以验利器;不剖文奥,无以辨通才。才之能通,必资晓术。"如果不能截断弯曲交错的树根,那就无法考验刀锯是否锋利;如果不能剖析为文的精理奥义,那就算不上通达之才。刘勰认为,要想成为通才,重要的是懂得"术",也就是文章写作的方法。所谓"文场笔苑,有术有门",既说明文体论之于"术"的重要,更说明整个"文场笔苑"亦即文章的写作有其"术"在;所谓"总术"正是点明这个问题,而整个"剖情析采"的创作论也正是对这个"术"的研究。王运熙先生曾指出,从《明诗》到《书记》的二十篇,"更确切地说,应称为各体文章写作指导,因为其宗旨是阐明写作各体文章的基本要求",而从《神思》到《总术》的十九篇,"更确切地说,应称为写作方法通论,是打通各体文章,从篇章字句等一些共同性的问题来讨论写作方法的"(《〈文心雕龙〉的宗旨、结构和基本思想》,《文心雕龙探索》,上海古籍出版社2005年,第11、16页)。应当说,这是很有道理的。

创作论的第一篇是《神思》,研究艺术构思问题,研究者几乎公认为《文心雕龙》创作论的"总纲"。之所以如此,除了因为艺术构思在创作中的重要作用外,主要是根据刘勰在本篇所谓"驭文之首术,谋篇之大端"的说明。其实,这两句话不过是说明"神思"乃是创作过程之始,并不表明《神思》一篇乃是创作论的"总纲"。创作论的理论体系可以说是《文心雕龙》理论体系的主要内容,而其"总纲"应当是体现其核心观点的篇章;作为主要研究艺术构思问题的《神思》篇,尽管十分重要,但还不能承担所谓"总纲"之任。笔者以为,《文心雕龙》创作论的"总纲"乃是《情采》篇。

刘勰以"剖情析采"概括《文心雕龙》的创作论,正表明他对文章写作基本问题的认识;所谓"万趣会文,不离情辞"(《镕裁》),创作理论所要研究的问题固然很多,但不出"情"和"辞"的范畴。因此,《情采》篇既是集中探讨情、采问题的专论,更体现出刘勰对文学创作基本问题的认识,正是《文心雕龙》之创作论的"总纲"。

长期以来,之所以忽视《情采》篇作为《文心雕龙》之创作论"总纲"的地位,盖因多数研究者以为本篇所论乃作品之内容与形式的关系。"情采"之"情"属于内容的范畴,"情采"之"采"属于形式的范畴,刘勰本篇所论也确实涉及到了二者之关系,因而很容易让人得出本篇乃论述内容与形式之关系的结论。但实际上,《文心雕龙》是"言为文之用心"之作,即如《原道》这样充满哲学色彩的篇章,也仍然立足于"文"的历史和现实而探讨其本质;至于现代文艺理论中所谓内容与形式之关系这种一般的理论问题,刘勰大概是没有兴趣在创作论中作一专论的。作为创作论的"总纲",《情采》一篇乃是刘勰对文章特征的把握,体现了刘勰对文章写作基本问题的认识。

《情采》开篇而谓:"圣贤书辞,总称'文章',非采而何?"这突兀的发问就表明刘勰决非泛泛而论内容与形式之关系。《论语》有云:"子贡曰:'夫子之文章,可得而闻也。'"(《公冶长》)以此而论"圣贤书辞,总称'文章'",都是因为具有文采,显然重在表明刘勰自己的观点,那就是所谓"文章"便意味着文采,也就是意味着美。"非采而何"的有力反问,实际上肯定了魏晋南北朝所谓"为艺术而艺术"之倾向的合理性和必然性,也表明了刘勰对文章基本特点的认识。同时,从行文来说,则是刘勰经常运用的欲擒故纵的论述方式。文采之于文章的重要性是毫无疑问的,关键是重要到什么程度?"为艺术而艺术"的倾向当然有其合理性和必然性,但刘勰既以文章"离本弥甚,将遂讹滥"(《序志》)而欲"极正归本"(《宗经》),那就必须指出其所存在的弊端。所有这些,都要听刘勰慢慢道来了。

他说:"夫水性虚而沦漪结,木体实而花萼振:文附质也。虎豹无文,则鞟同犬羊;犀兕有皮,而色资丹漆:质待文也。"水的特性是虚柔,所以可以产生波纹;树木的特点是坚实,因而可以开放花朵:以此而论,文采必须依附于特定的实物。虎豹之皮如果没有了斑纹,便与犬羊之皮没有分别;犀兕之皮非常坚硬,但要美观就需涂以丹漆:以此而言,特定的实体也要依赖于文采的修饰。这番形象而生动的比喻,确是正确地说明了内容与形式的相互关系;但这只是铺垫,刘勰真正要说明的问题还在下文:"若乃综述性灵,敷写器象;镂心鸟迹之中,织辞鱼网之上:其为彪炳,缛采名矣。"抒发作者的思想感情,描绘事物的种种形象,运用语言文字进行文章写作,其所以能够光辉灿烂,就因为丰富的文采。也就是说,没有华美的文采,"文章"也就不存在了,正是"非采而何"!这样,刘勰在一般的文质关系的基础上,突出文采之于文章的重要性,既表明他对文章自身特点的充分注意,更表现出他对所谓"为艺术而艺术"之时代倾向的特别重视。

既然文采之于文章如此重要,那么要认识文章的特点,就必须对其作进一步的分析。所以刘勰接着说:"故立文之道,其理有三:一曰形文,五色是也;二曰声文,五音是也;三曰情文,五性是也。五色杂而成黼黻,五音比而成《韶》、《夏》,五性发而为辞章,神理之数也。"这里的"立文之道"并非文章写作之道,而是说文采成立之道,是说文采有种种不同。有"形文",这是绘画的文采;有"声文",这是音乐的文采;有"情文",这才是文章的文采。这些"文"指的都是文采,也就是美。与绘画和音乐相比较,文章写作之文采的特点在于它是"情文",是人的感情的载体,所谓"五性发而为辞章"。实际上,以现代文艺理论的观点看,不仅文学创作是"情文",绘画、音乐也同样是"情文"。但在文学艺术发展的早期,绘画和音乐首先以其突出的色彩美和声音美而吸引了人们的注意力;与之相比,文章写作之表现人的感情确是更显突出。不过,更重要的是,刘勰的着眼点在于说明文章之"文"的特点,那就是表情之文。这样,刘勰虽一再强调"采"的重要,但这个"采"却并非仅仅是艺术的形式问题,而是离不开作者之性情、且以感情为根本的。正因如此,刘勰强调"文质附乎性情",也就是文采("文质"是复词偏义)是以性情为依托的;而反对"华实过乎淫侈",也就是华丽("华实"亦是复词偏义)过分而至于泛滥。从而,文采在文章写作中的地位便明确了:

  夫铅黛所以饰容,而盼倩生于淑姿;文采所以饰言,而辨丽本于情性。故情者,文之经;辞者,理之纬。经正而后纬成,理定而后辞畅:此立文之本源也。

红粉、青黛当然是用来修饰人的面貌的,但所谓"巧笑倩兮,美目盼兮"(《诗·卫风·硕人》)的神采却只能来自人固有的姿容;文章也一样,文采是用来修饰语言的,但文章的出色却必须以情性为根本。这就犹如织布,性情乃是文章的经线,而文辞则是文章的纬线。只有首先确定了经线,然后才可织以纬线;只有以性情为根本,文辞才可光彩焕发。这种所谓"立文之本源",既是文采运用的根本原理,也是文章写作之根本原理。

  如前指出,《文心雕龙》之作乃着眼"为文之用心"而不发空论,作为创作论之"总纲"的《情采》篇更是有着鲜明的现实针对性。刘勰以欲擒故纵的笔法,首先肯定文采之于文章写作的重要性,然后讲出一番文采离不开性情的毋庸置疑的道理,实际上便表明了这样一种观念:文章以表现作家的思想感情为根本,文采的运用是为了更好地表达感情。可以说,这是一种"情本"论的文学观。如此,刘勰的"情采"论便又回到了《序志》所谓"论文"的出发点,那就是批判不良文风,使文章写作步入正确的坦途。当然,这种批判自然是从"情采"论的角度着眼的。他说:

> 昔诗人什篇,为情而造文;辞人赋颂,为文而造情。何以明其然? 盖《风》、《雅》之兴,志思蓄愤,而吟咏情性,以讽其上:此为情而造文也。诸子之徒,心非郁陶,苟驰夸饰,鬻声钓世:此为文而造情也。故为情者要约而写真,为文者淫丽而烦滥。而后之作者,采滥忽真,远弃《风》、《雅》,近师辞赋;故体情之制日疏,逐文之篇愈盛。故有志深轩冕,而泛咏皋壤;心缠几务,而虚述人外。真宰弗存,翩其反矣。夫桃李不言而成蹊,有实存也;男子树兰而不芳,无其情也。夫以草木之微,依情待实;况乎文章,述志为本! 言与志反,文岂足征?

从"情采"的角度着眼,刘勰认为文章写作有"为情而造文"和"为文而造情"的不同。《诗经》之作,是由于作者内心充满了忧愤之情,发而为诗章;辞赋家们则相反,他们内心并无郁闷之情,却虚张声势而夸大其词,借以沽名钓誉,乃是为了写文章而无病呻吟。"为情而造文"之作,文辞精炼而情感真实;"为文而造情"之作,过分华丽而文采泛滥。刘勰认为,后世的一些作者,更是抛弃《诗经》的创作传统,而以辞赋为师,结果表现真情之作愈来愈少,追逐文采之作越来越多。一些人明明志在高官厚禄,却大唱隐逸之歌;明明心系世间俗务,却歌颂世外闲情。真情实感荡然无存,文章所写与内心所想完全相反了。刘勰借用生动的比喻说,"桃李不言,下自成蹊"(《史记·李将军列传》),那是因为树上结满了果实;"男子树兰,美而不芳"(《淮南子·缪称训》),那是因为种花之人缺乏爱花之真情。刘勰饱蘸笔墨写道:微不足道的草木,尚且需要真情、依赖果实,何况原本就以表现真情为根本的文章?如果笔下所写与心中所想相反,这样的作品又有何用?一部《文心雕龙》,刘勰从不同的角度,屡次批判文章写作中的不良风气,可以说皆各有其理,而从"情采"角度的这种分析和批判则最具说服力和感染力。之所以如此,乃是因为刘勰抓住了文章写作的根本问题,准确地把握了文章表现思想感情的特征,从而立论坚实有力、击中要害而一针见血。在这里,刘勰也毫不含糊地再次表明了他的"情本"论的文章观。《情采》篇之作为《文心雕龙》创作论的"总纲",应当说是名副其实的。

《情采》篇确乎相当全面而深刻地表达了刘勰对文章特征的认识:文采之美对文章而言不是可有可无的,而是必需的,所谓"言以文远";然而,"联辞结采,将欲明理",舒文布采的目的是表现作者之情,所谓"情者,文之经",所谓"为情而造文";否则,文采不仅是没有用的,所谓"繁采寡情,味之必厌",而且"采滥辞诡,则心理愈翳",文采越多反而越使作品的内容模糊不清了。在对文章特征予以正确把握的基础上,刘勰指出了文章写作的正确道路:

> 夫能设模以位理,拟地以置心;心定而后结音,理正而后摛藻。使文不灭质,博不溺心;正采耀乎朱蓝,间色屏于红紫:乃可谓雕琢其章,彬彬君子矣。

"设模"也就是设定一个模式。《定势》说:"模经为式者,自入典雅之懿;效骚命篇者,必归艳逸之华。"所以这个所谓"模式",也就是由文体之不同而形成的不同的风格倾向。"设模"、"拟地"二句互文足义,是说作者首先要把握住自己所用文体的风格倾向,并以此为基础,安排作品的内容,也就是作者所要表现的思想感情应与文体的风格要求相一致。如《明诗》所谓:"四言正体,则雅润为本;五言流调,则清丽居宗。"这里的"清丽"和"雅润"便各为四言诗和五言诗的文体风格倾向。如果作者要表现一种典雅而润泽之情,那么就可以选择四言诗体,以此作为自己创作的基础,这就是所谓"设模以位理,拟地以置心"。只有在此基础上,才能考虑如何以丰富的文采表达自己的思想感情,也就是"心定而后结音,理正而后摛藻"。最终则要体现"情采"论的基本思想,那就是形式华美而不掩盖作品的内容,文采丰富而更能充分表现作者的思想感情,所谓"文不灭质,博不溺心",文采与感情互为生发、相得益彰,从而达到文质彬彬、情采芬芳的理想境界。可以说,《文心雕龙》的创作论正是围绕这一中心而展开论述的;创作论的全部问题,都是为了实现这一文章写作的最高目标。

文章的写作从感情的产生开始。作者之情不是凭空产生的,而是受到外物的感召,所谓"人禀七情,应物斯感;感物吟志,莫非自然"(《明诗》),这是文章写作的规律。《文心雕龙》的创作论以《神思》开篇,正是要总结这一规律。艺术构思乃文章写作之始,所谓"驭文之首术,谋篇之大端",这是《神思》列创作论之首的直接原因。但就艺术构思本身而言,其基本问题又是什么呢?这可能就是言人人殊的问题了。刘勰以为,"思理为妙,神与物游",这才是《神思》为创作论之始的根本原因。作者艺术构思的突出特点,在于作家之精神与客观之物象一起活动。实际上,之所以能够"神与物游",乃是因为作家之"神"与自然之"物"产生了共鸣,也就是外界景物引发了作者的思想感情;所谓"神居胸臆,而志气统其关键",没有作者思想感情的激动,是不可能"神与物游"的,所谓"关键将塞,则神有遁心"。所以,艺术构思的过程必然是"登山则情满于山,观海则意溢于海;我才之多少,将与风云而并驱矣"。这样,作为创作过程之始的艺术构思,就贯穿了作者充沛的感情。

作为"情本"论的另一个重要内容,是所谓"文辞尽情",即语言文采的运用是为了充分表现作者的思想感情。实际上,"情"固然为"本",但只有表现为语言文辞,才能形成文章,所以"情"和"辞"是难以分开的。正因如此,刘勰论述以情为本的同时,几乎都要谈到"文辞尽情"的问题。这一"文辞尽情"的过程,从艺术构思阶段就开始了。刘勰说:"物沿耳目,而辞令管其枢机",也就是外界景物诉诸人的感官,并引起人的感情,而最终要靠语言描绘出来,所谓"枢机方通,则物无隐貌"。但"枢机"之"通"并非易事,所谓"方其搦翰,气倍辞前;暨乎篇成,半折心始",当作者提笔之时,气势充沛、文思泉涌;而一旦成篇,却与原先所想相差甚远。那么"文辞"如何"尽情",就是一个关乎文章写作成败的极为重要的问题。这就是刘勰何以要在创作论中以相当大的篇幅论述语言运用的种种技巧问题的原因。

与《神思》密切相关的一个篇章是《物色》。本篇在《文心雕龙》中的位置颇有争论,但其内容属于创作论则是大多数研究者的共识。如果说,《神思》是从艺术构思的角度谈到作者感情的产生问题,那么,《物色》则可以说是专门描述大自然对作家的感召了。刘勰之所以极为看重自然景色对作者的感召作用,是因为"山林皋壤,实文思之奥府",大自然乃是作者情思的重要源泉。当然,这里也同样有一个"文辞尽情"的感情表现的问题,所以刘勰说:"岁有其物,物有其容;情以物迁,辞以情发。"作家的感情随着外界景色的变化而变化,语言文辞就要表现这种丰富多彩的思想感情。这样,《物色》篇虽以极为生动的笔调描述了自然界四季景色对诗人的深情触动,却仍然落实到了如何描摹这种种感情的问题,所谓"以少总多",所谓"善于适要"等等,就都是具体的描写方法。《物色》篇属于创作论,其性质不同于探索文章兴衰规律的《时序》篇,其根本原因也就在这里。

《神思》之后的《体性》是所谓艺术风格论,刘勰的研究仍然是从感情的表现入手的。他说:"夫情动而言形,理发而文见;盖沿隐以至显,因内而符外者也。然才有庸俊,气有刚柔,学有浅深,习有雅郑;并情性所铄,陶染所凝,是以笔区云谲,文苑波诡者矣。"人们内心产生某种思想感情,就要用语言表达出来,这是一个从隐藏至显露、由内到外在的表现过程。然而,人们先天的才华和气质不同,人们后天的学识和爱好也不同,这既决定于人的性情,又受制于环境的陶冶,从而便有了纷纭复杂的各种文章。所以,艺术风格问题归根结底还是感情的表现问题,不同的感情表现是形成不同艺术风格的关键。刘勰也正是这样说的:"故辞理庸俊,莫能翻其才;风趣刚柔,宁或改其气;事义浅深,未闻乖其学;体式雅郑,鲜有反其习:各师成心,其异如面。"尽管文坛波诡云谲而变化万千,但具体到每一个作家,其作品文辞和内容的出色或平庸,总是同其才华之高下相一致;其作品文气和格调的刚正或柔婉,总是决定于他的血气;其作品事理及意义的浅显或深入,总是同其学识之贫富成正比;其作品文体及风格的雅正或流俗,总是以其爱好为转移。不同的作者各按自己的本性来创作,其作品的风格也就犹如各人的面孔,彼此互异。因此,无论艺术风格如何繁花似锦,只要从"情动而言形,理发而文见"的根本入手,就可以看得清清楚楚而找到其中的规律。刘勰一方面说"笔区云谲,文苑波诡",另一方面却又把艺术风格归结为区区八种类型,所谓"若总其归涂,则数穷八体",正因其抓住了文章写作的根本问题。

《体性》之后是《风骨》篇。关于《风骨》的主旨,研究者有不同的看法,但"风骨"乃是刘勰对文章的某种规定和要求,则可以说是已有的共识。这种规定和要求,其对象实质上是文章所表现的感情。刘勰说:"是以怊怅述情,必始乎风;沉吟铺辞,莫先于骨。"作者情动于中而欲一吐为快,必然首先具有感化的作用;展纸落墨而著成文章,也就必然体现某种力量。所以,所谓"风骨",乃是对作品思想感情的一种规定和要求,它要求作品应当具有感人至深的艺术力量。所谓"情与气偕,辞共体并;文明以健,圭璋乃聘",情志与风教相伴,语言与骨力比并,只有作品具有"风骨"之力,才能为人们所喜爱。这样,刘勰就赋予了"风骨"规范感情的作用和意义。从而表明,文章写作以情为本固然毋庸置疑,但人的思想感情纷纭复杂,所谓"人禀七情";作品思想感情的表现就不应任性而为、随意所之,而是应当有所规范、有所制约。质言之,就是要有自己的艺术理想和追求。所以,"风骨"论乃是刘勰从"情本"论出发的艺术理想论。这一艺术理想论,既建立在"情本"论的基础之上,同时,又使得刘勰的"情本"论得以深化和发展,从而具有了更为丰富而深厚的内容。

《风骨》之后的《通变》,也是一个颇有争论的问题。但刘勰在本篇的"赞"词是观点明确而无可争辩的,那就是:"文律运周,日新其业;变则其久,通则不乏。"文章的发展循环往复,每天都有新的成就;只有不断地创新才能持久长远,只有融会贯通才能生生不已。这种着眼"日新其业"的"通变"观,可以说是刘勰的卓见之一;而在此基础上提出的具体的"通变之术",则同样十分精彩,那就是:"凭情以会通,负气以适变;采如宛虹之奋鬐,光若长离之振翼,乃颖脱之文矣。"刘勰强调,必须根据自己的情志对古人的作品进行融会贯通,更要从作者的个性出发进行不断的创新。只有这样,才能使作品的文采犹如奋飞的彩虹,其光芒就像展翅的凤凰,从而产生出类拔萃的不朽篇章。所谓"凭情以会通,负气以适变",正是"情本"论在"通变"观中的贯彻;而所谓"采如宛虹之奋鬐,光若长离之振翼",既说明以情为本的原则与"文辞尽情"密不可分,同时也表示,只有真正贯彻以情为本,才算真正领会了"通变"之要义。

《通变》之后是《定势》篇,要求文章的写作必须遵循文体的特点和规范。文体的风格特点相对而言应是较为客观的,但刘勰却恰恰从作者的主观之情说起:"夫情致异区,文变殊术,莫不因情立体,即体成势也。"作者的情志各有不同,因而文章的写作手法也多种多样,但无不根据自己所要表现的感情特点确立某种文体,并依据这种文体的特点形成整个作品的基调。这样,刘勰对文体风格特点的研究就不再是泛泛而谈,而是着眼作家具体创作过程的生动活泼的文体风格论了。我们说,《文心雕龙》具有高屋建瓴的理论气魄,却又决非干巴巴的"文艺学概论",而是具有充分实践品格的活生生的理论著作;尤其是它的创作论,理论上的"深得文理"自不必说,其深入创作过程的实践精神更是有目共睹。之所以如此,除了刘勰深谙文章写作之理,一个重要的原因就是其"情本"论的文学观在创作论中的贯彻。即如《定势》这样看似纯粹的理论问题,一旦刘勰纳入其"情本"论的体系之中,便立刻具有了源头活水而摇曳多姿。所谓"绘事图色,文辞尽情"的著名论断,正是在本篇提出的。

上述诸篇,刘勰从感情之产生,谈到文章风格的形成,以至感情表现的原则,等等,对文章写作中一些重大的理论问题进行了探索;这种探索既立足于以情为本的根本主张,又时刻注意"文辞尽情"的问题,从而使得这些论述既有相当的理论深度,又具有充分的实践品格。正是在此基础上,刘勰以《情采》篇进行归纳和总结,提出了创作论的"总纲"。《情采》之后,刘勰进入如何表现感情问题的技术探索,也就是专门研究"文辞"如何"尽情"的问题。

《镕裁》篇是这一研究的开始。本篇开宗明义而谓:"情理设位,文采行乎其中。"也就是说,作者一旦确定了适合表现自己思想感情的某种文体,那就要进入具体的舒文布采的创作过程了。这一过程千变万化,乃是相当复杂的。刘勰说:"刚柔以立本,变通以趋时。立本有体,意或偏长;趋时无方,辞或繁杂。蹊要所司,职在镕裁:櫽括情理,矫揉文采也。"他认为,首先要确立或刚或柔的作品风格基调,同时要注意适应时代的发展而进行创新。作品的风格基调虽然一定,但有时会因意绪纷纭而有所偏离;适应时代的发展进行创新是没有一定之规的,所以文辞的运用就可能繁多而杂乱。凡此种种,刘勰以为,其关键所在,就是要作好规范和剪裁的工作了,即规范作者的思想感情表达,矫正、推敲文采的运用。因此,《镕裁》篇既承接上述诸篇所论,又自然过渡到具体写作方法的探讨;可以看出,《文心雕龙》创作论的体系乃是相当精密的。

从《声律》到《练字》的七篇,一般认为就是《序志》所谓"阅声字";但实际上,《练字》之后的《隐秀》、《指瑕》和《养气》三篇,也主要是对感情表现技巧问题的探究。所谓"阅声字",只是一个大致的说明。所以,刘勰实际上用了十余篇的篇幅来论述"文辞"如何"尽情",可谓煞费苦心了。所谓"《文心》者,言为文之用心也",真正是名不虚传的。

刘勰对种种艺术技巧的探索不仅皆各有其理而具有切实可行的指导意义,而且诸如"声律"、"章句"、"丽辞"、"事类"、"练字"等等这些看上去纯属形式因素的问题,实际上既是魏晋南北朝这一"为艺术而艺术"的时代人们所普遍关注的问题,更是着眼中国古代文学创作实践的重要理论成果,其不容忽视是毫无疑问的。就创作论的理论体系而言,值得注意的是,刘勰对这些形式技巧的探索,并没有忘记以情为本的指导思想。如论"章句",刘勰说:"夫设情有宅,置言有位;宅情曰章,位言曰句。故章者,明也;句者,局也。局言者,联字以分疆;明情者,总义以包体:区畛相异,而衢路交通矣。"对作品的思想感情作出一定的安排就是"章",对作品的语言文辞进行一定的布置就是"句",所以"章"即"明",也就是使作者的思想感情得以明确,"句"即"局",也就是使作品的语言文辞得以分界。显然,"章"和"句"所指范围是不同的,但"分句"的目的其实是为了"明情",则二者就有了密切的联系,所谓

"衢路交通",它们是相通的。刘勰这种对"章"和"句"的解释,就完全和表现作者的思想感情联系起来了。再如论"丽辞",刘勰说:"造化赋形,支体必双;神理为用,事不孤立。夫心生文辞,运裁百虑,高下相须,自然成对。"所谓"丽辞",也就是语言的对偶,本属形式技巧问题;但刘勰以为,大自然赋予万物的形体,本来就是成双成对的,所以"事不孤立"乃是自然而必然的。这样,作品中"丽辞"的运用,也就不再是可有可无的形式技巧问题,而是顺应人的思想感情表现的必然要求,所谓"心生文辞"而"自然成对";同时,这种"自然"的要求又显然避免了刻意的人工雕琢,从而使对偶这种艺术表现手法完全服从于以情为本的基本观念。其他如论文章中典故运用及文辞征引的《事类》篇、探讨写作中如何运用文字的《练字》篇等等,刘勰亦无不贯彻其以情为本的主张;也就是说,无论事类的运用还是文字的锤炼,都是为了充分表现作者的思想感情。

在对各种艺术表现手法的运用进行了详细探索以后,刘勰以《附会》篇加以总结,所谓"总文理,统首尾,定与夺,合涯际,弥纶一篇,使杂而不越者也",也就是总括文章的条理,使首尾呼应;决定一篇的取舍,使上下贯通;把全篇组织成一个有机的整体,做到内容丰富而中心突出。刘勰说,这就像盖房子,材料已经准备好,就等筑基建造了;又如做衣服,布料已经裁好,只待细针密缝了。在这一"附辞会义"的"弥纶一篇"的过程中,作者所应遵循的原则是:"必以情志为神明,事义为骨鲠,辞采为肌肤,宫商为声气。"文章犹如人体,作品中的情志就像人的神经中枢,作品中的事理就像人的骨干,文章的辞采就像人的肌肤,文章的音韵就像人的声音。所以,一方面,种种艺术技巧的讲究乃是必需的,是不可或缺的,是作为整体文章的有机组成部分,就像人体不能缺少了"肌肤"和"声气"一样;另一方面,艺术技巧的运用又必须围绕情志的表现这一中心,"文辞"是为了"尽情",就像人体的每个部分都接受神经中枢的指挥一样。

《附会》之后的《总术》篇,既是整个创作论的总结,又放眼文体论和创作论的关系,从总体上对"论文叙笔"和"剖情析采"两个部分加以贯通。从《神思》至《总术》,从作者感情之产生到一篇文章之完成,刘勰深入具体的创作实践,全程描绘了文章产生的过程,从而也完成了创作论理论体系的建构。这一"以情为本,文辞尽情"的"情本"论的创作论体系,既立足于穷搜"文场笔苑"的文体论,具有深刻的实践品格,又着眼时代人文发展的历史事实,提出自己重要的理论主张,从而不仅在当时具有极强的现实针对性和指导意义,而且成为此后中国古代文学创作论的理论渊源;在一定意义上可以说,刘勰之后中国文学创作的理论,尤其是传统的诗文创作理论,乃是《文心雕龙》创作论体系的展开。

(四)《文心雕龙》的批评论

从第四十五篇《时序》至第五十篇《序志》的六篇为《文心雕龙》的最后一个部分,其中《序志》为全书序言,《物色》则具有创作论的性质,除此之外,《序志》对另外四篇一一作了说明:"崇替于《时序》,褒贬于《才略》,怊怅于《知音》,耿介于《程器》。"《时序》总结历代文章盛衰兴亡的规律,《才略》褒贬历代文人或高或低的才能,《知音》表达自古以来文章难于理解的怅惘,《程器》寄托文人成就事业的希望。研究者通常将这一部分称之为批评论。笔者以为,这一部分的中心乃是《知音》篇;或者说,"知音"乃是刘勰贯穿这几篇的一个共同的视点。《时序》对历代文章盛衰兴亡之规律的考察,固然涉及很多方面的内容,但其中心问题在于统治者能否成为作家的"知音"。《才略》对历代文人创作才能的褒贬,可以说是刘勰具体的"知音"之举;其虽云"褒贬",但实际上几乎都是

"褒"而很少"贬",正体现出刘勰的一番苦心。《程器》寄托着对文人成就一番事业的殷切期望,则体现出刘勰乃是千古文人之真正的"知音"。至于《知音》一篇,当然更集中论述了"知音"之于文章的重要性;所谓"怊怅于知音",其中显然包含着"文章千古事,得失寸心知"(杜甫《偶题》)的感慨。下面即对《知音》篇略予叙述。

《知音》开篇便是一声浩叹:"知音其难哉!音实难知,知实难逢;逢其知音,千载其一乎!"知音之难,千载一遇;对文学欣赏而言,"知音"之难在何处呢?刘勰指出了两个方面:一是"音实难知",也就是作品本身有其难"知"之处;二是"知实难逢",也就是真正的"知音"者是很难遇到的,或者说能够深入理解作品并作出正确评判的人是不多见的。

刘勰先从"知实难逢"谈起。"知音"之所以难逢,原因就在于古往今来的文学鉴赏和批评者,往往存在着一些不良倾向。一是"贱同而思古",也就是轻视同时代的人而仰慕前代人,如《鬼谷子》所说,"日进前而不御,遥闻声而相思"。刘勰举例说:"昔《储说》始出,《子虚》初成,秦皇、汉武,恨不同时;既同时矣,则韩囚而马轻,岂不明鉴同时之贱哉?"据《史记》记载,当秦始皇读到韩非子的《孤愤》等作品时,大为赞赏,感叹说:"寡人得见此人,与之游,死不恨矣!"(《老庄申韩列传》)而当韩非入秦后,被谗入狱而死。据《汉书》记载,当汉武帝读到司马相如的《子虚赋》时曾说:"朕独不得与此人同时哉!"(《司马相如传》)而当汉武帝得知司马相如即其同时人后,确实马上召见并任以为中郎将,但汉武帝始终视其为倡优之人。刘勰说,以秦皇、汉武之"鉴照洞明",尚且"贵古贱今","知音"之难遇也就可想而知了。二是"文人相轻",以至抬高自己而贬抑别人。刘勰以班固和曹植为例:班固与傅毅为同时人,"文在伯仲"亦即作品成就相差无几,但班固却讥笑傅毅"下笔不能自休";曹植则在《与杨德祖书》中贬低陈琳,而因丁廙曾请自己修改文章，便称赞其说话得体。正如曹丕所说："文人相轻，自古而然。"(《典论·论文》)三是"信伪迷真"，也就是不学无术，信口而言，当然更谈不上对文章进行正确的鉴赏和批评了。

"知实难逢"既如此，"音实难知"亦有其客观之理。刘勰以生动形象的比喻来说明这个问题："夫麟凤与麏雉悬绝，珠玉与砾石超殊，白日垂其照，青眸写其形。然鲁臣以麟为麏，楚人以雉为凤，魏民以夜光为怪石，宋客以燕砾为宝珠。形器易征，谬乃若是；文情难鉴，谁曰易分？"麒麟和獐子、凤凰和山鸡皆有明显的区别，珠玉和碎石更是完全不同，所谓"白日垂其照，青眸写其形"，应该是不会混淆的。然而，鲁国的官吏竟把麒麟当獐子，楚国也有人称山鸡为凤凰，魏国百姓误美玉为怪石，宋国之人则以碎石为宝珠。如此有形之物本不难鉴别，竟至错误百出，何况表现感情之文？所以，文学鉴赏与批评之难，确是有作品本身的原因。刘勰指出：

夫篇章杂沓，质文交加；知多偏好，人莫圆该。慷慨者逆声而击节，酝藉者见密而高蹈，浮慧者观绮而跃心，爱奇者闻诡而惊听。会己则嗟讽，异我则沮弃；各执一隅之解，欲拟万端之变：所谓"东向而望，不见西墙"也。

文章的结构、内容和语言等等原本是错综交织而相当复杂的，读者又往往各有所好而难以作出全面的评价，结果是"会己则嗟讽，异我则沮弃"，也就是对适合自己欣赏趣味的作品就倍加赞赏，而对自己不喜欢的作品则弃置不理，从而形成一叶障目、不见泰山之弊端。正确的文学欣赏和批评之难，于此亦可见一斑了。

但是，《知音》之作，除了强调"知音"之难，以提醒人们尽可能公正、准确地阅读和理解文学作品外，更重要的还是探讨如何对文章进行正确的鉴赏和批评，从而做一个真正的"知音"。刘勰以为，"文情难鉴"固有其理，文情可鉴亦有其术，正确的文学鉴赏和批评乃是有章可循的。其云：

>凡操千曲而后晓声,观千剑而后识器;故圆照之象,务先博观。阅乔岳以形培塿,酌沧波以喻畎浍。无私于轻重,不偏于憎爱;然后能平理若衡,照辞如镜矣。

刘勰说,大凡弹奏过许多首乐曲的人便懂得音乐,把玩过许多口宝剑的人也便懂得兵器,所以要想正确地理解并全面地评价作品,就必须广泛地阅读。到过高山险峰的人,土丘小山自然不在话下;见过大江大海的人,小河小沟则一望可知。在"博观"的基础上,只要读者去掉私心,不存偏见,便可以做到公正而全面地品评作品了。应该说,刘勰虽然没有找到什么方便法门,但其所论确是文学鉴赏和批评的正确途径。"博观"和"无私于轻重,不偏于憎爱",可以说是文学鉴赏和批评的重要原则。

那么,具体的"知音"之术又是什么呢?刘勰说:"是以将阅文情,先标六观:一观位体,二观置辞,三观通变,四观奇正,五观事义,六观宫商。斯术既形,则优劣见矣。"所谓"六观",也就是从六个方面对作品进行考察。一是考察作品的体裁运用,二是考察作品的文辞采饰,三是考察作品的变化创新,四是考察作品的写作风格,五是考察作品的事类征引,六是考察作品的音韵声律。刘勰认为,有此"六观",一篇文章的优劣长短便可以基本把握了。

最后,刘勰揭开了文情可鉴的谜底,也就是文学鉴赏和批评的基本原理。他说:

>夫缀文者情动而辞发,观文者披文以入情;沿波讨源,虽幽必显。世远莫见其面,觇文辄见其心。岂成篇之足深?患识照之自浅耳。夫志在山水,琴表其情;况形之笔端,理将焉匿?故心之照理,譬目之照形:目瞭则形无不分,心敏则理无不达。

文学创作是情动于中而形于言,文学欣赏则正好相反,是由作品的文辞而深入作家之情。明乎此,读者便可从流及源,探幽索隐,最终必将豁然开朗。刘勰说,欣赏前人的作品,当然不能与作者谋面了,然而从其文章便可看到其内心世界。他认为,不必担心作品过于深奥,只怕欣赏者识见浅陋;琴声无迹,钟子期尚能从中听出伯牙之志,何况文章乃形诸笔端,作者之情又如何藏匿?所以,读者用心把握作品的思想感情,就像用眼睛来观察事物的形貌一样,目光明亮则没有不能分清的事物,心灵敏锐也就没有不能把握的幽微之情。刘勰强调,要做真正的"知音",就必须以敏锐的心灵发现作品的独特之处,所谓"见异,唯知音耳";而要真正发现作品之"异采",则必须深入作品之中,所谓"夫唯深识鉴奥,必欢然内怿"。只有沉潜到作家的心灵深处,发现其独特之美,才能真正享受到文章之乐,也才能对其作出正确的评价,从而做一个真正的"知音"。刘勰说:"盖闻兰为国香,服媚弥芬;书亦国华,玩绎方美。知音君子,其垂意焉。"人们以"兰为国香"而喜欢佩带在身上,从而亦愈觉兰花之香;文章更是国之精华,只有仔细品味,才能懂得其中之美。刘勰提醒人们,要想做"知音君子",就应当记住这点!

三 《文心雕龙》:中国文论的"元典"

《文心雕龙》全书只有三万七千余字,但对这部书的研究已经形成一门系统的学科:"龙学"。据笔者的统计,近百年来,国内外已出版《文心雕龙》研究著作350余种,发表研究文章6000余篇。悠悠三千年中国文艺理论史,文论名家灿若星辰,文论著作汗牛充栋,学说流派五花八门,理论观点异彩纷呈;而如《文心雕龙》之殊遇,实为绝无仅有。当我们回首百年"龙学"史,期望开拓新的学术空间之时,理应对这一耐人寻味的文化现象进行反思,重新审视并完整把握刘勰这部旷世文论宝典。

鲁迅先生曾这样概括《文心雕龙》在文艺理论史上的地位："篇章既富,评骘遂生,东则有刘彦和之《文心》,西则有亚里士多德之《诗学》,解析神质,包举洪纤,开源发流,为世楷式。"(《集外集拾遗补编·题记一篇》)这段话言简意赅,值得回味。所谓"开源发流",一方面是刘勰对儒、道、玄、佛的融会贯通而使得《文心雕龙》扎根于中国文化的丰厚土壤,另一方面则是刘勰对前人文论的全面继承和发展。正是在此基础上,刘勰建构起自己的文论话语系统,使《文心雕龙》成为"体大而虑周"的"笼罩群言"(章学诚《文史通义·诗话》)之作,成为"寡二少双"的"文苑之学"(谭献《复堂日记》),从而"为世楷式"——成为中国古代文论和美学的"元典"。

(一)　易之为道,入神致用——《文心雕龙》的思想之魂

《文心雕龙》之成为中国古代无与伦比的"一部伟大的文艺、美学理论著作"(周扬《关于建设有中国民族特点的马克思主义文艺理论问题》,《社会科学战线》1983年第4期),一个重要的原因是其对哲学思想的借鉴、吸收。刘勰生当儒、道、玄、佛大融汇的南北朝时代,既以儒家思想为主导,复以道家思想为重要的参照,同时又充分运用玄学、佛学的思想成果,从而为"论文"找到了一种全面、合理的思想支点。最为引人注目的,则是他对《周易》一书的融会贯通。笔者以为,《周易》对《文心雕龙》的影响不是枝节性的,而是全方位的;尤其是《易传》哲学,乃是《文心雕龙》的思想之魂。

《易传》利用《易经》的形式框架,建构起一个天、地、人相统一的完整的哲学思想体系,如《系辞上》所说,"《易》与天地准,故能弥纶天地之道","《易》之为书也,广大悉备,有天道焉,有人道焉,有地道焉"。《易传》更感兴趣的不是世界的本体问题,而是人们

所生活的丰富多彩的现实世界之运动变化的规律。《系辞上》说："有天地,然后万物生焉,盈天地之间者唯万物",又说："生生之谓易",《系辞下》说："天地之大德曰生",等等,这种贴近自然和人生的思维容易为人们所接受,从而产生激动人心的力量。更重要的是,大量详尽的现象观察为规律的总结作好了充分的准备,从而使得那些看上去极为简略的几点概括,成为千古不易的法则而具有永恒的魅力。如《乾·象》所谓"天行健,君子以自强不息",既是《易传》哲学的必然结论,更是一幅现实世界人生的波澜壮阔的生动画卷。

《易传》的思维方式给了刘勰"论文"以重要的启发。《文心雕龙》开篇而谓："文之为德也,大矣!"正是对生动文学现象的一种现实描摹和肯定,而所谓"与天地并生者,何哉",并非对"文"之起源的追问,而是对"文"之规律的探寻。《原道》说："人文之元,肇自太极","文"与天地一同产生,这是刘勰认定的事实,他无意于探究;而人类何以会有丰富多彩的"文",其运行发展的规律是什么,才是他感兴趣的问题。实际上,"文"何以与天地一同产生,这个问题并非不可以导向"文"之起源的研究,然而,刘勰的回答是:天有天之"文",地有地之"文",人自然也有人之"文",这是不以人的意志为转移的客观规律;从而,"文是什么"不再成为问题,"文应当如何"才是中心所在。刘勰的思维模式,与《易传》如出一辙。

《易传》认为,天地万物的产生乃是"阴"、"阳"二气交互作用的结果,而阳性事物的特点在于刚健,阴性事物的特点在于柔顺,"阴"、"阳"的对立也就具体化为"柔"、"刚"的对立,即《咸·象》所谓"柔上而刚下,二气感应以相与"。从而,阴阳刚柔的对立、转化和统一也就成为大千世界的规律,即《说卦》所谓"立天之道曰阴与阳,立地之道曰柔与刚",并最终概括为《系辞上》所谓"一阴一阳之谓道"的总的原则和规律。阴阳刚柔之"相摩"、"相荡"

(《周易·系辞上》)的具体变化特点，《易传》则用一个"神"字来概括，《系辞上》所谓"阴阳不测之谓神"、"神无方而易无体"，《说卦》所谓"神也者，妙万物而为言也"，虽云"神"却并无神秘的色彩，更没有导向不可知论，而是相当自信，所以《易传》进一步要求人们主动适应事物的多变，即《系辞下》所谓"变通者，趋时者也"，所谓"唯变所适"。也就是说，尽管"阴阳不测"，尽管"无方"、"无体"，人却并不是被动的，而是仍然可以适应其变，仍然可以"自强不息"。《系辞上》所谓"知变化之道者，其知神之所为乎"，《系辞下》所谓"精义入神，以致用也"，正说明通其"变"也就知其"神"，而致于"用"才是最终目的。

　　刘勰正是通其"变"且致于"用"之人。《夸饰》有云："夫形而上者谓之'道'，形而下者谓之'器'。神道难摹，精言不能追其极；形器易写，壮辞可得喻其真。"所谓"形上"、"形下"之语，便来自《周易》；所谓"神道难摹"，则是用"神"来表现"道"的"阴阳不测"的特点。《原道》既用"自然之道"来说明"文"之自然而必然，又数次用"神理"一词说明"道"的特点，认为"道心惟微，神理设教"，正以《易传》为本。《征圣》也说："天道难闻，犹或钻仰；文章可见，胡宁勿思？"此类通于《周易》之论，在《文心雕龙》中随处可见。至于《周易》之刚柔、通变等思想，更为刘勰借以"论文"，而成为《文心雕龙》之重要的文学观念。《风骨》所谓"刚健既实，辉光乃新"、"文明以健"等等，其与《周易》的联系显然可见；《通变》则从篇名至内容，无不渗透着《系辞上》所谓"通其变"的思想。《宗经》说："夫《易》惟谈天，入神致用。"刘勰确乎是深得"易"之三昧的。

　　在《周易》的思想体系中，"文"乃是天地万物的一个重要特点，有着多方面的含义：一是"美"。《革·象》说："大人虎变，其文炳也。"又说："君子豹变，其文蔚也。"这里的"文"乃是"美"的同义语。二是自然之美。《系辞上》所谓"仰以观于天文，俯以察于地理",《系辞下》所谓"仰则观象于天,俯则观法于地,观鸟兽之文与地之宜",等等,乃说明天地万物无不各有其"文"、各有其美,这是自然而必然的。三是"文"与"变"有着密切的关系,"文"乃是"变"的结果。《系辞下》所谓"为道也屡迁",所谓"变动不居",《系辞上》所谓"通其变,遂成天下之文",都说明"变"是绝对的,没有"变"也就没有"文",不懂得"变"也就不懂得"文"了。四是"文"有其"度"。"文"之"变"是有原则的,《系辞下》要求"唯变所适"而又必须"出入以度","度"的掌握乃是"变"的关键;又说:"物相杂故曰文,文不当,故吉凶生焉。"作为修饰之"美","文"有"当"与"不当"之别,有其重要的度量分界。五是作为人类之"文",有着重要的教化作用,《贲·彖》说:"文明以止,人文也。"又说:"观乎人文,以化成天下。"都是这个意思。

上述思想都被刘勰纳入了《文心雕龙》的理论体系之中。"文心雕龙"之"文",在很多地方就是"美"的同义语;《原道》所谓"道之文",所谓"形立则章成矣,声发则文生矣",所谓"有心之器,岂无文欤",等等,这些"文"都是"美"之意。这个"文"和"美"的自然而必然,更是《原道》以至《文心雕龙》一以贯之的观点,所谓"心生而言立,言立而文明,自然之道也"。文之"变"的问题亦为《文心雕龙》所充分关注。《通变》所谓"文律运周,日新其业",所谓"变则其久",皆极力倡导文章之新变,理论之源正是《周易》。文之"度"的问题,则是刘勰之欲"论文"的直接原因。《文心雕龙》之作,乃因《序志》所谓"去圣久远,文体解散:辞人爱奇,言贵浮诡;饰羽尚画,文绣鞶帨",也就是没有解决好文之"度"的问题。至于文之"化成天下"的作用,也是刘勰所一再强调的。《原道》所谓"观天文以极变,察人文以成化",直接化用了《周易》的文句自不必说;对文章"晓生民之耳目"作用的重视,更成为贯穿《文心雕龙》全书的重要观点。

《周易》对《文心雕龙》的影响是广泛、深刻而复杂的。刘勰经常把《周易》对天地自然之理的论述改造成"论文"之语,如《镕裁》开篇说"情理设位,文采行乎其中",便直接化用了《系辞上》所谓"天地设位,而《易》行乎其中"的语句;又如《比兴》篇有"观夫兴之托谕,婉而成章;称名也小,取类也大"之论,则来自《系辞下》所谓"夫《易》彰往而察来……其称名也小,其取类也大"之句;等等。但更重要的则是整个思想的借用、转化或改造。如《原道》所谓"仰观吐曜,俯察含章,高卑定位,故两仪既生矣"、"人文之元,肇自太极"、"河图孕乎八卦,洛书韫乎九畴",等等,都来源于《周易》,却又被融入了刘勰"论文"的思想体系。在一定程度上可以说,没有《周易》,便没有《文心雕龙》。

(二) 弥纶群言,唯务折衷——《文心雕龙》的理论创新

《文心雕龙》之作,以《序志》所谓"弥纶群言"为理论目标,对已有文论成果既有充分的吸收,更有创造性的建构。其中,与《文心雕龙》关系最为直接的文论著作是陆机的《文赋》,如章学诚所指出:"刘勰氏出,本陆机氏说而昌论文心。"(《文史通义·文德》)所以,我们即以此为例,具体考察《文心雕龙》与前人文论之广泛而复杂的联系及其全面的理论创新。

魏晋南北朝确是"最富有艺术精神的一个时代"(宗白华《美学与意境》,人民出版社1987年版,第183页)。当人们发现文艺之美时,陶醉、沉浸于其中自不必说,甚至谈文论艺的著作也必须是美的。陆机的《文赋》是中国文论史上第一篇创作论,又是"赋",是一篇精心结撰的文学作品;其形式严整,用语讲究,通篇押韵,声辞并美。它是一篇"文之赋",是一首"文"的赞歌、美的赞歌。这是陆机的初衷,也是《文赋》的实际,是决不能忽略的。陆机真正重视的不是文学创作的基本原理,而是如何写出一篇美的

文章,这就决定了他必然着重探讨许多属于写作技巧方面的问题。

无独有偶,《文心雕龙》乃是精致的骈文,许多篇章便是出色的文学作品。范文澜先生曾指出:"刘勰是精通儒学和佛学的杰出学者,也是骈文作者中希有的能手。他撰《文心雕龙》五十篇,剖析文理,体大思精,全书用骈文来表达致密繁富的论点,宛转自如,意无不达,似乎比散文还要流畅,骈文高妙至此,可谓登峰造极。"(《中国通史简编》修订本第二编,人民出版社1964年版,第418页)在深入创作实践、以美的形式展示美的创造过程方面,刘勰确乎更加不遗余力。《文心雕龙》是一部"体大思精"的"论文"之作,也是一部气势恢宏的"文"的赞美诗、美的交响乐。至于其大量篇幅着眼具体的创作实践而论述种种写作技巧,更使其成为"精理密意,美包众有"(刘开《与王子卿太守论骈体书》)之作。

《文赋》的主旨何在?其开篇云:"余每观才士之所作,窃有以得其用心:夫放言遣辞,良多变矣;妍蚩好恶,可得而言。"陆机认为,如何写好一篇文章,主要就是"放言遣辞"的问题。所以,《文赋》之作确乎在为文之"用心",但必知其"用心"在如何"放言遣辞";陆机要解决的中心问题,乃是把文章写好、写美,而关键在于语言的表达。他指出,文章之作,"恒患意不称物,文不逮意,盖非知之难,能之难也"。虽有"意不称物"、"文不逮意"两种情形,但最终都要落实到一个问题,即"文"如何"逮意"和"称物",也就是如何"放言遣词";所以此"非知之难",而是"能之难也",即具体操作、表达的困难。此乃陆机所找到的"作文之利害所由",即文章成败的关键所在。

陆机所谓创作之"恒患",刘勰也给予了充分的注意和重视。《神思》有云:"方其搦翰,气倍辞前;暨乎篇成,半折心始。"这种体会更为真切而符合创作的实际,但刘勰并未止于此,而是要探究其中的原因。他说:"何则?意翻空而易奇,言征实而难巧也。"刘勰认为,之所以会有"文不逮意"的问题,是因为"意"和"言"有着不同的特点:艺术意象虚而不实,容易出奇制胜;语言文辞落地有声,难以投机取巧。所以,刘勰既充分注意到了这个问题的"能之难",又显然不同意陆机的"非知之难"之说,而是要在知其所难的基础上解决"能之难"的问题。因此,刘勰之于陆机确是有所"本"的,但其理论的广度和深度,则大为不同了。

《文心雕龙》亦在"言为文之用心",而其"用心"之处,也在文章写作的精雕细刻之功,这与《文赋》是一致的。然而,《序志》所谓"搦笔和墨,乃始论文",又以解决"去圣久远,文体解散"为要务,担负着《宗经》所谓"极正归本"的历史重任,这与陆机为"文"作"赋"的心态便极为不同了。《文赋》是一首文的赞歌、美的赞歌,《文心雕龙》则是一部文的美学、美的哲学。不同的价值取向,决定了其最终的理论追求有着重要的区别。如对声音之美的认识,《文赋》有"暨音声之迭代,若五色之相宣"之论,《定势》则说:"括囊杂体,功在铨别;宫商朱紫,随势各配。"刘勰既以陆机所论为本,又以"自然之势"要求文章的声韵之美,则其对声律的重视,就有了不同的着眼点。《声律》有云:"夫音律所始,本于人声者也。声含宫商,肇自血气……故言语者,文章,神明枢机。"又说:"吹律胸臆,调钟唇吻"、"吐纳律吕,唇吻而已"。声由心生,以自然的音律充分表达人的内心世界,才是声韵之美的关键所在。这便是《文赋》所不具备的探本之论了。

由此可见,《文心雕龙》确乎实现了对已有文论著作的全面超越,从而达到了所谓"笼罩群言"的理论境界。这种超越,不仅因为其"弥纶群言"的理论气魄,而且还在于刘勰将这种非凡的理论气魄和胸襟具体化为高屋建瓴的理论原则和研究方法。对此,刘勰在《序志》篇中作了高度概括而又十分精确的说明:"及其品列成文,有同乎旧谈者,非雷同也,势自不可异也;有异乎前论者,非苟异也,理自不可同也。同之与异,不屑古今;擘肌分理,唯务折衷。"他认为,与前人有相同之见实属正常,重要的是不能人云亦云、随声附和,而是应当察其情势、辨其真伪,认定其确为理之所存;与前人之见不同更是在所多有,但决非故作惊人之谈,而是衡诸事理,不允许苟同已有的结论。刘勰强调,必须通过自己认真、仔细而具体的分析,力求得出无过无不及的恰如其分的正确主张,并最终得出全面而公允的结论。

　　刘勰的这段话不难理解,也经常为古往今来的研究者所引用。但一方面,真正准确把握这个看似简单的"同"与"异",真正做到"擘肌分理,唯务折衷",实在是难乎其难;另一方面,刘勰所追求的这个"折衷"的理论境界,还远未得到足够的理解和重视。实际上,刘勰的这一研究方法经常被等同于一般的折衷调和,其理论的创新色彩也就被有意无意地忽视了。应该说,刘勰所谓"折衷",确乎不同于一般的标新立异,而是充分借鉴和吸取历史的经验、教训,在对已有成果进行全面审核和慎重衡量之后,提出一种更为精确和符合事实的结论。这一结论既包含了前人思想之精华,又融汇了作者新的思考;从其实质上说,它已经是一种新的成果了。《序志》曾引用孟子的话而谓:"岂好辩哉?不得已也!"但我们却很少看到《文心雕龙》中有孟子那样咄咄逼人的滔滔雄辩,那么刘勰又何以如此说呢?此无他,乃在于刘勰那些看上去颇有调和色彩的见解,其实已是不同于前人成说的新论。只不过,这与"成一家之言"的追求有所不同,而是气魄更为宏大,视野更为开阔,思辨更为精审,立论更为确当,所谓"极高明而道中庸",刘勰庶臻此境。

　　在思想理论史的研究中,人们往往忽视甚至不承认集大成的理论所具有的创新性质。笔者以为,《文心雕龙》之"唯务折衷"的理论追求,乃是使其成为"笼罩群言"之作的根本所在;这种所谓

"笼罩群言",毫无疑问具有集大成的性质,而其实质则是一种更高层次的理论创新。作为这种创新的直接成果,《文心雕龙》不仅从著作规模、论述范围等方面超越了在此之前所有的文论著作,而且从总体的理论内容上也超越了在此之前所有的文论著作,从而不仅树起一座理论的丰碑,而且成为中国古代文论和美学的"元典",成为"千古绝作"(臧琳《经义杂记·三刘三绝》),在许多方面成为后世不可企及的范本。

(三) 神用象通,心物交融——《文心雕龙》与中国文论

季羡林先生有言:"我们中国文论家必须改弦更张,先彻底摆脱西方文论的枷锁,回归自我,仔细检查、阐释我们几千年来使用的传统的术语,在这个基础上建构我们自己的话语体系……"(《季羡林人生漫笔》,同心出版社 2000 年版,第 422 页)我想,"仔细检查、阐释"工作的重要性,研究者们大多已认识到了;但要"彻底摆脱西方文论的枷锁"而"回归自我",则是一个相当艰苦的过程。比如,"文心雕龙"之"文",在现代汉语中就很难找到与之相适应的词语。之所以出现这种窘境,一个重要的原因是我们现代文学理论的"失语"——失去了我们传统的文论话语。

实际上,《文心雕龙》有着"自己的话语体系"。《镕裁》说:"万趣会文,不离情辞。"《定势》云:"绘事图色,文辞尽情。"刘勰认为,文体的种类固然名目繁多,文章的旨趣更是千变万化,然而只要是"文",就离不开"情"和"辞"两个方面;绘画讲究设色布彩,而文章则注重表现感情。所以,《序志》把创作论的全部问题概括为"剖情析采",并以《情采》篇作了系统论证,从而构成一个"以情为本,文辞尽情"的"情本"论的话语体系。这一体系的丰富内容,成为中国古代文论的话语之本。下面仅以刘勰的艺术构思论和艺术风格论为例,略予考察。

刘勰贴切地称艺术构思为"神思"。《神思》云:"文之思也,其神远矣。故寂然凝虑,思接千载;悄焉动容,视通万里。吟咏之间,吐纳珠玉之声;眉睫之前,卷舒风云之色:其思理之致乎!"所谓"远",既是时间的无始无终,又是空间的无边无际。这种超越时空的想象活动,正是艺术构思的典型特点。刘勰进一步对艺术构思的形象性作了理论概括,那就是"思理为妙,神与物游"。这一精炼的概括不仅极为准确地抓住了艺术构思的形象思维特征,而且深刻地揭示出这种形象思维的特点在于心物交融,所谓"神用象通,情变所孕;物以貌求,心以理应"。这种心物交融的特点,《文赋》曾有所涉及;在此基础上,刘勰以敏锐的理论感觉和精细的思辨能力,创造了"神与物游"这一既生动形象而又高度概括的独特用语。季羡林先生曾经不止一次地呼吁:"中国文艺理论必须使用中国国有的术语,采用同西方不同的判断方法,这样才能在国际学坛上发出声音。"(《季羡林人生漫笔》,第392页)对此,笔者深以为然。中国国有的文艺理论术语中,"神与物游"应是富有生命力的出色的一个。

心物交融而深情贯注的结果,一方面是感情的形象化、物象化,另一方面则是客观物象的感情化、主观化;从而艺术意象也就呼之欲出了。《神思》说:"然后使玄解之宰,寻声律而定墨;独照之匠,窥意象而运斤。"艺术构思完成以后,作者要寻找合适的表现方式,把自己独特的艺术意象传达出来。显然,"意象"的产生是"神与物游"的结果,是"神用象通,情变所孕"的产物;它既非纯粹的客观物象,也不再是抽象而单纯的思想感情,而是寄托和表达作者思想感情的生动而形象的艺术内容。需要强调指出的是,作为艺术构思的成果,"意象"这一概念包孕了丰富的内容,与现代所谓"艺术形象"是颇不相同的。后者着眼于造型艺术和小说戏曲等重视虚构的艺术形式,主要是指一种活生生的"形"、"象";而刘勰的"意象"乃着眼表现感情的诗文,既有客观形象性的含义,又包孕着心绪、意念、情感、思想等诸多内容。因此,"意象"这一概念具有极大的包容性和概括性,是又一颇富中国特点的文论术语。

刘勰艺术构思论的一系列概念和理论成为中国古代艺术构思论的基本话语。"神思"一词虽在刘勰之前即已出现,但以之作为艺术构思的专门用语,则是刘勰的发明;以之名篇并作全面研讨,更表现出其卓越的理论意识。自刘勰之后,"神思"便成为艺术构思的专用术语了。唐代王昌龄《诗格》有云:"诗有三格。一曰生思:久用精思,未契意象,力疲智竭,放安神思,心偶照境,率然而生。二曰感思:寻味前言,吟讽古制,感而生思。三曰取思:搜求于象,心入于境,神会于物,因心而得。"这里不仅运用了刘勰艺术构思论的两个重要概念:"神思"和"意象",而且对"生思"的描述,正合于《神思》所谓"秉心养术,无务苦虑;含章司契,不必劳情"之论。所谓"取思",则是刘勰"神与物游"、"神用象通"之论的发挥。宋元以后而至明清时期,"神思"一词被广泛地运用于古代的诗论、文论、画论之中;而"神与物游"的理论,亦成为艺术构思和文学创作的共识。如明代的王世贞说:"遇有操觚,一师心匠;气从意畅,神与境合。"(《艺苑卮言》卷一)类似之论,不胜枚举。

至于刘勰所独创的"意象"这一重要概念,更是得到了作家和文论家们的充分重视而被普遍运用。宋代黄庭坚诗云:"革囊南渡传诗句,摹写相思意象真。"(《同韵和元明兄知命弟九日相忆》)"意象"一词的运用正承刘勰之命意。明代李东阳评温庭筠的"鸡声茅店月,人迹板桥霜"之句而谓:"音韵铿锵,意象具足,始为难得。"(《麓堂诗话》)王世懋亦说:"盛唐散漫无宗,人各自以意象、声响得之。"(《艺圃撷余》)他们皆以"意象"作为诗歌最重要的审美标准。胡应麟的《诗薮》更是屡次用到"意象"一词,如:"《大风》千秋气概之祖,《秋风》百代情致之宗;虽词语寂廖,而意象靡尽。"

又如:"五言古意象浑融,非造诣深者,难于凑泊。"显然,"意象"已成为诗歌审美的中心问题。

在艺术构思论的基础上,刘勰提出了关于艺术风格的著名论断:"各师成心,其异如面。"这一从"情本"论出发的精彩论断,被后世发展成"文如其人"的命题,亦成为中国文学艺术理论的基本话语。白居易《读张籍古乐府》说:"言者志之苗,行者文之根,所以读君诗,亦知君为人。"所谓"言者志之苗",乃是刘勰所谓"志以定言"的引申;由"读君诗"而知"君为人",正因"诗如其人"。苏轼评价其弟苏辙之文而谓:"其文如其为人",所以"终不可没"(《答张文潜书》)。北宋陈师道说:"仆尝谓豫章之诗如其人。"(《答秦觏书》)这是对黄庭坚之诗的高度评价。明代方孝孺则认为:"自古至今,文之不同,类乎人者","其人高下不同而文亦随之"(《张彦辉文集序》)正是"文如其人"而"其异如面"之意。清代叶燮《原诗》有云:"诗是心声,不可违心而出,亦不能违心而出。"他认为,如果说心为日月,那么诗就是日月之光,由光可见日月,由诗亦可见人心。他把这种"诗如其人"之论作为诗之根本,认为离开这一根本而"勉强造作",便为"欺人欺世之语"。这不仅同于刘勰"各师成心"的艺术风格论,亦与其"言与志反,文岂足征"之论完全一致了。

不仅诗文,即如书法、绘画亦同样"如其人"。欧阳修评颜真卿书法云:"斯人忠义出于天性,故其字画刚劲独立,不袭前迹,挺然奇伟,有似其为人。"(《唐颜鲁公二十二字帖》)所谓"出于天性"、"不袭前迹",正是师心为书,从而形成"似其为人"的独特艺术风格。清代刘熙载更说:"书,如也。如其学,如其才,如其志,总之曰:如其人而已。"(《艺概·书概》)书法艺术全面反映一个人的学问、才气、情志,而归根结底是反映作者的人格,可谓彻底的"书如其人"之论。清代王昱则说:"学画者,先贵立品……文如其人,画亦有然。"(《东庄论画》)学画先重人品的修养,正以"画如其人"。

季羡林先生说:"我们在文论话语方面,决不是赤贫,而是满怀珠玑。我们有一套完整的与西方迥异的文论话语。"(《季羡林人生漫笔》,第 436 页)可以说,这套完整的中国文论话语就形成于《文心雕龙》。

(四) 风清骨峻,即体成势——《文心雕龙》与中国美学

"文心雕龙"四个字是什么意思?《序志》说:"心哉美矣,故用之焉。"这并非仅仅指"心"这个词很美,更意味着心生之文是美的。所谓"为文之用心",乃是说如何把文章写得美,而写得美的关键在于"用心"。如何"用心"呢?除了贯彻"以情为本",还必须懂得"文辞尽情"。《风骨》所谓"雕画奇辞",《序志》所谓"雕缛成体",都说明文章之美必然来自精雕细琢。所以,笔者的解释是:"文心雕龙"者,"文心"如"雕龙"也。《文心雕龙》的大量篇幅,就是研究如何"用心"使文章臻于美的境界。

这个美的境界,首先表现为"风骨"之美。《风骨》说:"若能确乎正式,使文明以健,则风清骨峻,篇体光华。"作品既要充分表现作者的思想感情、突现作者的个性,又要坚实而有骨气,从而产生激动人心的艺术力量,所谓"刚健既实,辉光乃新"。因此,"风骨"是刘勰关于"文"的基本观念的具体化,是他对文章写作的总要求,是其美学理想。这一艺术理想论既充分重视了"为艺术而艺术"的时代倾向,充分重视了作家艺术个性的张扬,又毫不含糊地批判了"习华随侈,流遁忘返"的"文滥"之风,从而成为文章写作的一个"正式"。

这个"正式",得到了中国历代文论家的一致赞同。陈子昂在其著名的《修竹篇序》中便举起"汉魏风骨"的旗帜,批判齐梁时期

"彩丽竞繁,而兴寄都绝"的文风,并希望以此挽救"风雅不作"的文坛,则显然把"风骨"视为文章之"正道",全面接受了刘勰的"风骨"论。此后,"风骨"一词成为历代诗人和文论家最常用的概念之一。如李白:"蓬莱文章建安骨,中间小谢又清发"(《宣州谢朓楼饯别校书叔云》)、高适:"东道有佳作,南朝无此人;性灵出万象,风骨超常伦"(《答侯少府》)、殷璠:"今陶生实为兼之,既多兴象,复备风骨"(《河岳英灵集》卷上)、严羽:"黄初之后,惟阮籍《咏怀》之作,极为高古,有建安风骨"(《沧浪诗话·诗评》)、胡应麟:"《敕勒歌》……大有汉魏风骨"(《诗薮》内编卷三)、王士禛:"夺魏晋之风骨,变齐梁之俳优,陈伯玉之力最大"(《带经堂诗话》卷四),等等。

诗文之外,中国古代其他艺术形式也特别讲究"风骨"。唐代李嗣真评张僧繇而谓:"骨气奇伟,师模宏远"(《续画品录》),张彦远论画则云:"古之画或能移其形似而尚其骨气"、"夫象物必在于形似,形似须全其骨气"(《历代名画记》),这些所谓"骨气"与"风骨"别无二致。书法之要求有"风骨"则更为普遍。唐代张怀瓘说,书法当"以风神、骨气者居上",尤其是草书,更须"以风骨为体,以变化为用。"(《书议》)徐浩在其《论书》一文中,更大段引用了刘勰论"风骨"之语。清初宋曹所谓"筋力老健,风骨洒落"(《书法约言》),清末周星莲所谓"物象生动,自成一家风骨"、"波折钩勒一气相生,风骨自然遒劲"(《临池管见》),皆以"风骨"为书法艺术的关键。

文章之美的另一具体要求,乃是"定势",即文章的"体势"之美。"风骨"之美侧重于对作家主体的要求,刘勰以之解决文风之"滥"的问题;"体势"之美则侧重于适应文体的要求,刘勰以之解决文风之"讹"的问题。一部《文心雕龙》,从正面说是要探讨文章如何才能写得美,从反面说则是要纠正《序志》所谓"离本弥甚,将遂讹滥"的文风;《风骨》和《定势》正是集中论述文章之美的理想和原则的两个篇章,一起构成了刘勰关于文章之美的完整见解,《序志》所谓"图风、势",正说明了这点。

文章的"体势"之美充分注意了文章风格的客观因素,强调文章写作不能脱离各种文体的规范,要顺应文体的特点。刘勰特别指出:"文之任势,势有刚柔;不必壮言慷慨,乃称势也。"这正是提醒人们,"壮言慷慨"的"风骨"之力既是他的艺术理想,同时又是有着现实针对性的;着眼文章本身,则"势有刚柔",文章之美是多姿多彩的。但这又是有"度"的,所以"文之任势"而又"势"必有"定",那就是必须遵循"因情立体,即体成势"的原则,从而最终回归"以情为本,文辞尽情"的文论体系。

刘勰是系统研究文学"体势"之美的第一人。《文心雕龙》之后,文学艺术之"势"成为一个重要的理论和实践问题。唐代皎然在其《诗式》中多处论及诗之"势",并于开篇列"明势"一题,其云:"高手述作,如登荆、巫,觌三湘、鄢、郢山川之盛,萦回盘礴,千变万态——文体开阖作用之势。"因"体"的不同而有"势"的"千变万态",正是刘勰之"定势"思想的运用。明清之际的王夫之则把"势"作为其诗学的一个重要范畴,要求诗歌创作必须"以意为主,势次之",而"势者,意中之神理也"(《姜斋诗话》)。他认为,诗歌要"以意为主",但这个"意"必须是顺乎自然而不加雕琢的,所以"势"为其"神理","势"乃"意"之灵魂。这与刘勰所谓"因情立体,即体成势"的"自然之势"乃是一脉相承的。清代包世臣亦把"势"作为一个重要理论范畴,从书法之"势"到诗文之"势",皆有相当广泛的论述(见其《艺舟双楫》、《再与杨季子书》等论著)。

当然,文章之美最直接的表现乃是语言形式美。所以,刘勰对文章语言的运用问题,进行了极为详细的研究。这种研究,既立足于《文心雕龙》之作乃"言为文之用心"的根本,更是从汉语言文字特点出发的系统的文学语言论。实际上,"文心雕龙"之"文",除了指各种各样的文章以外,一个重要含义便是感性形式美。《原道》所谓"道之文"、"动植皆文",《情采》所谓"形文"、"声文",等等,都与文章无关,但却和"美"有缘。而所谓"文章",刘勰也首先赋予它"美"的含义。《情采》说:"圣贤书辞,总称'文章',非采而何?"因此,无论刘勰的"文章"如何包罗万象,总有一个共同的特点,那就是"美"。詹锳先生曾指出:"《文心雕龙》讲究文采的美,因而以'雕镂龙文'为喻,从现代的角度看起来,《文心雕龙》中所涉及的理论问题属于美学范畴。"(《文心雕龙义证·序例》,上海古籍出版社1989年版)这是很有道理的。牟世金先生则说:"如果说《文心雕龙》的某些内容不属文学理论,美学则有更大的容量。……视《文心雕龙》为古代美学的'典型',可能给龙学开拓更为广阔的天地。"(《雕龙后集》,山东大学出版社1993年版,第56页)这是完全正确的。可以说,《文心雕龙》乃是立足于古代诗文创作实践的中国美学,它不仅蕴含着丰富的美学思想,更是中国古代美学史的关键和"枢纽",是中国古典美学的理论之源。

四 《文心雕龙》的文本校勘与阅读

《文心雕龙》的版本很多,但苦无善本。对其文本的校勘整理,花费了几代龙学家的大量心血,取得了令人瞩目的成就。从清代黄叔琳的《文心雕龙辑注》,到近世范文澜的《文心雕龙注》、王利器的《文心雕龙校证》、詹锳的《文心雕龙义证》、杨明照的《增订文心雕龙校注》等等,其泽被龙学后人,非一代也。但正因其缺乏善本而问题颇多,校勘工作亦更如秋风扫落叶,总是扫之不尽;加之校勘者的个人理解不同,所以《文心雕龙》的文本整理可以说远未结束,从而也就增加了一般读者《文心雕龙》阅读中的困难。

限于国学读本丛书的体例,本书仍以范文澜的《文心雕龙注》作为底本,但笔者尝试以范注本的原文为基础,参照林其锬、陈凤金的《文心雕龙集校合编》(台湾暨南出版社2002年)和《新校白文〈文心雕龙〉》(张光年《骈体语译文心雕龙》附录一,上海书店出版社2001年),并充分吸收近世诸家的校勘成果,特别是全面吸收唐写本的校勘成果,对《文心雕龙》文本进行全面校正。笔者校正的目标只有一个,那就是力图最大限度地接近刘勰之原文,而不是追求文字上的最佳表达方式。因此,所作校正之处虽多(可以说是空前的),但均有版本依据,且求其最为符合刘勰的用语习惯。由于本套丛书不以校勘为目的,因此本书不出繁琐的校语,只在注释中指出笔者认为应当改正之处及其版本依据。为便于读者的阅读,下面就笔者对《文心雕龙》文本的校正略举数例:

(一)《征圣》:虽欲訾圣,不可得也

不:通行本作"弗",唐写本作"不"。也:通行本作"已",唐写本作"也"。显然,这两个字改与不改,均不影响文义,所以各种《文心雕龙》读本一般就作"弗可得已",如周振甫先生的《文心雕龙注释》、陆侃如和牟世金先生的《文心雕龙译注》等都是如此。林、陈二先生的新校本则保留"弗"字而改"已"为"也",大约是因为"弗"字更近文言。无独有偶,《诏策》有云:"卫觊禅诰,符采炳耀:不可加也。"这个"不",通行本亦作"弗",而宋本《太平御览》则引作"不"。这里的"也",通行本亦作"已",而宋本《太平御览》则引作"也"。可见宋本《太平御览》所引正与唐写本符合,则证"不可……也"很可能原本是刘勰的用语习惯。若准此论,则可作为《文心雕龙》其他无唐写本之篇章的校勘依据。如《议对》有:"虽欲求文,弗可得也。"则这个"弗可"便当作"不可"。

（二）《宗经》：《春秋》辨理，一字见义；五石六鹢，以详略成文；雉门两观，以先后显旨

《春秋·僖公十六年》云："十有六年春，王正月戊申朔，陨石于宋五。是月，六鹢退飞过宋都。"刘勰所谓"五石六鹢"，即为此事。惟"鹢"字，通行本作"鹢"，唐写本和宋本《太平御览》均作"鶂"。范注引臧琳《经义杂记》云："《说文》鸟部：'鶂，鸟也，从鸟兒声。'按：《春秋》僖十六年'六鹢退飞'，《正义》：'鹢字或作鶂。'《释文》：'六鹢，五历反，本或作鶂，音同。'又《公羊》、《谷梁》、《释文》皆云'六鶂，五历反'，可证三传本皆作'鶂'，与《说文》同。今《公羊》注疏皆作'鹢'，惟何休'六鶂无常'，此一字未改。《谷梁》注疏皆作'鹢'，惟经文'六鶂退飞'此一字从'益'。盖唐时《左传》已有作'鹢'者，故后人据以易二传也。"从唐写本看，刘勰引文多用古本，故此处"六鹢"，当从唐写本和宋本《太平御览》所引，不作"六鹢"。这里的"以详略成文"之"略"，宋本《太平御览》引为"备"，诸家皆据以释义，以为刘勰所谓"详略"当作"详备"，方与所谓"五石六鹢"之说相符合。然而，唐写本和元至正本均作"略"，因而通行本亦写作"略"，他们都错了吗？其实，"以详略成文"，与下面的"以先后显旨"正相呼应；若改成"以详备成文"，则了不成对了。《春秋·僖公十六年》关于"五石"的记载，具体到了正月初一（朔），是为"详"；而关于"六鹢"的记载，则只说到月份，是为"略"。这便是刘勰所谓"以详略成文"了。

（三）《明诗》：故平子得其雅，叔夜含其润，茂先凝其清，景阳振其丽

唐写本对《文心雕龙》文本的校正具有重要的意义，但其文字亦有个别地方未可全信，《明诗》的这几句是一个典型的例子。这

几句中的"含"、"凝"、"振"三字,唐写本分别作"合"、"拟"、"震",但元至正本以及通行本均作"含"、"凝"、"振"。显然,唐写本的三字不如通行本准确,以刘勰用字,当不至于如此。幸有《文镜秘府论·论文意》曰:"古人云:具体唯子建、仲宣,偏善则太冲、公干。平子得其雅,叔夜含其润,茂先凝其清,景阳振其丽,鲜能兼通。"显然,这段话引自《明诗》,则见元至正本以至通行本所用"含"、"凝"、"振"三字当为刘勰原文。类似情况,并非绝无仅有。如《乐府》"暨武帝崇礼"之"礼",唐写本作"祀",而元至正本以及通行本均作"礼";不少学者以为当据唐写本而改,实则不然。王利器先生《文心雕龙校证》早就指出:"按《两都赋》序:'至于武宣之世,乃崇礼官,考文章,内设金马石渠之署,外兴乐府协律之事。'此盖彦和所本。唐写本作'祀',未可从。"

(四)《乐府》:"好乐无荒",晋风所以称美

"好乐无荒"一语,出自《诗·唐风·蟋蟀》。这个"美"字,通行本作"远",唐写本作"美"。诸家《文心雕龙》校本皆从通行本之"远"而不取唐写本之"美",林、陈二先生的新校本亦复如是。何以如此呢?盖以《左传·襄公二十九年》所载吴公子季札观周乐为据。当季札听到《唐风》时说:"思深哉!其有陶唐氏之遗民乎?不然,何忧之远也?"陶唐氏,即唐尧,其后裔建立唐国,周成王时改为晋国,所以刘勰称"唐风"为"晋风"。既然这里有"何忧之远"之说,当然也就是"晋风所以称远"了,似乎证据确凿。但其实不然。不能忽略的是,"何忧之远也"一句的后面,紧接着还有两句话:"非令德之后,谁能若是?"这才是吴公子季札这段话的中心所在。"令德"者,美德也。所以,还是唐写本符合刘勰之本意。所谓"称美",乃是称赞其美德之意,怎么可能用"忧远"之"远"呢?

(五)《诠赋》:序以建言,首引情本;乱以理篇,写送文势

写送文势:通行本作"迭致文契",唐写本和宋本《太平御览》均作"写送文势"。如果没有后者,"迭致文契"一语真是令人不知所云。不过"写送文势"又是什么意思呢?范注有云:"写送是六朝人常语,意谓充足也。《附会篇》'克终底绩,寄深写送。'亦谓一篇之终,当文势充足也。"王利器《文心雕龙校证》则指出:"《世说新语·文学》篇,桓宣武命袁彦伯作《北征赋》条注引《晋阳秋》云:'于写送之致,如为未尽。'此彦和所本。《附会》篇亦有'寄在写以远送'之语。意俱谓收笔有不尽之势也。《文镜秘府论》南册《定位篇》有'写送文势'之语,即本《文心》。"所谓"充足",所谓"不尽",其意一也。周振甫先生《文心雕龙注释》亦说:"写送,六朝人常语,指充足,在结尾加强使力量充足。"笔者以为,把"写送"解释为"充足",进而把"写送文势"理解为"文势充足"、"不尽之势"等等,显然是不确切的。这里的"写",乃是"尽"、"竭"之意,刘勰用以指文章之结束;这里的"送",则是"终了"、"完成"之意。因而这里的"写"和"送"是两个词,与前面的"首"和"引"相对。所谓"首引情本",意谓开篇说明创作之缘起;所谓"写送文势",是说结语完成文章之气势。

(六)《颂赞》:鲁以公旦次编,商以前王追录,斯乃宗庙之政歌,非飨燕之恒咏也

鲁:通行本作"鲁国",唐写本无"国"字,指《鲁颂》。"鲁以公旦次编",是说《鲁颂》乃因颂扬周公而编定。商:通行本作"商人",唐写本无"人"字,指《商颂》。"商以前王追录",是说《商颂》乃因祭祀祖先而辑录。政:通行本作"正",唐写本作"政";虽与

"正"通,但更为符合刘勰的用语习惯。飨燕:通行本作"燕飨",唐写本作"飨燕",指飨礼和燕礼,前者为隆重的宴饮宾客之礼,后者为天子诸侯与群臣宴饮之礼。恒:通行本作"常",唐写本作"恒"。唐写本的这段话与通行本有着多处不同,研究者往往各取所需,因而造成文本上的差异。如周振甫《文心雕龙注释》取唐写本的"鲁"、"商"二字,其余则用通行本。陆侃如、牟世金先生的《文心雕龙译注》则全用通行本。林、陈二先生的新校本则取唐写本的"鲁"、"商"及"飨燕",其余二字用通行本。另外,"燕"字各家均写作"宴",其意虽通,但唐写本原文为"讌",简化字应是"燕"。

（七）《哀吊》："腹突鬼门",怪而不辞

"腹突鬼门"当为刘勰所引崔瑗哀辞中的一句话,但崔瑗之文今已不存。这个"腹"字,元至正本和通行本均作"履",然"履突鬼门"颇为难解。王利器《文心雕龙校证》谓唐写本作"復",但"復突鬼门"亦不知何意,所以迄今为止的各种《文心雕龙》读本就仍沿用通行本,作"履突鬼门"。林其锬、陈凤金《文心雕龙集校合编》从王利器之说,认为唐写本实作"復"字;但二位先生的新校本仍为"履突鬼门",亦未改"履"为"復"。笔者经过对唐写本照片的认真辨认,认定其实为"腹"字。所谓"腹突鬼门",大约是说腹部破开如鬼门,所以刘勰斥之为"怪而不辞"。

（八）《史传》:然后诠评昭整,苛滥不作矣

诠评:即铨评,评议。通行本的《文心雕龙》全文有两个"诠"字,一是作为第八篇篇名的"诠赋"之"诠",一是此处。"诠赋"之"诠",唐写本实作"铨",但诸家均失校。王利器《文心雕龙校证》于"诠赋"篇名校曰:"王维俭本'诠'作'铨'。"没有提到唐写本。詹锳先生《文心雕龙义证》则指出:"'诠赋'就是对赋体及其流变

的解说。'诠'字,弘治本,张之象本、王惟俭本作'铨',具有铨衡评论的意思。按以'诠'字为长。"也没有提到唐写本。林其锬、陈凤金的《敦煌遗书文心雕龙残卷集校》和《文心雕龙集校合编》均作"诠赋",是以唐写本作"诠赋"。按国内所见唐写本残卷照片的"铨赋第八"确有漫漶之处,但"铨赋"二字还是清晰可辨的。"铨"乃衡量鉴别、解说评论之意,正好符合"铨赋"的题旨,因此,历来所谓"诠赋",当据唐写本作"铨赋"。然则,《史传》所谓"诠评昭整"之"诠",按照刘勰的用语习惯,疑原亦作"铨"。

(九)《镕裁》:是以草创鸿笔,先标"三准"

鸿:通行本作"鸿",元至正本作"鸣"。詹锳《文心雕龙义证》曾指出:"'鸿笔',各本俱作'鸣笔',黄本'鸣'改'鸿'。"黄叔琳的这一改,通行至今,所有的《文心雕龙》读本均作"鸿笔"。但纪昀早就指出:"当作'鸣',后'鸣笔之徒'句可证。"(黄叔琳注、纪昀评《文心雕龙辑注》)纪昀所谓"鸣笔之徒",出自《练字》:"鸣笔之徒,莫不洞晓。"但这个"鸣笔",通行本也已改为"鸿笔",并流行至今。何以如此呢?王利器《文心雕龙校证》指出:"'鸿'原作'鸣',梅据朱改作'鸿',徐校同。"那么,研究者为什么认同这种改动呢?杨明照先生《增订文心雕龙校注》的观点可能是具有代表性的。针对纪昀之论,杨先生指出:"按纪说非是。论衡须颂篇、抱朴子佚文并有'鸿笔'之文。封禅篇'乃鸿笔耳',书记篇'才冠鸿笔',亦并作'鸿笔'。练字篇'鸣笔之徒'句'鸣'字本误,朱谋㙔已校为'鸿'矣。"但笔者以为,"鸿笔"和"鸣笔"乃是两个词,《镕裁》和《练字》的这两处"鸣笔",是不能改为"鸿笔"的。"鸿笔"者,大手笔也,大作也。"草创鸿笔"怎能讲得通呢?所谓"鸣",乃是惊动之意;所谓"草创鸣笔",意谓提笔为文,指的是创作之始。同样的道理,所谓"鸣笔之徒",谓提笔写作之人,也就是当时的作家。

（十）《练字》：子思弟子，"於穆不祀"者，音讹之异也

孙诒让《札迻》卷十二云："按：'祀'，当作'似'。《诗·周颂·维天之命》'於穆不已'，《毛传》引孟仲子说，《正义》引《郑谱》云：'孟仲子者，子思弟子。'又云：'子思论《诗》"於穆不已"，仲子曰"於穆不似"。'即彦和所本也。"王利器《文心雕龙校证》即据以改"祀"为"似"，并出校语云："'似'原作'祀'。孙诒让曰……按孙说是。《玉海》正作'似'，今据改。"杨明照《增订文心雕龙校注》亦同意孙说，其云："'祀'，孙诒让札迻卷十二云：'当作"似"。'按孙说是也。玉海四五、困学纪闻三、汉书艺文志考证二引，并作'似'。"但范注指出："按《弘明集》刘勰《灭惑论》云'是以於穆不祀，谬师资于《周颂》。'……殆彦和所见毛《传》引孟仲子说作不祀欤！"应该说，《弘明集》所载《灭惑论》亦引作"於穆不祀"，这是耐人寻味的。其实，郑玄《诗谱》的意思是说孟仲子把"已"当成了"巳"，从而读为"似"。"似"、"祀"只是标音而已，无所谓对错，因而刘勰就用了"祀"字。

（十一）《附会》：夫能悬识腠理，然后节文自会，如胶之粘木，石之合玉矣。是以四牡异力，而"六辔如琴"；驭文之法，有似于此

这段文字亦有多处异文。腠理：通行本作"凑理"，王惟俭《文心雕龙训故》作"腠理"，即肌肉的纹理，这里用以比喻文章之义脉。石之合玉：通行本作"豆之合黄"，宋本《太平御览》引作"石之合玉"，犹石之韫玉。徐复《文心雕龙刊误》云："'豆之合黄'四字，宋本《御览·文部一》引作'石之合玉'，较为近之。惟'合'疑'含'字之误。此正承上'悬识凑理'句言之。《明诗》篇云'叔夜含其润'，宋本《御览·文部一》引'含'讹作'合'，其误正同。又班固

《宾戏》曰:'和氏之璧,韫于荆石。''韫'正训'含',可以移释此句。"疑"合"为"含"字之误,这是颇有道理的。《明诗》"叔夜含其润"之"含",不仅宋本《太平御览》误作"合",唐写本亦误抄为"合",而《文镜秘府论》则作"含",已如上述。"四牡"之"四",通行本作"驷",宋本《太平御览》引作"四",正合《诗·小雅·车舝》:"四牡騑騑,六辔如琴。"刘勰引"六辔如琴"句之后,通行本有"并驾齐驱,而一毂统辐"二句,宋本《太平御览》及元至正本均无。是否保留这两句,龙学家们的意见颇不一致。笔者以为,既然无此二句文理自通,则理应以宋本《太平御览》及元至正本为据。尤其是宋本《太平御览》,在《文心雕龙》文本校勘中的作用亦是不可忽视的。

(十二)《序志》:位理定名,彰乎大《易》之数;其为文用,四十九篇而已

《周易·系辞上》有云:"大衍之数五十,其用四十有九。"据此,范注推测:"大易,疑当作大衍。"杨明照《增订文心雕龙校注》认为"范说是"。其实,将《周易》称为"大《易》",乃是刘勰的一个变通之说。《正纬》有云:"马龙出而大《易》兴,神龟见而《洪范》耀。"所以,所谓"彰乎大《易》之数",是说与《周易》"大衍之数"的说法相一致。需要进一步研究的是,《周易·系辞上》所谓"大衍之数五十",金景芳先生《易通》认为:"当作'大衍之数五十有五'。"这一说法得到现代易学家的普遍肯定,盖以《系辞上》之说为据:"天数五,地数五,五位相得各有合。天数二十有五,地数三十,凡天地之数五十有五。"《周易》以一三五七九为"天数",相加为二十五;以二四六八十为地数,相加为三十。算卦之时,备蓍草五十五策,但只用四十九策,其余六策象征六爻之数。所以,刘勰所谓"彰乎大《易》之数"云云,未必是说《文心雕龙》全书五十篇符

合"大衍之数",而主要是说"其为文用,四十九篇而已",即除《序志》为全书序言外,论文部分共有四十九篇。

范注本作为《文心雕龙》的通行本流传已久,但实际上,《文心雕龙》的文本整理远未结束。有些文字看起来只是一字之差,但有时关乎整个文义的理解,并非小事。如《颂赞》之"辞采芬芳"一语,历来被作为"情采芬芳"运用,笔者以前也是这样用的;但实际上应根据唐写本改为"辞采芬芳",而这与"情采芬芳"显然有着很大的区别,正所谓差之毫厘而谬以千里了。因此,笔者以为,《文心雕龙》的文本整理不是已经完成了,而是仍然需要下大气力进行;可以说,最终拿出一个尽可能接近刘勰原文的《文心雕龙》文本,既是一个颇为艰巨的重任,也是《文心雕龙》研究者义不容辞的历史使命。

五 校注说明

(一)本书以范文澜《文心雕龙注》(人民文学出版社 1958 年版)的原文为底本,对《文心雕龙》进行校勘和注释。

(二)本书校勘所用主要版本是:

1.唐写本《文心雕龙》残卷;2.宋本《太平御览》引《文心雕龙》;3.元至正本《文心雕龙》;4.明王惟俭《文心雕龙训故》;5.明杨升庵批点曹学佺评《文心雕龙》;6.明杨升庵批点梅庆生音注《文心雕龙》;7.日本冈白驹校读本《文心雕龙》。

(三)本书校注主要参考著作是:

1.黄叔琳《文心雕龙辑注》,中华书局 1957 年版;2.范文澜《文心雕龙注》,人民文学出版社 1958 年版;3.王利器《文心雕龙校证》,上海古籍出版社 1980 年版;4.周振甫《文心雕龙注释》,人民文学出版社 1981 年版;5.陆侃如、牟世金《文心雕龙译注》,齐鲁书社1981、1982年版；6.詹锳《文心雕龙义证》，上海古籍出版社1989年版；7.杨明照《增订文心雕龙校注》，中华书局2000年版；8.林其锬、陈凤金《文心雕龙集校合编》，台湾暨南出版社2002年版。

（四）本书校勘不出繁琐的校语，只在注释中指出笔者认为应当改正之处及其版本依据。

（五）本书注释力求简明准确，适当征引有关资料，并注重文论术语的阐释。

（六）本书"通说"部分的《文心雕龙》引文直接采用笔者校勘后的文字。

原 道 第 一

文之为德也①,大矣!与天地并生者,何哉?

[注释]①文之为德:犹文之德,即文章的意义。德,德性,引申为功用、意义。

夫玄黄色杂①,方圆体分②。日月叠璧③,以垂丽天之象④;山川焕绮⑤,以铺理地之形⑥:此盖道之文也。仰观吐曜⑦,俯察含章⑧;高卑定位⑨,故两仪既生矣⑩。惟人参之⑪,性灵所钟⑫,是谓三才⑬。为五行之秀⑭,实天地之心⑮。心生而言立,言立而文明,自然之道也。

[注释]①玄黄色杂:谓天地浑沌未分。玄,黑赤色。　②方圆体分:即天地分判。　③日月叠璧:即日月如叠璧。璧,圆形的玉。　④垂:流布,表现。丽:附著。　⑤焕绮:谓鲜明华丽。　⑥铺:陈列,展示。理:条理。　⑦曜:音yào,光耀,明亮。　⑧章:文采,华美。　⑨高卑:指天地。　⑩两仪:谓天地。《易·系辞上》:"是故易有太极,是生两仪。"　⑪参之:即人配天地为三。参,三。　⑫性灵:指人的智慧。钟:聚。　⑬三才:指天、地、人。⑭五行:指木、火、土、金、水五种物质,中国古代以之为构成万物的元素。五行之秀,即万物之精华。　⑮天地之心:天地之中心。

傍及万品①,动植皆文。龙凤以藻绘呈瑞②,虎豹以炳蔚凝姿③。云霞雕色,有逾画工之妙④;草木贲华⑤,无待锦匠之奇:夫岂外饰?盖自然耳!至于林籁结响⑥,调如竽瑟⑦;泉石激韵,和若球锽⑧。故形立则章成矣,声发则文生矣。夫以无识之物,郁然有彩⑨;有心之器,其无文欤?

[注释]①傍:通"旁",广。 ②藻:文采,这里指龙鳞之美。绘:五彩之绣,这里指凤羽之美。 ③炳:光明,这里指虎色之美。蔚:文采华丽,这里指豹色之美。 ④逾:超过。 ⑤贲:音 bì,文饰。华:同"花"。 ⑥籁:音 lài,从孔窍中发出的声音。 ⑦竽:音 yú,古簧管乐器。瑟:拨弦乐器。 ⑧球:玉磬,古代石制乐器。锽:音 huáng,钟声。 ⑨郁:繁盛。

人文之元①,肇自太极②。幽赞神明③,《易》象惟先④。庖牺画其始⑤,仲尼翼其终⑥;而《乾》、《坤》两位⑦,独制《文言》⑧。言之文也,天地之心哉⑨!若乃河图孕乎八卦⑩,洛书韫乎九畴⑪;玉版金镂之实⑫,丹文绿牒之华⑬:谁其尸之⑭?亦神理而已⑮。

[注释]①元:始。 ②肇:开始。太极:中国古代用以指天地混沌、蒙昧未分之时。 ③幽:指深暗不明之事物。赞:明。神:指微妙难言之事物。④《易》象:《易经》之卦象,是一套具有象征意义的符号,以阳爻(—)和阴爻(——)相配合而成。 ⑤庖牺:指伏羲,传说中的三皇之一。 ⑥仲尼:孔子之字。翼:辅助。《周易》有经传之分,《易传》有《彖辞》上下、《象辞》上下、《系辞》上下、《文言》、《说卦》、《序卦》和《杂卦》,共十篇,称"十翼",相传为孔子所作。 ⑦《乾》、《坤》:《易经》之前两卦。 ⑧《文言》:"十翼"之一,是对《乾》、《坤》二卦的解释。 ⑨天地之心:即天地的意志,与上文"天地之心"不同。 ⑩河图孕乎八卦:相传伏羲时黄河中有龙献出图来,伏羲仿之而

作八卦。 ⑪洛书韫乎九畴:相传大禹时洛水中有龟献出书来,大禹依法而作《洪范》。韫,音 yùn,蕴藏。九畴,九类。 ⑫玉版:刻有象征意义的图形或文字之玉片。相传尧在水边得之,方尺,图天地之形。镂:雕刻。 ⑬丹文绿牒:朱书绿字的图版。纬书中有"河龙出图"、"赤文绿字"之语。牒,音 dié,古代的书版。 ⑭尸:主持。 ⑮神理:神妙之理,即自然之道。

自鸟迹代绳①,文字始炳②。炎皞遗事③,纪在《三坟》④;而年世渺邈⑤,声采靡追⑥。唐虞文章⑦,则焕乎始盛⑧。元首载歌⑨,既发吟咏之志;益、稷陈谟⑩,亦垂敷奏之风⑪。夏后氏兴⑫,业峻鸿绩⑬;九序惟歌⑭,勋德弥缛⑮。

[注释]①鸟迹代绳:相传太古之时,结绳而治,后仓颉受鸟兽足迹之启发而创造文字。 ②炳:明,彰显。 ③炎:指炎帝神农氏。皞:音 hào,指太皞伏羲氏。 ④《三坟》:古书名。 ⑤渺邈:久远。 ⑥声采:音节文采,指文章面貌。靡追:无从考索。 ⑦唐虞:唐尧、虞舜。 ⑧始:宋本《太平御览》引作"为"。 ⑨元首:君主,此谓舜。载:开始。 ⑩益稷:伯益、后稷,乃舜之二臣。谟:音 mó,计谋,谋略。 ⑪敷奏:指臣下向君主进言。敷,陈。 ⑫夏后氏:指禹,其国号夏后。 ⑬业峻鸿绩:即业峻绩鸿或峻业鸿绩,指业高功伟、成就巨大。 ⑭九序惟歌:指治理天下的九种功业皆有其序,亦皆有其诗歌。 ⑮缛:繁密的彩饰。

逮及商周①,文胜其质②;《雅》、《颂》所被③,英华日新④。文王患忧⑤,繇辞炳曜⑥;符采复隐⑦,精义坚深。重以公旦多材⑧,振其徽烈⑨,剬诗缉《颂》⑩,斧藻群言⑪。

[注释]①逮及:及至,等到。 ②文胜其质:即文质相称、文质彬彬。文,指语言形式。胜,胜任。质,指文章内容。 ③被:加,及。 ④英华:即"英

花",喻语言文辞之美。 ⑤文王:指周文王。患忧:周文王为西伯时,曾被殷纣王囚于羑里(今河南汤阴)。 ⑥繇(音 zhòu)辞:占卜之辞,指《易经》的卦、爻辞,传为周文王被囚羑里时所作。曜:宋本《太平御览》引作"耀"。 ⑦符采:玉的横纹,喻作品的文采。复:繁复,多重。隐:隐藏,深奥。 ⑧公旦:周公名旦。材:宋本《太平御览》引作"才"。 ⑨振:振兴,发扬。徽:美。烈:功业。 ⑩剬:宋本《太平御览》引作"制"。缉:通"辑"。 ⑪斧藻:谓删改修饰。斧,斫削。

至夫子继圣,独秀前哲①。镕钧"六经"②,必金声而玉振③;雕琢情性④,组织辞令;木铎起而千里应⑤,席珍流而万世响⑥;写天地之辉光,晓生民之耳目矣。

[注释]①秀:出众,卓异。 ②镕钧:熔铸金属的模具和制作陶器的转轮,喻整理、编定。六经:六种儒家经典,即《诗》《书》《礼》《乐》《易》、《春秋》。 ③金声玉振:演奏音乐时以钟发声,以磬收韵,集音之大成,此喻孔子集一切圣贤之大成。金,指钟。玉,指磬。 ④情性:元至正本作"性情"。 ⑤木铎:木舌金铃,古代施政教时用以警众。 ⑥席珍:席位上的珍宝,谓儒者从容席上,有珍贵的道德学问以供请教。席,坐席。

爰自风姓①,暨于孔氏②;玄圣创典③,素王述训④:莫不原道心以敷章⑤,研神理而设教。取象乎河洛⑥,问数乎蓍龟⑦,观天文以极变⑧,察人文以成化⑨;然后能经纬区宇⑩,弥纶彝宪⑪,发辉事业⑫,彪炳辞义⑬。故知道沿圣以垂文⑭,圣因文而明道;旁通而无滞,日用而不匮⑮。《易》曰:"鼓天下之动者,存乎辞⑯。"辞之所以能鼓天下者,乃道之文也。

[注释]①爰:语首助词。风姓:指伏羲。风,伏羲之姓。 ②暨:至,到。

③玄圣:指伏羲。　④素王:指孔子。素,虚位。　⑤道心:道之心,即自然之道的精神。　⑥象:图像,形象。河洛:河图和洛书。　⑦数:气数,命运。蓍龟:蓍草和龟甲,占卜用的工具。　⑧极:穷尽。　⑨成化:完成教化。　⑩经纬:治理。区宇:疆域,天下。　⑪弥纶:包括,统摄。彝:常理。宪:法度。　⑫辉:宋本《太平御览》引作"挥"。　⑬彪炳:文采焕发。彪,虎纹。　⑭沿:顺流而下,引申为通过。　⑮匮:缺乏,穷尽。　⑯辞:指爻辞,泛指一般文辞。

赞曰①:道心惟微②,神理设教。光采玄圣,炳耀仁孝。龙图献体,龟书呈貌;天文斯观,民胥以效③。

[注释]①赞:明。《文心雕龙》五十篇均以四言八句赞语结束,以总括每篇大意。　②微:神妙。　③胥:音xū,全,都。

征圣第二

夫作者曰圣①,述者曰明②。陶铸性情③,功在上哲④。"夫子文章,可得而闻"⑤,则圣人之情,见乎文辞矣⑥。

[注释]①作者:有所创造者。 ②述者:明辨其义者。 ③陶铸:谓陶冶、教化、培养。陶,烧制瓦器。铸,熔炼金属而浇制成器。 ④上哲:指古代圣贤。 ⑤"夫子文章"二句:《论语·公冶长》:"子贡曰:夫子之文章,可得而闻也。" ⑥见乎文辞:唐写本无"文"字。

先王圣化①,布在方册②;夫子风采,溢于格言③。是以远称唐世④,则焕乎为盛⑤;近褒周代,则郁哉可从⑥:此政化贵文之征也。郑伯入陈⑦,以文辞为功⑧;宋置折俎⑨,以多文举礼⑩:此事迹贵文之征也⑪。褒美子产⑫,则云"言以足志,文以足言"⑬;泛论君子,则云"情欲信,辞欲巧"⑭:此修身贵文之征也。然则志足而言文⑮,情信而辞巧,乃含章之玉牒⑯,秉文之金科矣⑰。

[注释]①圣化:唐写本作"声教",即声威与教化。 ②方册:指书籍。方,木板。册,编起来的竹简。 ③格言:含有教育意义而可为准则之语。

④唐：唐尧。　⑤焕：鲜明，光亮。　⑥郁：文采明盛貌。　⑦郑伯：郑简公。入陈：公元前548年，郑国军队攻入陈国。　⑧文：唐写本作"立"。立辞为功：郑伯伐陈，晋国为霸主，质问郑国；郑国大夫子产善为文辞，对答适当，为郑国争得了荣誉。　⑨折俎：把煮熟的牛羊等折放于俎上，乃招待贵宾的隆重礼节。俎，音zǔ，古代祭祀、设宴时盛放肉类的礼器。　⑩多文举礼：《左传·襄公二十七年》载，宋平公招待晋国赵文子，不仅礼节隆重，且宾主皆善于辞令，"仲尼使举是礼也，以为多文辞"。　⑪迹：唐写本作"绩"。　⑫子产：指公孙侨，字子产，春秋时郑国大夫。　⑬"言以足志"二句：《左传·襄公二十五年》载孔子语。　⑭"情欲信"二句：《礼记·表记》载孔子语。　⑮而：唐写本作"以"。　⑯含章：蕴藏着文采，此谓写作。玉牒：指重要文书。　⑰秉文：谓写作。金科：指重要律例。

　　夫鉴周日月①，妙极机神②；文成规矩③，思合符契④。或简言以达旨，或博文以该情⑤，或明理以立体⑥，或隐义以藏用⑦。

　　[注释]①鉴：审察。周：全。日月：借指整个自然界。　②妙：精微，此谓明察。极：穷尽。机神：微妙。　③规矩：谓法则。规，画圆形用的器具。矩，画方形用的器具。　④符：古代用以传令或征调的凭证，双方各执一半，合之以验真假。契：约券。　⑤该：包容，包括。　⑥体：主体，指文章的中心思想。　⑦藏用：潜藏功用，指文章的含蓄之美。

　　故《春秋》一字以褒贬①，丧服举轻以包重②，此简言以达旨也。《邠诗》联章以积句③，《儒行》缛说以繁辞④，此博文以该情也。《书》契断决以象《夬》⑤，文章昭晰以象《离》⑥，此明理以立体也。"四象"精义以曲隐⑦，"五例"微辞以婉晦⑧，此隐义以藏用也。

　　[注释]①一字以褒贬：用一个字即可表现爱憎之态度，指文章用语精炼。

②包:唐写本作"苞",包括之意。举轻以苞重:指《礼记》的《曾子问》和《檀弓》等篇谈到丧服之时用语的高度概括。 ③《邠诗》:指《诗·豳风·七月》,全诗八章,每章十一句,是《国风》中最长的一首诗。邠,音 bīn,同豳,古都邑名,在今陕西旬邑西南。 ④《儒行》:《礼记》之篇。缛说以繁辞:指《儒行》篇把儒者分为十六种的做法,文辞繁复。缛,繁复。辞:唐写本作"词"。 ⑤契:指文字。断决:唐写本作"决断"。夬:音 guài,决断,《夬》为《周易》六十四卦之一。 ⑥昭晰:唐写本作"昭晢(音 zhé)",清楚明白。象:唐写本作"効",即"效"。离:明亮,《离》为《周易》六十四卦之一。 ⑦四象:《易·系辞上》之语,其说不一,一说指四时。 ⑧五例:指《春秋》记事的五种体例,即《左传·成公十四年》所谓"微而显,志而晦,婉而成章,尽而不污,惩恶而劝善"。以:唐写本作"而"。

故知繁略殊形①,隐显异术②,抑引随时③,变通会适④,征之周、孔⑤,则文有师矣。

[注释]①形:唐写本作"制"。 ②术:方法。 ③抑:压制,指文字之略。引:延长,指文字之详。 ④会适:唐写本作"适会",谓适应时机。 ⑤周、孔:指周公、孔子。

是以子政论文①,必征于圣;稚圭劝学②,必宗于经。《易》称:"辨物正言③,断辞则备④。"《书》云:"辞尚体要⑤,弗惟好异⑥。"故知正言所以立辩⑦,体要所以成辞,辞成无好异之尤⑧,辩立有断辞之义⑨。虽精义曲隐,无伤其正言;微辞婉晦,不害其体要。体要与微辞偕通,正言共精义并用;圣人之文章,亦可见也。

[注释]①子政:西汉学者刘向之字,唐写本无"子政"二字。 ②稚圭:西汉学者匡衡之字。稚圭劝学:唐写本作"窥圣"。 ③正言:正直、准确、精要之言。 ④断辞:判断吉凶之辞。备:具备,完备。 ⑤体要:谓切实而简

要。体,具体切实。　⑥弗惟:唐写本作"不唯"。　⑦辩:唐写本作"辨"。⑧无:唐写本作"则无"。尤:过失。　⑨辩:唐写本作"辨"。有:唐写本作"则有"。义:唐写本作"美"。

　　颜阖以为①,仲尼"饰羽而画"②,徒事华辞。虽欲訾圣③,弗可得已④。然则圣文之雅丽⑤,固衔华而佩实者也⑥。天道难闻⑦,犹或钻仰⑧;文章可见,胡宁勿思⑨?若征圣立言,则文其庶矣⑩。

　　[注释]①颜阖:战国时期鲁国隐士。　②"仲尼"二句:《庄子·列御寇》:"仲尼方且饰羽而画,从事华辞。"　③訾:音zǐ,毁谤非议。　④弗:唐写本作"不"。已:唐写本作"也"。　⑤雅丽:纯正而华美。"雅"指文章内容,"丽"指文章语言。　⑥衔:含。佩:佩带。　⑦天道:谓自然规律,亦即自然之道。　⑧犹:唐写本作"且"。钻仰:谓深入研求。钻,钻研。仰,仰望。⑨胡宁:唐写本作"宁曰"。　⑩庶:庶几,差不多。

　　赞曰:妙极生知①,睿哲惟宰②。精理为文③,秀气成采④。鉴悬日月⑤,辞富山海⑥。百龄影徂⑦,千载心在。

　　[注释]①生知:生而知之者,即圣人。　②睿哲:明智而神圣。　③精理:精妙之理,犹自然之道。　④秀气:灵秀之气。　⑤鉴悬日月:犹上文之"鉴周日月"。　⑥辞富山海:文辞之富如山海般取之不尽。　⑦影徂:谓形影已逝。徂,音cú,逝去。

宗经第三

三极彝训①,其书言经②。经也者,恒久之至道③,不刊之鸿教也④。故象天地⑤,效鬼神⑥,参物序⑦,制人纪⑧;洞性灵之奥区⑨,极文章之骨髓者也⑩。

[注释]①三极:指三才,即天、地、人;三才乃至极之道,故云。彝训:即常教。彝,常理。 ②言:唐写本作"曰"。 ③至道:至极之道,即终极之理。 ④不刊:即不可更改,永不磨灭。刊,删改修订。鸿:大。 ⑤象:取象,效法。 ⑥效:征验,验证。 ⑦参:参究,参预。序:秩序,引申为规律。 ⑧纪:纲纪。 ⑨洞:洞察,深入。奥:深。 ⑩极:穷尽。骨髓:指精华。

皇世《三坟》①,帝代《五典》②,重以《八索》③,申以《九丘》④;岁历绵暧⑤,条流纷糅⑥。自夫子删述⑦,而大宝咸耀⑧。于是《易》张"十翼"⑨,《书》标"七观"⑩,《诗》列"四始"⑪,《礼》正"五经"⑫,《春秋》"五例"⑬。义既极乎性情⑭,辞亦匠于文理⑮;故能开学养正⑯,昭明有融⑰。

[注释]①皇:指三皇,为传说中的远古帝王,所指不一,如伏羲、女娲、神农。《三坟》:古书名,传为三皇之书。 ②帝:指五帝,为传说中的上古帝王,所指不一,如黄帝、颛顼、帝喾、唐尧、虞舜。《五典》:古书名,传为五帝之书。

③重:加之。《八索》:古书名,传为关于八卦之书。　④申:重,加之。《九丘》:古书名,传为关于九州之书。　⑤岁历:年代。绵:久远。暧:音 ài,昏暗不明。　⑥条流:枝条、流派。纷糅:纷繁杂乱。　⑦夫子删述:孔子删订阐发群经。　⑧大宝:最为重要和宝贵的东西,指孔子所删述的经典。咸:唐写本作"启",打开。耀:显,明。　⑨张:发挥。翼:辅助。十翼:指《易传》十篇,参见《原道》注。　⑩标:显出。七观:《尚书大传》载孔子之说,认为可从《尚书》中观义、观仁、观诚、观度、观事、观治、观美。　⑪列:陈述。四始:指《诗经》之《风》、《小雅》、《大雅》和《颂》。　⑫正:正定,决定。五经:指五种常行之礼,即吉礼、凶礼、宾礼、军礼、嘉礼。　⑬五例:指五种记事体例,参见《征圣》注。　⑭极:宋本《太平御览》引作"埏",音 shān,和泥做瓦,喻陶冶、规范。　⑮匠:宗匠、技艺,喻深入掌握。　⑯开学:启发学者。养正:培养正道。　⑰昭明:显明,光明。有:又。融:明朗,大明。

　　然而道心惟微①,圣谟卓绝②;墙宇重峻③,而吐纳自深④。譬万钧之洪钟⑤,无铮铮之细响矣⑥。

　　[注释]①道心:道之心,即自然之道的精神。微:神妙。　②谟:音 mó,谋议。　③墙宇:喻人的道德学问。宇,屋檐。重峻:重叠高峻。　④而:唐写本无此字。吐纳:指言论。　⑤钧:古代重量单位,三十斤。洪:大。　⑥铮铮:金属相击声。

　　夫《易》惟谈天①,入神致用②,故《系》称③:旨远、辞文、言中、事隐④。韦编三绝⑤,固哲人之骊渊也⑥。

　　[注释]①天:天道,即自然之理。　②神:精妙。　③《系》:指《周易·系辞》。　④旨远:旨意深远。文:文饰。中:音 zhòng,符合,恰当。隐:隐蔽,幽深。　⑤韦编:用熟牛皮把竹简编连起来,为古代造纸术发明以前的著作装订方式。韦,熟牛皮。绝:断。　⑥哲人:才智之士,指圣人。骊渊:喻真理深藏之处。骊,音 lí,指骊龙,黑色的龙。渊,深潭。

《书》实记言，而训诂茫昧①；通乎《尔雅》②，则文意晓然。故子夏叹《书》③："昭昭若日月之明④，离离如星辰之行⑤。"言昭灼也⑥。

[注释]①训诂：唐写本作"诂训"，即古代语言。茫：唐写本作"芒"，通"茫"，模糊不清。　②《尔雅》：古代训诂之书。尔雅，谓可近而取正之意。③子夏：孔子的学生。　④昭昭：光明，指明辨事理。明：唐写本作"代明"，谓轮流照耀。代，更替。　⑤离离：罗列，指历历分明。行：唐写本作"错行"，谓交替运行。错，更迭。　⑥昭：唐写本作"照"。灼：明亮。

《诗》主言志①，诂训同《书》；摛风裁兴②，藻辞谲喻③；温柔在诵④，故最附深衷矣⑤。

[注释]①主：唐写本作"之"。　②摛风裁兴：谓《国风》等作品的创作，常用比、兴等手法。摛，音chī，舒展，铺陈。　③谲：变化莫测。　④温柔：即温柔敦厚。诵：朗读。　⑤故：唐写本无此字。附：接近。

《礼》以立体①，据事剬范②；章条纤曲③，执而后显④；采掇生言⑤，莫非宝也。

[注释]①体：体制，准则。　②据事剬范：谓根据事理制定规范。剬：唐写本作"制"。　③章条：章程条例。纤曲：谓细致详尽。　④执：执行。⑤掇：拾取。生：唐写本作"片"。

《春秋》辨理，一字见义①：五石六鹢②，以详略成文③；雉门两观④，以先后显旨⑤。其婉章志晦⑥，谅以邃矣⑦。

[注释]①一字见义：一个字即可表现应有之义。　②五石：《春秋·僖

公十六年》:"十有六年春,王正月戊申朔,陨石于宋五。"鹢:音yì,唐写本作"鹝",即"鹢",一种水鸟。《春秋·僖公十六年》:"是月,六鹢退飞过宋都。" ③以详略成文:《春秋·僖公十六年》关于"五石"的记载,具体到了正月初一(朔),而关于"六鹢"的记载只说到月份,详略不同。 ④雉门:古代天子宫所谓"五门"之一,诸侯宫亦有之,此即鲁宫的南门。两观:宫门双阙,即宫门外左右二台之楼。《春秋·定公二年》:"雉门及两观灾。"灾,指火灾。 ⑤以先后显旨:以叙述的先后顺序来显示轻重或尊卑之意。失火的主要是两观,但先云雉门者,盖以门为其主,观为其饰。 ⑥婉章:即上文所谓"《春秋》五例"中的"婉而成章"。"志晦":即"《春秋》五例"中的"志而晦"。婉章志晦,代指"《春秋》五例"。 ⑦谅:确实。以:唐写本作"已"。邃:深远。

《尚书》则览文如诡①,而寻理即畅;《春秋》则观辞立晓,而访义方隐。此圣人之殊致②,表里之异体者也③。至根柢槃深④,枝叶峻茂,辞约而旨丰,事近而喻远。是以往者虽旧⑤,余味日新⑥;后进追取而非晚,前修文用而未先⑦。可谓太山遍雨,河润千里者也。

[注释]①诡:怪异。 ②人:唐写本作"文"。致:情致。 ③表里:指文章的语言形式和思想内容。体:谓文章风格。 ④至:唐写本作"至于"。柢:音dǐ,树根。槃深:唐写本作"盘固",谓纠结牢固。 ⑤虽:唐写本作"唯"。 ⑥余味:唐写本作"而余味"。 ⑦文:唐写本作"久"。久用而未先:意谓虽用之已久,但其内容丰富,取之不竭,因而亦不觉其先。

故论说辞序①,则《易》统其首②;诏策章奏③,则《书》发其源;赋颂歌赞④,则《诗》立其本;铭诔箴祝⑤,则《礼》总其端;纪传铭檄⑥,则《春秋》为根。并穷高以树表⑦,极远以启疆⑧;所以百家腾跃⑨,终入环内者也⑩。若禀经以制式⑪,酌《雅》以富言⑫,是仰山而铸铜⑬,煮海而为盐也⑭。

[注释]①论说辞序:四种文体。分别在《论说》、《书记》中论述。②统:统领,总束。 ③诏策章奏:四种文体。分别在《诏策》、《章表》、《奏启》中论述。 ④赋颂歌赞:四种文体。分别在《诠赋》、《颂赞》、《乐府》中论述。 ⑤铭诔箴祝:四种文体。分别在《铭箴》、《诔碑》、《祝盟》中论述。⑥纪:唐写本作"记"。铭:唐写本作"盟"。记传盟檄:四种文体。分别在《书记》、《史传》、《祝盟》、《檄移》中论述。 ⑦表:表率,标准。 ⑧启:开拓。疆:疆土,指文体领域。 ⑨腾跃:跳跃。 ⑩环:中间有孔的圆玉,泛指圈形物,此喻以经典为其源头的文体范围。者也:唐写本无此二字。 ⑪禀:领受。制式:指文章写作。式,文体形式。 ⑫酌:取。《雅》:指《尔雅》。⑬仰:唐写本作"即",就。 ⑭也:唐写本作"者也"。

故文能宗经,体有"六义"①:一则情深而不诡②,二则风清而不杂③,三则事信而不诞④,四则义直而不回⑤,五则体约而不芜⑥,六则文丽而不淫⑦。扬子比雕玉以作器⑧,谓"五经"之含文也⑨。

[注释]①体:主体,指文章本身。义:宜,适宜,指符合一定标准。②诡:虚假。 ③风:风化,教化。清:清爽,纯正。杂:谓驳杂、不纯粹。④诞:荒诞,虚妄。 ⑤义:道理,意义。直:唐写本作"贞",正。回:邪僻。⑥体:文体。约:约束,规范。芜:繁杂。 ⑦淫:过分,奢侈。 ⑧扬子:指扬雄,西汉末年作家。唐写本作"故扬子"。比雕玉以作器:《法言·寡见》:"玉不雕,玙璠不作器;言不文,典谟不作经。"玙璠(音yú fán),美玉。 ⑨五经:指《易》、《书》、《诗》、《礼》、《春秋》。文:文采。

夫文以行立①,行以文传;"四教"所先②,符采相济③。励德树声④,莫不师圣;而建言修辞,鲜克宗经⑤。是以楚艳汉侈⑥,流弊不还。正末归本⑦,不其懿欤⑧!

[注释]①文:文辞。行:德行。 ②四教:《论语·述而》:"子以四教:文、行、忠、信。" ③相济:即相辅相成。 ④励:唐写本作"迈",通"劢",勤勉。 ⑤克:能够。 ⑥楚:指《楚辞》。侈:过分。 ⑦正末:唐写本作"极正"。极正归本,即"宗经"之旨。正、本,皆指经典。 ⑧懿:美。欤:唐写本作"哉"。

赞曰:三极彝道,训深稽古①。致化归一②,分教斯五③。性灵镕匠④,文章奥府⑤。渊哉铄乎⑥！群言之祖。

[注释]①稽:查考。 ②致:达到。化:教化。归:唐写本作"惟"。 ③斯:则,就。五:指"五经"。 ④镕:熔铸,陶冶。 ⑤府:文书、财物收藏之所。 ⑥渊:深。铄:音 shuò,通"烁",光辉美盛。

正纬第四

夫神道阐幽①,天命微显②;马龙出而大《易》兴③,神龟见而《洪范》燿④。故《系辞》称:"河出图,洛出书,圣人则之⑤。"斯之谓也⑥。但世敻文隐⑦,好生矫诞⑧;真虽存矣,伪亦凭焉⑨。

[注释]①神道:神妙之理,即自然之道。幽:暗昧不明。神道阐幽,指下文的"马龙出而大《易》兴"。 ②天命:上天的旨意。微:精妙幽深。天命微显,指下文的"神龟见而《洪范》燿"。 ③马龙:形似马的龙,亦谓"龙马"。相传伏羲时黄河中有龙马负图而出,伏羲据河图制成八卦。 ④见:通"现",出现。相传大禹时洛水中有神龟负书而出。洪范:大法。燿:唐写本作"耀",显明。 ⑤则:效法。 ⑥之:唐写本作"其"。 ⑦敻:音 xiòng,久远。隐:隐晦不明。 ⑧矫:假托。诞:唐写本作"托"。矫托,即假托。 ⑨凭:凭借,依据。

夫"六经"彪炳①,而纬候稠叠②;《孝》、《论》昭晰③,而《钩》、《谶》葳蕤④。

[注释]①彪炳:光彩鲜明。 ②纬:纬书,与经书相对,乃汉人托于孔子之作,其与方士所传预决吉凶之谶书,合称谶纬。候:占验,此指《尚书中候》

一类的谶纬之书。稠叠：多而重复。　③《孝》：指《孝经》。《论》：指《论语》。晰：唐写本作"晳"。　④《钩》：指《钩命诀》等有关《孝经》的纬书。《谶》：指《比考谶》等有关《论语》的谶书。葳蕤：音 wēi ruí，草木茂盛之状，此喻杂乱无章。

按经验纬①，其伪有四：盖纬之成经②，其犹织综③，丝麻不杂④，布帛乃成。今经正纬奇，倍摘千里⑤，其伪一矣。经显，圣训也⑥；纬隐，神教也⑦。圣训宜广⑧，神教宜约。而今纬多于经⑨，神理更繁⑩，其伪二矣。"有命自天"⑪，乃称符谶⑫，而八十一篇⑬，皆托于孔子，则是尧造绿图⑭，昌制丹书⑮，其伪三矣。商周以前⑯，图箓频见⑰；春秋之末，群经方备：先纬后经，体乖织综⑱，其伪四矣。伪既倍摘，则义异自明；经足训矣，纬何豫焉⑲！

[注释]①按：唐写本作"酌"，衡量。　②成：相成，促成。　③织综：指织布。综：音 zèng，织机的一种装置，使经线上下交错以受纬线。　④杂：掺杂，混杂。　⑤倍摘：乖违，背反。倍，通"背"，背向。摘：音 zhāi，唐写本作"摘"，通"适"，抵牾。　⑥圣训也：唐写本作"世训"，即世事之常理。　⑦神教也：唐写本无"也"字，即《易·观·象》所谓"神道设教"。　⑧圣：唐写本作"世"。广：多。　⑨而今：唐写本无"今"字。　⑩神理：指神秘的说法。⑪有命自天：语出《诗·大雅·大明》。　⑫符：符命，古代以人君受命而天赐祥瑞的凭证。谶：预言吉凶得失的文字、图记。　⑬八十一篇：荀悦《申鉴·俗嫌》："世称纬书仲尼之作也……然则可谓八十一首，非仲尼之作矣。"⑭尧造绿图：纬书《尚书中候·握河纪》载，有龙马口含"赤文绿地"之图呈献尧帝。　⑮昌制丹书：《尚书中候·我应》载，有"赤雀衔丹书"呈献周文王。昌，周文王姓姬名昌。　⑯以：唐写本作"已"。　⑰图箓：唐写本作"绿图"。⑱体：事体。乖：违背。　⑲豫：唐写本作"预"，参预。

原夫图箓之见①,乃昊天休命②,事以瑞圣③,义非配经。故河不出图,夫子有叹④;如或可造,无劳喟然⑤。昔康王河图⑥,陈于东序⑦,故知前世符命⑧,历代宝传。仲尼所撰⑨,序录而已⑩。

[注释]①原夫:唐写本无"原"字。图箓:唐写本作"绿图"。 ②昊:音hào,大,指天。休:美。 ③瑞:祥瑞,瑞应。 ④夫子:指孔子。《论语·子罕》:"子曰:凤鸟不至,河不出图,吾已矣夫!" ⑤喟:叹声。 ⑥康王:周成王之子,名钊。 ⑦东序:东厢房。《尚书·顾命》:"河图在东序。" ⑧世:唐写本作"圣"。 ⑨仲尼所撰:相传《尚书》是孔子编定的。 ⑩序录:按次序编录。

于是伎数之士①,附以诡术:或说阴阳,或序灾异②,若鸟鸣似语③,虫叶成字④,篇条滋蔓⑤,必假孔氏⑥。通儒讨核⑦,谓起哀平⑧;东序秘宝,朱紫乱矣⑨!

[注释]①伎:唐写本作"技"。技数,即方技数术,如医方、占卜等。 ②序:唐写本作"叙"。 ③鸟鸣似语:《左传·襄公三十年》:"鸟鸣于亳社,如曰嘻嘻。"亳社,殷之社坛。 ④虫叶成字:《汉书·五行志》:"昭帝时,上林苑中大柳树断,仆地;一朝起立,生枝叶,有虫食其叶,成文字曰:公孙病已立。"病已,昭帝之后汉宣帝之名。 ⑤篇条:篇章条目。滋蔓:滋生蔓延,此谓繁多。 ⑥假:唐写本作"征"。 ⑦通儒:指学识渊博而能融会贯通的学者。讨核:探讨核实。 ⑧起:唐写本作"伪起"。哀:汉哀帝。平:汉平帝。 ⑨朱紫:喻以邪乱正或真伪混淆。朱,正红色。紫,属间色。

至于光武之世①,笃信斯术②;风化所靡③,学者比肩。沛献集纬以通经④,曹褒撰谶以定礼⑤:乖道谬典,亦已甚矣。是以桓谭疾其虚伪⑥,尹敏戏其深瑕⑦,张衡发其僻谬⑧,荀悦明其诡诞⑨;四贤博练⑩,论之精矣。

[注释]①至于:唐写本无"于"字。光武:光武帝刘秀,乃东汉第一个帝王。 ②笃信:深信。 ③风化:指影响。靡:倒下,指影响之大。 ④沛献:光武帝二子刘辅,封沛王,谥号"献"。其善说图谶,曾作《五经论》,时称《沛王通论》。 ⑤曹褒:字叔通,东汉人。撰:唐写本作"选"。曹褒曾按章帝之命,杂用五经和谶纬之说,撰写冠婚吉凶制度一百五十篇。 ⑥桓谭:字君山,东汉学者,曾上疏光武帝,要求抑制谶纬之盛行。疾:憎恶。 ⑦尹敏:字幼季,东汉学者,曾受命校图谶,并在谶书缺文之处戏增"君无口,为汉辅"六字,"君无口"即"尹"字。深瑕:唐写本作"浮假",虚浮不实。 ⑧张衡:字平子,东汉科学家、文学家,曾上疏揭发谶纬之虚妄,主张禁绝之。僻:邪。 ⑨荀悦:字仲豫,东汉学者,主张纬书非孔子之作。诡:怪异。诞:唐写本作"托"。 ⑩博练:博通而练达。

若乃羲农轩皞之源①,山渎钟律之要②,白鱼赤乌之符③,黄金紫玉之瑞④,事丰奇伟,辞富膏腴⑤,无益经典而有助文章。是以后来辞人⑥,采摭英华⑦。平子恐其迷学⑧,奏令禁绝;仲豫惜其杂真⑨,未许煨燔⑩。前代配经,故详论焉。

[注释]①羲:音 xī,伏羲。农:神农。轩:轩辕,黄帝之名。皞:音 hào,少皞,名挚,传为黄帝之子。 ②渎:大川。律:音律,乐律。 ③白鱼:《史记·周本纪》:"武王渡河中流,白鱼跃入王舟中,武王俯取以祭。"乌:唐写本作"雀"。 ④金:唐写本作"银"。《礼斗威仪》:"君乘金而王,其政象平,黄银见,紫玉见于深山。" ⑤膏腴:肥沃富饶。 ⑥后:唐写本作"古"。 ⑦采:唐写本作"捃",音 jùn,摘取。摭:拾取。英华:精华。 ⑧恐:唐写本作"虑"。 ⑨仲豫:荀悦之字。 ⑩煨:音 wēi,盆中火。燔:音 fán,焚烧。

赞曰:荣河温洛①,是孕图纬。神宝藏用,理隐文贵。

世历二汉②,朱紫腾沸③。芟夷谲诡④,糅其雕蔚⑤。

[注释]①荣河:《尚书中候·握河纪》:"尧修坛河洛……荣光出河,休气四塞。"荣光,五色之光。温洛:《易乾凿度》:"帝盛德之应,洛水先温,九日乃寒。" ②二汉:即西汉和东汉,亦称前汉和后汉。 ③腾沸:指繁乱。 ④芟(音shān)夷:削除。谲诡:怪异。 ⑤糅:唐写本作"采"。雕蔚:雕饰文采。

辨骚第五

自《风》、《雅》寝声①,莫或抽绪②;奇文郁起③,其《离骚》哉!固已轩翥诗人之后④,奋飞辞家之前⑤;岂去圣之未远,而楚人之多才乎?

[注释]①寝:止息。 ②抽绪:谓继承前人未竟之业。 ③郁:繁盛。 ④轩翥(音zhù):飞举。 ⑤辞家:谓辞赋家。

昔汉武爱《骚》①,而淮南作《传》②,以为《国风》好色而不淫③,《小雅》怨诽而不乱④,若《离骚》者,可谓兼之;蝉蜕秽浊之中⑤,浮游尘埃之外⑥,皭然"涅而不缁"⑦,虽与日月争光可也。

[注释]①汉武:指西汉武帝刘彻。 ②淮南:指淮南王刘安,所为《离骚传》或称《离骚赋》已佚,刘勰所引见于《史记·屈原列传》和班固的《离骚序》。 ③淫:放荡,过度。 ④诽:讥刺。乱:无秩序。 ⑤蜕:脱去皮壳。 ⑥浮游:漫游。 ⑦皭:音 jiào,洁白。涅而不缁:语出《论语·阳货》。涅:染黑。缁:音 zī,黑色。

班固以为①,露才扬己,忿怼沉江②;羿浇二姚③,与

《左氏》不合④;崑崙悬圃⑤,非经义所载;然其文辞丽雅⑥,为词赋之宗⑦:虽非明哲⑧,可谓妙才。

[注释]①班固:字孟坚,东汉初年史学家、文学家,下述其论见《离骚序》。 ②怼:音duì,怨恨。 ③羿:音yì,后羿,传为夏代有穷国之君,后为其臣寒浞所杀。浇:音ào,过浇,寒浞之子。二姚:指夏代有虞国国君的两个女儿,"姚"乃其姓。 ④《左氏》:指《左传》,又称《左氏春秋》。 ⑤崑崙:即昆仑山,《离骚》和《天问》中都曾讲到。悬圃:昆仑之巅。 ⑥文辞:唐写本无"辞"字。 ⑦宗:祖先,指开创者。 ⑧明哲:明智,明智之人。

王逸以为①,诗人提耳②,屈原婉顺③;《离骚》之文,依经立义:驷虬乘鹥④,则"时乘六龙"⑤;崑崙流沙⑥,则《禹贡》敷土⑦;名儒辞赋⑧,莫不拟其仪表⑨,所谓"金相玉质⑩,百世无匹⑪"者也。

[注释]①王逸:字叔师,东汉学者,著有《楚辞章句》,下述其论见《楚辞章句序》。 ②提耳:撕提其耳,使之警觉。《诗·大雅·抑》:"匪面命之,言提其耳。" ③婉:顺从。 ④驷:一车所驾之四马或驾四马之车,此谓驾乘。虬:音qiú,古代传说中的一种龙。鹥:音yì,同"鹥",凤凰之别名。《离骚》:"驷玉虬以乘鹥兮。" ⑤时乘六龙:语出《易·乾·象》。六龙:乾卦六爻皆取龙为象,或潜或飞,依时升降。 ⑥流沙:指沙漠地区。《离骚》:"忽吾行此流沙兮。" ⑦敷:分布治理。《尚书·禹贡》:"禹敷土……余波入于流沙。" ⑧辞:唐写本作"词"。 ⑨仪表:法式,表率。 ⑩相:质地,实质。《诗·大雅·棫朴》:"追琢其章,金玉其相。" ⑪匹:相当,相配。

及汉宣嗟叹①,以为皆合经术②;扬雄讽味③,亦言体同《诗》雅④。四家举以方经⑤,而孟坚谓不合传;褒贬任声,抑扬过实,可谓鉴而弗精⑥,玩而未核者也⑦!

[注释]①汉宣:指西汉宣帝刘询。嗟叹:吟诵。《汉书·王褒传》载,汉宣帝认为"辞赋大者与古诗同义,小者辩丽可喜……尚有仁义风谕、鸟兽草木多闻之观"。 ②术:唐写本作"传",阐述经义的文字。 ③扬雄:字子云,西汉末年作家,其于屈原作品之见已不详。讽味:讽诵玩味。 ④体:风格。雅:雅正。 ⑤方:比拟,比方。 ⑥鉴:审察。弗:唐写本作"不"。 ⑦玩:玩味领会。核:查考,核实。也:唐写本作"矣"。

将核其论,必征言焉①。故其陈尧舜之耿介②,称汤武之祗敬③,典诰之体也④。讥桀纣之猖披⑤,伤羿浇之颠陨⑥,规讽之旨也⑦。虬龙以喻君子⑧,云蜺以譬谗邪⑨,比兴之义也⑩。每一顾而掩涕⑪,叹君门之九重⑫,忠怨之辞也⑬。观兹四事,同于《风》、《雅》者也⑭。

[注释]①征:证验。 ②耿介:光明正大。《离骚》:"彼尧舜之耿介兮,既遵道而得路。" ③汤武:唐写本作"禹汤"。汤,商朝的建立者,又称武汤、成汤等。祗:音 zhī,敬。《离骚》:"汤禹俨而祗敬兮,周论道而莫差。"④典:指《尚书》中的《尧典》等篇。诰:指《尚书》中的《汤诰》等篇。体:风格。⑤桀:音 jié,夏代国王,名履癸,以暴虐著称。纣:音 zhòu,商代最后一个君主,亦称帝辛。猖披:衣不系带、散乱不整,引申为不遵法度、恣意妄为。《离骚》:"何桀纣之猖披兮,夫唯捷径以窘步。" ⑥颠陨:坠落。《离骚》中说后羿和过浇因"淫游"和"纵欲"而无善终。 ⑦规:劝谏。 ⑧虬龙:《九章·涉江》:"驾青虬兮骖白螭。"骖,音 cān,驾驭。螭,音 chī,古代传说中的神兽。⑨蜺:音 ní,即霓,虹之一种,亦称副虹。谗邪:谗言邪说,此指谗邪之人。《离骚》:"飘风屯其相离兮,帅云霓而来御。" ⑩比兴:《诗经》的两种表现方法,《比兴》篇有专论。 ⑪顾:回头。《九章·哀郢》:"过夏首而西浮兮,顾龙门而不见。"掩涕:掩面垂泪。《离骚》:"长太息以掩涕兮,哀民生之多艰。"⑫九重:九层,谓深。《九辩》:"岂不郁陶而思君兮,君之门以九重。" ⑬辞:唐写本作"词"。 ⑭于:唐写本作"乎"。

至于托云龙①,说迂怪②;丰隆求宓妃③,鸩鸟媒娀女④:诡异之辞也⑤。康回倾地⑥,夷羿彃日⑦,木夫九首⑧,土伯三目⑨:谲怪之谈也⑩。依彭咸之遗则⑪,从子胥以自适⑫:狷狭之志也⑬。"士女杂做⑭,乱而不分",指以为乐;"娱酒不废"⑮,沉湎日夜,举以为欢:荒淫之意也。摘此四事,异乎经典者也⑯。

[注释]①云龙:《离骚》:"驾八龙之婉婉兮,载云旗之委蛇。" ②迂怪:神怪。 ③丰隆:云神,一说雷神。唐写本作"驾丰隆"。宓(音 fú)妃:伏羲氏之女,传为洛水之神。《离骚》:"吾令丰隆乘云兮,求宓妃之所在。" ④鸩鸟:唐写本作"凭鸩鸟"。鸩,音 zhèn,传说中的一种毒鸟。娀:音 sōng,古国名,在今山西省,也叫"有娀"。《离骚》:"望瑶台之偃蹇兮,见有娀之佚女;吾令鸩为媒兮,鸩告余以不好。"偃蹇,高耸。 ⑤诡:怪异。辞:唐写本作"词"。 ⑥康回:即共工,神话人物。《天问》:"康回凭怒,地何故以东南倾?" ⑦夷羿:即后羿。彃:音 bì,射,唐写本作"毕"。《天问》:"羿焉彃日?"彃,一作"毕"。 ⑧木夫九首:《招魂》:"一夫九首,拔木九千些。" ⑨土伯:土地之神。《招魂》:"土伯九约……参目虎首,其身若牛些。"约,曲折。 ⑩谲:怪异。 ⑪彭咸:相传为殷商时大夫,因谏君不听而投水自杀。《离骚》:"虽不周于今之人兮,愿依彭咸之遗则。" ⑫子胥:伍子胥,春秋时楚国人,被吴王夫差逼迫而自杀,并被投尸于江。自适:顺应自己的心意。《九章·悲回风》:"浮江淮而入海兮,从子胥而自适。" ⑬狷:音 juàn,急躁。 ⑭"士女"二句:《招魂》:"士女杂坐,乱而不分些。" ⑮"娱酒"二句:《招魂》:"娱酒不废,沉日夜些。" ⑯乎:唐写本作"于"。

　　故论其典诰则如彼,语其夸诞则如此。固知《楚辞》者,体慢于三代①,而风雅于战国②;乃《雅》、《颂》之博徒③,而词赋之英杰也。观其骨鲠所树④,肌肤所附⑤,虽取镕经意⑥,亦自铸伟辞。

[注释]①体:风格。慢:唐写本作"宪",效法。三代:指夏、商、周。②风:文风,风格。雅:唐写本作"杂"。 ③博徒:赌徒,此喻同类。 ④骨鲠:即骨干,喻作品的主要内容。 ⑤肌肤:喻作品的表现形式。 ⑥取镕:取法、镕炼。意:唐写本作"旨"。

故《骚经》①、《九章》②,朗丽以哀志③;《九歌》④、《九辩》⑤,绮靡以伤情⑥;《远游》⑦、《天问》⑧,瑰诡而惠巧⑨;《招魂》⑩、《招隐》⑪,耀艳而深华⑫;《卜居》标放言之致⑬,《渔父》寄独往之才⑭。故能气往轹古⑮,辞来切今⑯,惊采绝艳,难与并能矣。

[注释]①故骚经:唐写本无"故"字。王逸《楚辞章句》称《离骚》为"离骚经"。 ②《九章》:屈原之作,包括九首诗。 ③朗丽:明朗而华美。④《九歌》:屈原根据楚国民间祭歌改编之作,共十一篇。 ⑤辩:唐写本作"辨"。《九辩》,一作《九辩》,为宋玉所作长篇诗歌。 ⑥绮靡:唐写本作"靡妙",美妙。 ⑦《远游》:旧说为屈原所作,近人有疑为汉代作品。 ⑧《天问》:屈原之作,乃问难天地自然之长诗。 ⑨瑰:奇伟。惠:唐写本作"慧"。⑩《招魂》:屈原之作,一说宋玉作品。 ⑪招隐:唐写本作"大招"。《大招》,旧说为屈原或景差所作。 ⑫深:唐写本作"采"。 ⑬《卜居》:旧说为屈原之作。标:显出。放:旷放。 ⑭《渔父》:旧说为屈原之作。 ⑮轹古:犹旷古,空前。轹,音lì,超越。 ⑯切今:犹绝今,绝后。切,割,截。

自《九怀》以下①,遽躅其迹②;而屈宋逸步③,莫之能追。故其叙情怨,则郁伊而易感④;述离居,则怆怏而难怀⑤;论山水,则循声而得貌⑥;言节候,则披文而见时⑦。是以枚贾追风以入丽⑧,马扬沿波而得奇⑨;其衣被词人⑩,非一代也。

[注释]①《九怀》：西汉作家王褒之作。以：唐写本作"已"。　②遽：急。蹠：追踪。　③逸：奔跑。　④郁伊：郁闷。　⑤怆怏：悲伤失意之貌。⑥声：声律音节。　⑦披：翻阅。　⑧枚：指枚乘，字叔，西汉初年辞赋家。贾：指贾谊，西汉初年辞赋家。　⑨马：指司马相如，字长卿，西汉辞赋家。扬：指扬雄。　⑩衣被：给人盖上被子，喻加惠于人。词：唐写本作"辞"。

故才高者菀其鸿裁①，中巧者猎其艳辞②，吟讽者衔其山川③，童蒙者拾其香草④。若能凭轼以倚《雅》、《颂》⑤，悬辔以驭楚篇⑥，酌奇而不失其真⑦，玩华而不坠其实⑧；则顾盼可以驱辞力⑨，欬唾可以穷文致⑩，亦不复乞灵于长卿⑪，假宠于子渊矣⑫。

[注释]①菀：音wǎn，唐写本作"苑"，即苑囿，此谓掌握、驾驭。鸿裁：宏大的体制。　②中巧：技艺中等之人，即中人。猎：猎取。辞：唐写本作"词"。③吟讽：吟咏讽诵。衔：含咏。　④童蒙：童幼无知。　⑤轼：车前供人倚靠的横木。　⑥悬：系挂。辔：音pèi，马缰绳。　⑦酌：选取。真：唐写本作"贞"，正。　⑧坠：失去。　⑨顾盼：唐写本作"顾眄"，谓转眼之间。眄，音miǎn，斜视。驱：驱遣，指挥。　⑩欬唾：谓谈吐之间。欬，音kài，咳嗽。致：情趣。　⑪乞灵：乞求神灵以为己助，泛指乞援。长卿：司马相如之字。⑫假宠：凭借威望地位。子渊：王褒之字。

赞曰：不有屈原①，岂见《离骚》？惊才风逸，壮志烟高②。山川无极，情理实劳③。金相玉式④，艳溢锱毫⑤。

[注释]①原：唐写本作"平"，屈原之名。　②志：唐写本作"采"。③劳：音liáo，通"辽"，广阔。　④式：榜样，模范。　⑤锱毫：喻精微之处。锱，音zī，古代重量单位，其说不一，一般谓四分之一两。

明 诗 第 六

大舜云:"诗言志,歌永言。"①圣谟所析②,义已明矣。是以"在心为志,发言为诗"③,舒文载实④,其在兹乎!诗者⑤,持也⑥,持人情性。"三百"之蔽⑦,义归"无邪",持之为训⑧,有符焉尔⑨。

[注释]①"诗言志"二句:引自《尚书·尧典》。永,通"咏",歌唱。②谟:音 mó,记述君臣谋议国事的一种文体,此指圣人的经典。 ③"在心为志"二句:引自《毛诗序》。 ④文:文辞。实:内容。 ⑤诗者:唐写本作"故诗者"。 ⑥持:守,保持。 ⑦"三百之蔽"二句:《论语·为政》:"子曰:'《诗》三百,一言以蔽之,曰:思无邪。'"蔽:涵盖,概括。 ⑧训:解说。 ⑨有:唐写本作"信有"。焉:于此。尔:助词。

人禀七情①,应物斯感,感物吟志,莫非自然。昔葛天氏乐辞云②,《玄鸟》在曲③;黄帝《云门》④,理不空绮⑤。至尧有《大唐》之歌⑥,舜造《南风》之诗⑦,观其二文,"辞达而已"⑧。及大禹成功,九序惟歌⑨;太康败德⑩,五子咸怨⑪:顺美匡恶⑫,其来久矣。

[注释]①禀:领受,承受。七情:人的七种感情或情绪,指喜、怒、哀、惧、

爱、恶、欲。 ②"葛天"句：唐写本无"天"、"氏"、"云"三字，《玉海》引作"葛天乐辞"。葛天：即葛天氏，传说中的远古帝王。 ③《玄鸟》：《吕氏春秋·古乐》："昔葛天氏之乐，三人操牛尾，投足以歌八阕：一曰《载民》，二曰《玄鸟》……"玄鸟，燕子。 ④《云门》：相传为黄帝之乐。 ⑤绮：唐写本作"弦"。理不空弦：指应有乐词。 ⑥唐：唐写本作"章"。《大章》：古乐名，相传为尧乐。 ⑦《南风》：古乐名，相传为虞舜所作。 ⑧辞达而已：《论语·卫灵公》："子曰：'辞达而已矣。'" ⑨九序惟歌：参见《原道》注。 ⑩太康：夏禹之孙，因荒淫而失国。 ⑪五子：指夏太康之兄弟五人。《史记·夏本纪》载其作《五子之歌》。怨：唐写本作"讽"。 ⑫匡：纠正。

　　自商暨周①，《雅》、《颂》圆备②，"四始"彪炳③，"六义"环深④。子夏监绚素之章⑤，子贡悟琢磨之句⑥，故商、赐二子⑦，可与言《诗》⑧。自王泽殄竭⑨，风人辍采⑩，春秋观志⑪，讽诵旧章⑫，酬酢以为宾荣⑬，吐纳而成身文⑭。逮楚国讽怨⑮，则《离骚》为刺。秦皇灭典，亦造《仙诗》⑯。

　　[注释]①暨：至。 ②圆备：完备。 ③四始：其说不一，《毛诗序》谓"风"、"小雅"、"大雅"和"颂"。彪炳：文采焕发貌。 ④六义：《毛诗序》："诗有六义焉：一曰风，二曰赋，三曰比，四曰兴，五曰雅，六曰颂。"环深：周密而深邃。 ⑤子夏：孔子弟子。监：唐写本作"鉴"。绚素之章：《论语·八佾》："子夏问曰：'巧笑倩兮，美目盼兮，素以为绚兮，何谓也？'子曰：'绘事后素。'曰：'礼后乎？'子曰：'启予者商也，始可与言诗已矣！'"素，白色。绚，彩色。 ⑥子贡：孔子弟子。琢磨之句：《论语·学而》："子贡曰：'贫而无谄，富而无骄，何如？'子曰：'可也，未若贫而乐，富而好礼者也。'子贡曰：'《诗》云：如切如磋，如琢如磨。其斯之谓与？'子曰：'赐也，始可与言诗已矣！告诸往而知来者。'" ⑦商：子夏之名。赐：子贡之名。 ⑧诗：唐写本作"诗矣"。 ⑨殄：音tiǎn，尽，绝。 ⑩风人：指采集民歌的官员。辍：停止。 ⑪观志：观察其心志。 ⑫讽：背诵。 ⑬酬酢：主客相互敬酒，主敬客称酬，

客还敬称酢。　⑭吐纳:指讽诵。身文:人身之文,此指人的言语、文采修养。　⑮逮:及,及至。　⑯《仙诗》:指秦始皇使博士所造的《仙真人诗》,已佚。

汉初四言,韦孟首唱①;匡谏之义,继轨周人②。孝武爱文③,柏梁列韵④;严马之徒⑤,属辞无方⑥。至成帝品录⑦,三百余篇,朝章国采⑧,亦云周备⑨。而辞人遗翰⑩,莫见五言,所以李陵、班婕妤⑪,见疑于后代也。

[注释]①韦孟:西汉初年诗人,有《讽谏诗》和《在邹诗》,皆为四言。②继轨:继踵前人之轨迹。　③孝武:指汉武帝刘彻。　④柏梁:指柏梁台。汉武帝曾置酒其上,诏群臣和诗,人各一句,句皆用韵,后人谓此诗体为柏梁体。　⑤严:指严忌、严助父子,皆为西汉辞赋家;本姓庄,《汉书》为避东汉明帝刘庄之讳而改。马:指司马相如。　⑥属辞:连缀字句为文章,指写作。辞:唐写本作"词"。方:常。　⑦成帝:指汉成帝刘骜。　⑧朝章:指朝庙乐章。国采:指全国各地所采集的诗歌。　⑨周备:周密完备。　⑩辞:唐写本作"词"。翰:文辞。　⑪李陵:字少卿,汉武帝时名将,传有《与苏武诗》。班婕妤:唐写本作"班婕",汉成帝后妃,传有《怨诗》。

按《召南·行露》①,始肇半章②;孺子《沧浪》③,亦有全曲④;《暇豫》优歌⑤,远见春秋;《邪径》童谣⑥,近在成世⑦:阅时取证⑧,则五言久矣。

[注释]①按:唐写本作"案"。召:唐写本作"邵"。《邵南》,一般作《召南》,《诗经》十五国风之一。　②肇:开始,创始。半章:《行露》第二、三章各为六句,前四句为五言。　③孺子:儿童。《沧浪》:即《沧浪歌》,亦称《孺子歌》,载于《孟子·离娄上》。　④全曲:《沧浪歌》全诗四句,除"兮"字外,皆为五言。　⑤暇豫:悠闲逸乐。优:倡优,古代称以音乐歌舞或杂技戏谑娱人的艺人,此指优施。《国语·晋语二》载优施歌"暇豫",共四句,三句为五言。　⑥《邪径》:载于《汉书·五行志》,共六句,全为五言。　⑦成世:指汉成帝时

期(公元前32—前7年)。 ⑧阅时:历经时日。证:唐写本作"征",证明、证验。

又《古诗》佳丽①,或称枚叔②;其《孤竹》一篇③,则傅毅之词④。比采而推⑤,两汉之作乎⑥?观其结体散文⑦,直而不野⑧,婉转附物⑨,怊怅切情⑩,实五言之冠冕也⑪。至于张衡《怨》篇⑫,清典可味⑬;《仙诗》缓歌⑭,雅有新声⑮。

[注释]①《古诗》:指《古诗十九首》。 ②枚叔:指枚乘,字叔,西汉初年作家。《玉台新咏》把《古诗十九首》中的《青青河畔草》等八首列为枚乘的作品,但后人有疑。 ③《孤竹》:指《古诗十九首》中的《冉冉孤生竹》。 ④傅毅:字武仲,东汉初年作家。词:唐写本作"辞"。 ⑤比:比照,按照。采:唐写本作"彩"。 ⑥两汉:唐写本作"故两汉",宋本《太平御览》引作"固两汉"。乎:唐写本作"也"。 ⑦结体:指体裁的运用。散文:即行文,指语言的运用。 ⑧直:正,指文体规范。 ⑨附:符合,贴近。 ⑩怊怅:惆怅。切:切合。 ⑪冠冕:古代帝王、官员所戴的帽子,喻首位。 ⑫于:唐写本作"如"。《怨》篇:张衡有《怨诗》。 ⑬清典:清丽典雅。 ⑭《仙诗》:当指张衡拟缓声歌之作,已佚。缓歌:即古乐府的缓声歌,歌声柔缓,古辞仅存《前缓声歌》一首。 ⑮雅:正。新声:指《仙诗》虽为拟作,却有新意。

暨建安之初①,五言腾踊②。文帝陈思③,纵辔以骋节④;王徐应刘⑤,望路而争驱。并怜风月,狎池苑⑥,述恩荣,叙酣宴。慷慨以任气,磊落以使才⑦。造怀指事⑧,不求纤密之巧;驱辞逐貌⑨,唯取昭晰之能⑩:此其所同也。

[注释]①建安:汉献帝刘协年号(196—220年)。 ②踊:唐写本作"跃"。 ③文帝:指魏文帝曹丕,字子桓,曹操之子。陈思:指曹植,字子建,曹丕之弟。封陈王,谥号"思",故称陈思王。 ④辔:马缰绳。骋节:谓任意

驰骋。 ⑤王：指王粲，字仲宣。徐：指徐干，字伟长。应：指应玚（音 yáng），字德琏。刘：指刘桢，字公干。四人皆为"建安七子"之一。 ⑥狎：音 xiá，接近，亲近。 ⑦磊落：胸怀坦荡。 ⑧造怀：抒写胸怀。指事：阐明事理，叙述事物。 ⑨辞：唐写本作"词"。逐貌：描摹形状。 ⑩晰：唐写本作"皙"。

乃正始明道①，诗杂仙心②；何晏之徒③，率多浮浅④。唯嵇志清峻⑤，阮旨遥深⑥，故能标焉⑦。若乃应璩《百一》⑧，独立不惧，辞谲义贞⑨，亦魏之遗直也⑩。

[注释]①乃：唐写本作"及"。正始：魏王曹芳的年号（240—249年）。②仙心：指道家思想。 ③何晏：字平叔，三国学者，最早的玄言诗人。④率：大概。 ⑤嵇：指嵇康，字叔夜，三国魏末作家，正始间"竹林七贤"之一。清峻：清远高洁，挺拔有力。 ⑥阮：指阮籍，字嗣宗，三国魏末作家，正始间"竹林七贤"之一。遥深：深远。 ⑦标：显扬，突出。 ⑧应璩：字休琏，三国魏末作家，应玚之弟。一：唐写本作"壹"。 ⑨贞：正。 ⑩遗直：谓古人直道而行之遗风。

晋世群才，稍入轻绮①。张潘左陆②，比肩诗衢③，采缛于正始④，力柔于建安。或枿文以为妙⑤，或流靡以自妍⑥，此其大略也。

[注释]①轻绮：谓轻靡绮丽。 ②张：指张华，字茂先。潘左：唐写本作"左潘"。左：指左思，字太冲。潘：指潘岳，字安仁。陆：指陆机，字士衡。四人皆为西晋作家。这里的"张左潘陆"与钟嵘《诗品序》所谓"三张、二陆、两潘、一左"并不一致。 ③诗衢：指诗坛。衢，大路。 ④缛：繁密，繁复。⑤枿：唐写本作"析"。析文，指字句的雕琢。 ⑥流靡：指过分华美。靡，丽。妍：精巧。

江左篇制①，溺乎玄风②，嗤笑徇务之志③，崇盛亡机之谈④。袁孙已下⑤,虽各有雕采⑥,而辞趣一揆⑦,莫与争雄⑧,所以景纯《仙》篇⑨,挺拔而为俊矣⑩。

[注释]①江左:江东,指东晋。 ②玄风:玄谈之风气。当时人喜谈《老子》《庄子》和《周易》,谓之"三玄"。 ③嗤:唐写本作"羞"。徇务:献身俗务。 ④亡:唐写本作"忘"。机:机巧功利。 ⑤袁:指袁宏,字彦伯。孙:指孙绰,字兴公。二人皆为东晋初年玄言诗人。 ⑥雕采:文采。 ⑦辞:唐写本作"词"。趣:唐写本作"轫"。揆:音 kuí,道理、准则,此指玄风。 ⑧与:唐写本作"能"。 ⑨景纯:郭璞之字,东晋学者、诗人,有《游仙诗》十四首。 ⑩挺拔:谓高超出众。俊:杰出,卓越。

宋初文咏①,体有因革②;庄老告退,而山水方滋③。俪采百字之偶④,争价一句之奇;情必极貌以写物⑤,辞必穷力而追新⑥:此近世之所竞也。

[注释]①文咏:指诗文。 ②体:体裁。因革:因袭与变革。 ③滋:生长。 ④俪:对偶。百字:谓很多字,指整首诗。 ⑤极貌以写物:谓写景状物力求准确。 ⑥穷力而追新:谓追新逐异不遗余力。

故铺观列代①,而情变之数可监②;撮举同异③,而纲领之要可明矣。若夫四言正体④,则雅润为本⑤;五言流调⑥,则清丽居宗⑦:华实异用⑧,惟才所安⑨。故平子得其雅,叔夜含其润,茂先凝其清⑩,景阳振其丽⑪;兼善则子建、仲宣,偏美则太冲、公干。

[注释]①铺:陈列,展开。 ②情变之数:指诗歌创作的规律和特点。情,情况。监:唐写本作"鉴",照察、审辨。 ③撮举:谓摘要举出。 ④四言正体:挚虞《文章流别论》:"雅音之韵,四言为正。" ⑤雅润:雅正温润。 ⑥流调:流行的曲调。 ⑦清丽:清新华美。宗:根本,主旨。 ⑧华:华丽,

指五言诗之清丽。实:朴实,指四言诗之雅润。　⑨安:定。　⑩凝:成。
⑪景阳:张协之字,西晋诗人,与兄载、弟亢齐名,世称"三张"。振:扬。

　　然诗有恒裁①,思无定位②,随性适分③,鲜能通圆④。若妙识所难⑤,其易也将至;忽之为易⑥,其难也方来。

　　[注释]①裁:体制,体裁。　②思:即"神思",指艺术构思。　③分:才分,天分。　④通圆:唐写本作"圆通",佛教术语,谓无偏无碍,借指诗才之全面。　⑤妙识:深知,精通。　⑥之:唐写本作"以"。

　　至于三六杂言,则出自篇什①;离合之发②,则明于图谶③;回文所兴④,则道原为始⑤;联句共韵,则柏梁余制。巨细或殊,情理同致,总归诗囿⑥,故不繁云。

　　[注释]①篇什:指《诗经》。《诗经》中的《雅》和《颂》,以十篇为一"什",故诗章又称"篇什"。　②离合:指离合诗,拆字为句而成诗歌,类似字谜。　③明:唐写本作"萌"。图谶:汉代盛行的预言帝王受命、吉凶得失等的文字、图记,常用拆字法组成。　④回文:指回文诗,正念、倒念均可成诗。　⑤道原:不详,当为人名。　⑥囿:区域,范围。

　　赞曰:民生而志①,咏歌所含②。兴发皇世③,风流二《南》④。神理共契⑤,政序相参⑥。英华弥缛⑦,万代永耽⑧。

　　[注释]①民生而志:犹"人禀七情"。志,情志。　②咏歌所含,犹"在心为志,发言为诗"。　③皇世:三皇之世,指上古时期。　④风流:风行,流传。《南》:《周南》、《召南》,代指《诗经》。　⑤神理共契:即符合自然之理。神理,神妙之理,即自然之道。契,合。　⑥政序相参:即参与政治教化。　⑦英华:精华。　⑧耽:乐,喜爱。

乐府第七

乐府者①,"声依永,律和声"②也。钧天九奏③,既其上帝④;葛天八阕⑤,爰乃皇时⑥。自《咸》、《英》以降⑦,亦无得而论矣。至于涂山歌于候人⑧,始为南音;有娀谣乎飞燕⑨,始为北声;夏甲叹于东阳⑩,东音以发;殷整思于西河⑪,西音以兴:音声推移⑫,亦不一概矣。

[注释]①乐府:本为汉代管理音乐的官府,后演变为诗体之名,既包含乐府机构所采制的诗歌,也包含那些可以入乐以及摹仿乐府古题的作品。本篇所论,主要是合乐的诗歌,但也涉及少数不合乐之作。 ②"声依永"二句:引自《尚书·尧典》。声:五声,即宫、商、角、徵、羽。永:通"咏",歌唱。律:乐律,即黄钟、太簇(音 còu)、姑洗(音 xiǎn)、蕤宾、夷则、无射(音 yè)、林钟、南吕、应钟、大吕、夹钟、中吕等十二律。 ③钧天:天之中央。九奏:奏乐九曲。《史记·赵世家》载,赵简子病中梦见自己"与百神游于钧天,广乐九奏《万舞》"。 ④上帝:天帝。 ⑤阕:歌曲之一首。 ⑥爰:句首助词。皇时:指远古三皇时代。 ⑦以:唐写本作"已"。《咸》:《咸池》,古乐曲名,相传为黄帝所作。《英》:《五英》,古乐曲名,相传为帝喾(音 kù)所作。 ⑧涂山歌于候人:《吕氏春秋·音初》载,大禹南巡时,涂山氏之女作歌曰"候人兮猗",此为南音之始。 ⑨有娀谣乎飞燕:《吕氏春秋·音初》载,有娀氏有二女,"帝令燕往视之","二女爱而争搏之",燕子北飞不反,二女作歌曰"燕燕往飞",

此为北音之始。有娀(音 sōng),国名。乎:《玉海》引作"于"。 ⑩夏甲叹于东阳:《吕氏春秋·音初》载,夏后氏孔甲于东阳收养一个孩子,成人后,"斧斫斩其足,遂为守门者",孔甲哀叹而作《破斧之歌》,此为东音之始。⑪殷整:殷代帝王河亶(音 dàn)甲,名整,又称整甲。思于西河:《吕氏春秋·音初》:"殷整甲徙宅西河,犹思故处,实始作为西音。" ⑫音:唐写本作"心"。

匹夫庶妇①,讴吟土风②,诗官采言③,乐盲被律④,志感丝篁⑤,气变金石⑥:是以师旷觇风于盛衰⑦,季札鉴微于兴废⑧,精之至也。夫乐本心术⑨,故响浃肌髓⑩,先王慎焉,务塞淫滥⑪。敷训胄子⑫,必歌九德⑬,故能情感七始⑭,化动八风⑮。

[注释]①匹夫:指平民中的男子。唐写本作"及匹夫"。庶妇:本指妻子以外的众妾,此谓普通妇女。 ②讴:歌唱。土风:乡土歌谣。 ③诗官:采诗之官员。 ④盲:唐写本作"胥",乐官。被:加,配。 ⑤丝:八音之一,指琴、瑟、琵琶等弦乐器。篁:唐写本作"簧",乐器之振动体,代指此类乐器。⑥金:八音之一,指钟类乐器。石:唐写本作"竹",八音之一,指竹制管乐器。⑦师旷:春秋时晋国乐师,字子野。觇:音 chān,观看,观察。《左传·襄公十八年》:"楚师伐郑……晋人闻有楚师,师旷曰:'不害,吾骤歌北风,又歌南风;南风不竞,多死声,楚必无功。'"竞,强劲。 ⑧季札:春秋时吴王寿梦之子。《左传·襄公二十九年》载,季札到鲁国观周乐,从各地的乐曲来判断其盛衰兴亡的命运。 ⑨术:道路,途径。心术,指思想感情的表达。 ⑩浃:音 jiā,浸透。 ⑪塞:堵塞,遏制。淫滥:过度,无节制。 ⑫敷训:施教。胄子:帝王或贵族的长子。 ⑬九德:九种优良品格,其说不一。 ⑭七始:其说不一,一般指天、地、人和春、夏、秋、冬。 ⑮化:教化。八风:八方之风。

自雅声浸微①,溺音腾沸②,秦燔《乐经》③,汉初绍复④。制氏纪其铿锵⑤,叔孙定其容与⑥,于是《武德》兴乎高祖⑦,《四时》广于孝文⑧;虽摹《韶》、《夏》⑨,而颇袭秦旧,中和之响⑩,阒其不还⑪。

[**注释**]①浸微:逐渐衰微。　②溺:沉湎,无节制。腾沸:水翻腾涌出貌,比喻兴盛。　③燔:音 fán,焚烧。《乐经》:传为"六经"之一。　④绍复:继承复兴。　⑤制氏:汉初乐师。铿锵:音声洪亮而有力,此指音节。　⑥叔孙:指叔孙通,汉初儒生。容:礼容。与:唐写本作"典",法度。　⑦《武德》:舞名。高祖:指汉高祖刘邦。　⑧《四时》:舞名。孝文:指汉文帝刘恒。　⑨《韶》、《夏》:皆为古代乐名。　⑩中和:中庸和谐之境。　⑪阒其:断绝的样子。阒,音 qù,断绝。

暨武帝崇礼①,始立乐府,总赵代之音②,撮齐楚之气③。延年以曼声协律④,朱马以骚体制歌⑤。《桂华》杂曲⑥,丽而不经⑦;《赤雁》群篇⑧,靡而非典⑨。河间荐雅而罕御⑩,故汲黯致讥于《天马》也⑪。至宣帝雅颂⑫,诗效《鹿鸣》⑬;迩及元、成⑭,稍广淫乐⑮:正音乖俗⑯,其难也如此。

[**注释**]①武帝:指汉武帝刘彻。崇礼:尊崇礼官。　②赵代:今河北、山西一带。　③撮:聚。齐楚:今山东、安徽、湖北一带。　④延年:指李延年,汉武帝时乐府长官。曼声:舒缓、柔美之声。　⑤朱:指朱买臣,精通《楚辞》,所作歌曲已失传。马:指司马相如,相传武帝时的《郊祀歌》中有一部分为其作品。　⑥《桂华》:汉高祖唐山夫人所作《安世房中歌》十七章的第十章,四言十句,载《汉书·礼乐志》。　⑦经:常道。　⑧《赤雁》:即《象载瑜》(其中有"赤雁集"之句),汉武帝时《郊祀歌》十九章的第十八章,三言十二句,载《汉书·礼乐志》。　⑨靡:华丽。典:常道。　⑩河间:指河间王刘德,汉景帝三子,谥号"献",世称河间献王。御:用。《汉书·礼乐志》载,刘德曾"献所集雅乐","然不常御"。　⑪汲黯:字长儒,西汉初人。《天马》:指汉武帝

所作《天马歌》。《史记·乐书》载,汉武帝得神马而作歌,汲黯进言以为不妥。 ⑫宣帝:指汉宣帝刘询。颂:唐写本作"诗"。 ⑬诗:唐写本作"颇"。《鹿鸣》:《诗·小雅》之篇。 ⑭迄:唐写本作"逮",到。元、成:指汉元帝刘奭、汉成帝刘骜。 ⑮淫乐:指与雅乐相对的俗乐。 ⑯乖:背离,违背。

暨后郊庙①,惟杂雅章②,辞虽典文③,而律非夔、旷④。至于魏之三祖⑤,气爽才丽⑥,宰割辞调⑦,音靡节平⑧。观其《北上》众引⑨,《秋风》列篇⑩,或述酣宴,或伤羁戍⑪,志不出于淫荡⑫,辞不离于哀思,虽三调之正声⑬,实《韶》、《夏》之郑曲也⑭。

[注释]①后:唐写本作"后汉"。郊庙:指祭祀天地和祖庙用的乐歌。郊,祭祀天地。庙,祭祀祖先。 ②杂:唐写本作"新"。 ③辞:唐写本作"词"。 ④夔:音kuí,传为舜时乐官。旷:师旷,春秋时晋国乐师。夔旷,此代指古乐之风。 ⑤三祖:即太祖、高祖、烈祖,分别指武帝曹操、文帝曹丕和明帝曹叡。 ⑥气:气质,精神。爽:豪爽。 ⑦宰割辞调:谓将汉乐府的词、调分开,用其旧调而写新内容,所谓以乐府古题写时事。辞,唐写本作"词"。 ⑧音:曲调。节:节奏。 ⑨北上:指曹操的《苦寒行》,其首句为"北上太行山"。引:曲。 ⑩秋风:指曹丕的《燕歌行》,其首句为"秋风萧瑟天气凉"。 ⑪羁戍:谓远戍边疆。羁,寄居在外。戍,守边。 ⑫淫:唐写本作"慆",音tāo,喜悦。慆荡,谓怠慢放纵。 ⑬三调:汉乐府相和歌之平调、清调、瑟调的合称,也叫清商三调。 ⑭郑曲:即郑声,郑国的音乐,指与雅乐相对的俗乐,即上文所谓"淫乐"。

逮于晋世,则傅玄晓音①,创定雅歌,以咏祖宗;张华新篇②,亦充庭《万》③。然杜夔调律④,音奏舒雅⑤,荀勖改悬⑥,声节哀急⑦,故阮咸讥其离声⑧,后人验其铜尺。和乐精妙⑨,固表里而相资矣⑩。

[注释]①傅玄:字休奕,魏晋之际诗人,精音乐,曾作宫廷乐歌七十多首。②张华:字茂先,西晋初年诗人,曾作宫廷乐歌二十多首。 ③庭《万》:《诗·邶风·简兮》:"硕人俣俣,公庭《万舞》。"俣(音 yǔ)俣,魁伟貌。④杜夔:字公良,汉末音乐家,曾受曹操之命创制雅乐,并作钟律之器,以复兴古乐。 ⑤音奏:曲调、节奏。舒雅:舒缓、雅正。 ⑥荀勖(音 xù):字公曾,魏末晋初音乐家。悬:悬挂钟磬等乐器的架子,此代指乐器。 ⑦声节:曲调、节奏。哀:唐写本作"稍"。 ⑧"故阮咸"二句:阮咸曾谓荀勖改造后的乐器声音偏高,乃古今尺有长短所致;后以地下得到的古铜尺验证,果真如此。阮咸,字仲容,魏末"竹林七贤"之一,精音乐。声:唐写本作"磬",音 qìng,用玉、石或金属制成的打击乐器。 ⑨精妙:唐写本作"之精妙"。⑩表里:音乐的形式和内容。

　　故知诗为乐心①,声为乐体②。乐体在声,瞽师务调其器③;乐心在诗,君子宜正其文。"好乐无荒"④,晋风所以称远⑤;"伊其相谑"⑥,郑国所以云亡⑦。故知季札观辞,不直听声而已⑧。

[注释]①乐心:音乐的内容,即思想感情。 ②乐体:音乐的形式,即曲调节奏。 ③瞽师:谓乐师。瞽,音 gǔ,盲人。 ④好乐无荒:出自《诗·唐风·蟋蟀》。荒,荒废。 ⑤晋风:即"唐风"。晋国本为古唐国之地,在山西晋阳(今太原市),周成王时改为晋国。远:唐写本作"美"。《左传·襄公二十九年》载,吴公子季札听到《唐风》时说:"思深哉!其有陶唐氏之遗民乎?不然,何忧之远也?非令德之后,谁能若是?"陶唐氏,即唐尧,其后裔建立唐国。令德,美德。 ⑥伊其相谑:出自《诗·郑风·溱(音 zhēn)洧(音 wěi)》。谑,调笑。 ⑦郑国所以云亡:《左传·襄公二十九年》载,吴公子季札听到《郑风》时说:"美哉!其细已甚,民弗堪也,是其先亡乎!" ⑧不直:不只,不仅。

　　若夫艳歌婉娈①,怨志诀绝②,淫辞在曲③,正响焉生④?然俗听飞驰⑤,职竞新异⑥。雅咏温恭⑦,必欠伸鱼睨⑧;奇辞切至⑨,则抚髀雀跃⑩:诗声俱郑⑪,自此阶矣⑫!

[注释]①婉娈:缠绵,缱绻。 ②志:唐写本作"诗"。诀:音dié,唐写本作"诀"。诀绝:诀别,长别。 ③淫辞在曲:以放荡的歌词谱成乐曲。 ④正响:雅正的音乐。 ⑤飞驰:疾速,指流行很快。 ⑥职竞:专事竞逐。职,只。 ⑦温恭:温和恭敬。 ⑧欠伸:打呵欠,伸懒腰。鱼睨:像鱼那样瞪眼注视,喻瞠目呆视,了无兴致。睨,音nì,视。 ⑨切至:恳切周至,指符合自己的欣赏趣味。 ⑩抚:音fǔ,拍,击。髀:音bì,股部,大腿。雀跃:如雀之跳跃,谓欣喜之极。 ⑪诗声:乐府的内容和形式。郑:即郑声。 ⑫阶:唐写本作"偕",比并。

凡乐辞曰诗①,诗声曰歌②,声来被辞③,辞繁难节④。故陈思称李延年闲于增损古辞⑤,多者则宜减之,明贵约也⑥。观高祖之咏"大风"⑦,孝武之叹"来迟"⑧,歌童被声⑨,莫敢不协⑩。子建、士衡⑪,咸有佳篇⑫,并无诏伶人⑬,故事谢丝管⑭,俗称乖调⑮,盖未思也。

[注释]①辞:唐写本作"词"。 ②诗:唐写本作"咏"。咏声曰歌:《礼记·乐记》:"诗,言其志也;歌,咏其声也。" ③声来被辞:即根据歌词来谱曲。辞,唐写本作"词"。 ④辞:唐写本作"词"。节:节制,管束。 ⑤陈思:指陈思王曹植,其语无考。李:唐写本作"左"。左延年,建安时期乐师。闲:通"娴",熟习。 ⑥约:省减,简约。 ⑦观:唐写本作"睹"。高祖:指汉高祖刘邦,有《大风歌》,仅三句。 ⑧孝武:指汉武帝刘彻,有《李夫人歌》,仅三句,最后一句是"偏何姗姗其来迟"。 ⑨被声:谓配乐演唱。 ⑩协:指词曲和谐。 ⑪士衡:陆机之字,西晋作家。 ⑫咸:唐写本作"亟",音qì,屡次、一再。 ⑬诏:命令。伶人:乐人。 ⑭谢:辞,不用。丝管:弦乐器与管乐器,泛指乐器,代指音乐。 ⑮乖调:与所用乐调不合。

至于轩伎《鼓吹》①，汉世《铙》、《挽》②，虽戎丧殊事③，而并总入乐府④；缪袭所致⑤，亦有可算焉。昔子政品文⑥，诗与歌别⑦，故略具乐篇⑧，以标区界⑨。

[注释]①轩伎:唐写本作"轩歧"。轩:指轩辕,黄帝之名。歧:同"岐",指岐伯,黄帝之臣,传为名医。《鼓吹》:古代军乐,传为黄帝、岐伯所作。②《铙》:即《铙歌》,汉代鼓吹曲。《挽》:即《挽歌》。 ③戎:军事。 ④而并:唐写本无"并"字。 ⑤缪袭:字熙伯,三国魏作家,曾改造《魏鼓吹曲》十二篇。致:唐写本作"改"。 ⑥子政:刘向之字,西汉后期学者。品文:指对经传、诸子、诗赋等的校理。 ⑦诗与歌别:指诗、歌分别归类。在刘向、刘歆父子所作《七略》中,诗属《六艺略》,歌属《诗赋略》。 ⑧具:唐写本作"序",同"叙",叙述。 ⑨区界:唐写本作"区界也"。

赞曰:八音摛文①,树辞为体②。讴吟坰野③,金石云陛④。《韶》响难追,郑声易启。岂惟观乐⑤,于焉识礼。

[注释]①八音:指"金、石、土、革、丝、木、匏(音 páo)、竹"八种乐器。文:声音之美,即《情采》所谓"声文"。 ②辞:唐写本作"词",歌词。体:主体、根本,谓内容。 ③坰:音 jiǒng,郊野。 ④金石:泛指音乐。陛:宫殿的台阶,此代指宫廷。 ⑤观:唐写本作"睹"。

诠赋第八①

《诗》有"六义"②,其二曰赋。赋者,铺也,铺采摛文③,体物写志也。昔邵公称④:"公卿献诗,师箴赋⑤。"《传》云⑥:"登高能赋⑦,可为大夫。"《诗序》则同义⑧,《传》说则异体⑨;总其归涂⑩,实相枝干。刘向云明"不歌而颂"⑪,班固称"古诗之流也"⑫。至如郑庄之赋《大隧》⑬,士蔿之赋《狐裘》⑭,结言扌于韵⑮,词自己作⑯,虽合赋体,明而未融⑰。及灵均唱《骚》⑱,始广声貌。

[注释]①诠:唐写本作"铨",衡量鉴别、解说评论。 ②六义:参见《明诗》注。 ③采:唐写本作"彩"。文:文采。 ④邵公:即召公,周文王之子,姓姬名奭,封于召(今陕西岐山西南)。 ⑤"公卿献诗"二句:引自《国语·周语上》。公卿:三公九卿的简称,泛指高官。师:乐师,乐官。箴:规谏,告诫。赋:唐写本作"瞽赋"。瞽:音gǔ,盲人,古代以瞽者为乐官。 ⑥《传》:指《毛诗故训传》,简称《毛传》。传,解说。 ⑦"登高能赋"二句:班固《汉书·艺文志》:"传曰:'不歌而诵谓之赋,登高能赋可以为大夫。'" ⑧义:指"六义"。 ⑨体:文体,体裁。 ⑩涂:道路,引申指途径。 ⑪刘向云:唐写本作"故刘向"。刘向:字子政,所引其语已佚。颂:通"诵"。 ⑫班固:字孟坚,其语见《两都赋序》。 ⑬郑庄:指春秋时郑国庄公。《大隧》:指郑庄公所赋"大隧之中"之句,事见《左传·隐公元年》。隧,地道。 ⑭士蔿(音

wěi):春秋时晋国大夫。《狐裘》:指士鲂所赋"狐裘尨茸"之句,事见《左传·僖公五年》。尨(音 máng)茸,杂乱的样子。 ⑮挹:唐写本作"短"。 ⑯词:唐写本作"辞"。 ⑰融:朗,大明。 ⑱灵均:屈原之字。

然赋也者①,受命于《诗》人②,拓宇于《楚辞》也③。于是荀况《礼》、《智》④,宋玉《风》、《钓》⑤,爰锡名号⑥,与诗画境,"六义"附庸,蔚成大国⑦。遂客主以首引⑧,极声貌以穷文⑨。斯盖别诗之原始,命赋之厥初也⑩。

[注释]①然:唐写本作"然则"。 ②《诗》人:指《诗经》的作者。 ③拓宇:唐写本作"而拓宇"。 ④荀况:即荀子,战国时期赵国思想家,时人尊称荀卿。《礼》、《智》:荀子所著《荀子》中有《赋篇》,分为《礼》、《知》、《云》、《蚕》、《箴》五个部分。 ⑤宋玉:战国时期楚国作家,有《风赋》、《钓赋》。 ⑥爰:乃,就。锡:赐予。 ⑦蔚:繁盛。 ⑧客主:指汉赋常用的客主问答之式。首引:发端。 ⑨声:唐写本作"形"。 ⑩命:命名。厥:其。

秦世不文,颇有杂赋①。汉初词人,顺流而作②:陆贾扣其端③,贾谊振其绪④,枚马同其风⑤,王扬骋其势⑥;皋朔已下⑦,品物毕图⑧。繁积于宣时⑨,校阅于成世⑩,进御之赋⑪,千有余首。讨其源流,信兴楚而盛汉矣⑫。

[注释]①杂赋:《汉书·艺文志》载秦时杂赋九篇。 ②顺:唐写本作"循"。作:起。 ③陆贾:秦汉之际作家。扣:发,开。 ④贾谊:西汉初年作家。振:发扬。绪:前人未竟之业。 ⑤枚:指枚乘。马:指司马相如。同:唐写本作"播",扬。 ⑥王:指王褒,字子渊,西汉末年作家。扬:指扬雄,字子云。 ⑦皋:音 gāo,指枚皋,西汉中期作家。朔:指东方朔,西汉中期作家。 ⑧品物:万物。毕:统统,全部。图:描绘。 ⑨繁积:繁多积聚。宣:指汉宣帝刘询。 ⑩成:指汉成帝刘骜。 ⑪进御:进呈。 ⑫信:确实。

夫京殿苑猎①,述行序志②,并体国经野③,义尚光大④。既履端于倡序⑤,亦归余于总乱⑥。序以建言⑦,首引情本⑧;乱以理篇⑨,迭致文契⑩。按《那》之卒章⑪,闵马称"乱"⑫,故知殷人辑《颂》⑬,楚人理赋。斯并鸿裁之寰域⑭,雅文之枢辖也⑮。

[注释]①夫:唐写本作"若夫"。京殿:指描写京都和宫殿之赋。苑猎:指描写苑囿和狩猎之赋。 ②述行:指述写远行之赋。序:唐写本作"叙"。叙志,指叙写志向之赋。 ③体国经野:分划国都,丈量田野。此谓赋作内容关乎国计民生而场面阔大。 ④光大:光明正大。 ⑤履端:谓开始。履,步履。倡:唐写本作"唱",发起。 ⑥归余:谓终结。乱:辞赋篇末总括全篇要旨之语。 ⑦建言:犹立论,谓领起全篇。 ⑧情本:谓文章内容之缘起。 ⑨理篇:谓总理全篇。 ⑩迭致文契:唐写本作"写送文势"。写:尽、竭,此指文章之结束。送:终了,完成。文势:文章之气势。 ⑪《那(音 nuó)》:《诗·商颂》之篇。 ⑫闵马:即闵马父,春秋时鲁国大夫。其语见于《国语·鲁语下》。 ⑬辑:唐写本作"缉",通"辑",整理。 ⑭鸿裁:体制巨大,指大赋。寰:唐写本作"环"。环域:领域,范围。 ⑮枢辖:枢纽,关键。

至于草区禽族①,庶品杂类②,则触兴致情③,因变取会④。拟诸形容⑤,则言务纤密;象其物宜⑥,则理贵侧附⑦。斯又小制之区畛⑧,奇巧之机要也⑨。

[注释]①族:种类。 ②庶:众多。 ③兴:兴致。致:唐写本作"置",安放。 ④会:合,指情物相融。 ⑤形容:外貌,物象。 ⑥象:描摹。物宜:事物之理。 ⑦侧附:指切近事理。附,合。 ⑧小制:体制短小,指小赋。区畛:区域范围。畛,音 zhěn,界限。 ⑨机要:关键,要害。

观夫荀结隐语①,事数自环②;宋发巧谈③,实始淫丽。

枚乘《兔园》，举要以会新④；相如《上林》，繁类以成艳⑤；贾谊《鵩鸟》，致辨于情理⑥；子渊《洞箫》，穷变于声貌；孟坚《两都》，明绚以雅赡⑦；张衡《二京》，迅发以宏富⑧；子云《甘泉》，构深玮之风⑨；延寿《灵光》⑩，含飞动之势：凡此十家，并辞赋之英杰也。

[注释]①荀：指荀况。结：结构，指创作。隐语：谜语。《荀子》之《赋篇》皆似谜语。 ②自环：自相问答。《赋篇》各部分皆自设问答。 ③宋：指宋玉，其赋作多记与楚王的谈话。巧：唐写本作"夸"，浮夸，华而不实。 ④会新：谓融合新意。 ⑤繁类以成艳：物类繁多而富丽堂皇。 ⑥理：唐写本作"衷"。 ⑦明绚：明快而有文采。雅赡：雅正而丰美。 ⑧迅发：唐写本作"迅拔"，迅疾而有力。 ⑨玮：唐写本作"伟"。 ⑩延寿：指王延寿，东汉中期作家，有《鲁灵光殿赋》。

及仲宣靡密①，发端必遒②；伟长博通③，时逢壮采。太冲安仁④，策勋于鸿规⑤；士衡子安⑥，底绩于流制⑦。景纯绮巧⑧，缛理有余⑨；彦伯梗概⑩，情韵不匮⑪：亦魏晋之赋首也。

[注释]①仲宣：王粲之字，"建安七子"之一。靡密：细致精密。 ②端：唐写本作"篇"。遒：强劲有力。 ③伟长：徐干之字，"建安七子"之一。 ④太冲：左思之字，西晋作家。安仁：潘岳之字，西晋作家。 ⑤策勋：记功勋于策书之上。鸿规：规模巨大，指大赋。 ⑥士衡：陆机之字，西晋作家。子安：成公绥之字，西晋作家。 ⑦底绩：谓取得成绩，获得成功。流制：指一些特殊的赋体，如陆机的《文赋》和成公绥的《啸赋》等。流，分支。 ⑧景纯：郭璞之字，两晋之际作家。绮：华丽。 ⑨缛：繁盛。 ⑩彦伯：袁宏之字，东晋中期作家。梗概：慷慨。 ⑪匮：缺乏。

原夫登高之旨,盖睹物兴情①。情以物兴,故义必明雅②;物以情观③,故词必巧丽。丽词雅义,符采相胜④,如组织之品朱紫⑤,画绘之著玄黄⑥,文虽新而有质⑦,色虽糅而有本⑧,此立赋之大体也⑨。

[注释]①兴:引起。 ②义:思想内容。 ③观:唐写本作"睹"。 ④相胜:相称。 ⑤组织:织成的织物。品:品评。 ⑥著:唐写本作"差",比较。玄:黑赤色。 ⑦文:谓色彩。新:唐写本作"杂",多。质:质地,本质。 ⑧糅:混和,杂多。本:宋本《太平御览》引作"仪",标准、准则。 ⑨大体:谓根本。

然逐末之俦①,蔑弃其本②,虽读千赋,愈惑体要。遂使繁华损枝③,膏腴害骨④,无贵风轨⑤,莫益劝戒。此扬子所以追悔于雕虫⑥,贻诮于雾縠者也⑦。

[注释]①俦:辈,同类。 ②蔑弃:轻视而抛弃。 ③繁华:即繁花,喻文辞之富丽。枝:枝干,喻文章的主体,即雅正的内容。 ④膏腴:肥沃,喻华美之辞。骨:骨干,喻文章之主体。 ⑤贵:唐写本作"实",实用。风轨:教化法度。 ⑥"扬子"句:扬雄在《法言·吾子》中曾谓自己"少而好赋"乃"童子雕虫篆刻"而"壮夫不为也"。 ⑦贻:遗留。诮:嘲笑,讥讽。雾縠(音 hú):薄雾般的轻纱,喻辞赋虚华而无实用。

赞曰:赋自诗出,分歧异派①。写物图貌,蔚似雕画②。枅滞必扬③,言庸无隘④。风归丽则⑤,辞翦美稗⑥。

[注释]①分歧异派:唐写本作"异流分派"。 ②蔚:华美。 ③枅:唐写本作"抑"。抑滞必扬:指那些静止而毫无生气的事物在辞赋家的笔下变得神采飞扬。 ④庸:唐写本作"旷",放达。隘:狭小。 ⑤风:喻教化作用。丽则:即扬雄《法言·吾子》所谓"丽以则",指文辞华美而有法度。 ⑥翦:斩断,除去。美稗:唐写本作"稊稗",音 tí bài,一种形似谷的草。

颂赞第九

"四始"之至①,颂居其极②。颂者,容也,所以美盛德而述形容也。昔帝喾之世③,咸墨为颂④,以歌《九韶》⑤。自《商》已下⑥,文理允备⑦。

[注释]①"四始"之至:《毛诗序》谓风、小雅、大雅、颂为诗之"四始",并称其"诗之至也",即诗理尽于此。 ②极:顶点,最高地位。 ③帝喾(音kù):传说中的上古帝王。 ④咸墨:唐写本作"咸黑",帝喾之臣。《吕氏春秋·古乐》载,帝喾曾命咸黑作歌。 ⑤韶:唐写本作"招"。《九韶》,古乐歌。 ⑥商:唐写本作"商颂",指《诗经》中的《商颂》。 ⑦文理:指"颂"体的写作之理。允:的确。

夫化偃一国谓之风①,风正四方谓之雅②,容告神明谓之颂③。风雅序人④,事兼变正⑤;颂主告神,义必纯美⑥。鲁国以公旦次编⑦,商人以前王追录⑧,斯乃宗庙之正歌⑨,非燕飨之常咏也⑩。《时迈》一篇⑪,周公所制;哲人之颂,规式存焉⑫。

[注释]①化:教化。偃:倒伏,引申为影响。风:风教,即像风吹一样施行教化。 ②正:匡正。雅:正。 ③容告神明:唐写本作"雅容告神"。雅容,

正容。 ④序:叙。 ⑤事兼变正:唐写本作"故事兼变正"。变,指《毛诗序》所谓"变风"、"变雅"。 ⑥义必纯美:唐写本作"故义必纯美"。 ⑦鲁国:唐写本无"国"字,指《鲁颂》。公旦:即周公,名旦,周武王之弟,封于鲁(今山东曲阜)。鲁以公旦次编,指《鲁颂》乃因颂扬周公而编定。 ⑧商人:唐写本无"人"字,指《商颂》。商以前王追录,指《商颂》乃因祭祀祖先而辑录。 ⑨正:唐写本作"政",通"正",严正。 ⑩燕飨:唐写本作"飨燕",指飨礼和燕礼,前者为隆重的宴饮宾客之礼,后者为天子诸侯与群臣宴饮之礼。常:唐写本作"恒"。 ⑪《时迈》:《诗·周颂》之篇,传为周公所作。 ⑫规式:规模式样。

夫民各有心,勿壅惟口①。晋舆之称"原田"②,鲁民之刺裘鞸③,直言不咏,短辞以讽;丘明子高④,并谍为诵⑤。斯则野诵之变体⑥,浸被乎人事矣⑦。及三闾《橘颂》⑧,情采芬芳⑨;比类寓意⑩,又覃及细物矣⑪。

[注释]①壅:堵塞。 ②舆:舆人,驾车的人。原田:《左传·僖公二十八年》载,晋文公和楚军交战,有舆人诵"原田每每",赞美晋军。每每,草盛貌。 ③裘:毛皮制成的衣服。鞸:音bì,唐写本作"韠",音bì,皮制的蔽膝。《吕氏春秋·乐成》载,孔子始用于鲁国,有人诵"麛裘而韠"之句进行讽刺。麛(音mí)裘,用幼鹿皮制成的白衣服。 ④丘明:左丘明,《左传》的作者。子高:孔穿之字,孔子六世孙。《孔丛子·陈士义》载,孔穿之子子顺曾讲到过"裘鞸"之"诵"。彦和或记忆有误。 ⑤谍:音dié,通"牒",记录。诵:唐写本作"颂"。 ⑥诵:唐写本作"颂"。 ⑦浸:逐渐。乎:唐写本作"于"。 ⑧三闾:即屈原,曾为三闾大夫,管理昭、屈、景三姓贵族。《橘颂》:屈原《九章》之一。 ⑨情:唐写本作"辞"。 ⑩比类:比方,比喻。 ⑪又:唐写本作"乃"。覃及:唐写本作"覃及乎"。覃:音tán,延及。

至于秦政刻文①,爰颂其德②。汉之惠景③,亦有述容④。沿世并作,相继于时矣。若夫子云之表充国⑤,孟坚之序戴侯⑥,武仲之美显宗⑦,史岑之述熹后⑧,或拟《清庙》⑨,或范《駉》、《那》⑩,虽浅深不同⑪,详略各异,其褒德显容,典章一也⑫。

[注释]①秦政:即秦始皇,姓嬴名政。刻文:指歌颂秦始皇的石刻。②爰:乃。 ③惠:指汉惠帝刘盈。景:指汉景帝刘启。 ④述容:指称述功德的乐舞。 ⑤子云:扬雄之字。充国:赵充国,西汉人,有武功,扬雄有《赵充国颂》。 ⑥孟坚:班固之字。戴侯:指窦融,东汉人,以武功封安丰侯,死后加号戴,故称。班固曾作《安丰戴侯颂》。 ⑦武仲:傅毅之字,东汉作家。显宗:指汉明帝刘庄。傅毅曾作《显宗颂》十篇。 ⑧史岑:字孝山,东汉人。熹后:东汉和帝邓皇后,名绥,谥号"熹"。史岑曾作《和熹邓后颂》。 ⑨《清庙》:《诗·周颂》之首篇。 ⑩《駉(音 jiōng)》:《诗·鲁颂》之首篇。《那》:《诗·商颂》之首篇。 ⑪浅深:唐写本作"深浅"。 ⑫典章:章法,法则。

至于班傅之《北征》、《西巡》①,变为序引②,岂不褒过而谬体哉③!马融之《广成》、《上林》④,雅而似赋⑤,何弄文而失质乎⑥!又崔瑗《文学》⑦,蔡邕《樊渠》⑧,并致美于序⑨,而简约乎篇。挚虞品藻⑩,颇为精核;至云"杂以风雅"⑪,而不变旨趣⑫,徒张虚论,有似黄白之伪说矣⑬。

[注释]①班:指班固。傅:指傅毅。《北征》:指班固的《车骑将军窦北征颂》。西巡:唐写本作"西征"。 ②序引:序和引,两种文体,"引"大致如"序"而稍短。 ③谬体:有悖于"颂"体。《北征颂》和《西征颂》均序文较长而有韵,颂仅寥寥数语。 ④马融:字季长,东汉学者。 ⑤雅而似赋:指内容雅正而行文铺张。 ⑥质:本质,指"颂"体的基本特点。 ⑦崔瑗:字子玉,东汉作家。《文学》:指《南阳文学颂》。 ⑧蔡邕:字伯喈,汉末学者。《樊渠》:指《京兆樊惠渠颂》。 ⑨"并致美于序"二句:《文学颂》和《樊渠

颂》之序文亦较颂文为长。 ⑩挚虞：西晋学者。品藻：品评，鉴定。挚虞《文章流别论》对诸颂多有评论。 ⑪杂以风雅：《文章流别论》中对傅毅《显宗颂》的评语。 ⑫变：唐写本作"辨"。旨趣：宗旨，大意。 ⑬黄白：黄色和白色。《吕氏春秋·别类》载，有相剑者说，白色表示坚硬，黄色表示柔韧；黄白相杂"则坚且韧"，即为良剑；反驳者则说，白色表示不柔韧，黄色表示不坚硬，黄白相杂"则不坚且不韧也"，怎能算是利剑？

及魏晋辨颂①，鲜有出辙②。陈思所缀③，以《皇子》为标④；陆机积篇⑤，唯《功臣》最显⑥。其褒贬杂居⑦，固末代之讹体也⑧。

[注释]①辨：唐写本作"杂"。 ②出辙：越出常规。 ③陈思：即曹植。缀：谓写作。 ④《皇子》：指曹植的《皇太子生颂》。标：代表。 ⑤陆机：字士衡，西晋作家。 ⑥《功臣》：指陆机的《汉高祖功臣颂》。 ⑦褒贬杂居：《汉高祖功臣颂》的内容主要是褒，但亦有贬，故云。 ⑧讹：怪异。

原夫颂惟典雅①，辞必清铄②。敷写似赋③，而不入华侈之区④；敬慎如铭⑤，而异乎规戒之域。揄扬以发藻⑥，汪洋以树义⑦，唯纤曲巧致⑧，与情而变。其大体所底⑨，如斯而已。

[注释]①雅：唐写本作"懿"，美。 ②辞：唐写本作"词"。清：明洁。铄：音shuò，美，美盛。 ③敷：陈述，铺叙。 ④华侈：过分华丽。 ⑤敬慎：恭敬谨慎。铭：一种文体，古代常刻于碑版或器物，或称功德，或以自警。《铭箴》篇有专论。 ⑥揄扬：称引，赞扬。 ⑦汪洋：谓气势恢弘。义：唐写本作"仪"，表率。 ⑧唯纤曲巧致：唐写本作"虽纤巧曲致"。致，情致。 ⑨底：唐写本作"弘"，光大。

赞者，明也，助也。昔虞舜之祀，乐正重赞①，盖唱发之辞也②。及"益赞于禹"③,"伊陟赞于巫咸"④,并飏言以明事⑤,嗟叹以助辞也⑥。故汉置鸿胪⑦,以唱拜为赞⑧,即古之遗语也。至相如属笔⑨,始赞荆轲⑩。及迁史固书⑪,托赞褒贬⑫,约文以总录⑬,颂体以论辞⑭。又纪传后评⑮,亦同其名。而仲洽《流别》⑯,谬称为"述"⑰,失之远矣。及景纯注《雅》⑱,动植必赞⑲;义兼美恶⑳,亦犹颂之变耳。

[**注释**]①乐正:古代乐官。重赞:《尚书大传》有"乐正进赞"之语。②唱发之辞:指歌唱之前所作发引之辞。辞:唐写本作"词"。 ③益赞于禹:引自《尚书·大禹谟》。益:舜之臣。 ④伊陟赞于巫咸:引自《尚书序》。伊陟(音zhì)、巫咸:均为殷帝太戊之臣。 ⑤飏:音yáng,显扬,发扬。 ⑥嗟叹:《毛诗序》:"言之不足故嗟叹之。"助辞也:唐写本无"也"字。 ⑦鸿胪(音lú):官名,掌朝祭礼仪之赞导。 ⑧唱拜:高声呼唱引导行礼。 ⑨相如:指司马相如。属笔:谓写作。 ⑩荆轲:战国末年卫国人,后游燕国,燕太子丹派其谋刺秦王。 ⑪迁史固书:唐写本作"史班因书"。史班,太史公司马迁和班固的并称。 ⑫托赞褒贬:《史记》各篇末多有"太史公曰",《汉书》各篇末多有"赞曰"。 ⑬总录:总结记录。 ⑭以论辞:唐写本作"而论词也"。 ⑮纪传后评:《史记》最后一篇《太史公自序》和《汉书》最后一篇《叙传》,皆有总评之意。 ⑯仲洽:宋本《太平御览》引作"仲洽",挚虞之字。《流别》:指挚虞的《文章流别论》。 ⑰谬称为"述":挚虞曾称《汉书·叙传》中的赞词为"汉书述"。 ⑱景纯:郭璞之字,晋代作家。雅:唐写本作"尔雅"。 ⑲动植赞之:郭璞注《尔雅》,另成《尔雅图赞》二卷,于动植物均各有赞词。必赞:唐写本作"赞之"。 ⑳义:唐写本作"事"。

然本其为义,事生奖叹,所以古来篇体,促而不广①,必结言于四字之句,盘桓乎数韵之辞②。约举以尽情,昭灼以送文③,此其体也。发源虽远,而致用盖寡,大抵所归,其颂家之细条乎④!

[注释]①促:短。广:唐写本作"旷",宽广。 ②盘桓:徘徊,逗留。 ③昭:唐写本作"照"。照灼:闪耀,此谓简洁明快。送:结束。 ④细条:指支流。

赞曰:容体底颂①,勋业垂赞②。镂彩摛文③,声理有烂④。年积愈远⑤,音徽如旦⑥。降及品物⑦,炫辞作玩⑧。

[注释]①容:威仪,法度。体:唐写本作"德"。底:引致,达到。 ②垂:留传。 ③彩:唐写本作"影",形象。文:唐写本作"声"。 ④声:唐写本作"文"。烂:色彩绚丽。 ⑤积:唐写本作"迹"。愈远:唐写本作"逾远",犹遥远。 ⑥徽:美,善。旦:早晨,喻新。 ⑦降及:发展到。 ⑧炫:夸耀。

祝盟第十

　　天地定位,祀遍群神①;"六宗"既禋②,"三望"咸秩③。甘雨和风,是生黍稷④;兆民所仰⑤,美报兴焉⑥。牺盛惟馨⑦,本于明德⑧;祝史陈信⑨,资乎文辞⑩。

　　[注释]①祀:唐写本作"礼"。　②六宗:古代尊祀的六位神,其说不一,一说指四时、寒暑、日、月、星、水旱六种。禋:音 yīn,升烟以祭。　③三望:《公羊传·僖公三十一年》:"望,祭也。然则曷祭?祭泰山、河、海。"望,即遥望而祭。秩:唐写本作"袟",指祭礼有次序。　④黍稷:唐写本作"禝黍",即"稷黍",稷和黍,泛指五谷。　⑤兆民:古称天子之民,后泛指众民、百姓。⑥美报:以美物酬神。　⑦牺:供祭祀的牲畜。盛:音 chéng,指放在祭器中的谷类。馨:芳香。　⑧明德:光明之德,美德。　⑨祝史:司祭祀之官。⑩辞:唐写本作"词"。

　　昔伊耆始蜡①,以祭"八神"②。其辞云③:"土反其宅④,水归其壑,昆虫毋作,草木归其泽。"则上皇祝文⑤,爰在兹矣⑥。舜之祠田云⑦:"荷此长耜⑧,耕彼南亩,四海俱有⑨。"利民之志,颇形于言矣。

　　[注释]①伊耆(音 qí):古帝名,一说为神农,一说为尧。蜡:音 zhà,年终

大祭。　②八神:年终所祭之神,其说不一。　③辞:唐写本作"词"。下引祝词载《礼记·郊特牲》。　④反:返回。　⑤上皇:指伊耆氏。　⑥爰:乃,于是。　⑦祠:春天的祭祀。下引祠田之语见于《尸子》,文字略有出入。⑧耜:音 sì,一种翻土的农具。　⑨四海:唐写本作"与四海"。

　　至于商履①,圣敬日跻②。玄牡告天③,以万方罪己④,即郊禋之词也⑤;素车祷旱⑥,以六事责躬⑦,则雩禜之文也⑧。

[注释]①履:商代第一个君主商汤之名。　②圣敬日跻:谓恭谨之德日隆。圣敬,德高行慎。跻,升。　③玄牡:祭天地用的黑色公牛。　④万方罪己:《论语·尧曰》载商汤祭天云:"朕躬有罪,无以万方;万方有罪,罪在朕躬。"　⑤郊禋:古帝王升烟祭祀天地之大礼。词:唐写本作"辞"。　⑥素车祷旱:相传商汤曾素车白马,祈祷救旱。　⑦六事责躬:《荀子·大略》载商汤祷辞,其中以六事责备自己。　⑧则:唐写本作"即"。雩禜:音 yú yǒng,祭水旱之神的坛。

　　及周之大祝①,掌"六祝"之辞②。是以庶物咸生③,陈于天地之郊④;"旁作穆穆"⑤,唱于迎日之拜;"夙兴夜处"⑥,言于祔庙之祝⑦;"多福无疆"⑧,布于少牢之馈⑨;宜、社、类、祃⑩,莫不有文:所以寅虔于神祇⑪,严恭于宗庙也。

[注释]①大祝:唐写本作"太祝",官名,掌祭祀祈祷之事。　②六祝:指六种祈祷。　③庶物:万物。《大戴礼记·公冠》有"庶物群生"之语。④郊:祭祀天地。　⑤旁作穆穆:引自《大戴礼记·公冠》。旁:溥,广大。穆穆:美好。　⑥夙兴夜处:引自《仪礼·士虞礼》,早起晚睡,谓勤劳。　⑦祔庙:祖孙合祭之庙。祔,音 fù,一种祭祀祖先之名。祝:唐写本作"祀"。⑧多福无疆:引自《仪礼·少牢馈食礼》。　⑨少牢:祭祀用的羊、豕二牲。

馈:祭祀。 ⑩宜、社、类、祃(音mà):皆祭名。 ⑪寅虔:恭敬虔诚。神祇(音qí):天神与地神,泛指神灵。

春秋已下①,黩祀谄祭②,"祝币史辞"③,靡神不至④。至于张老成室⑤,致善于歌哭之祷⑥;蒯聩临战⑦,获佑于筋骨之请⑧:虽造次颠沛⑨,必于祝矣。若夫《楚辞·招魂》,可谓祝辞之组纚也⑩。

[注释]①春秋:唐写本作"自春秋"。 ②黩:轻慢不敬。谄:奉承献媚。 ③祝币史辞:引自《左传·成公五年》。祝币:祭祀时用作祭品的玉帛。史辞:祝史所献之辞。 ④靡:无。 ⑤于:唐写本作"如"。成:唐写本作"贺"。张老贺室:《礼记·檀弓下》载,晋国赵武"成室",晋国大夫张老前往祝贺。 ⑥善:唐写本作"美"。歌哭之祷:张老的贺词中有"歌于斯,哭于斯"之句。 ⑦蒯聩:春秋时卫灵公之子。 ⑧佑:唐写本作"祐",保佑。筋骨之请:《左传·哀公二年》载,蒯聩临战时曾祈祷祖先祐护晋师"无绝筋,无折骨"等。 ⑨造次:仓促。颠沛:困顿。 ⑩组纚(音xǐ):唐写本作"组丽",华美。也:唐写本作"者也"。

汉之群祀①,肃其旨礼②,既总硕儒之仪③,亦参方士之术④。所以秘祝移过⑤,异乎成汤之心⑥;侲子驱疫⑦,同乎越巫之祝⑧:礼失之渐也⑨。至如黄帝有《祝邪》之文⑩,东方朔有《骂鬼》之书⑪,于是后之谴呪⑫,务于善骂。唯陈思《诰咎》⑬,裁以正义矣⑭。

[注释]①汉之:唐写本作"逮汉氏"。 ②旨:唐写本作"百"。 ③仪:唐写本作"义"。 ④方士:从事求仙、占卜等活动的方术之士。 ⑤秘祝:祝官之一种,遇有凶灾之兆,便祝祠移过于下。 ⑥成汤:即商履。成汤"以万方罪己",与"移过于下"迥异。 ⑦侲(音zhèn)子:童子。驱疫:《后汉书·礼仪志》载,汉代曾以幼童逐鬼驱疫。 ⑧乎:唐写本作"于"。祝:唐写本作

"说"。越巫:代指巫者,以越地旧俗好巫术。 ⑨礼:唐写本作"体",指祝文之体制。渐:开始。 ⑩祝邪:唐写本作"呪耶"。呪:音zhòu,诅咒。耶:同"邪"。 ⑪东方朔:字曼倩,西汉文人。 ⑫谴:责问,谴责。呪:祝告。 ⑬陈思:指陈思王曹植。诰咎:唐写本作"诘咎",问罪。 ⑭裁:裁断,裁决。

若乃礼之祭祀①,事止告飨②;而中代祭文③,兼赞言行。祭而兼赞,盖引神而作也④。又汉代山陵⑤,哀策流文⑥;周丧盛姬⑦,内史执策⑧。然则策本书赠⑨,因哀而为文也⑩。是以义同于诔⑪,而文实告神;诔首而哀末,颂体而祝仪⑫。太史所作之赞⑬,因周之祝文也⑭。

[注释]①祀:唐写本作"祝"。 ②告飨:祝告、供享。 ③中代:指汉魏时期。 ④引神:杨升庵批点曹学佺评《文心雕龙》作"引伸"。而:唐写本作"之"。 ⑤山陵:帝王或皇后的坟墓。 ⑥哀策:文体名,颂扬帝王、后妃生前功德的韵文。 ⑦周:指周穆王。盛姬:周穆王的妃子。 ⑧内史:官名,历代执掌不同,周代为主管爵禄废置之官。策:即哀策之文。 ⑨赠:唐写本作"赗",音fèng,送给死者之物。 ⑩而为文:唐写本无"而"字。 ⑪诔:以列述死者德行为主的哀祭文。《诔碑》篇有专论。 ⑫体:主体,指内容。仪:仪表,指形式。 ⑬太史所作之赞:唐写本作"太祝所读"。 ⑭因周之祝文也:唐写本作"固祝之文者也"。

凡群言发华①,而降神务实②;修辞立诚③,在于无愧。祈祷之式,必诚以敬;祭奠之楷④,宜恭且哀:此其大较也⑤。班固之祀濛山⑥,祈祷之诚敬也;潘岳之祭庾妇⑦,奠祭之恭哀也⑧:举汇而求⑨,昭然可鉴矣⑩。

[注释]①发:唐写本作"务"。 ②降神:谓祈求神灵降临。 ③修辞立诚:《周易·文言》:"修辞立其诚。" ④楷:法式,典范。 ⑤大较:大略,大概。 ⑥祀:唐写本作"祠",指祭祀。濛:唐写本作"涿"。班固有《涿邪山祝

文》,今存四句。 ⑦祭庚妇:潘岳有《为诸妇祭庚新妇文》,已不全。 ⑧奠祭:唐写本作"祭奠"。 ⑨汇:类聚。 ⑩昭:明。鉴:察看。

盟者,明也。骍毛、白马①,珠盘、玉敦②,陈辞乎方明之下③,祝告于神明者也。

[注释]①骍毛:唐写本作"骍牻",音xīng máo,赤色的牛,古代重要盟会时所用牲。白马:古代用以盟誓或祭祀的牺牲。 ②珠盘、玉敦(音duì):皆用以盟誓的器具。 ③方明:上下四方神明之象,古代诸侯朝见天子、会盟或天子祭祀时所置。

在昔三王①,诅盟不及②,时有要誓③,结言而退④。周衰屡盟,以及要契⑤,始之以曹沫⑥,终之以毛遂⑦。及秦昭盟夷⑧,设黄龙之诅⑨;汉祖建侯⑩,定山河之誓⑪。然义存则克终⑫,道废则渝始⑬;崇替在人⑭,咒何预焉⑮?

[注释]①三王:指夏、商、周三代帝王。 ②诅盟:谓歃(音shà)血结盟。 ③要:音yāo,盟约。 ④结言:用言辞订约。 ⑤以:唐写本作"獒",通"弊",流弊。要契:唐写本作"要劫":要挟,强制。 ⑥曹沫:春秋时鲁国人,曾败于齐国,盟会时有要挟之举。 ⑦毛遂:战国时赵国平原君的门客,曾要挟楚王订立合纵之盟。 ⑧秦昭:指战国时秦国的昭襄王。盟夷:与夷人订立盟约。 ⑨黄龙之诅:《后汉书·南蛮西南夷列传》载秦昭襄王与夷人所订盟约为:"秦犯夷,输黄龙一双;夷犯秦,输清酒一钟。"黄龙乃难得之物,以示秦人绝不犯夷。诅:盟誓。 ⑩汉祖:指汉高祖刘邦。建:封。 ⑪山河之誓:《史记·高祖功臣侯者年表》载刘邦的封爵之誓曰:"使河如带,泰山若厉。"厉,同"砺",磨刀石。 ⑫克:能够。 ⑬渝:变更,改变。 ⑭崇替:兴废,盛衰。 ⑮咒:唐写本作"祝"。预:唐写本作"豫",通"与",参与。

若夫臧洪歃辞①,气截云蜺②;刘琨铁誓③,精贯霏霜④；而无补于晋汉⑤，反为仇雠⑥。故知信不由衷，盟无益也。

[注释]①臧洪：东汉人，字子源。歃：唐写本作"喢"，音shà，同"歃"。辞：唐写本作"血"。歃血，古代订盟时口含牲血以告誓神明。汉末董卓乱起，一些州郡首领在酸枣（今河南延津县北）会盟，臧洪首先登坛盟誓。②气：唐写本作"辞"。截：断。云蜺（音ní）：虹。③刘琨：字越石，晋代诗人，有《与段匹磾（音dī）盟文》。④霏霜：飞霜，喻坚贞。⑤无补于：唐写本无"于"字。晋汉：唐写本作"汉晋"。⑥仇雠：仇人。

夫盟之大体，必序危机①，奖忠孝②，共存亡③，戮心力；祈幽灵以取鉴④，"指九天以为正"⑤；感激以立诚，切至以敷辞⑥：此其所同也。然非辞之难，处辞为难⑦。后之君子，宜在殷鉴⑧。忠信可矣，无恃神焉⑨。

[注释]①序：叙。②奖：唐写本作"奖乎"。③"共存亡"二句：唐写本作"存亡戮力"。戮：同勠，并，合。④幽灵：鬼神。⑤"指九天"句：语出《离骚》。九天，谓天之中央与八方。正：通"证"，凭证。⑥敷：陈述，铺叙。⑦处辞：指践行盟约。⑧在：唐写本作"存"。殷鉴：原指殷人子孙应以夏之灭亡为鉴戒，后泛指可作借鉴的往事。⑨恃：依靠。

赞曰：毖祀钦明①，祝史惟谈②。立诚在肃，修辞必甘③。季代弥饰④，绚言朱蓝⑤。神之来格⑥，所贵无惭⑦。

[注释]①毖：谨慎。钦明：唐写本作"喢血"。②谈：指祝辞。③甘：心甘情愿。④季代：末世。⑤绚：华丽。朱蓝：朱色和蓝色，引申指华采。⑥格：来，至。⑦无惭：问心无愧。

铭箴第十一

昔帝轩刻舆几以弼违①,大禹勒笋簴而招谏②。成汤盘盂③,著日新之规④;武王户席⑤,题必戒之训⑥。周公慎言于金人⑦,仲尼革容于欹器⑧:则先圣鉴戒⑨,其来久矣。

[注释]①帝轩:指轩辕黄帝。舆:车厢。几:案。相传黄帝在舆、几上刻有铭文。弼:纠正。违:过失,错误。 ②大禹:即夏禹。勒:刻。笋簴:唐写本作"簨簴",音 sǔn jù,悬挂钟磬的架子,横杆叫簨,立柱叫簴。招谏:谓征求规劝意见。 ③成汤:商朝第一个帝王。盘盂:圆盘与方盂,食器。此指传为汤的《盘铭》。 ④日新:《盘铭》曰:"苟日新,日日新,又日新。"规:劝正。 ⑤武王:周武王,周朝第一个帝王。户席:门户和坐席,此指传为武王的《户铭》和《席四端铭》。 ⑥戒:唐写本作"诫",警戒。 ⑦周公:周武王之弟,名旦。金人:铜铸的人像,此指《金人铭》,作者无考,刘勰以为周公之作。 ⑧仲尼:孔子之字。革容:改变表情。欹(音 qī)器:一种盛水器,盛水适中则立,否则倾斜易覆。乃置于座右以为警戒之物。 ⑨则先圣:唐写本作"列圣"。

故铭者①,名也。观器必也②,正名审用③,贵乎盛德④。盖臧武仲之论铭也⑤,曰:"天子令德⑥,诸侯计功,大夫称伐⑦。"夏铸九牧之金鼎⑧,周勒肃慎之楛矢⑨,令德之事也;吕望铭功于昆吾⑩,仲山镂绩于庸器⑪,计功之义也;魏颗纪勋于景钟⑫,孔悝表勤于卫鼎⑬,称伐之类也。

[注释]①故铭者:唐写本无"故"字。 ②必也:唐写本作"必名焉"。 ③正名:辨正名称、名分,使名实相符。审:明白,清楚。 ④盛:唐写本作"慎"。 ⑤臧武仲:春秋时鲁国大夫,其论铭之语见于《左传·襄公十九年》。 ⑥令德:美德,此谓铭其美德。 ⑦称伐:指铭其攻伐之劳。 ⑧九牧:九州之长。金鼎:唐写本无"鼎"字。《左传·宣公三年》:"昔夏之方有德也,远方图物,贡金九牧,铸鼎象物。" ⑨肃慎:古民族名,居于我国东北地区。楛:音hù,木名,茎坚韧,可做箭杆。楛矢:唐写本无"矢"字。《国语·鲁语》载,周武王时,肃慎国进献楛矢等物,"先王欲昭其令德之致远也,以示后人,使永监焉。故铭其楛曰:肃慎氏之贡矢。"栝,音kuò,箭末。 ⑩吕望:本姓姜,名尚,周初功臣。昆吾:山名,此谓用昆吾石冶炼成铁制作的兵器。 ⑪仲山:指仲山甫,周宣王时卿士。庸器:铭功的铜器。 ⑫魏颗:春秋时晋国将领。景钟:晋景公所铸之钟。 ⑬孔悝:春秋时卫国大夫。卫鼎:卫国记载孔悝祖先功德的鼎。

若乃飞廉有石椁之锡①,灵公有蒿里之谥②:铭发幽石③,吁可怪矣④!赵灵勒迹于番吾⑤,秦昭刻博于华山⑥:夸诞示后⑦,吁可笑也⑧!详观众例,铭义见矣。

[注释]①飞廉:商纣王之臣,一作蜚廉。石椁:石制的外棺。《史记·秦本纪》载,周武王灭纣后,蜚廉在霍太山筑祭坛,得到一个刻有铭文的石棺。锡:赏赐。 ②灵公:指春秋时卫灵公。蒿:宋本《太平御览》引作"夺"。谥:古代帝王、贵族等死后的封号,"灵公"即谥号。《庄子·则阳》载,卫灵公死后下葬时,得到一口刻有铭文的石椁,上有"灵公夺而里之"之句。 ③幽:指坟墓。 ④吁:唐写本作"噫"。 ⑤赵灵:指战国时赵武灵王,号主父。番:

唐写本作"潘"。潘吾：山名，在今河北平山县南。《韩非子·外储说》载，赵武灵王曾命人在潘吾山上刻一个大脚印，并刻上"主父常(尝)游于此"等字。 ⑥秦昭：指战国时秦昭王。博：指博戏的用具。华山：在今陕西东部。《韩非子·外储说》载，秦昭王曾命人在华山用松柏之心做一博戏之具，并刻上"昭王常(尝)与天神博于此"等字。 ⑦夸诞：虚妄不实。 ⑧吁：叹词，表示惊怪等。

　　至于始皇勒岳①，政暴而文泽，亦有疏通之美焉②。若班固燕然之勒③，张昶华阴之碣④，序亦盛矣⑤。蔡邕铭思⑥，独冠古今。桥公之钺⑦，吐纳典谟⑧；朱穆之鼎⑨，全成碑文⑩：溺所长也。

　　[注释]①始皇：即秦始皇。岳：指东岳泰山。 ②有：唐写本作"其"。疏通：指文辞畅达。 ③若班固：唐写本无"若"字。燕然：山名，在今蒙古国境内。班固有《封燕然山铭》。 ④张昶：字文舒，汉末作家。华阴：地名，在陕西省，南有华山，此代指华山。张昶有《西岳华山堂阙碑铭》。碣：音jié，圆顶石碑。 ⑤序亦盛：上述班固和张昶的铭文均有长序。 ⑥蔡邕：字伯喈，汉末学者、作家。 ⑦桥公：名玄，字公祖，汉末官僚。钺：音yuè，古兵器，形似斧而较大。蔡邕有歌颂桥玄的《黄钺铭》。 ⑧吐纳：谈吐，此谓模仿。唐写本作"则吐纳"。典谟：《尚书》之《尧典》、《皋陶谟》等篇的并称，亦代指尚书，泛指经典。 ⑨朱穆：字公叔，东汉中期文人。蔡邕有歌颂朱穆的《鼎铭》。 ⑩全成碑文：《鼎铭》叙朱穆家世及生平，类似碑文。

　　至如敬通杂器①，准矱戒铭②；而事非其物，繁略违中③。崔骃品物④，赞多戒少；李尤积篇⑤，义俭辞碎⑥。蓍龟神物⑦，而居博奕之中⑧；衡斛嘉量⑨，而在臼杵之末⑩。曾名品之未暇⑪，何事理之能闲哉⑫！

　　[注释]①敬通：冯衍之字，东汉初作家。杂器：指冯衍《刀阳铭》、《刀阴

铭》、《杖铭》、《车铭》等文。 ②准矱(音 yuē):绳尺,引申为法度、标准。戒:唐写本作"武",指周武王。 ③违中:失当。 ④崔骃:字亭伯,东汉中期作家,有《樽铭》、《刀剑铭》、《扇铭》等文。 ⑤李尤:字伯仁,东汉中期作家,有《河铭》、《洛铭》等文。 ⑥俭:薄,少。 ⑦蓍龟:占卜用的蓍草和龟甲。李尤有此类铭文,已佚。 ⑧博弈:指围棋。李尤有《围棋铭》。中:唐写本作"下"。 ⑨衡:秤。斛:音 hú,量器。李尤有《权衡铭》。嘉量:古代标准量器。 ⑩臼杵:唐写本作"杵臼",即杵与臼,舂捣粮食或药物的器具。李尤有此类铭文,已佚。 ⑪曾:乃,竟。 ⑫闲:通"娴",熟习。

魏文"九宝"①,器利辞钝②。唯张载《剑阁》③,其才清采④。迅足骎骎⑤,后发前至,勒铭岷汉⑥,得其宜矣。

[注释]①魏文:魏文帝曹丕,字子桓。九宝:九种宝器,乃曹丕《剑铭》所述。 ②钝:不锋利,此谓质朴无华。 ③张载:字孟阳,西晋作家。剑阁:山名,在四川北部大小剑山之间。张载有《剑阁铭》。 ④其才清采:唐写本作"清采其才"。 ⑤骎骎(音 qīn):疾速。 ⑥勒铭:唐写本作"诏勒"。《晋书·张载传》载,晋武帝曾遣使将张载的《剑阁铭》镌刻于剑阁山。岷汉:岷山和汉水,今四川、陕西之间的地区,此谓剑阁山形势。

箴者①,所以攻疾防患,喻针石也②。斯文之兴,盛于三代。《夏》、《商》二箴,余句颇存③。及周之辛甲百官箴一篇④,体义备焉⑤。

[注释]①箴:以规劝告诫为主的文体。箴者:唐写本作"箴者,针也"。 ②针:唐写本作"箴"。箴石:石制的针,古代治病之具。 ③余句颇存:《周书·文传解》曾征引《夏箴》,《吕氏春秋·应同》曾征引《商箴》。 ④"及周"句:唐写本作"周之辛甲,百官箴阙,唯《虞箴》一篇"。辛甲:原为商臣,后为周文王太史,曾使百官各为箴辞戒王之过。阙,过失。《虞箴》:指《虞人之箴》,传为当时百官所作箴之一。虞人,掌山泽苑囿之官。 ⑤体义:指箴的

体制和内容。

迄至春秋，微而未绝①。故魏绛讽君于后羿②，楚子训民于在勤③。战代以来④，弃德务功，铭辞代兴，箴文委绝⑤。至扬雄稽古⑥，始范《虞箴》，作《卿尹》、《州牧》二十五篇⑦。及崔、胡补缀⑧，总称《百官》。指事配位⑨，鞶鉴可征⑩，信所谓追清风于前古⑪，攀辛甲于后代者也。

[注释]①微：衰微，衰败。 ②魏绛：春秋时晋国人，曾引《虞箴》进谏。后羿：传为夏代有穷国之君，《虞箴》中曾讲到其耽于田猎之事。 ③楚子：指楚庄王。民：唐写本作"人"。在勤：《左传·宣公十二年》载，楚庄王曾箴国人曰："民生在勤，勤则不匮。" ④战代：战国时代。以：唐写本作"已"。 ⑤委：唐写本作"萎"，衰。 ⑥稽：查考。 ⑦卿尹、州牧：均官名，扬雄有此类箴文多篇。 ⑧崔：指东汉文人崔骃、崔瑗父子。胡：指胡广，字伯始，东汉官僚。他们曾继扬雄补写各种官吏的箴文，名曰《百官箴》。 ⑨指事配位：根据各种官位而予以相应的箴戒。 ⑩鞶：音pán，古代男子束衣的革制腰带，常佩玉饰。鞶鉴，即用铜镜作装饰的革带，喻显明而可鉴戒。可：唐写本作"有"。征：验证。 ⑪信所谓：唐写本作"可谓"。

至于潘勖《符节》①，要而失浅；温峤《侍臣》②，博而患繁；王济《国子》③，引广事杂④；潘尼《乘舆》⑤，义正体芜⑥：凡斯继作，鲜有克衷⑦。至于王朗《杂箴》⑧，乃寘巾履⑨，得其戒慎⑩，而失其所施⑪。观其约文举要，宪章戒铭⑫；而水火井灶⑬，繁辞不已：志有偏也。

[注释]①潘勖（音xù）：字元茂，汉末作家，其《符节箴》已佚。 ②温峤：字太真，东晋初文人。傅：唐写本作"侍"。 ③王济：字武子，西晋文人，其《国子箴》已佚。 ④引广事杂：唐写本作"引多而事寡"。 ⑤潘尼：字正

叔,西晋文人。　⑥体芜:唐写本作"而体芜"。体,风格。芜,杂乱。　⑦衷:中,恰到好处。　⑧王朗:字景兴,三国时文人,其《杂箴》仅存数句。　⑨寘:音 zhì,放置,安置。巾:头巾。履:唐写本作"屦",音 jù,鞋。《杂箴》中可能有《巾箴》、《屦箴》之类。　⑩戒:唐写本作"诫"。　⑪失其所施:古代箴词多针对帝王,巾、履之类,乃用非其所。　⑫宪章:效法。戒:唐写本作"武"。武铭,指周武王的铭文。　⑬水、火、井、灶:《杂箴》中可能各有其箴。

夫箴诵于官,铭题于器;名目虽异①,而警戒实同。箴全御过②,故文资确切;铭兼褒赞,故体贵弘润③。其取事也必核以辨④,其摘文也必简而深:此其大要也。然矢言之道盖阙⑤,庸器之制久沦⑥,所以箴铭异用⑦,罕施于代⑧。唯秉文君子,宜酌其远大者焉⑨。

[注释]①目:唐写本作"用"。　②御:抵御。　③弘润:宏伟圆润。　④核:查对,审查。辨:明白,清楚。　⑤矢:直,引申指正直。阙:音 quē,缺乏。　⑥沦:沉沦。　⑦异:唐写本作"寡"。　⑧于:唐写本作"后"。　⑨酌:择取。

赞曰:铭实表器①,箴惟德轨②。有佩于言③,无鉴于水④。秉兹贞厉⑤,敬言乎履⑥。义典则弘⑦,文约为美。

[注释]①表器:唐写本作"器表"。表,标记。　②惟:唐写本作"唯"。轨:法则,规矩。　③佩:铭记,铭感。　④无鉴于水:《国语·吴语》韦昭注云:"以人为镜,见成败;以水为镜,见形而已。"　⑤贞:正。厉:即"励",劝勉。　⑥敬言乎履:唐写本作"警乎立履"。立履:指为人处世。履:行为,品行。　⑦典:常道,准则。

诔碑第十二

周世盛德,有铭、诔之文①。大夫之材②,临丧能诔。诔者,累也;累其德行,旌之不朽也③。

[注释]①铭:与《铭箴》篇所述不同,这里指用于哀祭的铭文。诔:以列述功德为主的哀悼类文体。 ②"大夫之才"二句:《诗·鄘风·定之方中》郑玄注云:"丧纪能诔……可以为大夫。"材:唐写本作"才"。 ③旌:表彰。

夏商已前,其详靡闻①。周虽有诔,未被于士②。又"贱不诔贵,幼不诔长"③;在万乘④,则"称天以诔之"⑤。读诔定谥⑥,其节文大矣⑦。自鲁庄战乘丘⑧,始及于士⑨。逮尼父卒⑩,哀公作诔⑪;观其"愁遗"之切⑫,"呜呼"之叹⑬,虽非睿作⑭,古式存焉⑮。至柳妻之诔惠子⑯,则辞哀而韵长矣⑰。

[注释]①详:唐写本作"词"。 ②被:及,延及。士:古代诸侯设上士、中士、下士,地位低于卿、大夫。 ③"贱不诔贵"两句:语出《礼记·曾子问》。 ④在:唐写本作"其在"。万乘:万辆兵车,此谓天子。 ⑤"称天"句:语出《礼记·曾子问》。因天子至尊,故只能称天以诔之。 ⑥谥:古代帝王、贵族等死后的封号。 ⑦节文:礼节,仪式。 ⑧鲁庄:指春秋时的鲁庄

公。乘丘：鲁国地名，在今山东兖州东。 ⑨始及于士：鲁庄公曾为架车之人作诔加谥。 ⑩尼父：对孔子的尊称。卒：唐写本作"之卒"。 ⑪哀公：指鲁哀公。 ⑫憖：音 yìn，宁愿。憖遗：《诗·小雅·十月之交》："不憖遗一老，俾守我王。"鲁哀公为孔子所作诔文中有类似之意。切：唐写本作"辞"。 ⑬呜呼：鲁哀公的诔文中有"呜呼哀哉"之辞。 ⑭睿：通达，明智。 ⑮古式：古时的典制、仪范。 ⑯柳：指柳下惠，春秋时鲁国人。相传柳妻曾作《柳下惠诔》，其云："夫子之谥，宜为惠兮。" ⑰韵长：谓情韵深长。

暨乎汉世①，承流而作。扬雄之诔元后②，文实烦秽③。沙麓撮其要④，而挚疑成篇⑤；安有累德述尊，而阔略四句乎⑥？杜笃之诔⑦，有誉前代；《吴诔》虽工⑧，而他篇颇疏。岂以见称光武⑨，而改昤千金哉⑩！傅毅所制⑪，文体伦序⑫；孝山、崔瑗⑬，辨絜相参⑭。观其序事如传⑮，辞靡律调⑯，固诔之才也。

[注释]①暨：至，到。 ②元后：西汉元帝皇后王政君。 ③烦：唐写本作"繁"。繁秽：冗长芜杂。 ④沙麓：唐写本作"沙鹿"，古山名，一说古地名，故址在今河北省大名县东，此谓扬雄诔文中所述元后生长之地。撮其要：唐写本无"其"字。《汉书·元后传》只摘录了《元后诔》四句，是谓"撮要"。 ⑤挚：指挚虞，字仲治，西晋作家。成篇：全篇。 ⑥阔略：疏阔简略。 ⑦杜笃：字季雅，东汉文人。 ⑧吴：指吴汉，字子颜，东汉初年武将。 ⑨光武：指东汉光武帝刘秀。《后汉书·杜笃传》载，《吴汉诔》曾受到光武帝的称赞。 ⑩昤：音 xì，唐写本作"眄"，音 miǎn，斜视，此谓看待。 ⑪傅毅：字武仲，东汉作家。 ⑫文体：指文辞、体制。伦序：顺序，有条理。 ⑬孝山：唐写本作"苏顺"，字孝山，东汉文人。崔瑗：字子玉，东汉文人。 ⑭辨絜：唐写本作"辨洁"，明白简洁。 ⑮序：同"叙"，叙述。 ⑯靡：精美。律调：音律和谐。

潘岳构意①，专师孝山，巧于序悲②，易入新切③，所以隔代相望,能征厥声者也④。至如崔骃《诔赵》⑤,刘陶《诔黄》⑥,并得宪章⑦,工在简要。陈思叨名⑧,而体实繁缓⑨。文皇诔末⑩,旨言自陈⑪,其乖甚矣⑫!

[注释]①意:唐写本作"思"。 ②序:唐写本作"叙"。 ③新切:清新而贴切。 ④征:唐写本作"徵",美。厥:其。声:名。 ⑤崔骃:字亭伯,东汉文人,其《诔赵》已佚。 ⑥刘陶:字子奇,东汉文人,其《诔黄》已佚。 ⑦宪章:典章制度,引申为法度。 ⑧陈思:曹植。叨名:谓虚有其名。 ⑨体:指文风。 ⑩文皇:指魏文帝曹丕。曹植有《文帝诔》。 ⑪旨:唐写本作"百"。 ⑫乖:背离,违背。

若夫殷臣诔汤①,追褒《玄鸟》之祚②;周史歌文③,上阐后稷之烈④:诔述祖宗,盖诗人之则也。至于序述哀情⑤,则触类而长⑥。傅毅之诔北海⑦,云:"白日幽光⑧,雰雾杳冥⑨。"始序致感⑩,遂为后式;景而效者⑪,弥取于工矣⑫。

[注释]①诔:唐写本作"咏"。汤:商汤王。 ②《玄鸟》:指《诗·商颂·玄鸟》,乃歌颂商王祖先之诗。祚:音 zuò,福,福运。 ③史:指史官。文:指周文王。 ④后稷:周之先祖。烈:功业。 ⑤序述:叙述。 ⑥触类而长:意谓依据同类事物而引申发挥。 ⑦北海:指光武帝之侄刘兴,封北海王。傅毅有《北海王诔》。 ⑧幽光:微弱的光。 ⑨雰(音 fēn)雾:雾气。《北海王诔》原文作"淮雨",《练字》篇亦有"傅毅制诔,已用淮雨"之句。杳冥:幽暗。 ⑩始序致感:《北海王诔》序云,刘兴死后,其境内之民皆"若伤厥亲"。致感,表达感伤之情。 ⑪景:唐写本作"影",摹写。 ⑫弥:更。工:唐写本作"切",贴切。

详夫诔之为制,盖选言录行;传体而颂文①,荣始而哀终②。论其人也,暧乎若可觌③;道其哀也④,凄焉如可伤:此其旨也。

[注释]①体:主体,指内容。文:文辞,指形式。 ②荣:光荣,荣耀。③暧:音 ài,温暖。觌:音 dí,见,相见。 ④道:唐写本作"述"。

碑者,埤也①。上古帝皇②,纪号封禅③,树石埤岳④,故曰碑也。周穆纪迹于弇山之石⑤,亦古碑之意也⑥。又宗庙有碑,树之两楹⑦,事止丽牲⑧,未勒勋绩⑨。而庸器渐缺⑩,故后代用碑,以石代金,同乎不朽;自庙徂坟⑪,犹封墓也⑫。

[注释]①埤:音 pí,唐写本作"裨",音 bì,即"裨",增加、增补。 ②皇:唐写本作"王"。 ③纪号:谓纪录。封禅:古代帝王祭天地的大典。 ④埤:唐写本作"裨",即"裨"。岳:指东岳泰山。 ⑤周穆:指西周穆王。弇(音 yǎn)山:山名,古谓日没之所。 ⑥古碑:唐写本无"古"字。 ⑦楹:厅堂的前柱。 ⑧丽:系,缠缚。丽牲,指古代祭祀时将所用的牲口系在石碑上。⑨勒:刻。 ⑩庸器:古代铭功的铜器。缺:唐写本作"阙",缺乏、稀少。⑪徂:音 cú,及,至。 ⑫封墓:增修坟墓,以旌功勋。

自后汉以来,碑碣云起①;才锋所断②,莫高蔡邕。观杨赐之碑③,骨鲠《训》、《典》④;《陈》、《郭》二文⑤,词无择言⑥;《周》、《乎》众碑⑦,莫非清允⑧。其叙事也该而要⑨,其缀采也雅而泽⑩;清词转而不穷⑪,巧义出而卓立:察其为才,自然而至⑫。

[注释]①碑碣(音 jié):碑刻之统称。方首者为碑,圆首者为碣。 ②才锋:谓杰出的才华。断:评判,判断。 ③杨赐:字伯献,汉末人。蔡邕有《太尉杨赐碑》。 ④骨鲠:骨干,骨骼,此喻基本风格。《训》、《典》:指《尚书》中

的《伊训》、《尧典》等篇。　⑤陈：指陈寔(音 shí)，字仲弓，汉末名士。蔡邕有《陈寔碑》。郭：指郭泰，字林宗，汉末名士。蔡邕有《郭泰碑》。　⑥词：唐写本作"句"。词无择言，谓文句精审，无可更易。　⑦周：指周㻛，字巨胜，汉末人。蔡邕有《汝南周㻛碑》。乎：唐写本作"胡"，指胡广，字伯始，汉末人。蔡邕有《太傅胡广碑》。　⑧清允：犹精当。　⑨该：完备。　⑩缀：连缀，组织。　⑪词：唐写本作"辞"。转：变化，改变。　⑫至：唐写本作"至矣"。

孔融所创①，有慕伯喈②；《张》、《陈》两文③，辨给足采④，亦其亚也。及孙绰为文⑤，志在碑诔⑥；《温》、《王》、《郗》、《庾》⑦，辞多枝杂⑧；《桓彝》一篇⑨，最为辨裁⑩。

　　[注释]①孔融：字文举，汉末作家。　②慕：唐写本作"摹"。伯喈：蔡邕之字。　③张：指张俭，字元节，汉末名士。孔融有《卫尉张俭碑铭》。陈：所指不详。　④辨：唐写本作"辩"。辩给，谓能言善辩。　⑤孙绰：字兴公，东晋文人。　⑥碑诔：唐写本作"于碑"。　⑦温：指温峤，字太真，东晋大臣。孙绰有《温峤碑》，已佚。王：指王导，字茂弘，东晋大臣。孙绰有《丞相王导碑》。郗：音 xì，唐写本作"郗"，音 xī，指郗鉴，字道徽，东晋大臣。孙绰有《太宰郗鉴碑》。庾：指庾亮，字元规，东晋大臣。孙绰有《太尉庾亮碑》。　⑧枝杂：枝蔓杂乱。　⑨桓彝：字茂伦，东晋官吏。孙绰有《桓彝碑》，已佚。　⑩辨裁：叙事明白，剪裁得当。唐写本作"辨裁矣"。

夫属碑之体①，资乎史才②；其序则传③，其文则铭。标序盛德④，必见清风之华⑤；昭纪鸿懿⑥，必见峻伟之烈⑦；此碑之制也⑧。夫碑实铭器，铭实碑文，因器立名，事光于诔⑨。是以勒石赞勋者⑩，入铭之域；树碑述已者⑪，同诔之区焉。

　　[注释]①属：连缀，指写作。　②资：凭借。　③序：唐写本作"叙"。　④标：显扬。序：唐写本作"叙"。　⑤华：光采，光辉。　⑥昭：明。鸿懿：指

崇高美好的德行。　⑦峻伟:崇高伟大。　⑧制:唐写本作"致",通"至",尽,极。　⑨光:唐写本作"先"。　⑩石:唐写本作"器"。　⑪已:唐写本作"亡"。

赞曰:写实追虚①,碑诔以立。铭德慕行②,文采允集③。观风似面,听辞如泣。石墨镌华④,颓影岂忒⑤。

[注释]①实:唐写本作"远"。　②慕:唐写本作"纂",汇集。　③文:唐写本作"光"。允集:聚集,会合。　④镌:刻。　⑤颓:消逝。颓影,指逝去的人。忒:音 tè,唐写本作"戢",音 jí,止息。

哀吊第十三

赋宪之谥①,"短折曰哀"②。哀者,依也。悲实依心,故曰哀也。以辞遣哀,盖不泪之悼③,故不在黄发④,必施夭昏⑤。昔"三良"殉秦⑥,百夫莫赎,事均夭横⑦,《黄鸟》赋哀⑧,抑亦诗人之哀辞乎!

[注释]①赋宪:颁布法令。 ②短折曰哀:语出《逸周书·谥法解》。折:夭折。 ③不泪:唐写本作"下流",指子孙,后辈。 ④黄发:指老人。 ⑤夭昏:指夭折的人。 ⑥三良:三位贤臣,指秦穆公时子车氏之三子奄息、仲行、针虎。殉:以人从葬。秦:指秦穆公。 ⑦横:唐写本作"枉"。夭枉,夭折。 ⑧《黄鸟》:《诗·秦风》之篇,乃哀悼"三良"之作。

暨汉武封禅①,而霍子侯暴亡②,帝伤而作诗,亦哀辞之类矣。及后汉③,汝阳王亡④,崔瑗哀辞⑤,始变前式⑥。然"履突鬼门"⑦,怪而不辞⑧;"驾龙乘云",仙而不哀;又卒章五言,颇似歌谣,亦仿佛乎汉武也⑨。至于苏慎、张升⑩,并述哀文,虽发其情华⑪,而未极心实⑫。

[注释]①汉武:西汉武帝刘彻。 ②子侯:唐写本作"嬗"。霍嬗:字子侯,西汉名将霍去病之子。 ③及:唐写本作"降及"。 ④汝阳:地名,在今

河南商水西。汝阳王，宋本《太平御览》引作"汝阳主"，指汝阳长公主，和帝之女，名刘广。　⑤崔瑗：字子玉，东汉文人，其为汝阳主哀辞已佚。　⑥前式：从前的法度和规范，此指为夭折者写哀辞的做法。　⑦履：唐写本作"腹"。按：王利器《文心雕龙校证》谓唐写本作"復"，林其锬、陈凤金《文心雕龙集校合编》从之，皆非也；唐写本实作"腹"。"腹突鬼门"当为崔瑗哀辞中语，意即腹部破开如鬼门。　⑧不辞：文辞不通。　⑨仿佛乎汉武：指与汉武帝伤而所作诗相似。　⑩苏慎：唐写本作"苏顺"，字孝山，东汉文人。张升：字彦真，东汉文人。　⑪情华：唐写本无"情"字。华，文采。　⑫心实：指内心的真实情感。

　　建安哀辞①，惟伟长差善②；《行女》一篇③，时有恻怛④。及潘岳继作，实踵其美⑤。观其虑善辞变⑥，情洞悲苦⑦，叙事如传，结言摹诗，促节四言⑧，鲜有缓句。故能义直而文婉⑨，体旧而趣新，《金鹿》、《泽兰》⑩，莫之或继也⑪。

　　[注释]①建安：汉献帝刘协年号(196—220年)。　②惟：唐写本作"唯"。伟长：徐干之字。差：比较，略微。　③《行女》：此哀辞已佚。　④恻怛(音 dá)：哀伤。　⑤踵：唐写本作"钟"，聚。　⑥善：唐写本作"赡"，富足。　⑦洞：通"恫"，音 tōng，哀痛。悲：唐写本作"哀"。　⑧促节：急促的节奏，短促的音节。　⑨婉：简约。　⑩《金鹿》：指潘岳的《金鹿哀辞》。《泽兰》：指潘岳的《为任子咸妻作孤女泽兰哀辞》。　⑪莫之或继：谓无人能继其后。

　　原夫哀辞大体①，情主于痛伤，而辞穷乎爱惜。幼未成德，故誉止于察惠②；弱不胜务，故悼加乎肤色③。隐心而结文则事惬④，观文而属心则体奢⑤。奢体为辞⑥，则虽丽不哀；必使情往会悲，文来引泣，乃其贵耳。

[注释]①大体:主体。 ②察惠:聪明而有智慧。惠:通"慧"。 ③肤色:指容貌。 ④隐心:忧心,痛心。惬:恰当,合适。 ⑤观文:观赏文采。属:音zhǔ,联接。奢:唐写本作"夸",华而不实。 ⑥奢:唐写本作"夸"。

　　吊者,至也。《诗》云:"神之弔矣①。"言神至也②。君子令终定谥③,事极理哀④,故宾之慰主,以至到为言也⑤。压溺乖道⑥,所以不吊矣⑦。又宋水郑火⑧,行人奉辞⑨,国灾民亡,故同吊也⑩。及晋筑虒台⑪,齐袭燕城⑫,史赵、苏秦⑬,翻贺为吊⑭,虐民搆敌⑮,亦亡之道。凡斯之例,吊之所设也。或骄贵而殒身⑯,或狷忿以乖道⑰;或有志而无时⑱,或美才而兼累⑲:追而慰之,并名为吊。

[注释]①神之弔矣:引自《诗·小雅·天保》。弔:音dì,至,此与哀吊之"吊"意义有别。 ②至:唐写本作"之至"。 ③令终:谓尽天年而寿终。定谥:定谥号,此指治理丧事。 ④事极:人事之极尽。 ⑤至到:到。 ⑥压溺:指被压死或淹死等。乖道:违背常道,即非寿终。 ⑦吊矣:唐写本无"矣"字。 ⑧宋水:《左传·庄公十一年》:"秋,宋大水。公使吊焉。"郑火:《左传·昭公十八年》:"宋、卫、陈、郑皆火。……郑使行人告于诸侯,宋、卫皆如是。陈不救火,许不吊灾。" ⑨行人:使者。奉辞:奉君主之辞,谓表示慰问。 ⑩同吊:谓对水火之灾的慰问,如同吊唁。 ⑪虒(音sī)台:指春秋时晋国的虒祁宫。 ⑫齐袭燕城:《战国策·燕策一》载,燕文公卒,齐宣王趁机进攻燕国,占领十城。 ⑬史赵:春秋时晋国太史。苏秦:字季子,战国纵横家。 ⑭翻贺为吊:以可贺为可吊。史赵曾认为虒祁宫之建乃"可吊"之事而不值得庆贺。苏秦则对齐宣王攻占燕国十城先是庆贺,继而哀吊。 ⑮虐民:残害百姓,指晋国筑虒祁宫之事。搆:音gòu,造成,结成。搆敌,结成仇敌,指齐国攻打燕国之事。 ⑯而:唐写本作"以"。殒:损毁,死亡。 ⑰以:唐写本作"而"。狷忿:偏急易怒。 ⑱有志而无时:空有大志,生不逢时。 ⑲美才:唐写本作"行美",指品行高洁。累:连累,使受害。

自贾谊浮湘①,发愤吊屈②;体同而事核③,辞清而理哀,盖首出之作也。及相如之吊二世④,全为赋体。桓谭以为其言恻怆⑤,读者叹息;及平章要切⑥,断而能悲也⑦。扬雄吊屈,思积功寡⑧,意深文略⑨,故辞韵沉膇⑩。班彪、蔡邕⑪,并敏于致语⑫,然影附贾氏⑬,难为并驱耳。

[注释]①浮:渡。湘:指湘江。 ②屈:指屈原,贾谊有《吊屈原文》。③同:唐写本作"周"。 ④相如:指司马相如。二世:指秦二世,司马相如有《哀秦二世赋》。 ⑤桓谭:字君山,东汉初学者。恻怆:哀伤。 ⑥平:唐写本作"卒"。要切:简要而切实。 ⑦断:完,止。 ⑧积:长,多。 ⑨文略:唐写本作"反骚"。《汉书·扬雄传》载,扬雄吊屈原之作名曰《反离骚》,"往往摭《离骚》文而反之"。 ⑩沉膇(音 zhuì):沉溺重膇,即湿疾、脚肿,此喻文辞滞重。 ⑪班彪:字叔皮,东汉初史学家、文学家。有《悼离骚》。蔡邕:字伯喈,有《吊屈原文》。 ⑫语:唐写本作"诘",追问,责问。 ⑬影附:如影附形,喻依附、追随。

胡、阮之吊夷齐①,褒而无闻②;仲宣所制③,讥呵实工④。然则胡、阮嘉其清,王子伤其隘⑤,各志也⑥。祢衡之吊平子⑦,缛丽而轻清⑧;陆机之吊魏武⑨,序巧而文繁。降斯以下⑩,未有可称者矣。

[注释]①胡:指胡广,有《吊夷齐文》。阮:指阮瑀,字元瑜,汉末作家,有《吊夷文》。夷齐:指伯夷、叔齐,殷商贵族,后绝食而亡。 ②闻:唐写本作"间",非难,毁谤。 ③仲宣:王粲之字,有《吊夷齐文》。 ④讥呵:讥责非难。 ⑤隘:气量褊狭,见识短浅。 ⑥志:唐写本作"其志"。 ⑦祢衡:字正平,东汉末作家,有《吊张衡文》。平子:张衡之字。 ⑧缛丽:繁饰华丽,指文辞。轻清:轻快简明,指内容。 ⑨陆机:字士衡,有《吊魏武帝文》。魏武:指魏武帝曹操。 ⑩以:唐写本作"已"。

夫吊虽古义,而华辞末造①;华过韵缓,则化而为赋。固宜正义以绳理②,昭德而塞违③;割析褒贬④,哀而有正,则无夺伦矣⑤。

[注释]①辞:唐写本作"词"。末造:疑为"末造"之误。末造:犹末世,后期。 ②绳:准则,法度。 ③昭:明。塞:杜绝。违:过失。 ④割:唐写本作"剖"。 ⑤夺伦:失其伦次、正理。

赞曰:辞定所表①,在彼弱弄②。苗而不秀③,自古斯恸④。虽有通才,迷方告控⑤。千载可伤,寓言以送⑥。

[注释]①定:唐写本作"之"。表:唐写本作"哀"。 ②弱弄:幼年时好嬉戏,此谓幼年。 ③秀:谓成长。 ④恸:极其悲痛。 ⑤告:唐写本作"失"。 ⑥寓:寄托。

杂文第十四

智术之子①,博雅之人,藻溢于辞②,辞盈乎气③。苑囿文情④,故日新殊致⑤。

[注释]①智术:才智与计谋。　②辞:唐写本作"词"。　③辞:唐写本作"辩"。气:气势。　④苑囿:掌握,驾驭。　⑤殊致:不同的意趣。唐写本作"而殊致"。

宋玉含才①,颇亦负俗②,始造《对问》③,以申其志,放怀寥廓④,气实使之⑤。及枚乘摘艳⑥,首制《七发》,腴辞云构⑦,夸丽风骇⑧。盖七窍所发⑨,发乎嗜欲⑩,始邪末正⑪,所以戒膏粱之子也⑫。扬雄覃思文阁⑬,业深综述⑭,碎文琐语,肇为《连珠》⑮;其辞虽小而明润矣⑯。凡此三者⑰,文章之枝派,暇豫之末造也⑱。

[注释]①宋玉:战国时楚国作家。　②负俗:谓与世俗不合。　③《对问》:指宋玉的《对楚王问》。　④寥廓:宽宏豁达。　⑤之:唐写本作"文"。⑥枚乘:字叔,西汉作家。　⑦腴:丰厚。辞:唐写本作"词"。云构:形容作品大量出现。　⑧夸丽:美好绮丽。骇:惊起,兴起。　⑨七窍:指眼、耳、口、鼻七孔。　⑩嗜欲:嗜好与欲望。　⑪始邪末正:《七发》先写口耳感官之欲望,

后论天下万物之是非。 ⑫膏粱之子:谓贵族子弟。 ⑬罩:深。阔:豪奢,谓多。 ⑭综述:综合叙述,指著述。 ⑮连珠:此体多用譬喻,文辞华丽,历历如贯珠,故名。 ⑯其辞:唐写本作"珠连其辞"。 ⑰者:唐写本作"文"。 ⑱暇豫:闲暇。末造:后期,此谓文体之末流。

自《对问》以后,东方朔效而广之,名为《客难》①,托古慰志,疏而有辨②。扬雄《解嘲》③,杂以谐谑④,回环自释⑤,颇亦为工。班固《宾戏》⑥,含懿采之华⑦;崔骃《达旨》⑧,吐典言之裁⑨;张衡《应间》⑩,密而兼雅;崔实《客讥》⑪,整而微质⑫;蔡邕《释诲》,体奥而文炳⑬;景纯《客傲》⑭,情见而采蔚⑮:虽迭相祖述⑯,然属篇之高者也⑰。

[注释]①《客难》:指东方朔的《答客难》。 ②疏:粗略。辨:辨析。 ③《解嘲》:文章自设有人嘲笑扬雄忙于写《太玄经》而予以解答,故名。 ④谐谑:唐写本作"谐调",诙谐戏谑。 ⑤回环:指反复。 ⑥宾戏:指班固的《答宾戏》。 ⑦懿:美好。 ⑧崔骃:字亭伯,东汉作家。 ⑨典言:典雅有据的言辞。裁:唐写本作"式"。 ⑩间:音jiàn,缝隙,此谓挑毛病的人。 ⑪崔实:唐写本作"崔寔(音shí)",字子贞,崔骃之孙,东汉作家。《客讥》:崔寔有《答讥》。 ⑫整:整饬,齐整。质:质朴。 ⑬体奥:风格玄深,主要指内容。炳:明。 ⑭景纯:郭璞之字,唐写本作"郭璞"。 ⑮见:同"现",显露。蔚:繁盛。 ⑯迭相:相继,轮番。祖述:继承,效法。 ⑰属:音zhǔ,撰写。

至于陈思《客问》①,辞高而理疏;庾敳《客咨》②,意荣而文悴③。斯类甚众,无所取裁矣④。

[注释]①陈思:曹植,有《辩问》。 ②庾敳(音ái):字子嵩,西晋文人,其《客谘》已佚。谘:咨,唐写本作"谘",商议。 ③荣:盛。悴:衰。 ④裁:唐写本作"才"。无所取才,谓无可称道。

原兹文之设①,乃发愤以表志。身挫凭乎道胜②,时屯寄于情泰③;莫不渊岳其心④,麟凤其采⑤:此立本之大要也⑥。

[注释]①原:唐写本作"原夫"。 ②挫:挫折。凭:依靠。 ③屯:音zhūn,艰难,困顿。泰:安适。 ④渊岳:渊渟岳峙,喻品德如渊水深沉,如高山耸立。 ⑤麟凤:麒麟和凤凰,此喻出众非凡。 ⑥本:唐写本作"体",文体。

自《七发》以下①,作者继踵②。观枚氏首唱,信独拔而伟丽矣。及傅毅《七激》③,会清要之工④;崔骃《七依》,入博雅之巧。张衡《七辨》⑤,结采绵靡⑥;崔瑗《七厉》⑦,植义纯正⑧。陈思《七启》,取美于宏壮;仲宣《七释》⑨,致辨于事理。

[注释]①以:唐写本作"已"。 ②继踵:接踵,前后相接。 ③傅毅:字武仲,东汉初年作家。 ④清要:明白简要。 ⑤《七辨》:张衡有《七辩》。 ⑥绵靡:柔和细致。 ⑦《七厉》:崔瑗有《七苏》,马融有《七厉》,彦和或有误。 ⑧植:树立,建立。 ⑨仲宣:王粲之字。

自桓麟《七说》以下①,左思《七讽》以上②,枝附影从,十有余家。或文丽而义暌③,或理粹而辞驳④。观其大抵所归,莫不高谈宫馆,壮语畋猎⑤。穷瑰奇之服馔⑥,极蛊媚之声色⑦;甘意摇骨体⑧,艳词动魂识⑨。虽始之以淫侈⑩,而终之以居正⑪,然讽一劝百⑫,势不自反⑬,子云所谓"先骋郑卫之声⑭,曲终而奏雅"者也。唯《七厉》叙贤⑮,归以儒道⑯;虽文非拔群,而意实卓尔矣。

[注释]①桓麟:字元凤,东汉末文人。以:唐写本作"已"。 ②《七讽》:左思有《七略》。以:唐写本作"已"。 ③暌:音kuí,违背。 ④驳:杂乱。 ⑤畋:唐写本作"田"。 ⑥瑰奇:珍奇。馈:食物,菜肴。 ⑦蛊媚:妖冶妩媚。 ⑧体:唐写本作"髓"。 ⑨动:唐写本作"洞",深入。魂识:心灵,魂灵。 ⑩淫侈:浮夸,夸大。 ⑪而终:唐写本无"而"字。 ⑫讽一劝百:讽谏少而劝诱多。扬雄论赋有"劝百风一"之说。 ⑬反:还归,回。 ⑭"先骋"二句:引自《汉书·司马相如传赞》。"先骋郑卫之声",《汉书》原文作"犹骋郑卫之声",唐写本作"骋郑声"。郑声,郑国的音乐,指与雅乐相对的俗乐。 ⑮贤:指有德行或有才能的人。 ⑯归以儒道:傅玄《七谟序》有"马(融)作《七厉》……以恢大道而导幽滞"之语,则彦和所云《七厉》或当为马融之作。

自《连珠》以下,拟者间出①。杜笃、贾逵之曹②,刘珍、潘勖之辈③,欲穿明珠,多贯鱼目④。可谓寿陵匍匐⑤,非复邯郸之步⑥;里丑捧心⑦,不关西施之颦矣⑧。唯士衡运思⑨,理新文敏,而裁章置句,广于旧篇,岂慕朱仲四寸之珰乎⑩!夫文小易周,思闲可赡⑪。足使义明而词净,事圆而音泽,磊磊自转⑫,可称珠耳。

[注释]①间:间或。 ②杜笃:字季雅,东汉文人。贾逵:字景伯,东汉学者。曹:等辈,侪类。 ③刘珍:字秋孙,东汉文人。 ④鱼目:鱼的眼珠子。后有"鱼目混珠"喻以假乱真。 ⑤寿陵:古代燕国地名。匍匐:爬行。《庄子·秋水》载,寿陵一少年到邯郸学走路,非但没有学会,反而忘记了自己原来走路的方式,结果"匍匐而归"。 ⑥邯郸:战国时赵国都城,在今河北省邯郸市,相传此地人善行走。 ⑦里:邻里。里丑捧心:《庄子·天运》载,越国美女西施因心痛而皱眉,反而更增其美;邻家丑女捧心而仿之,却愈显其丑。 ⑧颦:音pín,同"颦",皱眉。 ⑨"唯士衡"二句:唐写本作"唯士衡思新文敏"。士衡,陆机之字,有《演连珠》五十首。 ⑩朱仲:传说中的仙人,曾向鲁元公主献四寸之大珠。珰:音dāng,古代妇女的耳饰。 ⑪闲:安静。赡:富足。 ⑫磊磊:唐写本作"落落",清楚、分明。

详夫汉来杂文,名号多品①。或典、诰、誓、问②,或览、略、篇、章③,或曲、操、弄、引④,或吟、讽、谣、咏⑤。总括其名,并归杂文之区;甄别其义⑥,各入讨论之域⑦。类聚有贯⑧,故不曲述⑨。

[注释]①品:类。 ②典:常道,此谓由《尚书》之《尧典》等发展而来的一种文体。诰:告诫,此谓由《尚书》之《汤诰》等发展而来的一种文体。誓:告诫、约束将士之辞,此谓由《尚书》之《汤誓》等发展而来的一种文体。问:指策问,帝王询问臣下的一种文体。 ③览:观阅,《吕氏春秋》有《有始览》等"八览",此谓以"览"名篇的一类杂文。略:汉代图书目录分类之名,此谓以"略"名篇的一类杂文。篇:篇册,此谓以"篇"名篇的一类杂文,如司马相如之《凡将篇》。章:篇章,此谓以"章"名篇的一类杂文,如汉代史游之《急就章》。 ④曲:乐曲,如傅玄之《鼓吹曲》。操:表现操守、志节的琴曲。弄:小曲,如沈约等人的《江南弄》。引:歌曲之导引,如晋代石崇的《思归引》。⑤吟:吟叹之作,如陆机的《泰山吟》。讽:讽谏之作,如汉代韦孟的《讽谏诗》。谣:歌谣,如汉代的《邪径谣》。咏:歌咏,如班固的《咏史》。 ⑥甄别:鉴别,区别。 ⑦各入讨论之域:指各种杂文可分别归入本书相应篇章论述。⑧贯:贯通。 ⑨曲:详尽。述:唐写本作"述也"。

赞曰:伟矣前修①,学坚多饱②。负文余力③,飞靡弄巧④。枝辞攒映⑤,嚖若参昴⑥。慕顦之心⑦,于焉只搅。

[注释]①前修:前贤。 ②多:唐写本作"才"。 ③负文余力:谓文章写作之余。 ④飞靡弄巧:指展现各种杂文的写作技巧。 ⑤枝辞:文辞之分支,指各种杂文。攒:聚集。 ⑥嚖:音 huì,星光微小而明亮。参(音 shēn)、昴(音 mǎo):二星名,皆为二十八宿之一。 ⑦"慕顦之心"二句:唐写本作"慕顦之徒,心焉只搅"。搅:扰乱,打扰。《诗·小雅·何人斯》有"只搅我心"之句。

谐隐第十五①

　　芮良夫之诗云②："自有肺肠③，俾民卒狂④。"夫心险如山，口壅若川⑤；怨怒之情不一，欢谑之言无方⑥。昔华元弃甲⑦，城者发"睅目"之讴⑧；臧纥丧师⑨，国人造"侏儒"之歌⑩：并嗤戏形貌⑪，内怨为俳也⑫。又"蚕蟹"鄙谚⑬，"狸首"淫哇⑭，苟可箴戒⑮，载于《礼》典。故知谐辞䜳言⑯，亦无弃矣。

　　[注释]①隐：唐写本作"䜳"，隐语。　②芮良夫：周厉王时的大夫。诗：指《诗·大雅·桑柔》。　③肺肠：比喻内心、心思。　④俾：使。卒：终。　⑤壅：堵塞。　⑥谑：开玩笑，嘲弄。无方：无定法，无定式。　⑦华元：春秋时宋国官吏。《左传·宣公二年》载，华元为郑国军队俘获，逃回后监督筑城。　⑧"城者"句：筑城的百姓唱出"睅其目"的歌谣讽刺华元。睅：音hàn，鼓着眼睛，眼睛突出。　⑨臧纥：春秋时鲁国大夫。《左传·襄公四年》载，邾（音zhū）国攻打鄫（音zēng）国，臧纥带兵援鄫而失败。　⑩国人：指鲁国人。侏儒：身材异常短小者。　⑪嗤：讥笑。　⑫俳：诙谐。　⑬"蚕蟹"句：《礼记·檀弓下》载，鲁国成地有其兄死而不愿穿孝者，后闻孔子学生将来当地为官，惧而穿孝。成地人乃作歌讽刺曰"蚕则绩而蟹有匡"。绩，蚕吐丝，此谓蚕茧。匡，即筐，此喻蟹壳。此句意谓蚕茧和蟹壳各有其用而相互无关，比喻弟弟穿孝并非为了哥哥。鄙：朴野。　⑭"狸首"句：《礼记·檀弓下》载，原壤

之母去世,孔子助其为丧,原壤却唱起歌来,第一句为"狸首之斑然",意谓棺木的花纹就像狸猫之头色彩斑斓。淫哇:淫邪之声。 ⑮苟:假如,只要。箴戒:规劝儆戒。 ⑯谐:诙谐,戏谑。

谐之言皆也,辞浅会俗①,皆悦笑也。昔齐威酣乐②,而淳于说甘酒③;楚襄燕集④,而宋玉赋《好色》⑤:意在微讽,有足观者。及优旃之讽漆城⑥,优孟之谏葬马⑦,并谲辞饰说⑧,抑止昏暴。是以子长编史⑨,列传《滑稽》⑩,以其辞虽倾回⑪,意归义正也⑫。但本体不雅⑬,其流易弊。于是东方、枚皋⑭,餔糟啜醨⑮,无所匡正,而诋嫚媟弄⑯,故其自称⑰:为赋乃亦俳也,见视如倡⑱,亦有悔矣。

[注释]①会:符合,相合。 ②齐威:指战国时齐威王。 ③淳于:指战国时齐国的淳于髡(音kūn)。甘:嗜好。《史记·滑稽列传》载,淳于髡曾劝诫齐威王"酒极则乱"。 ④楚襄:指战国时的楚顷襄王。燕:同"宴"。 ⑤《好色》:指宋玉的《登徒子好色赋》。 ⑥优旃(音zhān):秦代艺人。讽漆城:《史记·滑稽列传》载,秦二世打算漆城,优旃委婉劝说而使其放弃。 ⑦优孟:春秋时楚国艺人。谏葬马:《史记·滑稽列传》载,楚庄王欲以大夫之礼葬其所爱之马,优孟则欲擒故纵,劝其以国君之礼葬之,终使楚王明其"贱人而贵马"之失。 ⑧谲:诡诈。 ⑨子长:司马迁之字。 ⑩《滑稽》:指《史记·滑稽列传》。滑稽:谓能言善辩,言辞流利。 ⑪倾回:谓言辞曲折。 ⑫义正:即正义。 ⑬本体:本身。雅:正。 ⑭东方:指东方朔。 ⑮餔:音bū,吃。糟:指粗恶的食物。啜:饮。醨:音lí,薄酒。餔糟啜醨,意为混吃混喝。 ⑯诋:音dǐ,毁谤。嫚:音màn,轻侮。媟:音xiè,轻慢。诋嫚媟弄,指被人嘲笑戏弄。 ⑰自称:《汉书·枚皋传》:"皋赋辞中自言为赋不如相如,又言为赋乃俳,见视如倡,自悔类倡也。" ⑱倡:古代表演歌舞杂戏的艺人。

至魏文因俳说以著《笑书》①,薛综凭宴会而发嘲调②;虽抃推席③,而无益时用矣。然而懿文之士④,未免枉辔⑤:潘岳《丑妇》之属⑥,束晳《卖饼》之类⑦,尤而效之⑧,盖以百数。魏晋滑稽,盛相驱扇⑨:遂乃应场之鼻,方于盗削卵⑩;张华之形,比乎握舂杵⑪。曾是莠言⑫,有亏德音⑬;岂非溺者之妄笑⑭,胥靡之狂歌欤⑮?

[注释]①魏文:指曹丕,其《笑书》已佚。 ②薛综:字敬文,三国时吴国学者。 ③抃:音biàn,鼓掌,表示欢欣。"抃推席"三字或有刊漏,然亦可解。 ④懿:美好。 ⑤枉:徒然,白费。辔:驭马之缰绳。枉辔,谓走弯路,徒劳。 ⑥《丑妇》:已佚。 ⑦束晳:字广微,西晋作家,有《饼赋》。 ⑧尤而效之:谓明知其为错误而有意仿效之。 ⑨驱扇:驱策煽动。 ⑩方:比。 ⑪舂杵:舂捣的棒槌。 ⑫曾:乃,是。莠言:丑话,坏话。 ⑬有亏德音:谓有损于自己的名声。 ⑭溺者:落水之人。 ⑮胥靡:古代服劳役的奴隶或刑徒。

讔者,隐也;遁辞以隐意①,谲譬以指事也。昔还社求拯于楚师②,喻"眢井"而称"麦麹"③;叔仪乞粮于鲁人④,歌"佩玉"而呼"庚癸"⑤。伍举刺荆王以"大鸟"⑥,齐客讥薛公以"海鱼"⑦;庄姬托辞于"龙尾"⑧,臧文谬书于"羊裘"⑨。隐语之用,被于纪传⑩;大者兴治济身⑪,其次弼违晓惑⑫。盖意生于权谲⑬,而事出于机急⑭;与夫谐辞,可相表里者也。汉世《隐书》⑮,十有八篇,歆、固编文⑯,录之歌末⑰。

[注释]①遁:隐匿。 ②还社:即还无社,春秋时萧国大夫。 ③眢(音yuān)井:枯井。麦麹(音qū):制酒的东西,可以防湿。《左传·宣公十二年》载,楚人伐萧,还无社认识楚国大夫申叔展,向其呼救。叔展问:"有麦麹乎?"暗示还无社可躲于泥水中,还无社没有听懂,回答"无",叔展只好又问:"河鱼腹疾,奈何?"还无社于是说:"目于眢井而拯之。" ④叔仪:即申叔仪,

春秋时吴国大夫。《左传·哀公十三年》载,申叔仪曾向鲁国大夫公孙有山借粮。 ⑤佩玉:申叔仪歌曰:"佩玉鹟兮,余无所系之。"鹟:音 ruǐ,下垂貌。庚:指西方,主谷。癸:指北方,主水。公孙有山让申叔仪呼"庚癸"即可借粮,遂成为古代军中隐语,谓告贷粮食。 ⑥伍举:春秋时楚国大夫。荆王:指楚庄王。大鸟:《史记·楚世家》载,楚庄王即位后,三年不问国政,伍举以隐语为谏,曰:"有鸟在于阜,三年不蜚不鸣,是何鸟也?"庄王曰:"三年不蜚,蜚将冲天;三年不鸣,鸣将惊人。举退矣,吾知之矣。" ⑦薛公:战国时齐国田婴,号靖郭君。《战国策·齐策一》载,靖郭君将筑薛城,有人以"海大鱼"谏之,意谓靖郭君离不开齐国,犹如大鱼离不开海,筑薛城是没有必要的。 ⑧庄姬:指战国时楚国的庄侄。《列女传》载,庄侄以"有龙无尾"提醒楚襄王"年既四十,无太子也"。 ⑨臧文:即臧孙,名辰,谥号文仲,春秋时鲁国大夫。羊裘:羊皮做的衣服。《列女传》载,臧文仲出使齐国而被拘,便以隐语作书告鲁君,其中有"食猎犬,组羊裘"之句,暗示当备战。 ⑩被:加。 ⑪济身:谓救命全身。 ⑫弼:纠正。违:过失,错误。 ⑬权谲:权谋,诡诈。 ⑭机急:机智敏捷。 ⑮《隐书》:《汉书·艺文志》载《隐书》十八篇。 ⑯歆:指刘歆,《七略》作者之一。固:指班固。《汉书·艺文志》乃以《七略》为据。 ⑰歌末:《汉书·艺文志》列《隐书》于"杂赋"之后,故云"赋末"更确。

　　昔楚庄、齐威①,性好隐语。至东方曼倩②,尤巧辞述。但谬辞诋戏③,无益规补④。自魏代以来,颇非俳优,而君子嘲隐⑤,化为谜语。谜也者,回互其辞⑥,使昏迷也。或体目文字⑦,或图象品物⑧。纤巧以弄思⑨,浅察以衒辞⑩。义欲婉而正⑪,辞欲隐而显⑫。荀卿《蚕赋》⑬,已兆其体⑭;至魏文、陈思⑮,约而密之⑯。高贵乡公⑰,博举品物⑱,虽有小巧,用乖远大⑲。

　　[注释]①楚庄:楚庄王。齐威:齐威王。 ②曼倩:东方朔之字。 ③谬辞:悦笑取讽之语。 ④规:规劝,谏诤。 ⑤嘲隐:即谐隐。 ⑥回互:曲折

宛转。　⑦体目:分解、辨识。　⑧图象:形容,描绘。品物:犹万物。⑨纤:细。　⑩衒:音 xuàn,炫耀,卖弄。　⑪义欲婉而正:内容上追求委婉含蓄而终需雅正。　⑫辞欲隐而显:文辞上尽力隐藏却仍要浅显。　⑬荀卿:名况,战国时赵国人,"卿"乃尊称。《蚕赋》:《荀子·赋篇》的一个部分。⑭兆:发端。　⑮陈思:指曹植。　⑯约而密之:使其更为简约而周密。⑰高贵乡公:即曹髦,曹丕之孙。　⑱博举:广泛涉及。　⑲乖:背离,违背。

　　夫观古之为隐,理周要务①,岂为童稚之戏谑,搏髀而忭笑哉②! 然文辞之有谐讔,譬九流之有小说③,盖稗官所采④,以广视听;若效而不已,则髡祖而入室⑤,旃、孟之石交乎⑥!

　　[注释]①周:合,适合。　②搏髀(音 bì):拍击其股,以表示赞叹或惋惜。忭:音 biàn,高兴。　③"譬九流"句:《汉书·艺文志》列诸子流派十家,"小说"为第十,而称"其可观者,九家而已"。　④稗官:小官。　⑤髡:指淳于髡。祖:露臂。髡祖而入室,谓与淳于髡成为朋友。　⑥旃:指优旃。孟:指优孟,石交:谓交谊坚固的朋友。

　　赞曰:古之嘲隐,振危释惫①。虽有丝麻,无弃菅蒯②。会义适时③,颇益讽诫;空戏滑稽,德音大坏。

　　[注释]①振:救。释:消除。　②菅蒯(音 kuǎi):茅草之类。　③会义适时:谓运用得当。

史传第十六

开辟草昧①,岁纪绵邈②,居今识古,其载籍乎③!轩辕之世④,史有仓颉⑤,主文之职,其来久矣。《曲礼》曰⑥:"史载笔⑦。"左右⑧。史者,使也。执笔左右,使之记也。

[注释]①草昧:天地初开时的混沌状态,蒙昧。 ②绵邈:长久,悠远。 ③载籍:书籍,典籍。 ④轩辕:黄帝,传说中的古代帝王。 ⑤史:史官。仓颉:传为黄帝时的史官,汉字的创造者。 ⑥《曲礼》:《礼记》中的一篇。 ⑦载笔:携带文具以记录王事。 ⑧左右:疑为衍文。明杨升庵批点曹学佺评《文心雕龙》无此二字。

古者,左史记事者①,右史记言者②。言经则《尚书》,事经则《春秋》。唐虞流于典谟③,商夏被于诰誓④。自周命维新⑤,姬公定法⑥,䌷三正以班历⑦,贯四时以联事⑧。诸侯建邦,各有国史,"彰善瘅恶,树之风声"⑨。

[注释]①记事者:宋本《太平御览》引作"记言"。 ②记言者:宋本《太平御览》引作"书事"。 ③唐虞:唐尧与虞舜的并称,指尧舜时代。典谟:指《尚书》中的《尧典》、《皋陶谟》等。 ④商夏:即夏商。诰誓:指《尚书》中的

《甘誓》、《汤诰》等。　⑤周命维新:《诗·大雅·文王》:"周虽旧邦,其命维新。"　⑥姬公:指周公,姓姬名旦,周武王之弟。　⑦紬:音 chōu,抽引,缀缉。三正:指夏、商、周三代的历法。正,正月。班历:颁布历书。　⑧贯:经历,经过。联事:相连记事。　⑨"彰善"二句:语出《尚书·毕命》。瘅:音 dàn,憎恨。风声:教化,好的风气。

自平王微弱①,政不及雅②,宪章散紊③,"彝伦攸斁"④。昔者夫子闵王道之缺⑤,伤斯文之坠⑥;静居以叹凤⑦,临衢而泣麟⑧。于是就太师以正《雅》、《颂》⑨,因鲁史以修《春秋》⑩;举得失以表黜陟⑪,征存亡以标劝戒⑫。褒见一字,贵逾轩冕⑬;贬在片言,诛深斧钺⑭。然睿旨存亡幽隐⑮,经文婉约⑯,丘明同时⑰,实得微言⑱,乃"原始要终"⑲,创为传体。传者,转也;转受经旨,以授于后:实圣文之羽翮⑳,记籍之冠冕也。

[注释]①平王:周平王,周幽王之子。东周自平王始。　②政不及雅:《诗经》有《大雅》、《小雅》,乃王政所出;东周衰弱,地位如同诸侯,号令难行天下,亦不复有雅诗。此谓东周衰微之势。　③宪章:典章制度,引申为法度。散紊:散乱。　④彝伦攸斁:语出《尚书·洪范》。彝伦:常理,常道。攸:助词。斁:音 dù,败坏。　⑤夫子:孔子。闵:忧虑,担心。　⑥伤斯文:《论语·子罕》载,孔子曾有"天之将丧斯文也"之叹。斯文:指周代的礼乐文化。　⑦叹凤:《论语·子罕》:"子曰:凤鸟不至,河不出图,吾已矣夫!"　⑧临衢而泣麟:《孔丛子·记问》载,鲁人打柴时捕获一只怪兽,弃之五父衢,孔子认出是麒麟,哭曰:"麟出而死,吾道穷矣!"　⑨太师:乐官的首领。　⑩"因鲁史"句:根据鲁国的史书写成《春秋》。　⑪黜陟(音 zhì):指人才的进退、官吏的升降。　⑫征:验证。标:表明。　⑬逾:超过。轩冕:古时大夫以上官员的车乘和冕服,代指官位爵禄。　⑭钺:音 yuè,似斧的兵器。　⑮睿旨:指圣人的意旨。存亡:疑为衍文。宋本《太平御览》无此二字。　⑯婉约:简

约。　⑰丘明:指左丘明,相传为《左传》作者。　⑱微言:精深微妙的言辞。⑲原始要终:语出《周易·系辞下》,指全面探究事物发展的始末。　⑳羽翮:翅膀,喻辅佐。翮:音 hé,鸟羽之茎。

及至从横之世①,史职犹存。秦并七王,而战国有《策》②;盖录而弗叙③,故即简而为名也④。汉灭嬴、项⑤,武功积年;陆贾稽古⑥,作《楚汉春秋》⑦。

[注释]①从:音 zòng,同纵,合纵。横:连横。从横之世:指战国时期。当时苏秦主张东方六国联合抗秦,是谓"合纵";张仪主张六国与秦国和解,是谓"连横"。　②《策》:指《战国策》。　③叙:编次。　④简:竹简,简策。⑤嬴:秦王之姓。项:项羽。　⑥陆贾:西汉初年文人。稽:查考。⑦《楚汉春秋》:《汉书·艺文志》载,陆贾有《楚汉春秋》九篇,已佚。

爰及太史谈①,世惟执简②;子长继志③,甄序帝勣④。比尧称典⑤,则位杂中贤⑥;法孔题经⑦,则文非元圣⑧。故取式《吕览》⑨,通号曰"纪"。纪纲之号,亦宏称也⑩。故"本纪"以述皇王⑪,"列传"以总侯伯⑫,"八书"以铺政体⑬,"十表"以谱年爵⑭;虽殊古式,而得事序焉⑮。尔其实录无隐之旨,博雅弘辩之才,爱奇反经之尤⑯,条例踳落之失⑰,叔皮论之详矣⑱。

[注释]①爰:助词。太史:官名,掌记载史事、起草文书及天文历法等,秦汉曰太史令。谈:指司马谈,司马迁之父,汉武帝时为太史令。　②执简,手持简册,指担任史官职务。　③子长:司马迁之字。　④甄序:分别叙述。勣:音 jī,同"绩",功业。　⑤比尧称典:意谓与《尚书·尧典》一样也称为"典"。　⑥位杂中贤:谓后世帝王并非都是圣贤而可比尧舜。中贤:指一般的贤人。　⑦孔:孔子。经:指《春秋》。　⑧元圣:大圣人,指孔子。

⑨《吕览》：即《吕氏春秋》，其中有十二纪、八览、六论。 ⑩宏称：宏大的称谓。 ⑪本纪：《史记》有十二本纪，记述帝王事迹。 ⑫列传：《史记》有七十列传，记述各方面重要人物。侯伯：侯爵与伯爵，泛指诸侯。《史记》有三十世家，记述诸侯王事迹。彦和限于骈文格式，不提"世家"，乃以"列传"总括之。 ⑬八书：《史记》有《礼书》、《乐书》等八书。铺：陈列。政体：为政的要领。 ⑭十表：《史记》中有《三代世表》、《十二诸侯年表》等十表。谱：编录。爵：爵位，官位。 ⑮事序：事情的条理、秩序。 ⑯反经：违反儒家经典。尤：过失。 ⑰踳落：错谬杂乱。踳：音chuǎn，乖背，错乱。 ⑱叔皮：班彪之字，《后汉书·班彪传》载其《史记论》。

及班固述《汉》①，因循前业，观司马迁之辞②，思实过半③。其"十志"该富④，"赞"、"序"弘丽⑤，儒雅彬彬⑥，信有遗味⑦。至于宗经矩圣之典⑧，端绪丰赡之功⑨，遗亲攘美之罪⑩，征贿鬻笔之愆⑪，公理辨之究矣⑫。

[注释]①《汉》：指《汉书》。 ②司马迁：宋本《太平御览》引作"史迁"，即司马迁，其曾为太史令。 ③思实过半：谓受益良多。 ④十志：《汉书》有《律历志》、《礼乐志》等十志。该富：详备丰富。 ⑤赞：明，《汉书》纪、传之末有"赞"，综述作者之见。序：《汉书》表、志之前常有序文，全书末有《叙传》。弘丽：宏伟华丽。 ⑥彬彬：文质兼备之貌。 ⑦遗味：此谓有前代遗风。 ⑧矩：谓效法。 ⑨端绪：头绪。丰赡：丰富，充足。 ⑩遗亲攘美：指班固埋没父亲班彪为《汉书》所作的贡献。攘美：掠美。 ⑪征贿鬻笔：班固作《汉书》，传有受贿赂之事。愆，音qiān，罪过，过失。 ⑫公理：仲长统之字，汉末学者，有《昌言》。究：详尽。

观夫《左氏》缀事①，附经间出②，于文为约，而氏族难明③。及史迁各传，人始区详而易览④，述者宗焉⑤。及孝惠委机⑥，吕后摄政⑦，班、史立纪⑧，违经失实。何则？庖牺以来⑨,未闻女帝者也;汉运所值⑩,难为后法。"牝鸡无晨"⑪,武王首誓⑫;妇无与国⑬,齐桓著盟⑭。宣后乱秦⑮,吕氏危汉,岂唯政事难假⑯,亦名号宜慎矣。

[注释]①左氏:指《左传》,全名《春秋左氏传》,或称《左氏春秋》。缀:连缀,组织。 ②附经间出:指配合《春秋》,间或记事。 ③氏族:指重要历史人物。 ④区详:区分详明。 ⑤述者:指后继作者。宗:谓推尊而效法之。 ⑥孝惠:指西汉惠帝刘盈。委机:抛弃国事。 ⑦吕后:指汉高祖刘邦的皇后吕雉。摄政:代理执政。 ⑧班:指班固。史:指史迁,即司马迁。立纪:《汉书》有《高后纪》,《史记》有《吕后本纪》。 ⑨庖牺:即伏羲,传说中的三皇之一。 ⑩值:遇到,碰上。 ⑪牝鸡无晨:语出《尚书·牧誓》。牝:音 pìn,鸟兽之雌性。无晨:不晨鸣。 ⑫武王:指周武王。誓:告诫、约束将士的言辞,《尚书》之一体。 ⑬与:参与。 ⑭齐桓:指春秋时的齐桓公,其与诸侯的盟约中有"毋使妇人与国事"之句。 ⑮宣后:宣太后,秦昭王之母,曾于昭王年幼之时理政。 ⑯假:指代理执政。

张衡司史①,而惑同迁、固②,元帝王后③,欲为立纪④,谬亦甚矣。寻子弘虽伪⑤,要当孝惠之嗣⑥;孺子诚微⑦,实继平帝之体⑧:二子可纪,何有于二后哉⑨?

[注释]①司史:张衡曾主持《东观汉记》的补缀工作。 ②迁、固:司马迁、班固。 ③元帝王后:汉元帝皇后王政君,曾临朝听政。 ④欲为立纪:《后汉书·张衡传》载,张衡曾上书主张"宜为元后本纪"。 ⑤寻:考索,探求。子弘:汉惠帝之子刘弘,吕后临政时曾被立为帝。伪:谓刘弘乃作为惠帝张皇后所出,实则不然。 ⑥要当:自当,应当。 ⑦孺子:指刘婴,汉宣帝玄孙,平帝死后被立为皇太子,号"孺子",时年两岁。 ⑧体:承宗继祖的系统,血统。 ⑨二后:指汉高祖吕后和汉元帝王后。

至于后汉纪传,发源东观①。袁、张所制②,偏驳不伦③；薛、谢之作④，疏谬少信。若司马彪之详实⑤，华峤之准当⑥，则其冠也。

[注释]①东观：东汉王朝藏书和编修史书之地。 ②袁：指袁山松，东晋文人，曾著《后汉书》。张：指张莹，东晋文人，曾著《后汉南记》。 ③驳：杂乱。 ④薛：指薛莹，三国时吴国文人，曾著《后汉记》。谢：指谢承，吴国文人，曾著《后汉书》。 ⑤司马彪：字绍统，西晋文人，曾著《续汉书》。 ⑥华峤：字叔骏，西晋文人，曾著《后汉书》。

及魏代三雄①，记传互出②。《阳秋》、《魏略》之属③，《江表》、《吴录》之类④，或激抗难征⑤，或疏阔寡要⑥；唯陈寿《三志》⑦，文质辨洽⑧，荀、张比之于迁、固⑨，非妄誉也。

[注释]①三雄：指魏、蜀、吴三国。 ②互出：并出，交互出现。 ③《阳秋》：指东晋孙盛的《魏氏春秋》，亦称《魏阳秋》，已佚。《魏略》：魏国鱼豢著，已佚。 ④《江表》：指西晋虞溥的《江表传》，已佚。《吴录》：西晋张勃著，已佚。 ⑤激抗：偏激而主观。征：证验。 ⑥疏阔：粗疏，不周密。 ⑦陈寿：字承祚，西晋史学家。《三志》：即《三国志》。 ⑧辨洽：明辨博洽。 ⑨荀：指荀勖，西晋文人。张：指张华。《华阳国志·后贤志》曾谓二人深爱《三国志》，并以为班固、史迁"不足方也"。

至于晋代之书，繁乎著作①。陆机肇始而未备②，王韶续末而不终③。干宝述《纪》④，以审正得序⑤；孙盛《阳秋》⑥，以约举为能。按《春秋》经传，举例发凡⑦；自《史》、《汉》以下，莫有准的。至邓璨《晋纪》⑧，始立条例。又摆落汉魏⑨，宪章殷周，虽湘川曲学⑩，亦有心典谟。及安国立例⑪，乃邓氏之规焉⑫。

[注释]①繁:元至正本作"系",归属。著作:即著作郎,官名,掌编纂国史。 ②陆机:字士衡,曾著《晋纪》,已佚。肇始:发端,开始。 ③王韶:即王韶之,字休泰,南朝宋代文人,曾著《晋纪》,已佚。续末:指续写东晋末年历史。 ④干宝:字令升,东晋史学家、小说家,曾著《晋纪》,已佚。 ⑤审正:精审而正确。 ⑥《阳秋》:指《晋阳秋》,已佚。 ⑦举例发凡:指揭示要旨或体例。 ⑧邓璨:宋本《太平御览》引作"邓粲",东晋文人,其《晋纪》已佚。 ⑨摆落:撇开,摆脱。 ⑩湘川:湘水,代指邓粲,他是长沙人。曲学:囿于一隅之学。 ⑪安国:孙盛之字。 ⑫邓氏:指邓粲。

原夫载籍之作也,必贯乎百氏①,被之千载②,表征盛衰,殷鉴兴废③。使一代之制,共日月而长存;王霸之迹④,并天地而久大。是以在汉之初,史职为盛:郡国文计⑤,先集太史之府,欲其详悉于体国⑥;必阅石室⑦,启金匮⑧,抽裂帛⑨,检残竹⑩,欲其博练于稽古也⑪。是立义选言,宜依经以树则;劝戒与夺⑫,必附圣以居宗⑬。然后诠评昭整⑭,苛滥不作矣⑮。

[注释]①百氏,指诸子百家。 ②被:及,延及。 ③殷鉴:原指殷人子孙应以夏之灭亡为鉴戒,后泛指可作借鉴的往事。 ④王霸:王业与霸业。 ⑤郡国:郡和国。汉初兼用郡县制和分封制,郡县和诸侯国并存。此泛指全国各地政权。文计:文书、账目等。 ⑥体国:指国家的创建与治理。王应麟《玉海》引作"体国也"。 ⑦石室:古代收藏图书档案处。 ⑧金匮:铜制的柜,用以收藏文献或文物。 ⑨裂帛:指古代的书籍。 ⑩残竹:指残存的古代典籍。 ⑪博练:渊博练达。稽古:考察古事。 ⑫与夺:取舍。 ⑬宗:主体,根本。 ⑭诠评:即铨评,评议。按:通行本《文心雕龙》全文有两个"诠"字,一为"诠赋"之"诠",唐写本作"铨",一为此处;按照刘勰的用语习惯,此处疑原作"铨"。昭整:明确完整。 ⑮苛滥:过严或过宽,谓铨评不当。

然纪传为式,编年缀事;文非泛论,按实而书。岁远则同异难密①,事积则起讫易疏②,斯固总会之为难也③。或有同归一事,而数人分功④,两记则失于复重,偏举则病于不周,此又铨配之未易也⑤。故张衡摘史、班之舛滥⑥,傅玄讥《后汉》之尤烦⑦,皆此类也。

[注释]①密:合,符合。 ②讫:止,完结。 ③总会:综合汇总。 ④数人分功:即功归数人,谓涉及多人。 ⑤铨配:权衡调度,统筹安排。 ⑥"张衡"句:《后汉书·张衡传》载,张衡曾上疏指摘司马迁、班固史书中的十多处错误。摘:指摘,责备。舛滥:谬误失实。 ⑦傅玄:字休奕,西晋作家。《后汉》:指《东观汉记》。傅玄对《东观汉记》之评已不详。

若夫追述远代,代远多伪。公羊高云"传闻异辞"①,荀况称录远略近②,盖文疑则阙③,贵信史也。然俗皆爱奇,莫顾实理。传闻而欲伟其事,录远而欲详其迹。于是弃同即异,穿凿傍说④,旧史所无,我书则传。此讹滥之本源⑤,而述远之巨蠹也⑥。

[注释]①公羊高:战国时齐国人,传为《公羊传》作者。传闻异辞:语出《公羊传·隐公元年》。 ②荀况:战国时思想家。录远略近:疑原作"略远录近",盖涉下文"录远"句而误。《荀子·非相》:"传者久则论略,近则论详。" ③阙:空缺。 ④穿凿:谓牵强附会。傍说:犹小道消息。 ⑤讹滥:错乱失实。 ⑥蠹:音 dù,蛀虫。

至于记编同时,时同多诡①;虽定、哀微辞②,而世情利害。勋荣之家,虽庸夫而尽饰;迍败之士③,虽令德而常嗤④。理欲吹霜煦露⑤,寒暑笔端⑥,此又同时之枉⑦,可为叹息者也!故述远则诬矫如彼⑧,记近则回邪如此⑨;

析理居正,唯素臣乎⑩!

[注释]①诡:欺诈,假冒。 ②定、哀:鲁定公、鲁哀公,与孔子同时的鲁国国君。微辞:委婉而隐含讽谕的言辞。孔子作《春秋》,于定、哀多有"微辞"。 ③迍:音zhūn,困顿。 ④令德:美德。嗤:讥笑。 ⑤理欲:疑为衍文。宋本《太平御览》无此二字。吹霜煦露:指随意褒贬。煦,音xǔ,吹。 ⑥寒暑:喻冷暖。 ⑦枉:歪曲。 ⑧诬矫:虚假不实。 ⑨回邪:邪曲不正。 ⑩素臣:元至正本作"素心",谓纯洁的心地。

若乃尊贤隐讳,固尼父之圣旨①,盖纤瑕不能玷瑾瑜也②;奸慝惩戒③,实良史之直笔,农夫见莠④,其必锄也。若斯之科⑤,亦万代一准焉。

[注释]①尼父:孔子之尊称。圣旨:《公羊传·闵公元年》:"《春秋》为尊者讳,为亲者讳,为贤者讳。" ②纤瑕:微小的瑕疵。玷:玷污,污辱。瑾瑜:美玉。 ③慝:音tè,邪恶。 ④莠:草名,似谷,俗名狗尾草。 ⑤科:类。

至于寻繁领杂之术①,务信弃奇之要,明白头讫之序,品酌事例之条②,晓其大纲,则众理可贯。

[注释]①寻繁领杂:谓举要治繁。 ②品酌:评量斟酌。条:编排。

然史之为任,乃弥纶一代①;负海内之责,而赢是非之尤②;秉笔荷担③,莫此之劳。迁、固通矣,而历诋后世④;若任情失正,文其殆哉⑤!

[注释]①弥纶:综括,贯通。 ②赢:旧本多为"嬴",担负。尤:责备。 ③秉:执,持。荷:肩负,扛。 ④诋:毁谤。 ⑤殆:危险。

19. 赞曰:史肇轩黄①,体备周、孔②。世历斯编③,善恶偕总④。腾褒裁贬⑤,万古魂动⑥。辞宗邱明⑦,直归南、董⑧。

[注释]①史:指史官。轩黄:即轩辕黄帝。 ②体:指史书之体制。周、孔:周公、孔子。 ③世历斯编:谓世事所历汇编于此。 ④偕:俱,同。 ⑤腾褒裁贬:犹扬善惩恶。 ⑥万古魂动:谓千秋万载,仍使人惊心动魄。 ⑦邱:元至正本作"丘"。 ⑧南:指春秋时齐国的南史氏。董:指春秋时晋国史官董狐。二人以秉笔直书著称。

诸子第十七

诸子者,入道见志之书①。太上立德②,其次立言。百姓之群居,苦纷杂而莫显;君子之处世,疾名德之不章③。唯英才特达④,则炳曜垂文⑤,腾其姓氏⑥,悬诸日月焉。昔风后、力牧、伊尹⑦,咸其流也⑧。篇述者⑨,盖上古遗语,而战伐所记者也⑩。

[注释]①入道:宋王应麟《玉海》引作"述道"。见:音 xiàn,表现。②"太上立德"二句:《左传·襄公二十四年》:"大上有立德,其次有立功,其次有立言。"大上:即太上,最上,最高。 ③章:表彰,显扬。 ④特达:特出,突出。 ⑤炳曜:文采焕发。 ⑥腾:传扬,传播。 ⑦风后、力牧:相传为黄帝之臣。伊尹:商汤之臣。 ⑧咸:皆,都。 ⑨篇述:《汉书·艺文志》列有《风后》、《力牧》、《伊尹》等篇。 ⑩战伐:元至正本作"战代",即战国时期。

至鬻熊知道①,而文王谘询②;余文遗事,录为《鬻子》。子目肇始,莫先于兹。及伯阳识礼③,而仲尼访问④;爰序《道德》⑤,以冠百氏⑥。然则鬻惟文友⑦,李实孔师⑧;圣贤并世⑨,而经子异流矣⑩。

[注释]①鬻熊:楚国的先祖,传为周文王之师。 ②文王:周文王。谘:

商议,征询。　③伯阳:传为老子之字。　④仲尼:孔子之字。访问:相传孔子曾问礼于老子。　⑤爰:于是。序:同"叙",叙述。《道德》:指《道德经》。⑥百氏:指诸子百家。　⑦文:指周文王。　⑧李:指老子,姓李,名耳。⑨圣:指周文王和孔子。贤:指鬻熊和老子。并世:同时代。　⑩经子:经书和子书。

逮及七国力政①,俊乂蜂起②。孟轲膺儒以磬折③,庄周述道以翱翔④;墨翟执俭确之教⑤,尹文课名实之符⑥;野老治国于地利⑦,驺子养政于天文⑧;申、商刀锯以制理⑨,鬼谷唇吻以策勋⑩;尸佼兼总于杂术⑪,青史曲缀以街谈⑫。承流而枝附者⑬,不可胜算:并飞辩以驰术⑭,餍禄而余荣矣⑮。

[注释]①逮及:至。力政:犹力征,谓以武力征伐。　②俊乂:才德出众的人。乂,音 yì,才德出众。蜂起:像群蜂飞舞,纷然并起。　③孟轲:即孟子,战国时鲁国思想家。膺:服膺,信奉。磬:音 qìng,古代打击乐器,状如曲尺。磬折,弯腰如磬状,表示谦恭。　④庄周:即庄子,战国时楚国思想家。⑤墨翟:即墨子,战国时鲁国思想家。确:不丰厚,匮乏。　⑥尹文:战国时齐国学者。课:查核,考查。　⑦野老:战国时的隐者,年老居田野,与民并耕,故称。属农家。　⑧驺子:即驺衍,战国时齐国学者,属阴阳家。　⑨申:指申不害,战国时韩昭侯之相。商:指商鞅,战国时秦孝公之相。二人属法家。刀锯:刀和锯,古代刑具,代指刑罚。　⑩鬼谷:即鬼谷子,因隐居于鬼谷而得名,相传为苏秦、张仪之师。属纵横家。唇吻:嘴唇,指口才。策勋:记功勋于策书之上。　⑪尸佼:传为商鞅之师,属杂家。　⑫青史:传为晋国史官董狐之后裔,属小说家。曲缀:详细记录。以:宋王应麟《玉海》引作"于"。⑬枝附:如枝叶依附于根干,谓依附。　⑭飞辩:谓发挥口才,高谈阔论。术:道术,谓各家学说。　⑮餍:音 yàn,吃饱,满足。餍禄,谓享厚禄。

暨于暴秦烈火①,势炎崐冈②;而烟燎之毒③,不及诸子。逮汉成留思④,子政雠校⑤,于是《七略》芬菲⑥,九流鳞萃⑦,杀青所编⑧,百有八十余家矣。迄至魏晋,作者间出⑨,谰言兼存⑩,琐语必录,类聚而求,亦充箱照轸矣⑪。

[注释]①暨:至,到。 ②崐冈:即昆仑山。《尚书·胤征》:"火炎崐冈,玉石俱焚。" ③烟燎:指焚烧。 ④汉成:指汉成帝。留思:留心,留意。 ⑤子政:刘向之字。雠:音 chóu,校勘,校对。 ⑥《七略》:我国最早的图书分类目录著作,由刘向创编,其子刘歆撰成。芬菲:花草茂盛貌,此喻《七略》所列述的众多著作。 ⑦九流:先秦的九个学术流派,此谓诸子之著作。鳞萃:犹鳞集。 ⑧杀青:竹简制作程序之一,泛指定稿。 ⑨间:间或。 ⑩谰言:诬妄之言,无稽之谈。 ⑪轸:音 zhěn,车后横木。

然繁辞虽积,而本体易总①:述道言治,枝条五经②;其纯粹者入矩③,踳驳者出规④。《礼记·月令》,取乎《吕氏》之纪⑤;《三年问》丧⑥,写乎《荀子》之书:此纯粹之类也。若乃汤之问棘⑦,云蚊睫有雷霆之声⑧;惠施对梁王⑨,云蜗角有伏尸之战⑩;《列子》有移山跨海之谈⑪,《淮南》有倾天折地之说⑫:此踳驳之类也。是以世疾诸⑬,混洞虚诞⑭。按《归藏》之经⑮,大明迂怪⑯,乃称羿毙十日⑰,嫦娥奔月⑱。殷汤如兹⑲,况诸子乎!

[注释]①本体:主体。 ②枝条:谓附属。 ③矩:法度,常规。 ④踳(音 chuǎn)驳:杂乱。 ⑤《吕氏》:指《吕氏春秋》,其十二月之"纪"为《礼记·月令》之本。 ⑥《三年问》:《礼记》之一篇,其与《荀子·礼论》中关于三年之丧的部分相同。 ⑦棘:亦称夏革,传为商汤时的贤人。 ⑧"蚊睫"句:事载《列子·汤问》。蚊睫:蚊虫的眼睫毛,喻极小之处。雷霆:震雷,霹雳。 ⑨惠施:战国时梁国之相。梁王:梁惠王,即战国时的魏惠王,因迁都

大梁(今河南开封),故称。 ⑩"蜗角"句:事载《庄子·则阳》。蜗角:蜗牛的触角,喻微小之地。伏尸:谓杀人致死。 ⑪《列子》:传为战国时列御寇撰。移山跨海:移动高山,跨越大海,事载《列子·汤问》。 ⑫《淮南》:指《淮南子》,西汉淮南王刘安及其门客所编。倾天折地:天倾斜而地塌陷,事载《淮南子·天文训》。 ⑬诸:清王谟《读书引》引作"诸子"。 ⑭混洞:杂乱空洞。虚诞:虚妄荒诞。 ⑮《归藏》:三《易》之一,传为黄帝所作。 ⑯迁怪:神怪。 ⑰羿:传为古代善射者。 ⑱嫦娥:传为羿妻。 ⑲殷汤:指商代。《归藏》为商代所传之《易》。

　　至如商、韩①,"六虱"、"五蠹"②,弃孝废仁;轘药之祸③,非虚至也。公孙之"白马"、"孤犊"④,辞巧理拙;魏牟比之鸮鸟⑤,非妄贬也。昔东平求诸子、《史记》⑥,而汉朝不与;盖以《史记》多兵谋,而诸子杂诡术也。然洽闻之士⑦,宜撮纲要⑧;览华而食实⑨,弃邪而采正。极睇参差⑩,亦学家之壮观也。

　　[**注释**]①商:指商鞅,战国时秦国人,有《商君书》。韩:指韩非,战国末韩国人,有《韩非子》。二人为法家。 ②虱:虱子,喻弊害。《商君书·靳令》谓礼乐、诗书、孝弟、仁义等为"六虱"。蠹:音dù,蛀虫,喻祸国害民之人。《韩非子·五蠹》谓学者、言谈者、带剑者等为"五蠹"。 ③轘药之祸:商鞅遭秦惠王车裂,韩非饮药而死。轘,音huàn,车裂之酷刑。 ④公孙:指公孙龙,战国时赵国人,有《公孙龙子》。属名家。白马、孤犊:《列子·仲尼》载公孙龙曰:"白马非马,孤犊未尝有母。"犊,小牛。 ⑤魏牟:魏国的公子牟。鸮:音xiāo,鸟名,即猫头鹰,古人认为是恶声之鸟。 ⑥东平:汉宣帝四子刘宇,封东平王。其求诸子、《史记》,事载《汉书·宣元六王传》。 ⑦洽闻:多闻博识。 ⑧撮:摘取,摄取。 ⑨览华:犹《辨骚》之"玩华"。 ⑩极睇:竭尽目力看,极力注视。睇:音tì,视,望。参差:纷纭繁杂,谓各派学说。

研夫孟、荀所述①,理懿而辞雅②;管、晏属篇③,事核而言练。列御寇之书④,气伟而采奇;邹子之说⑤,心奢而辞壮⑥。墨翟、随巢⑦,意显而语质;尸佼、尉缭⑧,术通而文钝⑨。鹖冠绵绵⑩,亟发深言⑪;鬼谷眇眇⑫,每环奥义⑬。情辨以泽⑭,文子擅其能⑮;辞约而精,尹文得其要。慎到析密理之巧⑯,韩非著博喻之富⑰;吕氏鉴远而体周⑱,淮南泛采而文丽⑲。斯则得百氏之华采,而辞气文之大略也⑳。

[注释]①孟:孟轲。荀:荀况。 ②懿:深。 ③管:管仲,春秋时齐国政治家,有《管子》。晏:晏婴,春秋时齐国大夫,有《晏子》,亦称《晏子春秋》。 ④列御寇之书:指《列子》。 ⑤邹子:即驺子。 ⑥奢:矜夸。 ⑦随巢:墨子的弟子,有《随巢子》。 ⑧尉缭:战国时魏国人,有《尉缭子》,属杂家。 ⑨钝:形容文辞质朴。 ⑩鹖(音 hé)冠:周代楚人,以鹖鸟之羽为冠,故名。有《鹖冠子》,属道家。绵绵:安静貌。 ⑪亟:音 qì,屡次。 ⑫眇眇:幽远。 ⑬环:围绕,谓多有。 ⑭辨:明。 ⑮文子:老子之弟子,有《文子》,属道家。 ⑯慎到:战国时赵国人,有《慎子》,属法家。 ⑰博喻:广泛地运用比喻。 ⑱鉴:审辨力。体:风格。 ⑲泛采:即博采众家。 ⑳辞气:文辞气力,指作品。文:疑为衍文。

若夫陆贾《典语》①,贾谊《新书》,扬雄《法言》,刘向《说苑》,王符《潜夫》②,崔寔《政论》③,仲长《昌言》④,杜夷《幽求》⑤:或叙经典,或明政术,虽标论名,归乎诸子。何者?博明万事为子⑥,适辨一理为论⑦;彼皆蔓延杂说⑧,故入诸子之流。

[注释]①陆贾:西汉初年学者,有《新语》。 ②王符:字节信,号潜夫,东汉中期学者。《潜夫》:即《潜夫论》。 ③崔寔:字子真,东汉末年学者。

④仲长:即仲长统,字公理,东汉末年学者。 ⑤杜夷:字行齐,东晋初年学者。《幽求》:即《幽求子》。 ⑥博明:全面阐明。 ⑦适:通"啻",仅仅。 ⑧蔓延:如蔓草滋生不断,引申为延伸、扩展。

　　夫自六国以前,去圣未远,故能越世高谈①,自开户牖②。两汉以后,体势漫弱③,虽"明乎坦途"④,而类多依采⑤,此远近之渐变也。嗟夫!身与时舛⑥,志共道申⑦;标心于万古之上⑧,而送怀于千载之下;金石靡矣⑨,声其销乎⑩?

　　[注释]①越世:超越当世。 ②户牖:门窗,喻学术上的门户、流派。③体势:谓总的发展趋势。 ④明乎坦途:语出《庄子·秋水》。坦途,谓自开户牖。 ⑤依:依傍。采:采择。 ⑥舛:相违背。 ⑦申:申明,表达。⑧标心:表明意愿。 ⑨靡:无,没有。 ⑩销:消散。

　　赞曰:丈夫处世,怀宝挺秀①;辩雕万物②,智周宇宙③。立德何隐,含道必授。条流殊述④,若有区囿⑤。

　　[注释]①怀宝:怀才。挺秀:秀异出众。 ②辩雕:谓以华美的辞藻雕琢、论辩。辨:通"辩"。 ③宇宙:四方上下曰宇,古往今来曰宙,喻天地。④条流:指流派。述:著述。 ⑤区囿:界限,范围。

论说第十八

圣哲彝训曰经①,述经叙理曰论。论者,伦也②;伦理无爽③,则圣意不坠④。昔仲尼微言⑤,门人追记,故仰其经目⑥,称为《论语》。盖群论立名,始于兹矣。自《论语》已前,经无"论"字;《六韬》二论⑦,后人追题乎?

[注释]①彝:常,常规。 ②伦:道理,义理。 ③爽:差失,不合。 ④坠:失。 ⑤仲尼:孔子之字。微言:精深微妙的言辞。 ⑥仰:宋本《太平御览》引作"抑",阻止。抑其经目,即不敢称为经,表示谦退。 ⑦《六韬》:兵书,传为周代吕望著。二论:指《六韬》的《霸典文论》和《文师武论》。

详观论体,条流多品①:陈政则与议、说合契②,释经则与传、注参体③,辨史则与赞、评齐行,铨文则与叙、引共纪④。故议者宜言⑤,说者说语⑥,传者转师⑦,注者主解,赞者明意,评者平理⑧,序者次事⑨,引者胤辞⑩:八名区分,一揆宗论⑪。论也者,弥纶群言⑫,而研精一理者也。

[注释]①条流:流派。 ②合契:相符合,相一致。 ③传:解说,注释。参体:谓体例相近。 ④铨:鉴别,评说。叙:序,序言。引:指引言,如序而稍短。纪:法则,准则。 ⑤宜:合适,适当。 ⑥说:音yuè,同"悦"。 ⑦转

师:转述师说。　⑧平理:评断。　⑨次事:排比事理。　⑩胤辞:就原作加以引申的文词。胤,延续。　⑪揆:音 kuí,道理,准则。　⑫弥纶:综括,贯通。

是以庄周《齐物》①,以论为名;不韦《春秋》②,"六论"昭列③。至石渠论艺④,白虎通讲聚⑤,述圣言通经⑥,论家之正体也。及班彪《王命》⑦,严尤《三将》⑧,敷述昭情⑨,善入史体。魏之初霸⑩,术兼名法⑪。傅嘏、王粲⑫,校练名理⑬。迄至正始⑭,务欲守文⑮;何晏之徒⑯,始盛玄论⑰。于是聃、周当路⑱,与尼父争涂矣⑲。

[注释]①庄周:庄子。《齐物》:即《庄子》的《齐物论》。　②不韦:指吕不韦,战国时秦国之相。《春秋》:指《吕氏春秋》。　③六论:《吕氏春秋》有《开春论》、《慎行论》等"六论"。昭:明。　④石渠:即石渠阁,西汉皇室藏书之处。论艺:汉宣帝曾与诸儒于石渠阁讲论五经。艺:六艺,指《诗》、《书》、《礼》、《易》、《乐》、《春秋》等六经,后《乐经》失传,只有五经。　⑤白虎:即白虎观,汉代宫观名。通讲聚:宋本《太平御览》无"通"字。东汉章帝曾召官吏及诸儒会白虎观,讲议五经同异。　⑥述圣言:宋本《太平御览》无"言"字。　⑦《王命》:即《王命论》。　⑧严尤:本姓庄,字伯石,汉代王莽时将领。《三将》:即《三将军论》,已佚。　⑨敷述:铺叙,陈述。　⑩初霸:谓初建王霸之业。　⑪名法:指名家和法家的学说。　⑫傅嘏(音 gǔ):字兰石,三国时魏国文人。　⑬校练:犹考核。　⑭正始:三国魏齐王曹芳年号(240—249 年)。　⑮守文:遵循先王法度,此谓写作上承继前人。　⑯何晏:字平叔,三国时魏国学者。　⑰玄论:玄远之论,以探讨《老子》、《庄子》和《周易》为主。　⑱聃:音 dān,老子之名。周:庄子之名。　⑲尼父:孔子尊称。涂:道路。

详观兰石之《才性》①,仲宣之《去代》②,叔夜之《辨声》③,太初之《本元》④,辅嗣之《两例》⑤,平叔之二论⑥,并师心独见,锋颖精密⑦,盖人伦之英也⑧。至如李康《运命》⑨,同《论衡》而过之⑩;陆机《辨亡》⑪,效《过秦》而不及⑫:然亦其美矣。

[注释]①《才性》:指傅嘏的《才性论》,已佚。 ②去代:宋本《太平御览》引作"去伐",指王粲的《去伐论》,已佚。 ③叔夜:嵇康之字。《辨声》:指嵇康的《声无哀乐论》。 ④太初:夏侯玄之字,三国时魏国文人。《本元》:已佚。 ⑤辅嗣:王弼之字,三国时魏国学者。《两例》:指《易略例》,旧分上下两篇。 ⑥《二论》:指何晏的《道德论》,或谓《道论》、《德论》。 ⑦锋颖:锋利,此喻立论。 ⑧人伦:宋本《太平御览》引作"论"。 ⑨李康:字萧远,三国时魏国文人。《运命》:指《运命论》。 ⑩《论衡》:东汉王充著,其中多篇论及命运问题。 ⑪《辨亡》:指《辨亡论》。 ⑫《过秦》:指西汉贾谊的《过秦论》。

次及宋岱、郭象①,锐思于几神之区②;夷甫、裴𬱖③,交辨于有无之域④:并独步当时,流声后代。然滞有者,全系于形用;贵无者,专守于寂寥⑤。徒锐偏解⑥,莫诣正理⑦;动极神源⑧,其般若之绝境乎⑨?

[注释]①宋岱:晋人,曾任荆州刺史,有《周易论》,已佚。郭象:字子玄,西晋学者,有《庄子注》。 ②锐思:思维敏锐。几神:元至正本作"机神",微妙。 ③夷甫:王衍之字,西晋文人。裴𬱖(音wěi):字逸民,西晋思想家,有《崇有论》。 ④交辨:互相辩论,争论。 ⑤寂寥:无声无形。《老子》:"寂兮寥兮。" ⑥锐:突出。 ⑦诣:到达。 ⑧动极:探究到底。神源:神理之源,即根本之理。 ⑨般若:音bō rě,佛教术语,谓理解一切事物的智慧。绝境:谓"非有非无,非实非虚"的至高境界。

逮江左群谈①,惟玄是务;虽有日新,而多抽前绪矣②。至如张衡《讥世》③,韵似俳说④;孔融《孝廉》⑤,但谈嘲戏;曹植《辨道》⑥,体同书抄⑦。言不持正⑧,论如其已⑨。

[注释]①江左:指东晋。　②前绪:前代余绪。　③《讥世》:指《讥世论》,已佚。　④韵:风韵,指文风。俳:指表演杂戏的人。　⑤《孝廉》:指《孝廉论》,已佚。　⑥《辨道》:指《辨道论》。　⑦体:主体,此谓作品本身。⑧言不持正:元至正本作"才不持论",谓不具备论辩之才。　⑨论:明王惟俭《文心雕龙训故》作"宁"。已:止。

原夫论之为体,所以辨正然否①。穷于有数②,追于无形③,钻坚求通④,钩深取极⑤;乃百虑之筌蹄⑥,万事之权衡也⑦。故其义贵圆通⑧,辞忌枝碎。必使心与理合,弥缝莫见其隙⑨;辞共心密,敌人不知所乘:斯其要也。

[注释]①辨正然否:谓分清是非。　②有数:指具体的表象。　③无形:指抽象的事理。　④钻坚:"钻之弥坚"之省称,谓深入思考。　⑤钩深:探索深奥之理。　⑥筌:捕鱼竹器。蹄:捕兔之网。筌蹄,喻达到目的的手段或工具。　⑦权衡:称量器具,喻评判工具或手段。　⑧圆通:佛教语,不偏不倚,无所滞碍。　⑨弥缝:缝合,此谓论述严密。隙:空隙,漏洞。

是以论如析薪①,贵能破理②。斤利者③,越理而横断;辞辨者④,反义而取通⑤:览文虽巧,而检迹如妄⑥。唯君子能通天下之志⑦,安可以曲论哉⑧?

[注释]①析薪:劈柴。　②理:指木柴的纹理。　③斤:斧子。　④辨:通"辩",指巧于言辞。　⑤反义而取通:违反事理却仍要曲为之解,谓强词夺理。　⑥检迹:考察实际。如:宋本《太平御览》引作"知"。　⑦"唯君子"句:《易·同人·象》:"唯君子为能通天下之志。"　⑧曲论:歪曲事实之论,

狡辩。

若夫注释为词①,解散论体,杂文虽异②,总会是同③。若秦延君之注"尧典"④,十余万字;朱普之解《尚书》⑤,三十万言:所以通人恶烦⑥,羞学章句⑦。若毛公之训《诗》⑧,安国之传《书》⑨,郑君之释《礼》⑩,王弼之解《易》,要约明畅⑪,可为式矣⑫。

[注释]①"注释为词"二句:谓注释文字乃是分散之论。 ②杂文:谓掺杂于正文之中。 ③总会是同:谓注释文字汇总起来仍是完整之论。 ④秦延君:名恭,西汉学者。尧典:《尚书》有《尧典》篇,此谓作为篇名的"尧典"二字。 ⑤朱普:字公文,西汉学者。 ⑥通人:博览古今者。 ⑦章句:剖章析句,经学家解说经义的一种方式。 ⑧毛公:指毛亨,西汉学者,曾注解《诗经》。 ⑨安国:指孔安国,字子国,西汉学者,曾给《尚书》作注。 ⑩郑君:指郑玄,字康成,东汉经学家,曾注"三礼"。 ⑪要约:简练。 ⑫式:法式,模范。

说者,悦也。兑为口舌①,故言咨悦怿②;过悦必伪,故舜惊谗说③。说之善者,伊尹以论味隆殷④,太公以辨钓兴周⑤;及烛武行而纾郑⑥,端木出而存鲁⑦,亦其美也。

[注释]①兑:《周易》六十四卦之一。《易·兑·彖》:"兑,说也。"《周易·说卦》:"兑……为口舌。" ②咨:明王惟俭《文心雕龙训故》作"资",凭借。怿:喜悦。 ③舜惊谗说:《尚书·舜典》载,舜憎恶谗言,因为它们会使人受惊。 ④伊尹:名挚,商汤之相。论味:《吕氏春秋·本味》载,伊尹曾以烹饪滋味为喻,启发商汤治国之道。 ⑤太公:即吕望,一名尚,周代开国功臣。辨钓:吕望曾以垂钓之理,启发周文王治国之术。 ⑥烛武:即烛之武,春秋时郑国大夫。曾为郑文公所派,说服秦穆公退军并与郑国结盟。纾郑:解除郑国的危难。 ⑦端木:指子贡,姓端木,名赐,孔子学生。存鲁:春秋时

齐国田常伐鲁,子贡说服他转攻吴国,保全了鲁国。

暨战国争雄,辨士云踊①;从横参谋②,长短角势③。《转丸》骋其巧辞④,《飞钳》伏其精术⑤。一人之辨,重于九鼎之宝⑥;三寸之舌,强于百万之师。"六印磊落"以佩⑦,五都隐赈而封⑧。

[注释]①辨士:能言善辩之士,游说之士。辨,通"辩"。云踊:即云涌。 ②从横:参见《史传》注。 ③长短:高下优劣,此谓众说纷纭。角势:谓比较形势之优劣。 ④《转丸》:《鬼谷子》之一篇,已佚。 ⑤《飞钳》:《鬼谷子》之一篇。 ⑥九鼎:传为夏禹所铸,寓意九州,乃象征国家政权的传国之宝。此喻分量之重。 ⑦六印磊落:语出蔡邕《释诲》。六印:六国相印,苏秦曾佩之。磊落:众多委积貌。 ⑧五都:五处都邑,张仪曾得秦惠王此封。隐赈:即殷赈,富足。

至汉定秦、楚,辨士弭节①。郦君既毙于齐镬②,蒯子几入乎汉鼎③。虽复陆贾籍甚④,张释傅会⑤,杜钦文辨⑥,楼护唇舌⑦;颉颃万乘之阶⑧,抵噓公卿之席⑨,并顺风以托势,莫能逆波而溯洄矣⑩。

[注释]①弭节:停止不前。弭:止,息。节:车行的节度。 ②郦君:指郦食其,汉初说客,为齐王田广所烹杀。镬:音 huò,无足鼎,古时亦用为烹人的刑器。 ③蒯子:指蒯通,汉初辩士,险为刘邦所杀。 ④陆贾:汉初辩士。籍甚:盛大,盛多。 ⑤张释:即张释之,字季,西汉文帝时官吏。傅会:谓谈古以论今。 ⑥杜钦:字子夏,西汉大将军王凤之幕僚,有《说王凤》等文。文辨:即文辩,能文善辩。 ⑦楼护:字君卿,西汉末年辩士。唇舌:谓能言善辩。 ⑧颉颃:鸟飞上下的样子,此谓活跃。万乘:指帝王。 ⑨抵噓:辩说,戏谈。公卿:三公九卿的简称,泛指高官。 ⑩溯洄:逆流而上。

夫说贵抚会①,弛张相随;不专缓颊②,亦在刀笔③。范雎之言事④,李斯之止逐客⑤,并烦情入机⑥,动言中务⑦;虽批逆鳞⑧,而功成计合,此上书之善说也。至于邹阳之说吴、梁⑨,喻巧而理至,故虽危而无咎矣⑩;敬通之说鲍、邓⑪,事缓而文繁,所以历骋而罕遇也⑫。

[注释]①抚会:犹切合时机。 ②缓颊:谓婉言陈说。 ③刀笔:古代书写工具,借指文章。 ④范雎:字叔,战国时辩士,曾上书秦昭王而得重用。 ⑤李斯:秦代政治家,曾以《谏逐客书》阻止秦始皇驱逐外来政客。 ⑥烦情:疑原为"顺情"。入机:谓言语投机。 ⑦中务:切中时务。 ⑧批逆鳞:传说龙喉下有逆鳞,触之必怒而杀人。此喻臣下触犯君主。批,触。 ⑨邹阳:西汉作家。吴、梁:指吴王刘濞和梁孝王刘武。汉景帝时,邹阳为吴王门客,曾上书阻其谋反;后转为梁孝王门客,受谗而下狱,遂于狱中上书自明,终为上宾。 ⑩咎:灾祸。 ⑪敬通:冯衍之字,东汉初年作家。鲍、邓:指鲍永和邓禹,均为东汉初将军,冯衍于其有陈政言事之词。 ⑫历骋而罕遇:谓屡次上书进言而少有成功。

凡说之枢要①,必使时利而义贞②;进有契于成务③,退无阻于荣身。自非谲敌④,则唯忠与信;披肝胆以献主⑤,飞文敏以济辞⑥,此说之本也。而陆氏直称"说炜晔以谲诳"⑦,何哉?

[注释]①枢要:关键,纲领。 ②贞:正。 ③契:合,投合。成务:成就事业。 ④谲:诡诈,欺诳。 ⑤披肝胆:谓以真诚相见。 ⑥文敏:博学聪敏。济:成。 ⑦陆氏:指陆机。说炜晔以谲诳:语出《文赋》,原文"以"作"而"。炜晔:谓文辞明丽晓畅。

赞曰:理形于言,叙理成论。词深人天①,致远方寸②。阴阳莫贰③,鬼神靡遁④。说尔飞钳⑤,呼吸沮劝⑥。

[注释]①人天:人间与天上,人道与天道。 ②致远:达于远方。方寸:心。 ③阴阳:天地之道。贰:怀疑。 ④靡:无。遁:隐避。 ⑤飞钳:辩论之术,谓紧抓要害之语。钳:夹,夹取。 ⑥呼吸:一呼一吸、顷刻之间,喻轻而易举。沮劝:谓阻止恶行,勉励善事。

诏策第十九

皇帝御宇①,其言也神②;渊嘿黼扆③,而响盈四表④,其唯诏策乎⑤!昔轩辕唐虞⑥,同称为"命";"命"之为义,制性之本也⑦。其在三代⑧,事兼诰誓⑨;誓以训戎⑩,诰以敷政⑪。命喻自天⑫,故授官锡胤⑬。《易》之《姤·象》⑭:"后以施命诰四方⑮。"诰命动民,若天下之有风矣。

[注释]①御宇:统治天下。 ②神:神圣。 ③渊嘿:深沉静默。嘿:音mò,同"默"。黼扆:音fǔ yǐ,古代帝王座后的屏风,上有斧形花纹。 ④四表:指四方极远之地,泛指天下。 ⑤诏策:诏书。 ⑥轩辕:指黄帝,传说中的古代帝王。唐虞:唐尧与虞舜。 ⑦制性:谓掌握命运。 ⑧三代:指夏、商、周。 ⑨诰:告诫,劝勉。誓:告诫、约束将士之辞。 ⑩戎:军队。⑪敷:施予,施行。 ⑫喻:说明。 ⑬锡胤:即赐姓。锡,赐予。胤,后嗣。⑭姤:音gòu,《易》之卦名,遇。 ⑮后:国君。

降及七国①,并称曰"令②";令者③,使也。秦并天下,改"命"曰"制"④。汉初定仪则⑤,则命有四品⑥:一曰策书,二曰制书,三曰诏书,四曰戒敕⑦。"敕"戒州部⑧,"诏"诰百官⑨,"制"施赦命⑩,"策"封王侯。策者,简也⑪;制者,裁也;诏者,告也;敕者,正也。《诗》云"畏此简书"⑫,《易》称"君子以制度数"⑬,《礼》称"明君之诏"⑭,《书》称"敕天之命"⑮,并本经典以立名目。远诏近命⑯,习秦制也。

[注释]①七国:即秦、楚、燕、齐、韩、赵、魏七国,指战国时期。 ②令:宋本《太平御览》引作"命"。 ③令:宋本《太平御览》引作"命"。 ④改命曰制:事载《史记·秦始皇本纪》。 ⑤仪则:宋本《太平御览》无"则"字。仪,法度。 ⑥则命有:宋本《太平御览》无"命"字。 ⑦敕:皇帝的命令。 ⑧州部:宋本《太平御览》引作"州郡"。 ⑨诰:宋本《太平御览》引作"告"。 ⑩赦:宽免罪过,减免租赋。命:宋本《太平御览》引作"令"。 ⑪简:竹简。 ⑫畏此简书:语出《诗·小雅·出车》。 ⑬"君子"句:语出《易·节·象》。度数:元至正本作"数度",数量节度。 ⑭明君之诏:《周礼·秋官司寇》有"北面诏明神"之说,则"明君"或原为"明神",对神之尊称。 ⑮敕天之命:语出《尚书·益稷》,即正天之命。 ⑯远诏近命:谓于远者当书之简册,用"诏";于近者可以面谕,用"命"。

《记》称"丝纶"①,所以应接群后②。虞重纳言③,周贵喉舌④;故两汉诏诰,职在尚书⑤。王言之大,动入史策,"其出如綍",不反若汗⑥。是以淮南有英才⑦,武帝使相如视草⑧;陇右多文士⑨,光武加意于书辞⑩:岂直取美当时⑪,亦敬慎来叶矣⑫。

[注释]①《记》:指《礼记》。丝纶:《礼记·缁衣》:"王言如丝,其出如纶;王言如纶,其出如綍。"纶:粗丝线。綍:音fú,大绳。纶粗于丝,綍粗于纶,谓帝王之语往往被格外重视。 ②群后:诸侯、大臣。 ③纳言:古代官名,听下言纳于上,受上言宣于下。 ④喉舌:谓喉舌之官,即"纳言",以"喉舌"喻其重要性。 ⑤尚书:官名,秦汉时主要掌管帝王文书。 ⑥不反若汗:谓号令如汗,汗出而不能返回。 ⑦淮南:指西汉淮南王刘安。 ⑧武帝:指汉

武帝刘彻。相如:指司马相如。视草:审阅准备发给刘安之书信的草稿。⑨陇右:即陇西,今甘肃陇山以西地区。 ⑩光武:指东汉光武帝刘秀。加意:注重,特别注意。 ⑪岂直:难道只是,何止。 ⑫敬慎:恭敬谨慎。来叶:来世,后世。

观文景以前①,诏体浮新②;武帝崇儒,选言弘奥③。策封三王④,文同"训"、"典"⑤;劝戒渊雅⑥,垂范后代。及制诏严助⑦,即云"厌承明庐"⑧,盖宠才之恩也⑨。孝宣玺书⑩,赐太守陈遂⑪,亦故旧之厚也。

[注释]①文景:指西汉文帝刘恒和景帝刘启。 ②浮新:宋本《太平御览》引作"浮杂",谓浮浅而不规范。 ③选言:择言,措辞。弘奥:广博而深奥。 ④三王:指西汉之齐王刘闳、燕王刘旦、广陵王刘胥。 ⑤"训"、"典":指《尚书》之《伊训》、《尧典》等。 ⑥渊雅:深远雅正。 ⑦严助:西汉文人。 ⑧承明庐:汉代侍臣值宿之所。汉武帝曾批评严助"厌承明之庐",即不愿在朝内做官。 ⑨宠才之恩:严助要求出任会稽太守,汉武帝因爱其才而遂其所愿。 ⑩孝宣:指汉宣帝刘询。玺:印,秦以后专指帝王之印。玺书,即诏书。 ⑪赐太守:王惟俭《文心雕龙训故》作"责博士",孙诒让《札迻》疑当作"责博于"。陈遂:字长子,西汉人,乃汉宣帝昔日赌友;宣帝即位后,令其为太原太守,并赐诏戏云:官尊禄厚,就算偿还赌债吧。

逮光武拨乱①,留意斯文②,而造次喜怒③,时或偏滥④。诏赐邓禹⑤,称司徒为尧⑥;敕责侯霸⑦,称"黄钺一下"⑧:若斯之类,实乖宪章⑨。暨明帝崇学⑩,雅诏间出⑪。安和政弛⑫,礼阁鲜才⑬,每为诏敕,假手外请。建安之末⑭,文理代兴⑮。潘勖《九锡》⑯,典雅逸群⑰;卫觊《禅诰》⑱,符命炳耀⑲:弗可加已。

[注释]①拨乱:治理乱政。 ②斯文:指学术文化。 ③造次:轻率,随便。 ④滥:过分。 ⑤邓禹:字仲华,东汉初年将领。 ⑥司徒:官名,汉哀帝时改丞相为大司徒,与大司马、大司空并列"三公",东汉时改称司徒。邓禹曾为大司徒。 ⑦侯霸:字君房,东汉初年大臣。 ⑧黄钺一下:《后汉书·冯勤传》载,侯霸因荐人而致光武帝不满,其赐霸玺书曰:"黄钺一下无处所。"即欲杀之。黄钺:金饰的大斧。 ⑨乖:违背。宪章:法度。 ⑩明帝:宋本《太平御览》引作"明章",指东汉明帝刘庄和章帝刘炟。崇学:指重视儒学。 ⑪间:间或。 ⑫安和:宋本《太平御览》引作"和安",指东汉和帝刘肇、安帝刘祐。弛:松懈。 ⑬礼阁:指尚书省,又称礼闱。 ⑭建安:东汉献帝刘协年号。 ⑮文理:文辞义理,谓文章。代兴:更迭兴起。 ⑯《九锡》:指《册魏公九锡文》。九锡,帝王赐给有功之臣的九种器物。 ⑰逸群:超群,出众。 ⑱卫觊:字伯儒,三国魏人。《禅诰》:指《为汉帝禅位魏王诏》等。 ⑲符命:宋本《太平御览》引作"符采"。炳耀:昭著。弗:宋本《太平御览》引作"不"。已:宋本《太平御览》引作"也"。

　　自魏晋诰策,职在中书①。刘放、张华②,互管斯任③;施命发号④,洋洋盈耳⑤。魏文帝下诏⑥,辞义多伟。至于"作威作福"⑦,其万虑之一弊乎⑧!晋氏中兴⑨,唯明帝崇才⑩,以温峤文清,故引入中书。自斯以后,体宪风流矣⑪。

[注释]①中书:官名,即中书令,掌传宣诏令。 ②刘放:字子弃,三国魏人。 ③互管:宋本《太平御览》引作"管于"。 ④施命:宋本《太平御览》引作"施令"。 ⑤洋洋:形容声音响亮。 ⑥魏文帝:即曹丕。 ⑦作威作福:曹丕诏征南将军夏侯尚语。 ⑧弊:失误。《三国志·魏书·蒋济传》载,蒋济谓"作威作福"乃"亡国之语",曹丕接受了这一意见。 ⑨晋氏中兴:指晋元帝司马睿建立东晋王朝。 ⑩明帝:东晋明帝司马绍。 ⑪体宪:体制法度。风流:谓流传。

夫王言崇秘①,"大观在上"②,所以百辟其刑③,万邦作孚④。故授官选贤,则义炳重离之辉⑤;优文封策⑥,则气含风雨之润⑦;敕戒恒诰⑧,则笔吐星汉之华⑨;治戎燮伐⑩,则声有洊雷之威⑪;"眚灾肆赦"⑫,则文有春露之滋⑬;明罚敕法⑭,则辞有秋霜之烈⑮:此诏策之大略也。

[注释]①崇秘:崇高而神圣。　②大观在上:语出《易·观·象》,谓居于高位而为人所仰。　③百辟:诸侯。刑:效法。　④孚:信服。　⑤炳:明。重离:指太阳。　⑥优文:褒奖的文告。　⑦气:文气,气势。　⑧恒诰:经常之告诫。　⑨星汉:银河,形容文采灿然。　⑩治戎:作战,治军。燮伐:协同征伐。　⑪洊雷:相继而作的雷。洊,音 jiàn,重,再度。　⑫眚灾肆赦:语出《尚书·舜典》。眚灾:因过失而造成灾害。眚:音 shěng,过失。肆赦:犹缓刑,赦免。　⑬滋:润泽,浸染。　⑭明罚:严明的刑罚或处罚。敕法:整饬法令。　⑮烈:严厉,严酷。

戒敕为文,实诏之切者;周穆命"郊父受敕宪"①,此其事也。魏武称②:作敕戒当指事而语,勿得依违③,晓治要矣④。及晋武敕戒⑤,备告百官。敕都督以兵要⑥,戒州牧以董司⑦,警郡守以恤隐⑧,勒牙门以御卫⑨:有"训"、"典"焉⑩。

[注释]①周穆:指西周穆王。郊父受敕宪:事载《穆天子传》。郊父,周穆王之臣。敕宪,教令。　②魏武:指魏武帝曹操,其论敕戒语无考。　③依违:谓模棱两可。　④治要:施政之要领。　⑤晋武:指晋武帝司马炎。　⑥都督:军事长官。　⑦州牧:一州之长。董司:监督掌管。　⑧郡守:一郡之长。恤隐:忧念百姓疾苦。　⑨勒:迫使。牙门:指武将。御卫:防护保卫。　⑩有"训"、"典":谓有《尚书》"训"、"典"之风。

戒者,慎也,禹称"戒之用休"①。君、父至尊,在三罔极②。汉高祖之《敕太子》③,东方朔之《戒子》,亦顾命之作也④。及马援已下⑤,各贻家戒⑥。班姬《女戒》⑦,足称"母师"也⑧。

[注释]①戒之用休:语出《尚书·大禹谟》。休:美善。 ②三:指君、父、师。罔极:元至正本作"同极",同一准则。 ③《敕太子》:指刘邦的《手敕太子》。 ④顾命:临终遗命。 ⑤马援:字文渊,东汉初年名将,有《戒兄子严敦书》。 ⑥贻:遗留。 ⑦班姬:一名昭,字惠班,班固之妹,东汉女作家,有《女戒》七篇。 ⑧母师:傅母,女师。

教者,效也,出言而民效也。契敷"五教"①,故王侯称"教"②。昔郑弘之守南阳③,条教为后所述④,乃事绪明也⑤;孔融之守北海⑥,文教丽而罕于理⑦,乃治体乖也⑧。若诸葛孔明之详约⑨,庾稚恭之明断⑩,并理得而辞中⑪,教之善也。

[注释]①契:音 xiè,传为虞舜之司徒。敷:施行。五教:五常之教,即父义、母慈、兄友、弟恭、子孝五种伦理道德的教育。 ②王侯:王爵与侯爵,泛指显贵者。 ③郑弘:字稚卿,西汉人。南阳:今河南南阳附近。 ④条教:法规,教令。 ⑤事绪:事情的条理。 ⑥北海:今山东寿光附近。 ⑦罕于理:宋本《太平御览》引作"罕施"。 ⑧治体:治理法度。 ⑨诸葛孔明:诸葛亮,三国时蜀国政治家。详约:内容周详而辞采简约。 ⑩庾稚恭:名翼,东晋将领。明断:明快而决断。 ⑪中:音 zhòng,符合。

自教以下,则又有命。《诗》云:"有命在天①。"明为重也②。《周礼》曰:"师氏诏王③。"为轻命④。今诏重而命轻者,古今之变也。

[注释]①在天:明杨升庵批点梅庆生音注《文心雕龙》作"自天"。有命自天,语出《诗·大雅·大明》。 ②明:明杨升庵批点梅庆生音注《文心雕龙》作"明命"。 ③师氏诏王:《周礼·地官司徒》:"师氏掌以媺诏王。"师氏,周代官名,掌管贵族教育。媺,音 měi,同"美"。诏:告知。 ④为轻命:明杨升庵批点梅庆生音注《文心雕龙》作"明诏为轻"。

赞曰:皇王施令,寅严宗诰①。我有丝言②,兆民尹好③。辉音峻举④,鸿风远蹈⑤。腾义飞辞,涣其大号⑥。

[注释]①寅严:恭敬庄重。宗:尊重。 ②丝言:指帝王的诏令,即"王言如丝"之意。 ③兆民:百姓。尹:《古今图书集成》引作"伊",是。 ④辉音:光辉的声音,指帝王的诏令。峻举:高扬。 ⑤鸿风:谓巨大的教化作用。远蹈:犹远播。 ⑥涣:盛大。大号:帝王的号令。《易·涣》:"涣汗其大号。"

檄移第二十

　　震雷始于曜电①，出师先乎威声。故观电而惧雷壮，听声而惧兵威。兵先乎声，其来已久。昔有虞始戒于国②，夏后初誓于军③，殷誓军门之外④，周将交刃而誓之⑤。故知帝世戒兵⑥，三王誓师⑦，宣训我众，未及敌人也。至周穆西征⑧，祭公谋父称⑨，古"有威让之令⑩，令有文告之辞⑪"，即檄之本源也⑫。

[注释]①曜：照耀。　②有虞：即有虞氏，古部落名，其首领传为舜。戒于国：《司马法·天子之义》："有虞氏戒于国中，欲民体其命也。"　③夏后：即夏后氏，指夏王朝。誓于军：《司马法·天子之义》："夏后氏誓于军中，欲民先成其虑也。"　④殷：即商代。誓军门：《司马法·天子之义》："殷誓于军门之外，欲民先意以行事也。"　⑤交刃：交锋，交兵。《司马法·天子之义》："周将交刃而誓之，以致民志也。"　⑥帝世：即虞舜时代。　⑦三王：夏、商、周三代帝王。　⑧周穆：指西周穆王。　⑨祭（音 zhài）公谋父：周穆王的卿士，其语见《国语·周语上》。　⑩威让：严厉谴责。　⑪令有：宋本《太平御览》无"令"字。　⑫檄：古代官府用以征召、晓喻、声讨的文书。

　　及春秋征伐①，自诸侯出，惧敌弗服，故兵出须名②。

振此威风,暴彼昏乱③,刘献公之所谓④"告之以文辞,董之以武师⑤"者也。齐桓征楚⑥,诘苞茅之阙⑦;晋厉伐秦⑧,责箕郜之焚⑨。管仲、吕相⑩,奉辞先路⑪:详其意义,即今之檄文。

[注释]①"春秋"二句:《论语·季氏》:"天下无道,则礼乐征伐自诸侯出。" ②名:名义。 ③暴:宋本《太平御览》引作"曝",暴露。 ④刘献公:周景王的卿士。其语见《左传·昭公十三年》。之所谓:宋本《太平御览》无"之"字。 ⑤董:督察,监督。 ⑥齐桓:指齐桓公,春秋五霸之一。 ⑦诘:责问。苞茅:宋本《太平御览》引作"菁茅",一种香草,古代祭祀时用以缩酒。菁茅之阙:《左传·僖公四年》载,齐国管仲曾责备楚成王不进贡"包茅"之失。包茅,即束成捆的菁茅。阙:缺,过失。 ⑧晋厉:指春秋时晋国厉公。 ⑨箕郜之焚:《左传·成公十三年》载,晋国厉公曾命吕相指责秦国"入我河县,焚我箕郜"。箕、郜(音gào),均为当时晋地,在今山西境内。 ⑩管仲:名夷吾,齐桓公时为相。吕相:晋国大夫魏锜之子,因封于吕,故称。 ⑪先路:犹先行。

暨乎战国,始称为檄。檄者,皦也①;宣露于外②,皦然明白也。张仪檄楚③,书以尺二④;明白之文,或称露布⑤,播诸视听也⑥。

[注释]①皦:音jiǎo,清楚明白。 ②宣露:宋本《太平御览》引作"宣布"。 ③张仪:战国魏人,纵横家。 ④尺二:谓一尺二寸长的简牍。 ⑤露布:不缄封的文书。 ⑥"播诸视听也":宋本《太平御览》引作"露布者,盖露板不封,布诸视听也"。露板:檄文或告捷文书。

夫兵以定乱,莫敢自专:天子亲戎①,则称"恭行天罚"②;诸侯御师③,则云"肃将王诛"④。故分阃推毂⑤,

"奉辞伐罪"⑥,非唯"致果为毅"⑦,亦且厉辞为武⑧。使声如冲风所击⑨,气似欃枪所扫⑩;奋其武怒⑪,总其罪人⑫;征其恶稔之时⑬,显其贯盈之数⑭;摇奸宄之胆⑮,订信慎之心⑯。使百尺之冲⑰,摧折于咫书⑱;万雉之城⑲,颠坠于一檄者也。

[注释]①亲戎:指亲自征伐。 ②恭行天罚:《尚书·甘誓》:"今予惟恭行天之罚。"天罚:上天的诛罚,谓禀承天意行事。 ③御师:用兵。 ④肃将王诛:谓敬奉帝王之意加以诛伐。陈琳《檄吴将校部曲文》:"皆我王诛所当先加。" ⑤分阃:授予大权,指出任将帅或封疆大吏。阃,音 kǔn,城郭之门。推毂:推车前进,古代帝王任命将帅之礼。毂,音 gǔ,车轮中心聚集辐条之部件。 ⑥奉辞伐罪:语出《国语·郑语》,谓奉严正之辞而讨有罪之人。 ⑦致果为毅:谓行动果敢坚毅。 ⑧厉辞:猛烈之辞,指檄文。武:兵威。 ⑨冲风:暴风。 ⑩欃(音 chán)枪:即彗星,形似帚,俗称扫帚星。 ⑪武怒:威怒。 ⑫总:聚合,汇集。 ⑬恶稔:谓作恶已满。稔,音 rěn,庄稼成熟。 ⑭贯盈:谓罪恶满盈。数:气数。 ⑮奸宄(音 guǐ):指违法作乱之人。 ⑯订:定。信慎:宋本《太平御览》引作"信顺",谓忠信而顺从。 ⑰冲:攻城之战车。 ⑱咫书:咫尺之书,指檄文。 ⑲雉:古代计算城墙面积的单位,长三丈、高一丈为一雉。

观隗嚣之檄亡新①,布其"三逆"②;文不雕饰,而辞切事明:陇右文士③,得檄之体矣!陈琳之檄豫州④,壮有骨鲠⑤。虽奸阉携养⑥,章密太甚⑦;发邱摸金⑧,诬过其虐⑨;然抗辞书衅⑩,皦然露骨矣⑪。敢指曹公之锋⑫,幸哉免袁党之戮也⑬!钟会檄蜀⑭,征验甚明⑮;桓公檄胡⑯,观衅尤切⑰:并壮笔也。

[注释]①隗嚣:字季孟,东汉初将军。新:王莽的国号。 ②三逆:隗嚣

檄文中所列王莽的三种恶过,即"逆天"、"逆地"、"逆人"。 ③陇右:即陇西,今甘肃省陇山以西地区。 ④陈琳:字孔璋,建安七子之一,有《为袁绍檄豫州》。豫州:汉置州名,东汉时治所在谯(今安徽亳州)。此谓刘备,时为豫州刺史。 ⑤骨鲠:刚直有力。 ⑥奸阉携养:陈琳在檄文中曾骂曹操为"赘阉遗丑"、"乞丐携养"。阉:被阉割的人,指宦官。 ⑦章:明。密:宋本《太平御览》引作"实"。 ⑧发邱:宋本《太平御览》引作"发丘",即盗掘坟墓。丘,坟墓。摸金:谓掠取金宝。 ⑨虐:残暴,凶残。 ⑩抗辞:犹严辞。衅:罪过。 ⑪露骨:宋本《太平御览》引作"曝露",即暴露。 ⑫曹公:即曹操。 ⑬袁:指袁绍,字本初,东汉末年军阀。戮:杀。陈琳初附袁绍,后归曹操;曹重其才,并未追究其曾为袁党之事。 ⑭钟会:字士季,三国时魏国司徒。 ⑮征验:证据,事实根据。 ⑯桓公:宋本《太平御览》引作"桓温",东晋大司马。胡:胡人,此谓石勒,曾建立后赵。 ⑰观衅:窥伺敌人的间隙。切:谓击中。

　　凡檄之大体,或述此休明①,或叙彼苛虐。指天时,审人事,算强弱,角权势;标蓍龟于前验②,悬鞶鉴于已然③。虽本国信,实参兵诈:谲诡以驰旨④,炜晔以腾说⑤。凡此众条,莫或违之者也⑥。

　　[注释]①休:美好。 ②蓍龟:蓍草和龟甲,古代用作占卜之具。 ③鞶鉴:大带上的镜子,喻鉴戒。鞶:音pán,古代男子束衣的革制腰带,常佩玉饰。 ④谲诡:变化多端。 ⑤炜晔:谓文辞明丽晓畅。 ⑥莫或违之:宋本《太平御览》引作"莫之或违"。

　　故其植义飏辞①,务在刚健。插羽以示迅②,不可使辞缓;露板以宣众,不可使义隐。必事昭而理辨③,气盛而辞断④,此其要也。若曲趣密巧⑤,无所取才矣。又州郡征吏⑥,亦称为檄,固明举之义也⑦。

　　[注释]①植义:犹立意。飏辞:犹遣辞。飏:显扬。 ②插羽:插上羽毛,

以示紧急。　③昭:明。辨:明白,清楚。　④断:果断。　⑤曲趣:谓旨趣隐晦曲折。　⑥征:征召。　⑦明举:公开选拔。

　　移者,易也;移风易俗,令往而民随者也。相如之《难蜀老》①,文晓而喻博,有移檄之骨焉②。及刘歆之《移太常》③,辞刚而义辨,文移之首也;陆机之《移百官》④,言约而事显,武移之要者也。

　　[注释]①相如:指司马相如。《难蜀老》:指《难蜀父老》。　②骨:骨体,喻基本特征。　③刘歆:字子骏,西汉末年学者。《移太常》:指《移太常博士》。　④《移百官》:已佚。

　　故檄移为用,事兼文武。其在金革①,则逆党用檄,顺命资移②;所以洗濯民心③,坚同符契④。意用小异,而体义大同;与檄参伍⑤,故不重论也。

　　[注释]①金革:兵器和战衣,借指战争。　②顺命:宋本《太平御览》引作"顺众"。　③濯:洗涤。　④坚同:宋本《太平御览》引作"坚明",明确。符契:符节契约,谓信用。　⑤参伍:错综比较而加以验证。

　　赞曰:三驱弛刚①,九伐先话②。馨鉴吉凶,蓍龟成败。惟压鲸鲵③,抵落蜂虿④。移宝易俗⑤,草偃风迈⑥。

　　[注释]①刚:王惟俭《文心雕龙训故》作"纲",提网的总绳。三驱弛纲,三面驱赶而网开一面。　②九伐先话:即"兵先乎声"。九伐:指九伐之法,制裁诸侯违犯王命的九种办法,说见《周礼·夏官司马》。　③惟:元至正本作"摧"。鲸鲵(音 ní):即鲸。雄曰鲸,雌曰鲵。喻凶恶之敌。　④抵:音 zhǐ,击。虿:音 chài,蝎子一类的毒虫。　⑤宝:何焯校《文心雕龙》改为"实",谓确实。　⑥草偃风迈:即风迈草偃,谓风吹草低。偃,倒伏。

封禅第二十一

夫正位北辰①,向明南面②,所以运天枢、毓黎献者③,何尝不经道纬德④,以勒皇迹者哉⑤!录图曰⑥:"潬潬噅噅⑦,棼棼雉雉⑧,万物尽化⑨。"言至德所被也⑩。丹书曰⑪:"义胜欲则从⑫,欲胜义则凶。"戒慎之至也⑬。则戒慎以崇其德,至德以凝其化⑭;七十有二君⑮,所以封禅矣⑯。

[**注释**]①正位:中正之位。北辰:指北极星。 ②向明:向阳,引申为朝南。南面:面向南而坐,谓居帝王之位。 ③天枢:星名,北斗第一星,喻国家的中央政权。毓:养育。黎:民众,百姓。献:贤者。 ④经道纬德:即经纬道德,谓用力于道德。 ⑤勒:刻。迹:业绩,事迹。 ⑥录图:王惟俭《文心雕龙训故》作"绿图",参见《正纬》注。 ⑦潬潬(音 shàn):宛转貌。噅噅(音 huī):不正貌。 ⑧棼棼(音 fén):扰乱貌。雉雉:杂陈貌。 ⑨化:生长,化育。 ⑩被:及。 ⑪丹书:传为赤雀衔来献给周文王之书。 ⑫"义胜欲"二句:《书纬·帝命验》:"义胜欲者从,欲胜义者凶。"从:谓顺利。 ⑬戒慎:警惕谨慎。 ⑭凝:成。 ⑮七十有二君:谓自古以来到泰山举行封禅典礼的帝王有七十二人。 ⑯封禅:古代帝王祭天地的大典。

昔黄帝神灵①,克膺鸿瑞②,勒功乔岳③,铸鼎荆山④。

大舜巡岳⑤,显乎《虞典》⑥;成康封禅⑦,闻之《乐纬》⑧。及齐桓之霸⑨,爰窥王迹⑩;夷吾谲陈⑪,距以怪物⑫。固知玉牒金镂⑬,专在帝皇也。然则西鹣东鲽⑭,南茅北黍⑮,空谈非征⑯,勋德而已⑰。是史迁"八书⑱",明述封禅者,固禋祀之殊礼⑲,名号之秘祝⑳,祀天之壮观矣。

[注释]①神灵:神异。 ②克:能。膺:承受,接受。鸿瑞:大的祥瑞。③乔岳:高山,谓泰山。 ④铸鼎荆山:《史记·封禅书》载,黄帝封禅泰山后,"采首山铜铸鼎于荆山下"。荆山,在今河南陕县西。 ⑤巡岳:视察泰山。⑥《虞典》:指《尚书·舜典》,其中有虞舜巡视泰山等的记载。 ⑦成康:指西周的成王和康王。 ⑧《乐纬》:《乐》之纬书。 ⑨齐桓:指东周时齐桓公,春秋五霸之一。 ⑩爰:助词。窥:察看。王迹:帝王事迹,谓封禅之事。⑪夷吾:管仲之字。谲:诡诈,欺诳。 ⑫距以怪物:《史记·封禅书》载,管仲反对齐桓公封禅,认为不仅无祥瑞之兆,且多有猫头鹰之类恶鸟出现。距:通"拒",抗拒,违抗。 ⑬玉牒金镂:谓封禅刻石之事。牒,简。镂,刻。 ⑭西鹣(音jiān)东鲽(音dié):西方的比翼鸟和东海的比目鱼,均为管仲所列举的祥瑞之物。 ⑮南茅北黍:南方的茅草和北方的黄米,亦为管仲所列举的祥瑞之物。 ⑯征:证验。 ⑰勋德:功勋与德行。 ⑱是:王惟俭《文心雕龙训故》作"是以"。史迁:即太史公马迁。八书:指《史记》的《礼书》、《乐书》、《律书》、《历书》、《天官书》、《封禅书》、《河渠书》、《平准书》。 ⑲禋(音yīn)祀:古代祭天的典礼。 ⑳名号:明王惟俭《文心雕龙训故》作"铭号",铭刻纪录。

　　秦皇铭岱①,文自李斯;法家辞气②,体乏弘润③,然疏而能壮④,亦彼时之绝采也⑤。

[注释]①秦皇:指秦始皇。岱:泰山。 ②辞气:文辞气力,谓风格。③体:主体,指作品本身。弘润:宏伟圆润。 ④疏:粗略。 ⑤绝采:谓最好的作品。

铺观两汉隆盛①:孝武禅号于肃然②,光武巡封于梁父③;诵德铭勋,乃鸿笔耳。观相如《封禅》④,蔚为唱首⑤。尔其表权舆⑥,序皇王⑦,炳玄符⑧,镜鸿业⑨;驱前古于当今之下,腾休明于列圣之上⑩;歌之以祯瑞⑪,赞之以介邱⑫:绝笔兹文⑬,固维新之作也⑭。

[注释]①铺观:犹纵观,遍观。隆盛:隆重盛大。 ②孝武:指汉武帝刘彻。禅号:封禅铭号,举行封禅之典并刻石纪录。肃然:山名,在泰山旁。 ③光武:指东汉光武帝刘秀。梁父:山名,亦作梁甫,泰山下的小山。 ④相如:指司马相如。《封禅》:指《封禅文》。 ⑤蔚:华美,有文采。 ⑥权舆:起始。 ⑦序:叙述。 ⑧炳:明。玄符:天符,谓上天显示的瑞征。 ⑨镜:照,反映。 ⑩休明:美好清明,谓明君。 ⑪祯:吉祥。 ⑫介邱:元至正本作"介丘",即大山,指泰山。 ⑬绝笔兹文:《封禅文》乃司马相如的绝笔之作。 ⑭维新之作:即所谓"唱首"之作。维,助词。

及光武勒碑,则文自张纯①。首胤"典"、"谟"②,末同祝辞;引钩谶③,叙离乱,计武功,述文德;事核理举,华不足而实有余矣! 凡此二家,并岱宗实迹也④。

[注释]①张纯:字伯仁,东汉初年大司空,有《泰山刻石文》。 ②胤:继承,延续。"典"、"谟":指《尚书》之《尧典》、《皋陶谟》等。 ③钩谶:指纬书和谶语。 ④岱宗:指泰山。古人以其为四岳之宗,故称。

及扬雄《剧秦》①,班固《典引》,事非镌石②,而体因纪禅。观《剧秦》为文,影写长卿③,诡言遁辞④,故兼包神怪;然骨掣靡密⑤,辞贯圆通,自称"极思"⑥,无遗力矣。《典引》所叙,雅有懿乎⑦;历鉴前作,能执厥中⑧;其致义会文⑨,斐然余巧。故称《封禅》丽而不典⑩,《剧秦》典而不实;岂非追观易为明⑪,循势易为力欤⑫?

[**注释**]①《剧秦》:指《剧秦美新》。 ②事非镌石:《剧秦美新》和《典引》非刻石之作。 ③影写:模仿。《剧秦美新》乃模仿司马相如《封禅文》之作。 ④诡言:怪诞不实之言。遹辞:隐约闪烁之辞。 ⑤骨掣:疑为"体制",即结构。靡密:细致精密。 ⑥极思:谓竭尽心思。 ⑦懿乎:疑为"懿采"。懿,美。 ⑧执厥中:即执中,谓持中庸之道,无过与不及。厥,其。 ⑨致义会文:谓思想内容的表现和语言文辞的运用。 ⑩"故称"二句:《典引序》:"相如《封禅》,靡而不典,扬雄《美新》,典而亡实。" ⑪追观:谓观摩前人之作。 ⑫循势:谓遵循体势而写作。

至于邯郸《受命》①,攀响前声,风末力寡②,辑韵成颂③:虽文理颇序④,而不能奋飞。陈思《魏德》⑤,假论客主,问答迂缓,且已千言:劳深勋寡⑥,飙焰缺焉⑦。

[**注释**]①邯郸:指邯郸淳,字子叔,三国时魏国作家。《受命》:指《受命述》。 ②风末力寡:谓风力衰微。 ③辑韵成颂:谓连缀成文。邯郸淳曾自谓"欲谓之颂"云云,彦和顺便为言。 ④序:同"叙",顺。 ⑤陈思:指曹植。《魏德》:指《魏德论》。 ⑥勋:音jì,同"绩",功业。 ⑦飙焰:喻作品的力量。飙,暴风。

兹文为用,盖一代之典章也。搆位之始①,宜明大体:树骨于"训"、"典"之区②,选言于宏富之路;使意古而不晦于深,文今而不坠于浅;义吐光芒,辞成廉锷③,则为伟矣。虽复道极数殚④,终然相袭,而日新其采者,必超前辙焉。

[**注释**]①搆位:谓构思布局。搆:架屋,营造。 ②骨:喻文章主体。"训"、"典":指《尚书》中的《伊训》、《尧典》等。 ③廉:棱角。锷:音è,刀剑

的刃。廉锷,喻锐利的文辞。 ④道极:路之尽头。数:方法。殚:尽。

赞曰:封勒帝勋,对越天休①。逖听高岳②,声英克彪③。树石九旻④,泥金八幽⑤。鸿律蟠采⑥,如龙如虬⑦。

[注释]①对越:犹对扬,答谢、颂扬。天休:天赐福佑。 ②逖:音 tì,远。③声英:犹英名。彪:彰明,显著。 ④九旻(音 mín):即九天,指高空。⑤泥金:水银和金屑调成的封泥,用以封签封禅的文书。此代指封禅。八幽:八方幽远之地。 ⑥鸿律:谓格律宏伟。蟠采:谓文采聚集。蟠,屈曲,盘结。⑦虬:音 qiú,传说中的一种无角龙。

章表第二十二

　　夫设官分职,高卑联事①。天子垂珠以听②,诸侯鸣玉以朝③。"敷奏以言,明试以功。"④故尧咨四岳⑤,舜命八元⑥,固辞再让之请⑦,俞往钦哉之授⑧,并陈辞帝庭⑨,匪假书翰⑩。然则敷奏以言,则章表之义也⑪;明试以功,即授爵之典也⑫。

　　[注释]①联事:联合处理事务。　②垂珠:珠串下垂,谓帝王之冕冠。听:指听政,受理政事。　③鸣玉:腰间佩玉相击发声。　④"敷奏"二句:语出《尚书·舜典》。敷奏:陈奏,向君上报告。明试:明白考验。　⑤咨:征询,商议。四岳:传为古代四方诸侯之长。　⑥八元:传为高辛氏的八个才子。元,善。　⑦固辞再让:坚决辞谢、一再退让,谓臣下对帝王任命之谦。⑧俞:犹然,表示肯定、应允。钦:敬佩。　⑨帝庭:宫廷,朝廷。　⑩匪:非。假:凭借,依靠。书翰:文字,书信。　⑪则:宋本《太平御览》引作"即"。章表:奏章、奏表,古代臣属向帝王进言陈事的文书。　⑫授爵:授予爵位。典:典礼,仪节。

　　至太甲既立①,伊尹书诫②;思庸归亳③,又作书以赞④:文翰献替⑤,事斯见矣。周监二代⑥,文理弥盛⑦。

再拜稽首⑧,对扬休命⑨,承文受册⑩,敢当丕显⑪:虽言笔未分⑫,而陈谢可见。

[注释]①太甲:商王,商汤王之孙。 ②伊尹:名挚,商汤王之大臣。书诫:相传商汤王死后,伊挚作《伊训》以教导太甲。 ③庸:众人。归亳:相传太甲即位后,由于昏庸而被伊尹流放至桐(今山西万荣县西),三年后复归于亳。亳,商都,在今河南商丘。 ④作书以赞:《史记·殷本纪》载,太甲居桐三年,悔过向善,伊尹嘉之,乃作《太甲训》三篇。 ⑤文翰:文章,文辞。献替:谓劝善规过。献,进。替,弃。 ⑥周监二代:《论语·八佾》:"周监于二代,郁郁乎文哉,吾从周。"监,通"鉴",借鉴。二代,指夏、商。 ⑦文理:指礼仪。 ⑧稽首:叩头至地的跪拜礼。 ⑨对扬:答谢、颂扬。休:美好。 ⑩承文:承受美意。册:册命,帝王封爵的命令。 ⑪丕显:大明,英明。 ⑫言笔:谓口语和书面语。

　　降及七国①,未变古式;言事于王,皆称上书。秦初定制,改书曰奏。汉定礼仪,则有四品:一曰章,二曰奏,三曰表,四曰议。章以谢恩,奏以按劾②,表以陈请,议以执异③。章者,明也。《诗》云"为章于天"④,谓文明也⑤。其在文物⑥,赤白曰章⑦。表者,标也。《礼》有《表记》,谓德见于仪⑧。其在器式⑨,揆景曰表⑩。章表之目,盖取诸此也。

[注释]①七国:即秦、楚、燕、齐、韩、赵、魏,谓战国时代。 ②按劾:考查核验,查验弹劾。 ③执异:谓持不同主张。 ④为章于天:语出《诗·大雅·棫(音yù)朴》,谓银河成为天上的文章。 ⑤文明:文采鲜明。 ⑥文物:指有文采的事物。 ⑦赤白曰章:《周礼·冬官考工记》:"青与赤谓之文,赤与白谓之章。" ⑧仪:容止仪表。 ⑨器式:指用作标志的器具。 ⑩揆景:测量日影,以定时间或方位。

按《七略》、《艺文》①，谣咏必录；章表奏议，经国之枢机②，然阙而不纂者③，乃各有故事④，而在职司也⑤。前汉表谢，遗篇寡存。及后汉察举⑥，必试章奏。左雄奏议⑦，台阁为式⑧；胡广章奏⑨，"天下第一"⑩：并当时之杰笔也。观伯始谒陵之章⑪，足见其典文之美焉。

[注释]①《七略》：西汉刘歆所编我国第一部图书分类目录。《艺文》：指《汉书·艺文志》，班固以《七略》为基础编成。　②枢机：枢与机，喻事物的关键部分。　③阙：空缺着，没有。　④故事：谓先例，旧日的典章制度。⑤而：宋本《太平御览》引作"布"，分布。职司：主管，执掌。　⑥察举：选拔官吏。　⑦左雄：字伯豪，东汉顺帝时尚书令，有《上疏陈事》等。奏：宋本《太平御览》引作"表"。　⑧台阁：指尚书台，东汉掌管帝王章奏文书的官署。式：楷模。　⑨胡广：字伯始，东汉桓帝时为司空，灵帝时为太傅。⑩天下第一：《后汉书·胡广传》载，安帝以广之章奏为"天下第一"。⑪谒：拜谒。陵：陵墓。

昔晋文受册①，三辞从命，是以汉末让表，以三为断②。曹公称为表不必三让③，又勿得浮华④；所以魏初表章，指事造实；求其靡丽⑤，则未足美矣。

[注释]①晋文：指春秋时的晋文公重耳。册：宋本《太平御览》引作"策"。《左传·僖公二十八年》载，周王命晋侯为侯伯，"晋侯三辞从命曰：'重耳敢再拜稽首，奉扬天子之丕显休命。'受策以出。"三辞，三次辞让。②断：限，限度。　③曹公：指曹操。其语不传。　④浮华：讲究表面上的华丽，不务实际。　⑤靡丽：谓文采富丽。

至于文举之荐祢衡①，气扬采飞；孔明之辞后主②，志尽文畅：虽华实异旨，并表之英也。琳、瑀章表③，有誉当时;孔璋称健④,则其标也⑤。陈思之表⑥,独冠群才:观其体赡而律调⑦,辞清而志显;应物掣巧⑧,随变生趣;执辔有余⑨,故能缓急应节矣⑩。

[注释]①文举:孔融之字,有《荐祢衡表》。祢衡:字正平,汉末作家。②孔明:诸葛亮之字,三国时蜀国政治家,有《出师表》。后主:指刘备之子刘禅。 ③琳:陈琳,字孔璋。瑀:阮瑀,字元瑜。二人章表已佚。 ④称健:曹丕《与吴质书》曾谓"孔璋章表殊健"。 ⑤标:榜样,代表。 ⑥陈思:指曹植,有《求自试表》、《求通亲亲表》等多篇。 ⑦体赡:谓体制完备。 ⑧掣:宋本《太平御览》引作"制"。应物制巧:谓随物赋形,技巧圆熟。 ⑨执辔:手持马缰驾车,喻驾驭能力。 ⑩缓急应节:犹张弛有度。节:法度。

逮晋初笔札①,则张华为俊②:其三让公封③,理周辞要;引义比事④,必得其偶⑤;世珍《鹪鹩》⑥,莫顾章表⑦。及羊公之辞开府⑧,有誉于前谈⑨;庾公之让中书⑩,信美于往载⑪:序志显类⑫,有文雅焉。刘琨劝进⑬,张骏自序⑭,文致耿介⑮,并陈事之美表也。

[注释]①笔札:手书的文字,此谓章表。 ②俊:杰出,卓越。 ③三让公封:张华曾封壮武郡公,多次辞让乃受,其让表已佚。 ④引:引申。比事:比拟事类。 ⑤偶:谓丽辞对句。 ⑥《鹪鹩》:指张华的《鹪鹩赋》。鹪鹩,音 jiāo liáo,一种小鸟。 ⑦莫顾:没有注意到。 ⑧羊公:指羊祜(音 hù),字叔子,西晋武帝时为尚书右仆射,有《让开府表》。开府:谓高级官员成立府署,选置僚属。 ⑨有誉前谈:李充《翰林论》曾谓:"羊公之《让开府》,可谓德音矣。" ⑩庾公:指庾亮,字元规,东晋明帝时为中书监,有《让中书令表》。中书监:中书省长官,掌机密。 ⑪载:载籍,此谓章表之作。 ⑫显类:宋本《太平御览》引作"联类",联想类比。 ⑬刘琨:字越石,西晋末年作家,有《劝进表》。 ⑭张骏:字公庭,西晋末据陇西称凉王,有《请讨石虎李期表》。 ⑮耿介:谓光明正大。

原夫章表之为用也,所以对扬王庭,昭明心曲①;既其身文②,且亦国华③。章以造阙④,风矩应明⑤;表以致禁⑥,骨采宜耀⑦:循名课实⑧,以章为本者也⑨。

[注释]①昭明:使显明。心曲:心事。 ②身文:自身的礼仪和言语修养。 ③国华:国中珍品。 ④造:到。阙:宫门外两侧的高台及楼观,借指宫廷。 ⑤风:作品的教化之功。矩:法度,常规。 ⑥禁:帝王宫殿。 ⑦骨:作品的刚健之力。 ⑧循名课实:犹循名责实,按其名而求其实,要求名实相符。 ⑨章:宋本《太平御览》引作"文",文采。

是以章式炳贲①,志在"典"、"谟"②;使要而非略,明而不浅。表体多包③,情伪屡迁④;必雅义以扇其风⑤,清文以驰其丽⑥。然恳恻者辞为心使⑦,浮侈者情为文使⑧。繁约得正⑨,华实相胜,唇吻不滞⑩,则中律矣⑪。子贡云"心以制之"、"言以结之"⑫,盖一辞意也⑬。荀卿以为⑭:观人美辞⑮,丽于黼黻文章,亦可以喻于斯乎⑯?

[注释]①炳贲:谓文采炳焕。贲,音 bì,华美。 ②"典"、"谟":指《尚书》之《尧典》、《皋陶谟》等。 ③包:包藏,包容。 ④情伪:谓真伪。 ⑤雅义以扇其风:谓内容雅正而具有教化之功。扇,鼓动。 ⑥清文以驰其丽:文辞清新而华美。 ⑦恳恻:诚恳痛切。辞为心使:犹为情而造文。 ⑧浮侈:谓华而不实。情为文出:犹为文而造情。文使:宋本《太平御览》引作"文出"。 ⑨得正:犹得当。 ⑩唇吻:此谓声调音律。滞:不通畅。 ⑪中律:合乎法度。 ⑫"心以制之"二句:子贡论订盟之语,载《左传·哀公十二年》,此借指章表写作。 ⑬一辞意:使辞与意相一致。 ⑭荀卿:名况,战国时期思想家。 ⑮"观人"二句:《荀子·非相》:"观人以言,美于黼黻文章。"黼黻,音 fǔ fú,泛指礼服上所绣的华美花纹。 ⑯喻:说明。

赞曰:敷奏绛阙①,献替黼扆②。言必贞明③,义则弘伟。肃恭节文④,条理首尾。君子秉文,辞令有斐⑤。

[注释]①绛阙:赤色的宫阙,借指朝廷。 ②黼扆(音yǐ):古代帝王座后画以斧形花纹的屏风,借指帝王。 ③贞:正。 ④节文:礼仪之辞。 ⑤斐:有文采貌。

奏启第二十三

　　昔唐虞之臣①,敷奏以言②;秦汉之辅③,上书称奏。陈政事,献典仪④,上急变⑤,劾愆谬⑥,总谓之奏。奏者,进也;言敷于下,情进于上也。

　　[注释]①唐虞:唐尧与虞舜。　②敷奏:陈奏,向君上报告。敷,陈述。③辅:辅佐之臣。　④典仪:典礼仪式。　⑤急变:指事关重大的紧要奏疏。⑥劾:弹劾,揭发罪状。愆:音qiān,过失。

　　秦始立奏①,而法家少文。观王绾之奏勋德②,辞质而义近;李斯之奏骊山③,事略而意径④:政无膏润⑤,形于篇章矣。

　　[注释]①秦:秦朝。　②王绾:秦始皇时丞相。奏勋德:秦初,王绾曾与李斯等人共议帝号,称颂秦始皇之功。　③李斯:秦朝丞相,有《上书言治骊山陵》。骊山:秦始皇陵墓所在地,在今陕西省临潼县。　④径:直接。⑤膏润:谓恩泽。

　　自汉以来,奏事或称上疏①;儒雅继踵②,殊采可观。若夫贾谊之务农③,晁错之兵事④,匡衡之定郊⑤,王吉之观礼⑥,温舒之缓狱⑦,谷永之谏仙⑧:理既切至,辞亦通畅⑨,可谓识大体矣⑩。

[注释]①疏:分条陈述之奏章。 ②儒雅:博学的儒生。继踵:接踵,前后相接。踵,脚后跟。 ③务农:指贾谊的《论积贮疏》。 ④晁错:西汉初年文人,曾上书言兵事。事:宋本《太平御览》引作"术"。 ⑤匡衡:字稚圭,西汉元帝时丞相,有《奏徙南北郊》。郊:古帝王祭祀天地。 ⑥王吉:字子阳,西汉宣帝时为谏大夫,曾上疏宣帝"述旧礼,明王制"。观:宋本《太平御览》引作"劝"。 ⑦温舒:姓路,字长君,西汉宣帝时为临淮太守,主张尚德缓刑。 ⑧谷永:字子云,西汉成帝时官至大司农,曾劝说成帝拒绝祭祀方术。 ⑨通畅:宋本《太平御览》引作"通辨",通达明辨。 ⑩大体:谓基本体制。

　　后汉群贤,嘉言罔伏①:杨秉耿介于灾异②,陈蕃愤懑于尺一③,骨鲠得焉④;张衡指摘于史职⑤,蔡邕铨列于朝仪⑥,博雅明焉。

[注释]①罔伏:谓无所藏匿。 ②杨秉:字叔节,东汉桓帝时官至太尉,曾因风灾之事上疏汉桓帝,劝其行事须谨慎。耿介:光明正大。 ③陈蕃:字仲举,东汉桓帝时为太尉,曾上疏桓帝杜绝吏治腐败、贿赂成风问题。尺一:一尺一寸,古时诏板的长度,代指诏书。 ④骨鲠:谓骨气。 ⑤史职:宋本《太平御览》引作"史谶",即史书、图谶。张衡有多篇指摘史书、图谶的疏奏。 ⑥铨列:编列。朝仪:朝廷礼仪。蔡邕曾上疏陈政要七事,多涉朝廷仪法纲纪。

　　魏代名臣,文理迭兴①:若高堂天文②,王观教学③,王朗节省④,甄毅考课⑤,亦尽节而知治矣⑥。晋氏多难⑦,灾屯流移⑧:刘颂殷勤于时务⑨,温峤恳恻于费役⑩,并体国之忠规矣⑪。

[注释]①文理:文辞义理,此谓奏疏。迭兴:相继兴起。 ②高堂:复姓,名隆,字升平,三国魏明帝时官至光禄勋,曾上疏借天象来警告帝王。 ③王观:宋本《太平御览》引作"黄观",三国魏人。教学:黄观有关教学的疏奏已佚。 ④王朗:字景兴,三国时魏国文人,明帝时为司空,曾奏倡节省。 ⑤甄毅:三国魏人,曾任驸马都尉,有关于考核尚书郎的建议。考课:考核官吏,分别等差,决定升降。 ⑥尽节:尽心竭力,保全节操。 ⑦晋氏:指两晋王朝。 ⑧灾屯(音 zhūn):灾难,祸患。流移:流亡,迁移。 ⑨刘颂:字子雅,西晋惠帝时为吏部尚书。他任淮南相时,曾详论当时政务。 ⑩费役:谓耗费民力的劳役。温峤曾上太子疏谏起西池楼观。 ⑪体国:谓体念国家。忠规:忠言规谏。

夫奏之为笔①,固以明允笃诚为本②,辨析疏通为首。强志足以成务,博见足以穷理;酌古御今③,治繁总要:此其体也。

[注释]①笔:与"文"相对而言,指不重音韵彩饰的应用文。 ②明允:严明恰当。 ③酌:斟酌,参考。御:驾驭,控制。

若乃按劾之奏①,所以明宪清国②。昔周之太仆③,"绳愆纠谬"④;秦之御史⑤,职主文法⑥;汉置中丞⑦,总司按劾。故位在鸷击⑧,砥砺其气⑨,必使笔端振风⑩,简上凝霜者也。观孔光之奏董贤⑪,则实其奸回⑫;路粹之奏孔融⑬,则诬其衅恶⑭:名儒之与险士⑮,固殊心焉。若夫傅咸劲直⑯,而按辞坚深⑰;刘隗切正⑱,而劾文阔略⑲:各其志也。

[注释]①按劾:考查核验,查验弹劾。 ②明宪:严明法度。清国:澄清国政。 ③太仆:周代高级官吏,出入王命、纠正过失等。 ④绳愆纠谬:语

出《尚书·冏(音jiǒng)命》。绳：纠正，弹劾。 ⑤之：宋本《太平御览》引作"有"。御史：官名，掌文书及记事等。 ⑥文法：法令条文。 ⑦中丞：即御史中丞，为御史大夫的辅佐官员。 ⑧鸷击：猛烈搏击，喻执法严厉之官职。 ⑨砥砺：磨练，锻炼。 ⑩"笔端振风"二句：西汉崔篆《御史箴》："简上霜凝，笔端风起。" ⑪孔光：字子夏，西汉成帝、哀帝时为丞相。董贤：字圣卿，汉哀帝宠臣。 ⑫奸回：奸恶邪僻。 ⑬路粹：字文蔚，汉末文人。《后汉书·孔融传》载，曹操曾命路粹"枉状奏融"。 ⑭衅恶：犹罪恶。 ⑮名儒：指孔光，其为孔子十四世孙。险士：指路粹。 ⑯傅咸：字长虞，西晋作家。劲直：刚强正直。 ⑰按辞：检举之辞。坚深：犹艰深。 ⑱刘隗(音wěi)：字大连，东晋元帝时为丞相司直。切正：急切率直。 ⑲阔略：粗疏。

后之弹事①，迭相斟酌，惟新日用，而旧准弗差②。然函人欲全③，矢人欲伤④；术在纠恶，势必深峭⑤。《诗》刺谗人⑥，"投畀豺虎"；《礼》疾无礼⑦，方之鹦猩。墨翟非儒⑧，目以豕彘⑨；孟轲讥墨⑩，比诸禽兽。《诗》、《礼》、儒、墨，既其如兹；奏劾严文，孰云能免？

[注释]①弹事：谓弹劾奏章。 ②旧准弗差：谓与原有的准则、格式相差无几。 ③函人：造铠甲的工匠。全：保全。 ④矢人：造箭的工匠。《孟子·公孙丑上》："矢人惟恐不伤人，函人惟恐伤人。" ⑤深峭：严峻苛刻。 ⑥"《诗》刺"二句：《诗·小雅·巷伯》："取彼谮人，投畀豺虎。"谗人，即谮(音zèn)人，谗毁他人的人。畀：音bì，给。 ⑦"《礼》疾"二句：《礼记·曲礼上》："鹦鹉能言，不离飞鸟；猩猩能言，不离禽兽。今人而无礼，虽能言，不亦禽兽之心乎！"疾：厌恶，憎恨。方：比。 ⑧墨翟：战国初思想家，墨家学派的开创者。非儒：反对儒家的主张。 ⑨豕：音shǐ，猪。宋本《太平御览》引作"羊"。彘，音zhì，猪。 ⑩"孟轲"二句：《孟子·滕文公下》："杨氏为我，是无君也；墨氏兼爱，是无父也。无父无君，是禽兽也。"杨氏，指杨朱，战国时期思想家，主张爱己。

是以世人为文①,竞于诋诃②,吹毛取瑕③,次骨为戾④,复似善骂,多失折衷⑤。若能辟礼门以悬规⑥,标义路以植矩⑦,然后逾垣者折肱⑧,捷径者灭趾⑨,何必躁言丑句,诟病为切哉⑩!

[注释]①世人:宋本《太平御览》引作"近世"。 ②诋诃:诋毁,呵责。 ③吹毛取瑕:犹吹毛求疵。瑕,玉上的斑点或裂痕。 ④次骨:浸入骨,形容程度极深。次,至。戾:音lì,暴戾。 ⑤折衷:即折中,合于中庸之道,没有任何偏倚。 ⑥辟:开,打开。礼门:《孟子·万章下》:"夫义,路也;礼,门也。"悬:高挂。规:法度,准则。 ⑦植:树立。矩:法度,常规。 ⑧逾:越。垣:墙。肱:音gōng,手臂。 ⑨捷径:近便的小路,喻不循正轨、投机取巧之举。趾:足指。 ⑩诟病:侮辱,引申为指责或嘲骂。切:宋本《太平御览》引作"巧"。

是以立范运衡①,宜明体要。必使理有典刑②,辞有风轨③;总法家之式④,秉儒家之文⑤。"不畏强御"⑥,气流墨中⑦;"无纵诡随"⑧,声动简外⑨:乃称绝席之雄⑩,直方之举也⑪。

[注释]①立范运衡:谓树立规范,制定标准。衡:准则,标准。 ②典刑:即典型,谓旧法、常规。 ③风轨:教化法度。 ④总:持。式:宋本《太平御览》引作"裁",制裁,约束。 ⑤秉:执,持。文:谓礼节仪式。 ⑥不畏强御:语出《诗·大雅·烝民》。强御:犹强权。 ⑦气流墨中:气势流贯于笔墨之中。 ⑧无纵诡随:语出《诗·大雅·民劳》。诡随:谓假意附和之人。 ⑨声动简外:声势振动于竹简之外。 ⑩绝席:独坐一席,以示尊显。 ⑪直方:公正端方。

启者,开也。高宗云"启乃心,沃朕心"①,取其义也②。孝景讳启③,故两汉无称。至魏国笺记④,始云"启闻";奏事之末,或云"谨启"。自晋来盛启,用兼表奏。陈政言事,既奏之异条⑤;让爵谢恩,亦表之别干⑥。必敛饬入规⑦,促其音节⑧,辨要轻清⑨,文而不侈⑩:亦启之大略也。

[注释]①高宗:指商王武丁。"启乃心"二句:语出《尚书·说命上》。沃:浇灌。　②取:宋本《太平御览》引作"盖"。　③孝景:西汉景帝刘启。讳:避讳。　④笺记:文体名,给长官的书启。　⑤异条:支流。　⑥别干:枝条。　⑦敛:约束,节制。饬:元至正本作"彻",道,轨辙。　⑧促:短,紧缩。⑨辨要:谓论述能抓住要害。辨,通"辩"。轻清:谓简明轻快。　⑩侈:过分。

又表奏确切,号为"谠言"①。谠者,偏也②。王道有偏,乖乎荡荡③;其偏④,故曰"谠言"也。孝成称班伯之"谠言"⑤,贵直也。自汉置八仪⑥,密奏阴阳⑦;皂囊封板⑧,故曰"封事"⑨。晁错受《书》⑩,还上"便宜"⑪。后代便宜,多附封事,慎机密也。夫王臣匪躬⑫,必吐謇谔⑬;事举人存⑭,故无待泛说也。

[注释]①谠(音 dǎng)言:直言,善言。　②偏也:此句疑有脱字,杨明照《文心雕龙校注》云:"疑当作'无偏'。"　③乖:背离,违背。荡荡:广阔博大之貌。　④其偏:诸家校勘皆疑此句有脱字,然所补均有未安。谨按:"其"疑为"不"之误。　⑤孝成:指汉成帝。班伯:班婕妤胞弟,成帝时为中常侍。成帝称赞班伯之语,载于《汉书·叙传》。　⑥八仪:即八名礼仪之士,其善调八音,故《后汉书·礼仪志》谓之"八能之士"。　⑦阴阳:谓天地四时之变。⑧皂囊:黑绸口袋。板:手板,古代官吏上朝时所执的记事板。　⑨封事:密封的奏启。　⑩晁错受《书》:《史记·晁错传》载,晁错曾往济南向伏生学习《尚书》。　⑪便宜:指有利国家、合乎时宜之事,此谓以此为内容的奏启。

⑫王臣匪躬:《易·蹇》:"王臣蹇蹇,匪躬之故。"蹇蹇,忠直貌。匪躬,谓不为自己。 ⑬謇谔:音 jiǎn è,正直之言。 ⑭事举人存:谓有关的人和事,上面已经列举。

　　赞曰:皂饬司直①,肃清风禁②。笔锐干将③,墨含淳酖④。虽有次骨,无或肤浸⑤。献政陈宜,事必胜任。

　　[注释]①皂饬:谓奏启。皂,即上文之"皂囊"。饬,戒饬,指奏启。司直:谓主持正义。 ②风禁:犹风纪,风教纲纪。 ③干将:古良剑名。④淳酖:剧毒的鸩酒。酖,音 zhèn,通"鸩",谓毒酒。 ⑤肤浸:肤受,谓谗言中伤。

议对第二十四

"周爰谘谋"①,是谓为议。议之言宜②,审事宜也。《易》之《节卦》:"君子以制度数,议德行。"③《周书》曰:"议事以制,政乃弗迷。"④议贵节制⑤,经典之体也。

[注释]①周爰咨谋:语出《诗·小雅·皇皇者华》,谓四处咨议。周,遍。爰,于。谘:宋本《太平御览》引作"咨",商议。咨谋,讨论商酌。 ②宜:合适,适当。 ③"君子"二句:语出《易·节·象》,"度数"原文作"数度",犹制度。按《诏策》篇亦有此句引文,元至正本作"数度",故此处疑本作"数度"。 ④"议事"二句:语出《尚书·周官》,"弗迷"原文作"不迷"。按:从现存唐写本诸篇看,彦和多用"不"而少用"弗",故疑此处之"弗"原亦作"不"。 ⑤节制:谓礼仪制度。

昔管仲称,轩辕有"明台之议"①,则其来远矣。洪水之难②,尧咨四岳③;宅揆之举④,舜畴五人⑤。三代所兴,询及刍荛⑥。春秋释宋⑦,鲁桓务议⑧。及赵灵胡服⑨,而季父争论⑩;商鞅变法⑪,而甘龙交辩⑫:虽宪章无算⑬,而同异足观⑭。

[注释]①明台之议:语出《管子·桓公问》。明台,传为黄帝议政之所。

②洪水之难：指尧时洪灾。　③尧咨四岳：事见《尚书·尧典》。四岳：传为古代四方诸侯之长。　④宅揆：宋本《太平御览》引作"百揆"，总理国政之官。⑤畴：通"筹"，筹划。人：宋本《太平御览》引作"臣"。　⑥刍荛（音 ráo）：割草采薪之人。《诗·大雅·板》："先民有言，询于刍荛。"　⑦释宋：宋襄公曾被楚人所执，后被释放。　⑧鲁桓：当为"鲁僖"，参预释放宋襄公之议者为鲁僖公。务议：宋本《太平御览》引作"预议"。　⑨赵灵胡服：战国时赵武灵王曾欲穿胡人衣服。　⑩季父：叔父，此谓赵公子成，曾反对赵武灵王穿胡服。⑪商鞅：姓公孙，名鞅，战国时期政治家，曾在秦国实行变法。⑫甘龙：战国时秦孝公之臣，反对商鞅变法。交辨：互相辩论，争论。　⑬宪章无算：谓上述议论真正成为典章制度的并不多。无算，不成数目，谓很少。　⑭同异：相同与不同，此谓辩论的内容。

　　迄至有汉①，始立驳议。驳者，杂也；杂议不纯，故曰驳也。自两汉文明②，楷式昭备③；蔼蔼多士④，"发言盈庭"⑤。若贾谊之遍代诸生⑥，可谓捷于议也。至如主父之驳挟弓⑦，安国之辨匈奴⑧；贾捐之之陈于朱崖⑨，刘歆之辨于祖宗⑩：虽质文不同⑪，得事要矣。若乃张敏之断轻侮⑫，郭躬之议擅诛⑬；程晓之驳校事⑭，司马芝之议货钱⑮；何曾蠲出女之科⑯，秦秀定贾充之谥⑰：事实允当，可谓达议体矣。

　　[注释]①迄至：至，到。　②文明：谓文章显明。　③楷式：法则，典范。昭备：显著而完备。　④蔼蔼：犹济济。《诗·大雅·卷阿》："蔼蔼王多吉士。"　⑤发言盈庭：语出《诗·小雅·小旻（音 mín）》，原为贬意，此乃赞辞。⑥遍代诸生：指代为诸老先生对答诏令之议，事见《史记·屈原贾生列传》。⑦主父：黄叔琳《文心雕龙辑注》谓"当作吾邱"，指吾丘寿王，字子赣，西汉文人。驳挟弓：《汉书·吾丘寿王传》载，汉武帝时，丞相公孙弘上奏，谓"民不得挟弓弩"，吾丘寿王上议表示反对。　⑧安国：指韩安国，字长孺，西汉武帝

初为御史大夫。辨匈奴：指辩论是否与匈奴和亲事，见《史记·韩长孺列传》。　⑨贾捐之：元至正本作"贾捐"，即贾捐之，字君房，贾谊之曾孙。朱崖：即珠崖，今海南省海口市。汉武帝置此郡后，不断发生叛乱，贾捐之有弃珠崖议。　⑩辨于祖宗：《汉书·韦贤传》载，汉代宗庙越来越多，因有部分毁除之议，刘歆表示反对。　⑪质文：谓内容和形式。　⑫张敏：字伯达，东汉章帝时为尚书。断轻侮：《后汉书·张敏传》载，建初年间，有侮辱人父者，而其子杀之，杀人者得免死刑，后因以为"轻侮法"。张敏反对此法而两度上议。　⑬郭躬：字仲孙，东汉章帝时为廷尉。议擅诛：《后汉书·郭躬传》载，汉明帝时，秦彭为副将随窦固出击匈奴，动辄以法斩人，窦固乃奏其专擅而请诛之。朝臣共议当斩，唯郭躬反对。　⑭程晓：字季明，三国魏人，官至汝南太守。校事：魏置刺探臣民言行之官。因其非法横行，程晓上疏极言其弊而请罢，此官得废。　⑮司马芝：字子华，三国魏人，官至大司农。议货钱：《晋书·食货志》载，黄初二年，魏文帝罢五铢钱，使百姓以谷帛为市，渐至弊端丛生。经司马芝等举朝大议，魏明帝乃更立五铢钱。　⑯何曾：字颖考，魏末为司徒，晋初拜太尉。蠲：音 juān，免除。出女：已嫁之女。科：法律条文。按魏法，重罪之人，其已嫁之女亦同诛。何曾使主簿程咸上议，主张已嫁之妇当从夫家之罚。　⑰秦秀：字玄良，晋武帝时为博士。贾充：字公闾，晋武帝重臣。秦秀以贾充"昏乱纪度"而定其谥号为"荒公"。

　　汉世善驳，则应劭为首①；晋代能议，则傅咸为宗②。然仲瑗博古，而铨贯有叙③；长虞识治④，而属辞枝繁⑤。及陆机《断议》⑥，亦有锋颖⑦；而腴辞弗剪⑧，颇累文骨⑨：亦各有美⑩，风格存焉⑪。

　　[注释]①应劭：字仲远，一作仲瑗，汉末文人。　②宗：宗主，首领。　③铨贯：谓编排连缀。叙：次序。　④识治：通晓治世之道。　⑤属辞：连缀文辞，即为文。枝繁：谓繁琐。　⑥断议：指《晋书限断议》。　⑦锋颖：谓笔锋犀利。　⑧腴辞：宋本《太平御览》引作"腴辞"，指繁冗的文辞。　⑨文骨：谓文章的刚健之力。　⑩各有美：宋本《太平御览》引作"有其美"。

⑪风格:与"文骨"相对,指作品的教化之功。风,风化。格,品格。

夫动先拟议①,"明用稽疑"②,所以敬慎群务,弛张治术③。故其大体所资,必枢纽经典④。采故实于前代⑤,观通变于当今⑥;理不谬摇其枝⑦,字不妄舒其藻⑧。又郊祀必洞于礼⑨,戎事必练于兵⑩,田谷先晓于农⑪,断讼务精于律⑫。然后标以显义⑬,约以正辞⑭。文以辨洁为能⑮,不以繁缛为巧⑯;事以明核为美⑰,不以深隐为奇⑱:此纲领之大要也。

[注释]①动先拟议:《周易·系辞上》:"拟之而后言,议之而后动,拟议以成其变化。"拟议,揣度议论。 ②明用稽疑:语出《尚书·洪范》。稽疑,谓用卜筮决疑。 ③弛张:《礼记·杂记下》:"张而不弛,文武弗能也;弛而不张,文武弗为也;一张一弛,文武之道也。" ④枢纽经典:谓以经典为关键。 ⑤故实:有借鉴意义的旧事。 ⑥通变:谓发展变化。 ⑦理不谬摇其枝:谓说理不纠缠细枝末节,而要抓住根本。 ⑧字不妄舒其藻:谓用辞不作无谓的修饰铺张,而要准确简练。 ⑨又郊祀:宋本《太平御览》无"又"字。郊祀,祭祀天地。洞:通晓,悉知。 ⑩戎事:军事,战事。必:宋本《太平御览》引作"宜"。 ⑪田谷:种植五谷。 ⑫断讼:审理案件。 ⑬标以显义:谓突出其重要意义。 ⑭约以正辞:谓必须运用严正之辞。 ⑮辨洁:明白简洁。 ⑯繁缛:谓文辞华丽。 ⑰明核:明白真实。 ⑱深隐:宋本《太平御览》引作"环隐",曲折隐晦。

若不达政体,而舞笔弄文,支离构辞①,穿凿会巧②:空骋其华,固为事实所摈③;设得其理,亦为游辞所埋矣④。昔秦女嫁晋⑤,从文衣之媵,晋人贵媵而贱女;楚珠鬻郑⑥,为薰桂之椟,郑人买椟而还珠。若文浮于理,末胜其本,则秦女楚珠,复在于兹矣⑦。

[注释]①支离:谓繁琐杂乱。 ②穿凿:犹牵强附会。会巧:拼凑技巧。 ③摈:排除,抛弃。 ④游辞:虚浮不实的言辞。 ⑤"秦女嫁晋"三句:《韩非子·外储说》载:"昔秦伯嫁其女于晋公子,令晋为之饰装,从文衣之媵七十人。至晋,晋人爱其妾而贱公女。"文衣:华丽的服装。媵:音yìng,陪嫁之女。 ⑥"楚珠鬻郑"三句:《韩非子·外储说》载:"楚人有卖其珠于郑者,为木兰之柜,薰以桂椒,缀以珠玉,饰以玫瑰,辑以翡翠,郑人买其椟而还其珠。"椟:匣柜。 ⑦在:宋本《太平御览》引作"存"。

又对策者①,应诏而陈政也②;射策者③,探事而献说也④。言中理准⑤,譬射侯中的⑥;二名虽殊,即议之别体也。古之造士⑦,选事考言⑧。汉文中年⑨,始举贤良⑩;晁错对策⑪,蔚为举首⑫。及孝武益明⑬,旁求俊乂⑭。对策者以第一登庸⑮,射策者以甲科入仕:斯固选贤要术也。

[注释]①对策:汉代取士的考试形式之一,应试者就政事、经义等设问作答。 ②应诏:响应诏命。 ③射策:汉代取士的考试形式之一,按试题大小难易分为甲乙科,应试者投射写有试题的简策并随机作答。 ④探事:谓摸取试题。 ⑤中:音zhòng,符合。 ⑥射侯:射靶。侯,用兽皮或布做成的靶子。 ⑦造士:学业有成的士子。 ⑧选事:谓铨选官吏。考言:察其所言,犹口试。 ⑨汉文:指西汉文帝刘恒。 ⑩举贤良:推举有文才之士,汉代选拔人才的科目之一。 ⑪对策:指晁错的《贤良文学对策》。 ⑫蔚:草木茂密,喻文采之盛。举首:《汉书·晁错传》载,晁错应诏上贤良文学对策时,"对策者百余人,唯错为高第"。 ⑬孝武:指汉武帝刘彻。 ⑭旁求:广泛搜求。俊乂(音yì):才德出众的人。 ⑮登庸:选拔任用。

观晁氏之对,证验古今①,辞裁以辨②,事通而赡③;超升"高第",信有征矣④。仲舒之对⑤,祖述《春秋》,本阴阳之化⑥，究列代之变⑦；烦而不殙者⑧，事理明也。公孙之对⑨，简而未博；然总要以约文⑩，事切而情举，所以太常居下⑪，而天子擢上也。杜钦之对⑫，略而指事⑬，辞以治宣⑭，不为文作。及后汉鲁丕⑮，辞气质素⑯，以儒雅中策，独入"高第"⑰。凡此五家，并前代之明范也。

[注释]①证验古今：王应麟《玉海》引作"验古明今"。 ②裁以辨：精练而明白。 ③赡：丰富。 ④征：证验。 ⑤仲舒：指董仲舒，有《举贤良对策》三篇。 ⑥阴阳之化：天地自然之变化。 ⑦究：研究，探求。 ⑧殙：音hùn，混乱。 ⑨公孙：指公孙弘，字季，西汉武帝时为丞相，有《举贤良对策》。 ⑩总要：谓总括要点。 ⑪"太常"二句：《汉书·公孙弘传》载，武帝元光五年公孙弘应试，"时对者百余人，太常奏弘第居下。策奏，天子擢弘对为第一"。太常：官名，掌礼乐祭祀；汉代的太常兼管选试。擢：拔，提升。 ⑫杜钦：字子夏，西汉成帝时为大将军王凤的幕僚，有《举贤良方正对策》等。 ⑬略而指事：虽简略而有专指，如谓"玩色无厌"之危险等。 ⑭辞以治宣：谓其对策乃因治国之道而发。 ⑮鲁丕：字叔陵，东汉名儒，有《举贤良方正对策》。 ⑯辞气：文辞气力，谓作品本身。质素：质朴，朴素。 ⑰独入高第：建初元年，汉章帝诏举贤良方正，时对策者百有余人，唯丕在高第。

魏晋以来，稍务文丽①。以文纪实②，所失已多；及其来选，又称疾不会③：虽欲求文，弗可得也④。是以汉饮博士⑤，而雉集乎堂；晋策秀才⑥，而麈兴于前：无他怪也，选失之异耳。

[注释]①稍：渐。务：追求。 ②以文纪实：谓以华丽的文辞论述实务。 ③称疾不会：谓称病不敢对答，事见《晋书·孔坦传》。 ④弗：疑当作"不"。《征圣》有"不可得也"之句，其"不"通行本作"弗"，唐写本作"不"。《诏策》有"不可加也"之句，其"不"通行本作"弗"，宋本《太平御览》引作"不"。因此，"不可"当是刘勰的用语习惯，而不用"弗可"。 ⑤"汉饮博士"二句：《汉

书·成帝纪》载,鸿嘉二年三月,博士行饮酒礼,有雉飞集于庭,历阶升堂而鸣。博士:学官名,汉置五经博士,掌教授、课试等。雉:野鸡。 ⑥"晋策秀才"二句:《晋书·五行志》载,成帝咸和六年正月,州郡秀孝会于乐贤堂,有麇见于前。麇:音jūn,獐子,似鹿而较小。

夫驳议偏辨①,各执异见;对策揄扬②,大明治道。使事深于政术,理密于时务。酌三五以镕世③,而非迂缓之高谈;驭权变以拯俗④,而非刻薄之伪论。风恢恢而能远⑤,流洋洋而不溢⑥:王庭之美对也。难矣哉,士之为才也! 或练治而寡文,或工文而疏治。对策所选,实属通才;志足文远⑦,不其鲜欤!

[注释]①辨:通"辩",争论、辩论。 ②揄扬:宣扬。 ③三五:谓错综变化,此指历史发展。镕世:陶冶世风。 ④权变:随机应变,此谓时代变迁。 ⑤恢恢:广阔貌。 ⑥洋洋:充满貌。 ⑦志足文远:《左传·襄公二十五年》:"仲尼曰:志有之,言以足志,文以足言,不言谁知其志?言之无文,行而不远。"

赞曰:议惟畴政,名实相课①。断理必纲②,摛辞无懦。对策王庭,同时酌和③。治体高秉④,雅谟远播⑤。

[注释]①名实相课:犹名实相符。课:查核。 ②纲:王惟俭《文心雕龙训故》作"刚"。 ③同时:犹当时。酌和:斟酌回答。和,音hè,应答。 ④治体:谓治国之本。 ⑤雅谟:雅正的谋议。

书记第二十五

大舜云:"书用识哉!"①所以记时事也。盖圣贤言辞,总为之书;书之为体,主言者也②。扬雄曰③:"言,心声也;书,心画也④。声画形⑤,君子小人见矣。"故书者,舒也。舒布其言,陈之简牍⑥。取象于《夬》⑦,贵在明决而已⑧。

[注释]①书用识哉:语出《尚书·益稷》。识:音zhì,记载。 ②主:主宰,主持,掌管。 ③扬雄:下引其语见于《法言·问神》。 ④画:图画,图像。 ⑤形:显示。 ⑥陈:宋本《太平御览》引作"染",书写。简牍:古代书写用的竹木片。 ⑦象:卦象。于:宋本《太平御览》引作"乎"。夬:音guài,决断,《夬》为《易经》六十四卦之一。取象乎《夬》,即《征圣》篇"《书》契决断以象《夬》"之意,此借以解释"书"之缘起及其含义。 ⑧明决:明快决断。

三代政暇①,文翰颇疏②。春秋聘繁③,书介弥盛④。绕朝赠士会以策⑤,子家与赵宣以书⑥;巫臣之遗子反⑦,子产之谏范宣⑧:详观四书,辞若对面。又子服敬叔⑨,进吊书于滕君⑩。固知行人挈辞⑪,多被翰墨矣⑫。

[注释]①暇:空闲,闲暇。 ②文翰:文书。 ③聘:聘问,指天子与诸侯

或诸侯与诸侯间的遣使通问。 ④书介:传达书信的使者。 ⑤绕朝:春秋时秦国大夫。士会:晋国大夫。策:谓书简。绕朝赠士会书策,事见《左传·文公十三年》。 ⑥子家:指春秋时郑国公子归生。赵宣:指赵盾,晋国大夫,谥宣子。郑子家与赵宣子书,事见《左传·文公十七年》。 ⑦巫臣:姓屈,也称屈巫,春秋时楚国贵族,仕于晋。遗:音 wèi,送交。子反:楚公子侧。屈巫给楚公子书信,事见《左传·成公七年》。 ⑧子产:名侨,春秋时郑国大夫。范宣:士会之孙士匄(音 gài),食邑于范,谥宣子。子产书谏士匄,事见《左传·襄公二十四年》。 ⑨子服敬叔:应为"子叔敬叔",指春秋时鲁国大夫叔弓,谥敬子。 ⑩进吊书于滕君:子叔敬叔曾进吊书于滕成公之丧,事见《礼记·檀弓下》。 ⑪行人:官名,掌朝觐聘问,亦为使者通称。挈:持,携带。 ⑫被:及,延及。

及七国献书①,诡丽辐辏②;汉来笔札③,辞气纷纭④。观史迁之报任安⑤,东方朔之难公孙⑥,杨恽之酬会宗⑦,子云之答刘歆⑧:志气槃桓⑨,各含殊采;并杼轴乎尺素⑩,抑扬乎寸心⑪。

[注释]①七国:秦、楚、燕、齐、韩、赵、魏,谓战国时期。献书:谓奉书陈见。 ②诡丽:奇异华丽。辐辏:集中,聚集。 ③笔札:谓书信。 ④辞气:文辞气力,谓作品的风貌。 ⑤史迁:太史公司马迁,有《报任安书》。任安:字少卿,益州刺史。 ⑥东方朔:宋本《太平御览》引作"东方",指东方朔,有《与公孙弘借车书》。难:宋本《太平御览》引作"谒",请求。公孙弘:字季,武帝元朔中为丞相。 ⑦杨恽:字子幼,西汉宣帝时为中郎将,有《报会宗书》。会宗:指孙会宗,安定太守。 ⑧答刘歆:扬雄有《答刘歆书》。 ⑨槃桓:宋本《太平御览》引作"盘桓",徘徊,逗留。 ⑩杼轴:织布机上的两个部件,此喻组织、构思。尺素:指书信。 ⑪抑扬:谓起伏荡漾。

逮后汉书记,则崔瑗尤善①。魏之元瑜②,号称翩翩③;文举属章④,半简必录⑤。休琏好事⑥,留意词翰⑦,抑其次也⑧。嵇康绝交⑨,实志高而文伟矣;赵至叙离⑩,乃少年之激切也⑪。至如陈遵占辞⑫,百封各意⑬;祢衡代书⑭,亲疏得宜:斯又尺牍之偏才也⑮。

[注释]①崔瑗:字子玉,东汉作家。 ②元瑜:阮瑀之字。 ③翩翩:谓文采优美。曹丕《与吴质书》:"元瑜书记翩翩,致足乐也。" ④文举:孔融之字。属章:写文章。 ⑤半简必录:谓文章之珍贵。《后汉书·孔融传》载,魏文帝深好孔融文辞,募天下有上融文章者,辄赏以金帛。 ⑥休琏:应璩(音qú)之字,三国时魏国作家。好事:指喜欢缀集时事,编写故事。 ⑦词翰:谓书札。 ⑧抑:或许,或者。其次:谓次要之务。 ⑨绝交:指嵇康的《与山巨源绝交书》。山巨源,即山涛,魏末"竹林七贤"之一,后出仕。 ⑩赵至:字景真,西晋人,有《与嵇茂齐书》。叙:宋本《太平御览》引作"赠"。 ⑪激切:宋本《太平御览》引作"激昂"。 ⑫陈遵:字孟公,西汉人。占辞:口述言辞。 ⑬百封各意:《汉书·陈遵传》载,陈上任河南太守,作书谢京师故人,对书吏口述数百封,亲疏各有其意。 ⑭代书:指祢衡代江夏太守黄祖作书,事见《后汉书·祢衡传》。 ⑮尺牍:信札,书信。偏才:具有某一方面才能的人。

详总书体,本在尽言,言以散郁陶①,托风采②;故宜条畅以任气③,优柔以怿怀④。文明从容⑤,亦心声之献酬也⑥。

[注释]①言:宋本《太平御览》引作"所"。郁陶:忧思积聚貌,此谓积聚的感情。 ②风采:风度、神采。 ③条畅:通畅,畅达。 ④优柔:从容。怿:音yì,喜悦。 ⑤文明:谓文风畅达。 ⑥献酬:饮酒时主客互相敬酒,此谓酬应。

若夫尊贵差序①,则肃以节文②。战国以前,君臣同书;秦汉立仪③,始有表奏。王公国内,亦称奏书;张敞奏书于胶后④,其义美矣。

[注释]①差序:等级。 ②节文:礼节,仪式。 ③仪:礼制,法规。④张敞:字子高,西汉宣帝时为胶东王相。胶后:指胶东王刘寄之母王太后,张敞曾奏书谏其数出游猎。

迄至后汉,稍有名品①:公府奏记②,而郡将奏笺③。记之言志,进己志也。笺者,表也,表识其情也④。崔寔奏记于公府⑤,则崇让之德音矣⑥;黄香奏笺于江夏⑦,亦肃恭之遗式矣。公干笺记⑧,丽而规益⑨;子桓弗论⑩,故世所共遗。若略名取实,则有美于为诗矣⑪。刘廙谢恩⑫,喻切以至;陆机自理⑬,情周而巧:笺之为善者也⑭。

[注释]①名品:名位等级。 ②公府:三公之府。记:公牍。 ③郡将:即郡守,以太守兼领军事,故称。奏:宋本《太平御览》引作"奉"。笺:书札。④表识:宋本《太平御览》引作"识表",即记载、表明。 ⑤崔寔(音 shí):字子真,曾为大将军梁冀之司马。 ⑥德音:谓合乎仁德之言。 ⑦黄香:字文强,东汉文人,官至尚书令。奏:宋本《太平御览》引作"奉"。江夏:郡名,在今湖北黄冈西北。黄香即江夏安陆人。 ⑧公干:刘桢之字。 ⑨丽:宋本《太平御览》引作"文丽"。规益:规劝补益。 ⑩子桓:曹丕之字。弗论:宋本《太平御览》引作"不论"。 ⑪有美于为诗:谓与诗歌相较,刘桢之笺记自有其美。曹丕《与吴质书》曾谓"公干五言诗,妙绝当时",彦和则表示不同意见。 ⑫刘廙(音 yì):字恭嗣,三国时魏国文人。谢恩:《三国志·魏书·刘廙传》载,廙弟有罪,但曹操不予株连,且任廙为丞相仓曹属,故其上疏谢恩。⑬自理:为自己申诉。陆机曾因故下狱,得释后在其表笺中有所申辩。⑭为善:宋本《太平御览》无"为"字。

原笺记之为式①,既上窥乎表,亦下睨乎书②;使敬而不慑③,简而无傲④,清美以惠其才⑤,彪蔚以文其响⑥:盖笺记之分也⑦。

[注释]①式:体式,样式。 ②睨:音 nì,窥伺。 ③慑:恐惧。 ④简:疏略。 ⑤清美:宋本《太平御览》引作"清靡",清新华丽。惠:美好。 ⑥彪蔚:文采明盛。文:彩饰。响:声响,喻作品的效用。 ⑦分:本分,基本特点。

夫书记广大,衣被事体①;笔札杂名,古今多品。是以总领黎庶②,则有谱、籍、簿、录;医历星筮③,则有方、术、占、试④;申宪述兵⑤,则有律、令、法、制;朝市征信⑥,则有符、契、券、疏;百官询事,则有关、刺、解、牒;万民达志,则有状、列、辞、谚:并述理于心,著言于翰⑦;虽艺文之末品,而政事之先务也。

[注释]①衣被事体:谓涉及各种事务。 ②黎庶:百姓。 ③历:指历法。星:谓星象占验之术。筮:音 shì,占卦。 ④试:王惟俭《文心雕龙训故》作"式"。 ⑤申宪:申述法令。 ⑥朝市:朝廷和市肆。征信:证验凭信。 ⑦翰:谓书札。

故谓谱者①,普也。注序世统②,事资周普③。郑氏谱《诗》④,盖取乎此。籍者⑤,借也。岁借民力⑥,条之于版⑦。《春秋》司籍⑧,即其事也。簿者⑨,圃也⑩。草木区别,文书类聚。张汤、李广⑪,为吏所簿⑫,别情伪也⑬。录者⑭,领也⑮。古史《世本》⑯,编以简策,领其名数⑰,故曰录也。

[注释]①谱:分类编制的表册、文字。 ②注序:指编写。世统:世代相承的系统。 ③周普:完备,普遍。 ④郑氏:指郑玄,东汉末年经学大师,曾

为《诗经》作《诗谱》。　⑤籍：名册之类。　⑥岁借民力：《礼记·王制》载，古代民田之外，另辟公田，借民之力以耕，即充税收。　⑦条：逐一登录。版：木简。　⑧《春秋》：指《春秋左传》，《左传·昭公十五年》有"司晋之典籍"之句。司：主管，职掌。　⑨簿：记事的册子、文书。　⑩圃：园地，喻事物萃聚之处。　⑪张汤：西汉酷吏。李广：西汉名将。　⑫为吏所簿：张汤、李广均曾被官吏按簿责问有关事情，事见《史记·酷吏列传》和《李将军列传》。　⑬别：辨别。情伪：谓真伪。　⑭录：载记。　⑮领：统领，总领。　⑯《世本》：史书名，记录黄帝以来至春秋时期帝王诸侯及卿大夫之世系、名号等。　⑰名数：名籍，户籍。

方者①，隅也②。医药攻病，各有所主；专精一隅，故药术称方。术者③，路也。算历极数④，见路乃明。《九章》积微⑤，故以为术；淮南《万毕》⑥，皆其类也。占者⑦，觇也⑧。星辰飞伏⑨，伺候乃见⑩；精观书云⑪，故曰占也。式者⑫，则也。阴阳盈虚⑬，五行消息⑭；变虽不常⑮，而稽之有则也⑯。

[注释]①方：药方，医方。　②隅：角落，喻事物的一个方面。　③术：算术。　④算历：算法与历象。极：尽。数：规律，必然性。　⑤《九章》：指《九章算术》，古代数学著作。微：精微。　⑥淮南：指淮南王刘安。《万毕》：即《万毕术》，传为刘安所著，内容涉及物理、化学等。　⑦占：窥察，谓记录窥察征兆之辞。　⑧觇：音 chān，观看，观察。　⑨飞伏：流动隐伏。　⑩伺候：守候观望。　⑪精：黄叔琳《文心雕龙辑注》谓："疑作登。"登观书云：谓登观台而望，并记录云气之变化。　⑫式：法式，规则。　⑬阴阳盈虚：谓大自然虚实消长之变。　⑭消息：起伏消长，盛衰强弱。　⑮变虽不常：谓变化无常。　⑯稽：考察。

律者①，中也。黄钟调起②，五音以正③；法律驭民，八刑克平④。以律为名,取中正也。令者,命也。出命申禁,有若自天;管仲下命如流水⑤,使民从也。法者⑥,象也⑦。兵谋无方,而奇正有象⑧,故曰法也。制者⑨,裁也⑩。上行于下,如匠之制器也。

[注释]①律:指刑律条文。　②黄钟:古乐十二律之一,为起始之调。③五音:宫、商、角、徵、羽。《汉书·律历志上》:"五声之本,生于黄钟之律。"五声,即五音。　④八刑:周代针对八种犯罪行为的刑罚。平:公平。　⑤下命:王惟俭《文心雕龙训故》作"下令"。如流水:《管子·牧民》:"下令于流水之原者,令顺民心也。"　⑥法:指兵法。　⑦象:法制。　⑧奇正:古代用兵之术。设伏用计为奇,对阵交锋为正。　⑨制:谓规制法令。　⑩裁:制裁,约束。

符者①,孚也②。征召防伪,事资中孚③。三代玉瑞④,汉世金竹⑤;末代从省⑥,易以书翰矣。契者⑦,结也。上古纯质,结绳执契;今羌胡征数⑧,负贩记缗⑨,其遗风欤!券者⑩,束也。明白约束,以备情伪。字形半分,故周称判书⑪。古有铁券⑫,以坚信誓。王褒"髯奴"⑬,则券之楷也⑭。疏者⑮,布也。布置物类,撮题近意⑯;故小券短书,号为疏也。

[注释]①符:指有关凭信的公文。　②孚:信用。　③中孚:《周易》之卦名,谓诚信。　④玉瑞:古代帝王用为信物的玉器。　⑤金竹:指铜制和竹制的信物。　⑥末代:后世,后代。　⑦契:契约。　⑧羌胡:指中国古代的羌族和匈奴族,亦泛称古代西北部的少数民族。征数:表示数目。　⑨负贩:负货贩卖,谓小商贩。缗:音mín,古代货币单位,通常以一千文为一缗。　⑩券:契据。分为两半,各执其一,合以征信。　⑪判书:半分而合之契约。　⑫铁券:即铁契,古代皇帝颁授功臣以世代享受某种特权的凭证,用丹砂书

写,朝廷和受赐者各执一半。 ⑬髯奴:多须的奴仆,语出王褒的俳谐之作《僮约》。 ⑭楷:宋本《太平御览》引作"谐"。 ⑮疏:分条记录。 ⑯撮题:摘要记录。

关者①,闭也。出入由门,关闭当审②;庶务在政③,通塞应详④。韩非云⑤:"孙亶回⑥,圣相也,而关于州部⑦。"盖谓此也。刺者⑧,达也。《诗》人讽刺⑨,《周礼》"三刺"⑩;事叙相达⑪,若针之通结矣⑫。解者,释也。解释结滞,征事以对也⑬。牒者⑭,叶也。短简编牒,如叶在枝。温舒截蒲⑮,即其事也。议政未定,故短牒咨谋⑯。牒之尤密,谓之为签⑰。签者,纤密者也⑱。

[注释]①关:指官府之间互相质询的公文。 ②审:慎重。 ③庶务:各种政事。政:政令,政策。 ④通塞:谓政令的通畅与阻塞。详:了解,知悉。 ⑤韩非:下引其语出自《韩非子·问田》。 ⑥孙亶(音 dǎn)回:《韩非子》原文作"公孙亶回",其人未详。 ⑦关:处置,安排。州部:古代基层的地方行政单位。 ⑧刺:古代的名片。 ⑨《诗》:指《诗经》。 ⑩三刺:语出《周礼·秋官司寇》。刺:审讯及判决。 ⑪叙:次序,次第。 ⑫结:凝结不通之处,犹下文之"结滞"。 ⑬征事:征引故事。对:应答。 ⑭牒:小简。 ⑮温舒:指路温舒,字长君,西汉人。蒲:香蒲,一种生长在水边或池沼内的植物,叶狭长,可作编织用。《汉书·路温舒传》:"温舒取泽中蒲,截以为牒,编用写书。" ⑯咨谋:商议。 ⑰签:签验画押的公文。 ⑱纤密:谓细致。

状者①,貌也。体貌本原②,取其事实。先贤表谥③,并有行状④,状之大者也。列者⑤,陈也。陈列事情,昭然可见也。辞者,舌端之文,通己于人。子产有辞⑥,诸侯所赖,不可已也。谚者⑦,直语也。丧言亦不及文⑧,故吊亦称谚。廛路浅言⑨,有实无华;邹穆公云"囊满储中"⑩,皆其类也。《太誓》曰⑪:"古人有言,牝鸡无晨⑫。"《大雅》云"人亦有言"⑬、"惟忧用老"⑭,并上古遗谚,《诗》、《书》可引者也⑮。至于陈琳谏辞⑯,称"掩目捕雀";潘岳哀辞,称"掌珠"、"伉俪"⑰,并引俗说而为文辞者也。夫文辞鄙俚⑱,莫过于谚;而圣贤《诗》、《书》,采以为谈。况逾于此,岂可忽哉!

[注释]①状:向上级陈述意见或事实的文书。 ②体貌:谓描述。 ③谥:古代帝王、贵族等死后的封号。 ④行状:记述死者生平事迹的文字。 ⑤列:列举事理并加以说明的文字。 ⑥有辞:谓善于言辞。 ⑦谚:谚语。 ⑧文:文饰。 ⑨廛:音 chán,古代城市中平民居住之地。 ⑩邹穆公:春秋时邹国之君。满:元至正本作"漏"。囊漏储中,一作"囊漏贮中",谓粮食从小器漏入大器,其实并未损失。 ⑪《太誓》:即《泰誓》,《尚书》之一篇。下文所引出于《尚书·牧誓》。 ⑫无晨:不晨鸣。 ⑬《大雅》:《诗经》的一部分。人亦有言:《大雅》之《荡》、《抑》、《桑柔》、《烝民》等诗中均有此语。 ⑭惟忧用老:《诗·小雅·小弁》中有"维忧用老"之句。用:因而。 ⑮《诗》:指《诗经》。《书》:指《尚书》。可引:王惟俭《文心雕龙训故》作"所引"。 ⑯谏辞:陈琳有《谏何进召外兵》。 ⑰掌珠:即掌上明珠。伉俪:谓夫妇。 ⑱鄙俚:粗野,庸俗。

观此四条①,并书记所总②:或事本相通,而文意各异③;或全任质素④,或杂用文绮⑤。随事立体,贵乎精要:意少一字则义阙⑥,句长一言则辞妨⑦;并有司之实务⑧,而浮藻之所忽也⑨。然才冠鸿笔⑩,多疏尺牍;譬九方堙之识骏足⑪,而不知毛色牝牡也⑫。言既身文⑬,信亦邦瑞⑭;翰林之士⑮,思理实焉⑯。

[注释]①四条:王利器《文心雕龙校证》谓"'四'乃'众'之坏文"。②总:聚合,汇集。 ③而:王惟俭《文心雕龙训故》作"或"。 ④质素:谓文辞朴素,不加修饰。 ⑤文绮:华丽的丝织物,喻华美的文辞。 ⑥阙:空缺。 ⑦长:音zhàng,多余。 ⑧有司:谓官吏。设官分职,各有专司,故称。 ⑨浮藻:文采浮华,此谓追求浮藻之人。 ⑩才冠鸿笔:犹大家手笔。 ⑪九方堙(音yīn):亦称九方皋,春秋时善于相马的人。骏足:良马。 ⑫不知毛色牝牡:《列子·说符》《淮南子·道应训》等皆载其事。牝牡,动物之雌性和雄性。 ⑬身文:人身之文,谓人的言语、文采修养。 ⑭邦瑞:国家之祥瑞。 ⑮翰林:文人荟萃之所。 ⑯思理实焉:谓当训练处理实务的能力。

赞曰:文藻条流①,托在笔札②。既驰金相③,亦运木讷④。万古声荐⑤,千里应拔⑥。庶务纷纶⑦,因书乃察⑧。

[注释]①条流:枝条,支流。 ②托:寄托,谓包含。 ③金相:即"金玉其相",谓文采之美。 ④木讷:谓质朴无华。 ⑤万古声荐:谓年代虽然久远,但书札之中,声音可闻。荐,举起。 ⑥千里应拔:谓相隔虽然千里,但书札往来,响应迅捷。拔,疾速。 ⑦纷纶:忙碌,忙乱。 ⑧察:明辨,详审。

神思第二十六

古人云,形在江海之上①,心存魏阙之下:神思之谓也②。文之思也,其神远矣。故寂然凝虑③,思接千载;悄焉动容④,视通万里。吟咏之间,吐纳珠玉之声⑤;眉睫之前,卷舒风云之色:其思理之致乎⑥!

[注释]①"形在江海"二句:《庄子·让王》:"中山公子牟谓瞻子曰:'身在江海之上,心居乎魏阙之下,奈何!'"江海:谓隐士之居所。魏阙:古代宫门外两边高耸的楼观,借指朝廷。 ②神思:谓思维想象活动。 ③凝虑:谓思绪集中。 ④悄焉:犹寂然。 ⑤吐纳:发出。 ⑥思理:犹神思。致:造成,导致。

故思理为妙,神与物游①。神居胸臆②,而志气统其关键③;物沿耳目,而辞令管其枢机④。枢机方通,则物无隐貌;关键将塞,则神有遁心⑤。是以陶钧文思⑥,贵在虚静;疏瀹五藏⑦,澡雪精神⑧。积学以储宝⑨,酌理以富才⑩,研阅以穷照⑪,驯致以怿辞⑫。然后使玄解之宰⑬,寻声律而定墨⑭;独照之匠⑮,窥意象而运斤⑯。此盖驭文之首术⑰,谋篇之大端⑱。

[注释]①游:运行,活动。 ②胸臆:指内心。 ③志气:情志、元气。统:统领,率领。 ④辞令:言辞,文辞。枢机:犹关键。 ⑤遁:隐匿。⑥陶钧:制作陶器的转轮,此喻酝酿、熔铸。 ⑦瀹:音 yuè,疏通。五藏:即五脏,指心、肝、脾、肺、肾。 ⑧澡雪:洗涤使之清洁。 ⑨宝:珍藏。 ⑩酌理:斟酌、明辨事理。 ⑪穷照:谓探其究竟。照:察知,明白。 ⑫驯:调顺,使和谐。致:情致。怿:元至正本作"绎",整理有序。 ⑬玄解之宰:谓心。玄解:谓对事物奥秘的理解,亦指深奥难解之理。宰:主宰。 ⑭声律:声韵格律,此代指语言形式。定墨:审定绳墨,此喻下笔为文。 ⑮独照之匠:具有独到眼光的工匠,喻作者。 ⑯运斤:挥动斧头,此喻下笔为文。 ⑰驭文:谓写作。 ⑱大端:主要的端绪,即要点。

夫神思方运,万涂竞萌①;规矩虚位②,刻镂无形③。登山则情满于山,观海则意溢于海;我才之多少,将与风云而并驱矣!方其搦翰④,气倍辞前⑤;暨乎篇成,半折心始。何则?意翻空而易奇⑥,言征实而难巧也⑦。是以意授于思,言授于意;密则无际,疏则千里。或理在方寸⑧,而求之域表⑨;或义在咫尺,而思隔山河。是以秉心养术⑩,无务苦虑;含章司契⑪,不必劳情也⑫。

[注释]①万涂:即万途,谓思绪纷繁。 ②规矩:规和矩,校正圆形和方形的两种工具。此谓调整构筑。虚位:指意象。 ③无形:谓意象。 ④搦:音 nuò,握,持。翰:笔。 ⑤气倍辞前:谓落笔之前气势充沛而踌躇满志。 ⑥翻空:谓凭空想象。 ⑦征实:谓落到实处。 ⑧方寸:谓心。 ⑨域表:疆界之外,指很远的地方。 ⑩秉心:即用心,指艺术构思。养术:谓养气之术。 ⑪含章:谓运用语言。司契:谓掌握"思—意—言"相合的契机。 ⑫劳情:谓冥思苦想而劳费精神。

人之禀才①,迟速异分②;文之制体③,大小殊功。相如含笔而腐毫④,扬雄辍翰而惊梦⑤;桓谭疾感于苦思⑥,王充气竭于思虑⑦;张衡研《京》以十年⑧,左思练《都》以一纪⑨:虽有巨文,亦思之缓也。淮南崇朝而赋《骚》⑩,枚皋应诏而成赋⑪;子建援牍如口诵⑫,仲宣举笔似宿构⑬;阮瑀据案而制书⑭,祢衡当食而草奏⑮:虽有短篇,亦思之速也。

[注释]①禀才:天赋的才华。 ②分:才分,天分。 ③制体:指文章的规模。 ④相如:指司马相如。腐毫:形容构思时间之长。毫,指毛笔头。 ⑤辍翰而惊梦:桓谭《新论·祛蔽》载,扬雄写完《甘泉赋》,困倦而卧,"梦其五脏出在地,以手收而内之"。辍,停止。 ⑥疾感于苦思:《新论·祛蔽》载,桓谭学习扬雄为赋,"用精思太剧"而发病。 ⑦王充:字仲任,东汉思想家。气竭于思虑:《后汉书·王充传》载,王充"闭门潜思"著《论衡》,"年渐七十,志力衰耗"。思:《事文类聚》、《群书通要》等引作"沉"。 ⑧《京》:指《二京赋》。十年:《后汉书·张衡传》:"衡乃拟班固《两都》,作《二京赋》,因以讽谏;精思傅会,十年乃成。" ⑨《都》:指《三都赋》。一纪:十二年。 ⑩淮南:指西汉淮南王刘安。崇朝:终朝,从天亮到早饭时。赋《骚》:高诱《淮南子叙》:"诏使为《离骚赋》,自旦受诏,日早食已。" ⑪枚皋(音gāo):枚乘之子,字少孺,西汉辞赋家。 ⑫子建:曹植之字。援牍:执简,谓写作。 ⑬仲宣:王粲之字。宿构:预先构思、草拟。《三国志·魏书·王粲传》载,王粲"善属文,举笔便成,无所改定,时人常以为宿构"。 ⑭案:王惟俭《文心雕龙训故》作"鞌",同"鞍",马鞍。 ⑮当食:《后汉书·祢衡传》载,祢衡曾于宴会之上,即席为一只鹦鹉作赋。草奏:《后汉书·祢衡传》载,祢衡曾须臾之间为刘表草成章奏。

若夫骏发之士①,心总要术;敏在虑前,应机立断。覃思之人②,情饶歧路③;鉴在疑后④,研虑方定。机敏故造次而成功⑤,虑疑故愈久而致绩⑥。难易虽殊,并资博练。

若学浅而空迟,才疏而徒速;以斯成器,未之前闻。是以临篇缀虑⑦,必有二患:理郁者苦贫⑧,辞溺者伤乱⑨。然则博见为馈贫之粮⑩,贯一为拯乱之药⑪;博而能一,亦有助乎心力矣。

[**注释**]①骏发:谓思维敏捷。骏,迅速。 ②覃(音tán)思:谓深思熟虑。 ③饶:众多,多。歧路:岔路。 ④鉴:照察,审辨。 ⑤造次:须臾,片刻。 ⑥致绩:取得成绩。 ⑦缀虑:即构思。缀,连结。 ⑧理:谓思路。郁:停滞,阻滞。 ⑨溺:沉湎,无节制。 ⑩馈:犹周济。 ⑪贯一:统贯于一个基本观念,谓抓住中心。

若情数诡杂①,体变迁贸②;拙辞或孕于巧义③,庸事或萌于新意④。视布于麻⑤,虽云未费⑥;杼轴献功⑦,焕然乃珍⑧。至于思表纤旨⑨,文外曲致⑩;言所不追,笔固知止。至精而后阐其妙⑪,至变而后通其数。伊挚不能言鼎⑫,轮扁不能语斤⑬,其微矣乎!

[**注释**]①情数:情思,情感。诡杂:谓变化多端。 ②体:风格。迁贸:变迁,变革。 ③拙辞或孕于巧义:谓笨拙之辞可能孕育着巧妙的含义。 ④庸事或萌于新意:谓平凡事物可能萌发出新的意象。 ⑤视布于麻:谓将麻与布加以比较。视,比较。 ⑥费:杨升庵批点梅庆生音注《文心雕龙》作"贵"。 ⑦杼轴:织布机上的两个部件,代指织机。 ⑧焕然:光彩貌。 ⑨思表:谓神思之外。纤旨:精微之理。 ⑩文外曲致:犹言外之意。 ⑪"至精"二句:化用《周易·系辞上》之语,谓造诣精深才能阐发其中的奥妙,灵活变通才能把握其中的规律。数,规律。 ⑫伊挚:即伊尹。《吕氏春秋·本味》载,伊尹曾借烹饪之理以喻治国之方,并说:"鼎中之变,精妙微纤,口弗能言,志不能喻。"鼎,古代炊具。 ⑬轮扁:古代善于斫轮的工匠,名扁。《庄子·天道》载轮扁语云,斫轮之妙,"得之于手,而应于心,口不能言,有数存焉于其间"。

赞曰：神用象通①，情变所孕。物以貌求，心以理应。刻镂声律②，萌芽比兴③。结虑司契④，垂帷制胜⑤。

[**注释**]①象：指物象。　②刻镂声律：谓意象要用语言来描绘。声律，代指语言形式。　③萌芽比兴：谓意象的传达往往开始于比兴手法的运用。④结虑：谓构思。　⑤垂帷制胜：《史记·太史公自序》："运筹帷幄之中，制胜于无形。"帷幄，室内悬挂的幕帘。

体性第二十七

夫情动而言形①,理发而文见;盖沿隐以至显②,因内而符外者也③。然才有庸俊④,气有刚柔⑤,学有浅深,习有雅郑⑥:并情性所铄⑦,陶染所凝⑧,是以笔区云谲⑨,文苑波诡者矣⑩。故辞理庸俊,莫能翻其才⑪;风趣刚柔⑫,宁或改其气⑬;事义浅深⑭,未闻乖其学⑮;体式雅郑⑯,鲜有反其习⑰:各师成心⑱,其异如面。

[注释]①情动而言形:《毛诗序》:"情动于中而形于言。"形:流露,显示。②沿:顺着,此谓由、从。 ③因内而符外:谓因情志表现的需要而寻找合适的语言形式。 ④庸:平凡。俊:杰出。 ⑤气:指作者的气质、个性。⑥雅:正。郑:郑声,郑国的音乐,指与雅乐相对的俗乐。 ⑦铄:音 shuò,熔化,此谓决定、影响。 ⑧陶染:熏陶感染,指环境的影响。 ⑨笔区:犹文坛。云谲:像云彩一样变化多端。 ⑩文苑:犹文坛。波诡:像波涛一样变幻无常。 ⑪翻:反转,谓相反。 ⑫风趣:谓格调志趣。 ⑬宁:岂,难道。⑭事义:谓思想内容。 ⑮乖:背离,违背。 ⑯体式:谓风格。 ⑰鲜:少。⑱各师成心:《庄子·齐物论》:"夫随其成心而师之,谁独且无师乎?"成心:谓一个人的基本思想和情感特点。

若总其归涂①,则数穷"八体"②:一曰典雅,二曰远奥,三曰精约,四曰显附,五曰繁缛,六曰壮丽,七曰新奇,八曰轻靡。典雅者,镕式经诰③,方轨儒门者也④。远奥者,馥采典文⑤,经理玄宗者也⑥。精约者,核字省句,剖析毫厘者也⑦。显附者,辞直义畅,切理厌心者也⑧。繁缛者,博喻酿采⑨,炜烨枝派者也⑩。壮丽者,高论宏裁,卓烁异采者也⑪。新奇者,摈古竞今⑫,危侧趣诡者也⑬。轻靡者,浮文弱植⑭,缥缈附俗者也⑮。故雅与奇反,奥与显殊,繁与约舛⑯,壮与轻乖:文辞根叶⑰,苑囿其中矣⑱。

[注释]①归涂:犹归趋,最终的途径。 ②体:风格。 ③镕式:谓取法。经诰:谓儒家经典。 ④方轨:并驾,谓取法。 ⑤馥采典文:刘永济《文心雕龙校释》:"疑'馥'当作'复','典'当作'曲',皆字形之误。"复采曲文,谓文辞回环曲折、幽远深奥。 ⑥经理:常理,此作动词。玄宗:指道家学说。 ⑦剖析毫厘:谓仔细推敲,以使文辞精当。 ⑧切:切合。厌:满足。 ⑨博喻:广泛地运用比喻。酿:刘永济《文心雕龙校释》:"按'酿'疑'醲'误。"醲,音 nóng,浓厚。 ⑩炜烨:美盛貌。枝派:枝条流派,此谓文辞。 ⑪卓:杨明照《文心雕龙校注》:"'卓',疑'焯'之误。"焯烁,光彩闪烁貌。 ⑫摈:排斥,弃绝。 ⑬危侧:犹偏颇、险僻。 ⑭弱植:柔弱而不能直立。 ⑮缥缈:虚浮而不切实。附俗:投合时俗。 ⑯舛:相违背。 ⑰根叶:喻文章风格的各个方面。 ⑱苑囿:园林,此谓包括。

若夫"八体"屡迁,功以学成;才力居中,肇自血气①。"气以实志,志以定言"②;吐纳英华③,莫非情性。

[注释]①肇:开始。 ②"气以实志"二句:语出《左传·昭公九年》,谓个人先天的血气决定着其情志特征,作者的情志又决定了其语言风貌。 ③吐纳英华:犹《神思》所谓"吐纳珠玉之声",谓成功之作的产生。英华,精华。

是以贾生俊发①,故文洁而体清;长卿傲诞②,故理侈而辞溢③;子云沉寂④,故志隐而味深;子政简易⑤,故趣昭而事博⑥;孟坚雅懿⑦,故裁密而思靡⑧;平子淹通⑨,故虑周而藻密;仲宣躁锐⑩,故颖出而才果⑪;公干气褊⑫,故言壮而情骇⑬;嗣宗俶傥⑭,故响逸而调远⑮;叔夜俊侠⑯,故兴高而采烈⑰;安仁轻敏⑱,故锋发而韵流⑲;士衡矜重⑳,故情繁而辞隐。触类以推,表里必符。岂非自然之恒资,才气之大略哉?

[注释]①贾生:指西汉作家贾谊。俊发:英俊风发,犹才华横溢。 ②长卿:司马相如之字。诞:放诞。 ③理侈:谓内容浮夸。 ④子云:扬雄之字。沉寂:沉静。 ⑤子政:刘向之字。简易:平易近人。 ⑥昭:明。事博:谓征引广博。 ⑦孟坚:班固之字。懿:美好。 ⑧裁密而思靡:谓论断精审而文思细密。靡:细致,细密。 ⑨平子:张衡之字。淹通:博通。 ⑩仲宣:王粲之字。躁锐:性急而才盛。 ⑪颖出:即颖脱而出,谓才华显露。颖,锥芒。 ⑫公干:刘桢之字。褊:音biǎn,狭小,不宽广。 ⑬言壮而情骇:谓文辞强硬而情难近人。 ⑭嗣宗:阮籍之字。俶傥:音tì tǎng,谓卓异不凡。 ⑮响逸而调远:谓文风飘逸而不同反响。 ⑯叔夜:嵇康之字。俊侠:豪爽洒脱。 ⑰兴高而采烈:此即成语"兴高采烈"之出处,此谓志趣高洁而辞采犀利。 ⑱安仁:潘岳之字。轻敏:轻快敏捷。 ⑲锋发:犹"颖出",谓才华突出。韵流:谓音调流畅。 ⑳士衡:陆机之字。矜重:矜持庄重。

夫才有天资,学慎始习。斫梓染丝①,功在初化;器成彩定,难可翻移。故童子雕琢,必先雅制;沿根讨叶,思转自圆②。"八体"虽殊,会通合数③;得其环中④,则辐辏相成。故宜摹体以定习⑤,因性以练才:文之司南⑥,用此道也。

[注释]①斫梓:谓木工制器。斫:音 zhuó,砍,削。梓:木名,品质优良而不易腐朽。 ②思转自圆:谓可以实现预定的目标。 ③会通:谓融会贯通。数:规律。 ④"得其环中"二句:以车轮为喻,谓抓住中心环节,则自然得心应手。环中,谓车轮之中心。辐,车轮的辐条。辏,谓辐条之集于轮毂。⑤摹:规划。 ⑥司南:指南。

赞曰:才性异区,文辞繁诡①;辞为肤根②,志实骨髓。雅丽黼黻③,淫巧朱紫④。习亦凝真⑤,功沿渐靡⑥。

[注释]①辞:元至正本作"体"。 ②肤根:王利器《文心雕龙校证》:"案当作'肌肤'。" ③黼黻:音 fǔ fú,古代礼服上所绣的花纹。 ④淫:过度,滥。朱紫:喻以邪乱正或真伪混淆。朱,正红色。紫,属间色。 ⑤习以凝真:谓通过学习可以形成自己的艺术风格。 ⑥功沿渐靡:谓艺术风格的形成需要长期的培养。渐靡,即渐摩,谓浸润。

风骨第二十八

　　《诗》总"六义"①,风冠其首②;斯乃化感之本源③,志气之符契也④。是以怊怅述情⑤,必始乎风;沉吟铺辞,莫先于骨⑥。故辞之待骨,如体之树骸⑦;情之含风,犹形之包气⑧。结言端直⑨,则文骨成焉;意气骏爽⑩,则文风清焉⑪。若丰藻克赡⑫,风骨不飞⑬,则振采失鲜⑭,负声无力⑮。是以缀虑裁篇⑯,务盈守气⑰;刚健既实⑱,辉光乃新:其为文用,譬征鸟之使翼也⑲。

　　[注释]①六义:参见《明诗》注。 ②风:《毛诗序》:"风,风也,教也;风以动之,教以化之。" ③化感:感化,教育。本源:谓根本。 ④志气之符契:谓作品的教化之力与作者的情志表现乃是一致的。符契,谓符合。 ⑤怊(音chāo)怅:犹惆怅,此谓感情的激动。 ⑥骨:骨头,喻作品的刚健之力。 ⑦骸:骨。 ⑧形:形体。气:元气。 ⑨端直:正直。 ⑩意气:犹"志气",谓作者的情感生命特征。骏爽:峻拔清朗。 ⑪清:梅庆生音注《文心雕龙》云:"一作'生'。" ⑫克:能。赡:富足。 ⑬不飞:谓无,缺乏。 ⑭振:扬起,显扬。 ⑮负:承担。声:声律。 ⑯缀虑裁篇:谓从艺术构思至谋篇布局。缀虑,谓构思。 ⑰守气:即上文之"包气",谓"含风"。 ⑱刚健:指文章的骨力。 ⑲征鸟:远飞的鸟。

故练于骨者,析辞必精;深乎风者,述情必显。捶字坚而难移①,结响凝而不滞②,此风骨之力也。若瘠义肥辞③,繁杂失统④,则无骨之征也;思不环周⑤,索莫乏气⑥,则无风之验也。昔潘勖《锡魏》⑦,思摹经典,群才韬笔⑧,乃其骨髓峻也⑨;相如赋仙⑩,气号"凌云"⑪,"蔚为辞宗"⑫,乃其风力遒也⑬。能鉴斯要⑭,可以定文;兹术或违,无务繁采。

[注释]①捶:音 chuí,同"锤",锻,锤炼。坚:牢固。 ②结响:谓建构声律。凝:坚定。滞:滞涩,阻碍,不流畅。 ③瘠义:谓思想内容贫乏。 ④统:统绪,条理。 ⑤环周:全面、周密。 ⑥索莫:萧索空寂貌。 ⑦《锡魏》:指《册魏公九锡文》。锡,赐予财物。 ⑧韬:音 tāo,敛藏。 ⑨骨髓:谓骨力。峻:元至正本作"峻",峭拔。 ⑩相如:指司马相如,有言神仙之事的《大人赋》。 ⑪气号"凌云":《史记·司马相如传》载,司马相如奏《大人赋》,"天子大悦,飘飘有凌云之气"。 ⑫蔚为辞宗:语出《汉书·叙传下》。蔚:盛大。 ⑬遒:强劲。 ⑭鉴:审察。

故魏文称①:"文以气为主②,气之清浊有体③,不可力强而致④。"故其论孔融,则云"体气高妙"⑤;论徐干,则云"时有齐气"⑥;论刘桢,则云"有逸气"⑦。公干亦云⑧:"孔氏卓卓⑨,信含异气⑩;笔墨之性⑪,殆不可胜⑫。"并重气之旨也。

[注释]①魏文:指魏文帝曹丕。引文见其《典论·论文》。 ②气:谓个体生命状态。 ③清浊:清气与浊气。体:禀性。 ④强:勉强。 ⑤体气高妙:语出《典论·论文》。体气:个性、气质。 ⑥时有齐气:语出《典论·论文》。齐气:齐地之气。 ⑦有逸气:语出曹丕《与吴质书》。逸气:脱俗的气质。 ⑧公干亦云:所引刘桢之语已佚。 ⑨孔氏:指孔融。卓卓:高超出

众。 ⑩信:的确。异气:非凡的秉性。 ⑪性:谓个性。 ⑫殆:大概,几乎。

夫翚翟备色①,而翾翥百步②,肌丰而力沉也;鹰隼乏采③,而"翰飞戾天"④,骨劲而气猛也。文章才力,有似于此。若风骨乏采,则鸷集翰林⑤;采乏风骨,则雉窜文囿⑥。唯藻耀而高翔,固文笔之鸣凤也⑦。

[注释]①翚:音huī,五彩野鸡。翟:音dí,长尾山鸡。 ②翾翥:音xuān zhù,飞翔。 ③隼:音sǔn,鸟名,与鹰同类而较小。乏:宋本《太平御览》引作"无"。 ④翰飞戾天:语出《诗·小雅·小宛》。翰:高。戾:音lì,至,到达。 ⑤鸷:音zhì,凶猛的鸟。翰林:犹文坛。 ⑥雉:野鸡。文囿:犹文坛。 ⑦文笔:谓文章。鸣凤:凤凰。

若夫镕铸经典之范①,翔集子史之术②;洞晓情变③,曲昭文体④,然后能孚甲新意⑤,雕画奇辞。昭体,故意新而不乱;晓变,故辞奇而不黩⑥。若骨采未圆⑦,风辞未练⑧,而跨略旧规⑨,驰骛新作⑩,虽获巧意,危败亦多;岂空结奇字,纰缪而成经矣⑪!《周书》云⑫:"辞尚体要⑬,弗惟好异⑭。"盖防文滥也。然文术多门,各适所好;明者弗授⑮,学者弗师;于是习华随侈⑯,"流遁忘反"⑰。若能确乎正式⑱,使"文明以健"⑲,则风清骨峻,篇体光华。能研诸虑,"何远之有"哉⑳?

[注释]①镕铸:元至正本作"镕冶",谓取法、师从。 ②翔集:众鸟飞翔而后群集于一处,谓采集、借鉴。术:方法,手段。 ③洞晓:透彻地了解。情变:感情的变化。此承《神思》篇"情数诡杂"而言。 ④曲昭:详悉。文体:文章风格。此承《神思》篇"体变迁贸"而言。 ⑤孚甲:元至正本作"莩甲",

谓萌发、萌生。荴,植物茎杆里的白膜。甲,草木初生时所带种子的皮壳。 ⑥黩:谓杂乱。 ⑦骨采未圆:谓文章的骨力与辞采未能密切配合。 ⑧风辞未练:谓作品的语言未能更好地具备感人的力量。 ⑨跨略:犹超越,忽视。 ⑩驰骛:奔走,奔竞。 ⑪纰缪:犹荒谬。经:元至正本作"轻",谓轻率。 ⑫《周书》:指《尚书·毕命》。 ⑬体要:切实而简要。 ⑭弗惟:疑当作"不唯"。《征圣》篇亦引此二句,其中"弗惟",唐写本作"不唯"。 ⑮"明者弗授"二句:谓懂得写作的人尚难以讲清,初学者自然无所适从。 ⑯习华随侈:谓文辞浮华之风愈演愈烈。 ⑰流遁忘反:语出张衡《东京赋》,原为耽乐放纵之意,此谓难以自拔。 ⑱正式:法式,谓"风骨"的原则。 ⑲文明以健:语出《易·同人·彖》,谓文风明快而有力。 ⑳何远之有:语出《论语·子罕》,谓成功就在眼前。

赞曰:情与气偕①,辞共体并②。"文明以健",圭璋乃骋③。蔚彼风力,严此骨鲠④;才锋峻立⑤,符采克炳⑥。

[注释]①气:谓风。偕:俱,同。情与气偕,乃"情之含风,犹形之包气"的概括。 ②体:谓骨力。辞共体并,乃"辞之待骨,如体之树骸"的概括。 ③圭璋:两种贵重的玉制礼器。骋:元至正本作"聘",谓聘用。 ④骨鲠:谓骨力。 ⑤才锋峻立:谓才华出众。 ⑥炳:显明。

通变第二十九

夫设文之体有常①,变文之数无方②。何以明其然耶?凡诗赋书记,名理相因③,此有常之体也;文辞气力④,通变则久⑤,此无方之数也。名理有常,体必资于故实⑥;通变无方,数必酌于新声⑦:故能骋无穷之路,饮不竭之源。然绠短者衔渴⑧,足疲者辍涂⑨;非文理之数尽⑩,乃通变之术疏耳。故论文之方⑪,譬诸草木:根干丽土而同性⑫,臭味晞阳而异品矣⑬。

[注释]①体:体裁。常:规律,通例。　②数:道数,方法。方:常规。　③名理:谓文体的名称及其基本写作原理。　④气力:谓风骨。　⑤通变:通晓其变,即懂得创新。《易·系辞上》:"通其变,遂成天下之文。"　⑥资:凭借、借鉴。故实:指前人的作品。　⑦酌:选取,择善而行。新声:新作的乐曲,代指新兴之作。　⑧绠:音 gěng,汲水用的绳索。　⑨辍涂:谓中途停止,半途而废。　⑩文理:犹名理。　⑪文之方:即文章之理。　⑫丽:附着,依附。　⑬臭(音 xiù)味:气味,喻同类。晞:音 xī,晒。

是以九代咏歌①,志合文则②:黄歌"断竹"③,质之至也;唐歌"在昔"④,则广于黄世;虞歌"卿云"⑤,则文于唐时;夏歌"雕墙"⑥,缛于虞代;商周篇什⑦,丽于夏年。至于序志述时,其揆一也⑧。暨楚之骚文⑨,矩式周人⑩;汉之赋颂,影写楚世;魏之策制⑪,顾慕汉风⑫;晋之辞章,瞻望魏采。榷而论之⑬,则黄唐淳而质,虞夏质而辨⑭,商周丽而雅,楚汉侈而艳⑮,魏晋浅而绮⑯,宋初讹而新⑰:从质及讹,弥近弥澹⑱。何则?竞今疏古,风味气衰也⑲。

[注释]①九代:谓历代。 ②志:准的、目标,此谓发展方向。文则:文章之理,即上述"文之方"。 ③黄:指黄帝时期。断竹:即《弹歌》,共四句八字,"断竹"为其首句。 ④唐:指唐尧时期。在昔:未详,或已失传。 ⑤虞:指虞舜时期。卿云:四言四句,首句为"卿云烂兮"。 ⑥雕墙:即《五子之歌》,其中有"峻宇雕墙"之句。 ⑦篇什:谓诗篇。《诗经》的《雅》、《颂》以十篇为一"什",故称。 ⑧揆:音kuí,道理,准则。 ⑨骚文:谓以《离骚》为代表的《楚辞》。 ⑩矩式:法式,取法。 ⑪策制:王惟俭《文心雕龙训故》作"篇制",即诗篇。 ⑫顾慕:追慕,向往。 ⑬榷:商讨,研究。 ⑭辨:明白,清楚。 ⑮侈:谓铺张、夸饰。 ⑯绮:有花纹的丝织品,谓华丽。 ⑰讹:怪异,怪诞。 ⑱澹:淡薄。 ⑲味:杨升庵批点梅庆生音注《文心雕龙》作"末",衰败。

今才颖之士①,刻意学文;多略汉篇,师范宋集②:虽古今备阅,然近附而远疏矣。夫青生于蓝③,绛生于茜④;虽逾本色,不能复化。桓君山云⑤:"予见新进丽文,美而无采;及见刘、扬言辞⑥,常辄有得。"此其验也。故练青濯绛⑦,必归蓝茜;矫讹翻浅⑧,还宗经诰⑨。斯斟酌乎质文之间,而櫽括乎雅俗之际⑩,可与言通变矣。

[注释]①才颖:才能出众。 ②宋集:谓南朝刘宋时期的作品。 ③青生于蓝:《荀子·劝学》:"青,取之于蓝,而青于蓝。"青:谓蓝色。蓝:植物名,

叶可制蓝色染料。　④绛:深红色。茜:音qiàn,草名,根可做红色染料。　⑤桓君山:即桓谭,下引其语已佚。　⑥刘:指刘向。扬:指扬雄。　⑦练:谓提炼、提取。濯:洗涤,谓提炼。　⑧矫:纠正。翻:反转,改变。　⑨经诰:谓儒家经典。　⑩檃括:矫正竹木弯曲的工具,此谓调整、校正。

夫夸张声貌,则汉初已极。自兹厥后①,循环相因;虽轩翥出辙②,而终入笼内。枚乘《七发》云③:"通望兮东海,虹洞兮苍天④。"相如《上林》云⑤:"视之无端,察之无涯;日出东沼⑥,月生西陂⑦。"马融《广成》云⑧:"天地虹洞,固无端涯;大明出东⑨,月生西陂。"扬雄《校猎》云⑩:"出入日月,天与地沓⑪。"张衡《西京》云⑫:"日月于是乎出入,象扶桑于濛汜⑬。"此并广寓极状⑭,而五家如一。诸如此类,莫不相循。

[注释]①厥:其。　②轩翥(音zhù):飞举。　③枚乘:字叔,西汉初年作家。　④虹洞:相连貌。　⑤相如:指司马相如,有《上林赋》。　⑥沼:水池。　⑦月生:《上林赋》原文作"入乎西陂"。陂:音bēi,山坡。　⑧马融:字季长,东汉中期学者、作家,有《广成颂》。　⑨"大明出东"二句:《广成颂》原文为:"大明生东,月朔西陂。"大明,指太阳。朔,生。　⑩校猎:打猎,扬雄有《羽猎赋》。　⑪沓:交会,相合。　⑫张衡有《西京赋》。　⑬扶桑:神话中的树名,传说日出其下。于:《西京赋》原文作"与"。濛汜(音sì):古称日落之处。　⑭广寓极状:谓极力描绘天地之广阔。

参伍因革①,通变之数也。是以规略文统②,宜宏大体③;先博览以精阅,总纲纪而摄契④。然后拓衢路⑤,置关键,长辔远驭⑥,从容按节⑦。凭情以会通⑧,负气以适变⑨;采如宛虹之奋鬐⑩,光若长离之振翼⑪:乃颖脱之文矣⑫。若乃龌龊于偏解⑬,矜激乎一致⑭;此庭间之回骤⑮,岂万里之逸步哉⑯?

[注释]①参伍:即三、五,谓变化不定之数。《易·系辞上》:"参伍以变,错综其数。" ②规略文统:谓从总体上规划文章写作。 ③大体:谓主体,即主要方面。 ④总纲纪而摄契:谓提纲挈领。契,要约。 ⑤衢路:道路。 ⑥辔:驾驭马的缰绳。 ⑦按节:停挥马鞭,谓徐行。 ⑧凭情以会通:谓以自己的情志融会历代创作。 ⑨负气以适变:谓根据作者的个性进行创新。 ⑩宛:弯曲。奋:扬起,翘起。髻:音 qí,马鬣(音 liè),喻彩虹之拱部。张衡《西京赋》:"瞰宛虹之长髻。" ⑪长离:即凤。 ⑫颖脱:即颖脱而出,谓才华显露。颖,锥芒。 ⑬龌龊:谓器量局促,狭小。 ⑭矜激:谓自满。一致:一得之见。 ⑮骤:驰马,纵辔。 ⑯逸步:犹快步。

赞曰:文律运周①,日新其业。变则其久②,通则不乏。趋时必果③,乘机无怯④。望今制奇⑤,参古定法。

[注释]①运周:谓回环运转。 ②"变则其久"二句:《易·系辞下》:"穷则变,变则通,通则久。" ③果:果敢,有决断。 ④怯:胆小,懦弱。 ⑤制奇:谓出奇制胜。

定势第三十

夫情致异区,文变殊术,莫不因情立体①,即体成势也②。势者,乘利而为制也③。如机发矢直④,涧曲湍回⑤,自然之趣也⑥。圆者规体,其势也自转;方者矩形,其势也自安:文章体势⑦,如斯而已。是以模经为式者⑧,自入典雅之懿⑨;效骚命篇者⑩,必归艳逸之华⑪。综意浅切者⑫,类乏酝藉⑬;断辞辨约者⑭,率乖繁缛⑮。譬激水不漪⑯,槁木无阴⑰,自然之势也。

[注释]①体:指体裁。 ②势:谓由文体所决定的基本格调。 ③制:体制格局。 ④机:弩机,发箭的装置。矢:箭。 ⑤涧:两山间的水沟。湍:急流的水。 ⑥趣:趋向,趋势。 ⑦体势:犹文体风格。 ⑧模经为式:即以经书为榜样。 ⑨懿:美。 ⑩骚:指以《离骚》为代表的《楚辞》。 ⑪艳逸:艳丽。 ⑫综:参见《正纬》注。综意,谓用意。浅切:谓简明。 ⑬类:率,皆;大抵。酝藉:谓内涵丰富。 ⑭断辞:谓用辞。辨约:明白简要。 ⑮率:大抵。乖:违背。繁缛:彩饰富丽。 ⑯激水:急流。漪:音 yī,风吹水面形成的波纹。 ⑰槁:干枯。阴:阴影,谓树荫。

是以绘事图色,文辞尽情;色糅而犬马殊形①,情交而雅俗异势②。镕范所拟③,各有司匠;虽无严郛④,难得逾越。然渊乎文者⑤,并总群势⑥:奇正虽反⑦,必兼解以俱通;刚柔虽殊,必随时而适用。若爱典而恶华⑧,则兼通之理偏;似夏人争弓矢⑨,执一不可以独射也。若雅郑而共篇⑩,则总一之势离⑪;是楚人鬻矛誉楯⑫,两难得而俱售也。

[注释]①糅:混合。 ②交:会合。 ③"镕范所拟"二句:谓不同的体裁各有自己的规则。镕范:铸器的模具,喻体裁。司匠:主管的工匠,喻法则。④郛:音fú,外城,喻界限。 ⑤渊:深邃,喻精通。 ⑥总:总揽,统领。⑦奇正:古代用兵之术。设伏用计为奇,对阵交锋为正。此喻文风的奇特或雅正。 ⑧典:谓典雅。华:谓华丽。 ⑨夏人争弓矢:《胡非子》载,一人夸耀自己的弓好,无可用之矢;另一人则夸耀自己的矢好,无可用之弓。后羿则告诉他们,弓和矢是缺一不可的。 ⑩雅郑:即雅俗。郑:郑国的音乐,指与雅乐相对的俗乐。 ⑪总一:即统一。 ⑫鬻矛誉楯:《韩非子·难一》:"楚人有鬻楯与矛者,誉之曰:'吾楯之坚,莫能陷也。'又誉其矛曰:'吾矛之利,于物无不陷也。'或曰:'以子之矛,陷子之楯,何如?'其人弗能应也。"鬻,卖。楯,即盾。

是以括囊杂体①,功在铨别②;宫商朱紫③,随势各配。章、表、奏、议,则准的乎典雅;赋、颂、歌、诗,则羽仪乎清丽④;符、檄、书、移⑤,则楷式于明断⑥;史、论、序、注⑦,则师范于核要⑧;箴、铭、碑、诔,则体制于弘深⑨;连珠、七辞⑩,则从事于巧艳。此循体而成势,随变而立功者也。虽复契会相参⑪,节文互杂⑫,譬五色之锦,各以本采为地矣⑬。

[注释]①括囊:即囊括,包罗。 ②铨别:衡量,鉴别。 ③宫商:五音之

二,代指声律。朱紫:红色与紫色,喻辞采。 ④羽仪:谓取法。《易·渐》:"鸿渐于陆,其羽可用为仪。" ⑤符:《书记》篇有论。 ⑥楷式:典范,此为动词。明断:明快决断。 ⑦序、注:《论说》篇有论。 ⑧核要:确切简要。⑨体制:规矩,此为动词。弘深:宽广深沉。 ⑩连珠、七辞:《杂文》篇有论。⑪虽复:犹纵令。契:契约,引申为规则。会:符合,相合。相参:谓相互错综。⑫节:音节,指声律。文:文采。杂:错杂。 ⑬本采:本色。地:谓基础。

桓谭称①:"文家各有所慕,或好浮华而不知实核,或美众多而不见要约。"陈思亦云②:"世之作者,或好烦文博采③,深沉其旨者④;或好离言辨白⑤,分毫析厘者;所习不同,所务各异。"言势殊也。

[注释]①桓谭:字君山,下引其语已佚。 ②陈思:指曹植,下引其语已佚。 ③烦:繁多,繁杂。 ④深沉:谓深邃隐蔽。 ⑤离:分析。

刘桢云①:"文之体指实强弱②;使其辞已尽而势有余③,天下一人耳④,不可得也。"公干所谈,颇亦兼气。然文之任势,势有刚柔;不必壮言慷慨,乃称势也。又陆云自称⑤:"往日论文,先辞而后情,尚势而不取悦泽⑥";及张公论文⑦,则"欲宗其言"⑧。夫情固先辞,势实须泽⑨,可谓先迷后能从善矣。

[注释]①刘桢:字公干,下引其语已佚。 ②"文之体指"句:疑有脱漏。杨明照《文心雕龙校注》校为"文之体势,实有强弱"。 ③势:谓气势。④一人:所指不详。 ⑤陆云:西晋作家,陆机之弟。下文所引见其《与兄平原书》。 ⑥悦泽:悦目之色泽,谓文辞之美。 ⑦张公:指张华。 ⑧其言:指张华论文强调自得之言。

自近代辞人①,率好诡巧②。原其为体③,讹势所变④;厌黩旧式⑤,故穿凿取新⑥。察其讹意,似难而实无他术也,反正而已。"故文反正为乏"⑦,辞反正为奇。效奇之法,必颠倒文句;上字而抑下⑧,中辞而出外:回互不常⑨,则新色耳⑩。

[注释]①近代:指宋齐时期。 ②诡:奇异。 ③体:风格。 ④讹:怪异,怪诞。 ⑤厌黩:厌烦。旧式:谓原有的文体规范。 ⑥穿凿:牵强附会。 ⑦"故文"句:语出《左传·宣公十五年》。反正为乏:篆文的"正"字反过来就成"乏"字。 ⑧抑:向下压。 ⑨回互:谓回环交错。 ⑩新色:新奇,新鲜。

夫通衢夷坦①,而多行捷径者,趋近故也;正文明白,而常务反言者,适俗故也。然密会者以意新得巧②,苟异者以失体成怪③。旧练之才④,则执正以驭奇;新学之锐⑤,则逐奇而失正。势流不反⑥,则文体遂弊⑦。秉兹情术⑧,可无思耶?

[注释]①衢:四通八达的道路。夷:平坦。 ②密会:谓与文章体势密切结合。 ③苟异:随便地标新立异。 ④旧练之才:谓前代成功的作者。 ⑤新学之锐:谓近世的文坛新人。 ⑥势流不反:谓按照这样的趋势任其发展下去。 ⑦文体:文章体制。 ⑧秉:掌握。情术:上文"情致异区,文变殊术"之概括。

赞曰:形生势成,始末相承。湍回似规,矢激如绳①。因利骋节②,情采自凝。枉辔学步③,力止襄陵④。

[注释]①绳:木工所用墨线,谓直。 ②因利骋节:谓适应文体的要求和特点而进行写作。骋节,放任与节制。 ③枉辔:谓走弯路。枉,徒然、白费。

辔,驾驭马的缰绳。学步:即邯郸学步。《庄子·秋水》载,寿陵一少年到邯郸学走路,非但没有学会,反而忘记了自己原来走路的方式,结果"匍匐而归"。
④襄:王惟俭《文心雕龙训故》作"寿"。寿陵:古代燕国之地。

情采第三十一

圣贤书辞,总称"文章"①,非采而何?夫水性虚而沦漪结②,木体实而花萼振③:文附质也。虎豹无文,则鞟同犬羊④;犀兕有皮⑤,而色资丹漆:质待文也。若乃综述性灵⑥,敷写器象⑦;镂心鸟迹之中⑧,织辞鱼网之上⑨:其为彪炳⑩,缛采名矣⑪。故立文之道,其理有三:一曰形文,五色是也⑫;二曰声文,五音是也⑬;三曰情文,五性是也⑭。五色杂而成黼黻⑮,五音比而成《韶》、《夏》⑯,五情发而为辞章⑰:神理之数也⑱。

[注释]①文章:《论语·公冶长》:"子贡曰:'夫子之文章,可得而闻也。'" ②沦漪:水的小波纹。漪:元至正本作"猗",通"漪",水波纹。 ③花:元至正本作"华"。华萼:谓花。萼,花朵下的绿片。 ④鞟:音kuò,去毛的皮革。 ⑤犀兕(音sì):犀牛和兕,皮坚韧,可制铠甲。 ⑥综述:综合叙述。性灵:谓思想感情。 ⑦敷写:铺叙描写。器象:犹物象。 ⑧镂心:谓精心构思。鸟迹:指文字。相传仓颉受鸟兽足迹的启发而创立文字。 ⑨织辞:织织文辞。鱼网:指纸。史载蔡伦用树皮、破布、鱼网等造纸。 ⑩彪炳:文采焕发貌。 ⑪缛采:元至正本作"缛彩",绚丽的色彩,借指繁华的文采。名:明。 ⑫五色:青、黄、赤、白、黑。 ⑬五音:宫、商、角、徵、羽。 ⑭五性:其说不一,如喜、怒、哀、乐、怨。 ⑮黼黻:参见《体性》注。 ⑯比:

配合。《韶》：舜时的乐名。《夏》：禹时的乐名。　⑰情：王惟俭《文心雕龙训故》作"性"。　⑱神理之数：犹自然之道。

　　《孝经》垂典①，丧"言不文"②；故知君子常言③，未尝质也。老子疾伪④，故称"美言不信"⑤；而五千精妙⑥，则非弃美矣。庄周云"辩雕万物"⑦，谓藻饰也。韩非云"艳采辩说"⑧，谓绮丽也⑨。绮丽以艳说，藻饰以辩雕；文辞之变，于斯极矣。研味《李》、《老》⑩，则知文质附乎性情⑪；详览《庄》、《韩》，则见华实过乎淫侈⑫。若择源于泾渭之流⑬，按辔于邪正之路⑭，亦可以驭文采矣。

　　[注释]①《孝经》：儒家经典之一。垂典：垂示典章。　②言不文：《孝经·丧亲》："孝子之丧亲也，哭不偯，礼无容，言不文。"偯，音 yǐ，哀伤。　③常言：谓平常之言。　④老子：姓李，名耳，春秋时期思想家，有《老子》，亦称《道德经》。疾：憎恶。　⑤美言不信：语出《老子》。　⑥五千：指《道德经》，共五千多字。　⑦庄周：即庄子。辩雕万物：《庄子·天道》有"辩虽雕万物"之句。辩雕，谓以华美的辞藻雕琢修饰。　⑧艳采辩说：《韩非子·外储说左上》有"艳乎辩说"之句。　⑨绮丽：华丽。绮，有花纹的丝织品。⑩李：元至正本作"孝"，指《孝经》。　⑪文质：复词偏义，谓文采。　⑫华实：复词偏义，谓华丽。淫侈：奢华，浮华。　⑬泾渭：泾水和渭水，一清一浊，会合于陕西高陵县。此喻文采运用的"正"与"邪"，即"文质附乎性情"和"华实过乎淫侈"。　⑭辔：驾驭马的缰绳。

　　夫铅黛所以饰容①，而盼倩生于淑姿②；文采所以饰言，而辩丽本于情性③。故情者，文之经；辞者，理之纬。经正而后纬成，理定而后辞畅：此立文之本源也④。

　　[注释]①铅黛：搽脸的铅粉和画眉的黛墨，为古代女子化妆用品。

②盼倩:形容女子神态之美。《诗·卫风·硕人》:"巧笑倩兮,美目盼兮。"淑姿:美好的姿容。　③辩丽:华美。　④本源:根本。

昔诗人什篇①,为情而造文;辞人赋颂②,为文而造情。何以明其然?盖《风》、《雅》之兴③,志思蓄愤,而吟咏情性,以讽其上④:此为情而造文也。诸子之徒⑤,心非郁陶⑥,苟驰夸饰⑦,鬻声钓世⑧:此为文而造情也。故为情者要约而写真,为文者淫丽而烦滥⑨。而后之作者,采滥忽真⑩,远弃《风》、《雅》,近师辞赋;故体情之制日疏,逐文之篇愈盛。

[注释]①什篇:即诗篇。《诗经》的"雅"和"颂"以十篇为一"什",故以"篇什"或"什篇"称之。　②辞人:主要指辞赋家。　③《风》、《雅》:《诗经》的两个部分。　④讽:婉言规劝或讥刺。上:指统治者。　⑤诸子:即"辞人"。　⑥郁陶:忧思郁积貌。　⑦苟:姑且,勉强。　⑧鬻声钓世:犹沽名钓誉。　⑨烦滥:冗杂失实。　⑩采:采取,谓喜欢。滥:虚妄不实。

故有志深轩冕①,而泛咏皋壤②;心缠几务③,而虚述人外④:真宰弗存⑤,"翩其反矣"⑥!夫桃李不言而成蹊⑦,有实存也;男子树兰而不芳⑧,无其情也。夫以草木之微,依情待实;况乎文章,述志为本!言与志反,文岂足征⑨!

[注释]①轩冕:古时大夫以上官员的车乘和冕服,借指官位爵禄。②皋壤:泽边之地,谓山野隐居之所。　③心缠几务:嵇康《与山巨源绝交书》:"机务缠其心,世故繁其虑。"几务:即机务,指政事。　④人外:谓尘世之外。　⑤真宰:真心,真情。　⑥翩其反矣:语出《诗·小雅·角弓》。翩:疾飞貌。　⑦桃李不言:《史记·李将军列传》:"谚曰:桃李不言,下自成蹊。"蹊,小路。　⑧男子树兰:《淮南子·缪称训》:"男子树兰,美而不芳。"

⑨征:取信。

　　是以联辞结采,将欲明经①;采滥辞诡②,则心理愈翳③。固知翠纶桂饵④,反所以失鱼;言隐荣华⑤,殆谓此也⑥。是以"衣锦褧衣"⑦,恶文太章⑧;《贲》象穷白⑨,贵乎反本。夫能设谟以位理⑩,拟地以置心⑪;心定而后结音,理正而后摛藻。使文不灭质⑫,博不溺心;正采耀乎朱蓝⑬,间色屏于红紫⑭:乃可谓雕琢其章,彬彬君子矣⑮。

[注释]①经:元至正本作"理"。　②诡:奇异。　③翳:音yì,隐蔽。④翠纶桂饵:《阙子》:"鲁人有好钓者,以桂为饵,黄金之钩,错以银碧,垂翡翠之纶,其持竿处位即是,然其得鱼不几矣。"纶,钓丝。　⑤言隐荣华:《庄子·齐物论》:"言隐于荣华。"荣华,谓华美的辞藻。　⑥殆:大概,几乎。⑦衣锦褧衣:语出《诗·卫风·硕人》。褧:音jiǒng,麻布单罩衣,此作动词。⑧章:明显,鲜明。　⑨贲:音bì,文饰。《贲》为《易经》六十四卦之一,其最终之象为"白贲",以白色为饰,表示文饰复归于质朴。　⑩谟:明王志庆《古俪府》、王志坚《四六法海》均引作"模",模子。设模,谓选体定势。　⑪拟地:犹设模。　⑫"文不灭质"二句:文:谓作品的文采。质:谓思想内容。博:谓辞采的繁盛。《庄子·缮性》有"文灭质,博溺心"之句。　⑬正采:指正色,即青、赤、黄、白、黑。朱蓝:皆为正色。　⑭间色:指杂色,即绿、红、碧、紫、留黄。屏:摈弃。红紫:皆属杂色。　⑮彬彬:文质兼备貌。《论语·雍也》:"质胜文则野,文胜质则史;文质彬彬,然后君子。"

　　赞曰:言以文远①,诚哉斯验!心术既形②,英华乃赡③。吴锦好渝④,舜英徒艳⑤。繁采寡情,味之必厌。

[注释]①言以文远:《左传·襄公二十五年》:"言之无文,行而不远。"②心术既形:《礼记·乐记》:"应感起物而动,然后心术形焉。"心术,谓内心。形,显现。　③赡:富足。　④渝:改变。　⑤舜英:木槿花。

镕裁第三十二

情理设位,文采行乎其中。刚柔以立本①,变通以趋时。立本有体②,意或偏长③;趋时无方④,辞或繁杂。蹊要所司⑤,职在镕裁⑥:櫽括情理⑦,矫揉文采也⑧。规范本体谓之镕⑨,剪截浮词谓之裁⑩。裁则芜秽不生⑪,镕则纲领昭畅⑫,譬绳墨之审分⑬,斧斤之斫削矣⑭。"骈拇枝指"⑮,由侈于性;"附赘悬疣"⑯,实侈于形。二意两出⑰,义之骈枝也;同辞重句,文之疣赘也。

[注释]①"刚柔"二句:谓确立或刚或柔的基本文体风格,同时适应时代的发展而进行创新。一谓"定势",一谓"通变"。《周易·系辞下》:"刚柔者,立本者也;变通者,趋时者也。" ②体:主体,谓基本要求。 ③意或偏长:谓作者要表现的内容可能与已经确定的文体风格不太一致。 ④方:常规。 ⑤蹊要所司:犹谓关键所在。蹊要:犹险要,喻要害。司:主管,职掌。 ⑥职:犹惟,只。镕裁:规范、剪裁。镕,熔铸金属的模具,喻规范。 ⑦櫽括:矫正竹木弯曲的工具,此谓调整、校正。 ⑧矫揉:矫正,整饬。 ⑨本体:指思想内容。 ⑩浮词:累赘之辞。 ⑪芜秽:冗杂,杂乱。 ⑫昭畅:明白畅达。 ⑬绳墨:木工画线用的工具。审分:审核分辨。 ⑭斧斤:斧子。斫:音 zhuó,砍,削。 ⑮"骈拇枝指"二句:《庄子·骈拇》:"骈拇枝指,出乎性哉。"骈拇:谓足大拇指与第二指相连合为一指。枝指:谓手大拇指旁枝生一

指成六指。枝,音 qí,歧,旁出。由侈于性:谓天生多余。 ⑯"附赘悬疣"二句:《庄子·骈拇》:"附赘县疣,出乎形哉。"附赘县疣:附生在皮肤上的小瘤。县,同"悬"。 ⑰二:王惟俭《文心雕龙训故》作"一"。

凡思绪初发,辞采苦杂;心非权衡①,势必轻重。是以草创鸿笔②,先标"三准":"履端于始"③,则设情以位体④;"举正于中",则酌事以取类⑤;"归余于终",则撮辞以举要⑥。然后舒华布实,献替节文⑦。绳墨以外⑧,美材既斫;故能首尾圆合,条贯统序⑨。若术不素定⑩,而委心逐辞⑪;异端丛至⑫,骈赘必多。

[注释]①权衡:称重的器具。权,秤锤。衡,秤杆。 ②鸿:元至正本作"鸣",惊动。草创鸣笔,谓提笔为文。 ③履端于始:《左传·文公元年》:"先王之正时也,履端于始,举正于中,归余于终。"刘勰借用"履端于始"、"举正于中"、"归余于终"作为论述的顺序词,犹谓"首先"、"其次"、"最后",与"正时"之内容无关。 ④设情以位体:谓根据思想感情表现之需要确定文体。 ⑤酌事以取类:谓选择与作品内容相关的素材。 ⑥撮辞以举要:用简要的语言概括出文章的要点。撮,聚合。 ⑦献替节文:谓推敲音节,修饰文采。献替,取舍。 ⑧"绳墨以外"二句:谓已经根据绳墨所定砍掉了多余的部分。 ⑨条贯:条达,贯穿。统:元至正本作"始"。始序,疑原作"始末"。 ⑩术:方法。素定:谓预先确定。 ⑪委心:任意。 ⑫异端:谓各种思绪。丛至:谓纷至沓来。

故"三准"既定,次讨字句①。句有可削,足见其疏;字不得减,乃知其密。精论要语,极略之体②;游心窜句③,极繁之体④:谓繁与略,随分所好⑤。引而申之,则两句敷为一章⑥;约以贯之,则一章删成两句。思赡者善敷⑦,才核者善删⑧;善删者字去而意留,善敷者辞殊而意显⑨。字删而意阙⑩,则短乏而非核⑪;辞敷而言重,则芜秽而非赡。

[注释]①讨:探讨,此谓仔细琢磨。 ②极略之体:谓极为简练的文风。③游心:谓想象丰富。窔句:谓铺张文句。《庄子·骈拇》有"窔句游心"之语。 ④繁:谓繁复。 ⑤随:元至正本作"适"。分:才分,天分。 ⑥敷:铺陈。 ⑦赡:富足。 ⑧核:真实,确切。 ⑨辞殊:谓文辞多变。意:元至正本作"义"。 ⑩阙:空缺。 ⑪短乏:犹贫乏。

昔谢艾、王济①,西河文士②。张俊以为③,艾繁而不可删,济略而不可益。若二子者,可谓练镕裁而晓繁略矣。至如士衡才优④,而缀辞尤繁⑤;士龙思劣⑥,而雅好清省⑦。及云之论机⑧,亟恨其多⑨,而称"清新相接,不以为病"⑩,盖崇"友于"耳⑪。夫美锦制衣,修短有度;虽玩其采,不倍领袖。巧犹难繁⑫,况在乎拙?而《文赋》以为"榛楛勿剪"、"庸音足曲"⑬,其识非不鉴⑭,乃情苦芟繁也⑮。

[注释]①谢艾:东晋凉州牧张重华之主簿。王济:字武子,西晋作家。②西河:今山西中部地区。 ③张俊:王惟俭《文心雕龙训故》作"张骏",字公庭,张重华之父。 ④士衡:陆机之字。 ⑤缀辞:谓写作。缀,连结。⑥士龙:陆云之字,陆机之弟。 ⑦清省:简省,简练。 ⑧云之论机:指陆云《与兄平原书》有关陆机之论。平原:指陆机,曾任平原内史。 ⑨亟:音 qì,屡次。多:陆云所称陆机之"多",既指文采之繁,亦指文章数量,刘勰则取其前意。 ⑩"清新相接"二句:陆云《与兄平原书》原文为:"清新相接,不以此为病耳。" ⑪友于:语出《尚书·君陈》,本非一词,后以称兄弟友爱之义。⑫"巧犹难繁"二句:谓善于写作之人,尚且难于避免文辞之繁杂,何况不善文辞之人? ⑬榛楛(音 hù):榛木与楛木,泛指丛生的杂木。《文赋》有"彼榛楛之勿剪"之句。庸音足曲:谓平庸的音调亦可成曲。《文赋》有"放庸音以

足曲"之句。 ⑭鉴:照察,审辨。 ⑮芟:音 shān,删除。

夫百节成体①,共资荣卫②;万趣会文,不离辞情。若情周而不繁,辞运而不滥,非夫镕裁,何以行之乎?

[注释]①节:谓骨节。体:谓形体。 ②资:凭借,依靠。荣卫:谓人的气血。

赞曰:篇章户牖①,左右相瞰。辞如川流,溢则泛滥。权衡损益②,斟酌浓淡。芟繁剪秽,"弛于负担"③。

[注释]①户牖:门窗。 ②权衡:称量,比较。 ③弛于负担:语出《左传·庄公二十二年》。弛:舍弃,放下。

声律第三十三

夫音律所始,本于人声者也。声含宫商①,肇自血气;先王因之②,以制乐歌。故知器写人声③,声非学器者也④。故言语者,文章神明枢机⑤;吐纳律吕⑥,唇吻而已⑦。

[注释]①宫商:五音之二,代指五音。 ②先王:谓上古贤明君王。因:依照,根据。 ③写:仿效,模仿。 ④学:效法,模仿。 ⑤文章神明枢机:疑"神明"二字为衍文。枢机:谓关键。 ⑥吐纳:谓言语。律吕:乐律,音律。 ⑦唇吻:口唇,引申指发声、声音。

古之教歌①,"先揆以法",使"疾呼中宫,徐呼中徵"。夫商徵响高②,宫羽声下;抗喉矫舌之差③,攒唇激齿之异④:廉肉相准⑤,皎然可分⑥。今操琴不调,必知改张⑦;摘文乖张⑧,而不识所调。响在彼弦,乃得"克谐"⑨;声萌我心⑩,更失和律。其故何哉?良由内听难为聪也⑪。故外听之易,弦以手定;内听之难,声与心纷⑫:可以数求⑬,难以辞逐。

[注释]①"古之教歌"四句:《韩非子·外储说右上》:"教歌者,先揆以

法,疾呼中宫,徐呼中徵。"揆:管理,掌管。中:音zhòng,符合。 ②"商徵响高"二句:谓五音之高低强弱。按此二句互文足义,非谓商徵声高而宫羽声低,不可胶柱鼓瑟。 ③抗喉:高亢的喉音。矫舌:伸直的舌音。 ④攒唇:聚合的唇音。激齿:急疾的齿音。 ⑤廉肉:谓音的强弱。相准:谓相对。 ⑥皎然:清晰分明貌。 ⑦改张:改弦更张,谓调音。 ⑧摘:杨升庵批点曹学佺评《文心雕龙》作"擿"。摘文,谓写作。乖张:不顺,此谓文章音律不和谐。 ⑨克谐:语出《尚书·舜典》,谓能和谐。 ⑩萌:产生。 ⑪"良由"句:明徐元太《喻林》引作"良由外听易为察,内听难为聪也"。外听:谓乐器声。内听:犹心声,即文章的声律。聪:明察。 ⑫声与心纷:谓文章的声律与作者的思想感情纠缠在一起。 ⑬"可以数求"二句:谓虽然难以叙述清楚,但还是可以找到其中的规律的。数:方法,规律。

　　凡声有飞沉①,响有双叠②。双声隔字而每舛③,叠韵杂句而必睽④;沉则响发而断⑤,飞则声飏不还⑥:并辘轳交往⑦,逆鳞相比⑧。迂其际会⑨,则"往蹇来连"⑩;其为疾病,亦文家之吃也⑪。夫吃文为患,生于好诡⑫;逐新趣异,故喉唇纠纷⑬。将欲解结,务在刚断⑭;左碍而寻右⑮,末滞而讨前。则声转于吻,玲玲如振玉⑯;辞靡于耳⑰,累累如贯珠矣⑱。

　　[注释]①飞沉:谓高扬与低沉。 ②双:双声,两字声母相同。叠:叠韵,两字韵母相同。 ③舛:错乱。 ④杂:《文镜秘府论》引作"离"。叠韵离句,指叠韵词被分开。而:《文镜秘府论》引作"其"。睽:音kuí,乖离,违背。 ⑤而:《文镜秘府论》引作"如"。沉则响发如断,谓低沉之音可能会时断时续。 ⑥飞则声飏不还:谓高扬之声可能会缺乏婉转。飏:飞扬,飘扬。 ⑦辘轳交往:谓如辘轳般交替往还。辘轳,井上汲水的起重装置。 ⑧逆鳞相比:谓如逆鳞般排比有序。逆鳞,龙的喉下倒生的鳞片。相比,并排。 ⑨迂:远。际会:谓配合呼应。 ⑩往蹇来连:语出《易·蹇》。蹇:音jiǎn,不

顺利。连:音 liǎn,艰难。　⑪吃:谓口吃。　⑫诡:奇异。　⑬喉唇:谓音律。纠纷:杂乱。　⑭刚断:坚决果断。　⑮"左碍而寻右"二句:谓下句不通则从上句寻找原因,句末不顺则从句首检讨问题。　⑯玲玲:玉碰击的声音。⑰靡:谓动听。　⑱累累:连接成串。贯珠:成串的珍珠。《礼记·乐记》:"累累乎端如贯珠。"

是以声画妍蚩①,寄在吟咏②;吟咏滋味流于字句③,气力穷于和韵④。异音相从谓之和⑤,同声相应谓之韵⑥。韵气一定⑦,故余声易遣⑧;和体抑扬⑨,故遗响难契⑩。属笔易巧⑪,选和至难⑫;缀文难精⑬,而作韵甚易⑭。虽纤意曲变⑮,非可缕言⑯;然振其大纲⑰,不出兹论。

[注释]①声画:谓文章。扬雄《法言·问神》:"言,心声也;书,心画也。"妍蚩:美丑。　②吟咏:谓声韵。　③"吟咏滋味"句:《文镜秘府论》引作"滋味流于下句"。下:下笔,推敲。　④气力:《文镜秘府论》引作"风力",犹风骨。和:配合,和谐。韵:押韵。　⑤异音:不同的声音或声调。　⑥同声:相同的声音,此谓韵脚。　⑦韵气:谓韵。气,谓鼻息出入。一定:一旦确定。⑧故:《文镜秘府论》引作"则"。余声:指其他韵脚。　⑨和体:谓和。⑩遗响:指其他声音。契:合。　⑪笔:指无韵的散文。　⑫选和:谓做到和谐。　⑬文:指有韵的诗文。　⑭作韵:谓押韵。　⑮纤意:杨升庵批点梅庆生音注《文心雕龙》作"纤毫",谓细微之处。曲变:谓曲折的变化。　⑯缕言:谓细说。　⑰振:举。

若夫宫商大和①,譬诸吹籥②;翻回取均③,颇似调瑟④。瑟资移柱⑤,故有时而乖贰⑥;籥含定管⑦,故无往而不壹⑧。陈思⑨、潘岳,吹籥之调也;陆机、左思,瑟柱之和也。概举而推,可以类见。

[注释]①大和:谓高度和谐。《左传·襄公十三年》:"晋国之民,是以大

和。" ②籥:yuè,一种似笛的管乐器。 ③翻回:旋转。均:即韵。 ④瑟:似琴的弦乐器,有五十弦、二十五弦等,弦各一柱。 ⑤瑟资移柱:谓瑟音之调靠移动弦柱。 ⑥乖贰:谓不和谐。 ⑦籥含定管:谓籥音乃由固定之管发出。 ⑧壹:统一、一致,谓协调。 ⑨陈思:指曹植。

又《诗》人综韵①,率多清切②;《楚辞》辞楚③,故讹韵实繁④。及张华论韵,谓士衡多楚⑤,《文赋》亦称知楚不易⑥;可谓衔灵均之声余⑦,失黄钟之正响也⑧。

[注释]①《诗》:指《诗经》。综韵:谓用韵。 ②率多:大多。清切:清楚准确。 ③辞楚:谓用楚音写成。 ④讹:讹误,错谬。 ⑤多楚:即多有楚音。陆云《与兄平原书》曾谈到张华之说。 ⑥知楚不易:现存《文赋》无此论。 ⑦灵均:屈原之字。声余:王惟俭《文心雕龙训故》作"余声"。 ⑧黄钟:古乐十二律之一,为起始之调,此谓声律。

凡切韵之动①,势若转圜②;讹音之作,甚于枘方③。免乎枘方,则无大过矣。练才洞鉴④,剖字钻响⑤;识疏阔略⑥,随音所遇,若长风之过籁⑦,南郭之吹竽耳⑧。古之佩玉⑨,左宫右徵⑩,以节其步⑪,声不失序⑫;音以律文⑬,其可忘哉⑭!

[注释]①切韵:确切之声韵。动:谓运用。 ②转圜:王惟俭《文心雕龙训故》作"转圆",转动圆形物体,喻圆转自然。 ③枘(音ruì)方:即枘凿方圆,喻不调协。 ④练才:指文才练达。洞鉴:透彻了解。 ⑤剖字钻响:谓仔细推敲文字的声韵。 ⑥识疏:元至正本作"疏识"。阔略:粗疏,不讲究。 ⑦籁:古代一种竹制管乐器。 ⑧南郭之吹竽:即后世所谓"滥竽充数"之典,事见《韩非子·内储说上》。竽,古代竹制簧管乐器。 ⑨佩玉:佩带玉饰。 ⑩左宫右徵:谓左右佩玉所发之声合于宫、徵。 ⑪节:节奏,此作动词。 ⑫声不失序:谓佩玉之声仍然不乱。 ⑬音以律文:谓文章写作中的声律运

用。　⑭忘：王惟俭《文心雕龙训故》作"忽"。

　　赞曰：标情务远①，比音则近。吹律胸臆②，调钟唇吻。声得盐梅③，响滑榆槿④。割弃支离⑤，宫商难隐⑥。

　　[**注释**]①"标情务远"二句：谓思想感情的表现务求深远，声律的运用则要具体而细致。比，配合。　②"吹律胸臆"二句：犹上文之"吐纳律吕，唇吻而已"。调钟：调整钟律，此喻声律的协调。　③盐梅：盐和梅子，此喻调和。④滑：喻声律之协畅。榆：木名，果、皮、叶均可食而滑。槿：通"堇"，菜名，叶可食而滑。　⑤支离：杂乱，谓不和之韵。　⑥宫商：代指和谐的声律。

章句第三十四

夫设情有宅①,置言有位;宅情曰章②,位言曰句③。故章者,明也;句者,局也④。局言者,联字以分疆⑤;明情者,总义以包体⑥:区畛相异⑦,而衢路交通矣⑧。

[注释]①宅:住所,谓位置。 ②章:段落。 ③句:句子。 ④局:结束,界限。 ⑤分疆:划分疆域,谓分别组成句子。 ⑥总义以包体:谓综合各句的内容而汇成一章。 ⑦区畛(音 zhěn):区域范围。畛:界限,疆界。 ⑧衢路:道路。交通:交相通达。

夫人之立言,因字而生句,积句而成章①,积章而成篇。篇之彪炳②,章无疵也;章之明靡③,句无玷也④;句之清英⑤,字不妄也⑥:振本而末从⑦,知一而万毕矣。

[注释]①成章:元至正本作"为章"。 ②彪炳:文采鲜明。 ③明靡:鲜明华丽。 ④玷:音 diàn,玉的斑点,瑕疵。 ⑤清英:清新明丽。 ⑥妄:胡乱,随便。 ⑦振:举。

夫裁文匠笔①,篇有大小;离章合句②,调有缓急:随变适会③,莫见定准。句司数字④,待相接以为用;章总一义⑤,须意穷而成体⑥。其控引情理⑦,送迎际会⑧:譬舞容回环⑨,而有缀兆之位⑩;歌声靡曼⑪,而有抗坠之节也⑫。

[注释]①裁文匠笔:谓写作。文,有韵之文。笔,无韵之文。 ②离章合句:分章造句,谓写作。 ③随变适会:犹随机应变。 ④司:主管,谓包括。 ⑤章总一义:谓一章包括相对完整的某一方面的内容。 ⑥意穷而成体:谓穷尽某一方面的内容而成为一章。 ⑦控引:控制,掌握。 ⑧送迎:取舍。际会:谓配合呼应。 ⑨回环:循环往复。 ⑩缀兆:谓舞者的行列位置。 ⑪靡曼:柔美舒缓。 ⑫抗坠:高亢和低沉。节:节奏。

寻《诗》人拟喻①,虽断章取义②,然章句在篇,如茧之抽绪③,"原始要终"④,体必鳞次⑤。启行之辞⑥,逆萌中篇之意⑦;绝笔之言⑧,追媵前句之旨⑨。故能外文绮交⑩,内义脉注⑪;跗萼相衔⑫,首尾一体。若辞失其朋,则"羁旅而无友"⑬;事乖其次⑭,则飘寓而不安⑮。是以搜句忌于颠倒,裁章贵于顺序:斯固情趣之指归,文笔之同致也⑯。

[注释]①拟喻:打比方,此代指诗歌创作。 ②断章取义:谓根据内容分章叙写。 ③抽绪:抽引丝头。 ④原始要终:语出《周易·系辞下》,指探究事物发展的始末,此谓自始至终。 ⑤鳞次:像鱼鳞依次排列。 ⑥启行:起程,谓开始。 ⑦逆萌:预先披露。 ⑧绝笔:犹搁笔,谓结束。 ⑨追媵:谓承接照应。媵:音 yìng,承接,随附。 ⑩外文:谓形式。绮交:谓文采辉映。 ⑪内义:谓内容。脉注:谓条理贯通。 ⑫跗:音 fū,谓花之足部。萼:托住花的硬片。 ⑬羁旅而无友:语出宋玉《九辩》。 ⑭乖:违背。次:次序。 ⑮飘寓:飘泊寄居。 ⑯同致:犹同归。

若夫笔句无常①,而字有条数②:四字密而不促,六字格而非缓③;或变之以三五,盖应机之权节也④。

[注释]①无常:谓长短不一。 ②条数:条理,规律。 ③格:谓长。④权节:指临时的调节。

至于诗、颂大体①,以四言为正;唯"祈父"、"肇禋"②,以二言为句。寻二言肇于黄世③,《竹弹》之谣是也④;三言兴于虞时⑤,元首之诗是也⑥;四言广于夏年,《洛汭之歌》是也⑦;五言见于周代,《行露》之章是也⑧。六言、七言,杂出《诗》、《骚》;而体之篇⑨,成于两汉。情数运周⑩,随时代用矣⑪。

[注释]①大体:大致,大概。 ②祈父:古代官名,《诗·小雅》有《祈父》篇。肇禋(音yīn):开始祭祀。《诗·周颂·维清》有"肇禋"之句。 ③黄世:谓黄帝时期。 ④《竹弹》:指传为黄帝时的《弹歌》,二言四句。 ⑤虞:谓虞舜时期。 ⑥元首:指舜,其歌辞见《尚书·益稷》。 ⑦《洛汭之歌》:指《五子之歌》,乃太康之兄弟五人停于洛水而作。汭:音ruì,河流弯曲处。⑧《行露》:《诗·召南》中的一篇,全诗十五句,八句为五言。 ⑨而体:杨升庵批点梅庆生音注《文心雕龙》作"两体"。 ⑩情数:情况,状况。运周:谓回环运转。 ⑪代:更迭,交替。

若乃改韵从调①,所以节文辞气②。贾谊、枚乘,两韵辄易;刘歆、桓谭,百句不迁:亦各有其志也。昔魏武论赋③,嫌于积韵④,而善于资代⑤。陆云亦称⑥:"四言转句,以四句为佳。"观彼制韵,志同枚、贾。然两韵辄易,则声韵微躁⑦;百句不迁,则唇吻告劳⑧。妙才激扬⑨,虽触思"利贞"⑩,曷若折之中和⑪,庶保"无咎"⑫?

[注释]①改韵:谓换韵。从调:韵调相从,谓不换韵。 ②节:调节。辞气:谓语气。 ③魏武:指魏武帝曹操,其论诗之语已佚。赋:王应麟《玉海》引作"诗"。 ④积韵:重复同韵。 ⑤资:王应麟《玉海》引作"贸",谓变换。 ⑥陆云:字士龙,引文见其《与兄平原书》。 ⑦躁:急疾,迅速。 ⑧唇吻:口唇,谓吟诵。 ⑨妙才:才华出众之人。激扬:激越昂扬。 ⑩触思:触动思绪,此谓声韵的运用。利贞:语出《易·乾》,谓顺利。 ⑪曷若:何如。中和:中正平和。 ⑫庶:将近,差不多。无咎:语出《易·乾》。咎,过失。

又《诗》人以"兮"字入于句限①,《楚辞》用之,字出句外。寻"兮"字成句②,乃语助余声。舜咏《南风》③,用之久矣;而魏武弗好,岂不以无益文义耶!至于"夫"、"惟"、"盖"、"故"者,发端之首唱;"之"、"而"、"于"、"以"者,乃劄句之旧体④;"乎"、"哉"、"矣"、"也",亦送末之常科⑤。据事似闲,在用实切;巧者回运⑥,弥缝文体⑦:将令数句之外,得一字之助矣。外字难谬⑧,况章句欤!

[注释]①句限:谓句子之内。 ②成句:元至正本作"承句"。 ③《南风》:指《南风歌》,共四句。 ④劄:音 zhā,扎、刺,谓插入。旧体:谓成例。 ⑤常科:常用格式。 ⑥回运:谓反复运用。 ⑦弥缝文体:谓连缀辞句而使文章成为一体。 ⑧外字:即"数句之外,得一字之助"的概括,谓上述虚字。难:不能。

赞曰:断章有检①,积句不恒。理资配主②,辞忌失朋。环情草调③,宛转相腾④。离合同异⑤,以尽厥能⑥。

[注释]①断章:即分章。检:法式,法度。 ②理资配主:谓每一章的内容要配合主旨。 ③环:围绕。草调:谓拟定韵调。 ④宛转相腾:谓配合紧密而声情并茂。宛转,随顺变化。 ⑤离合同异:元至正本作"离同合异",犹"离章合句"。 ⑥厥:其。

丽辞第三十五

造化赋形①,支体必双②;神理为用③,事不孤立。夫心生文辞,运裁百虑④;高下相须⑤,自然成对。

[注释]①造化:谓天地自然。 ②支体:谓四肢。 ③神理:神妙之理,即自然之道。 ④运裁:谓构思剪裁。 ⑤相须:相互依存和配合。

唐虞之世①,辞未极文②,而皋陶赞云③:"罪疑惟轻,功疑惟重。"益陈谟云④:"满招损,谦受益。"岂营丽辞⑤,率然对尔⑥。《易》之《文》、《系》⑦,圣人之妙思也。序《乾》四德⑧,则句句相衔⑨;龙虎类感⑩,则字字相俪⑪;乾坤易简⑫,则宛转相承⑬;日月往来⑭,则隔行悬合⑮:虽句字或殊,而偶意一也。至于《诗》人偶章,大夫联辞⑯,奇偶适变,不劳经营。

[注释]①唐虞:唐尧与虞舜。 ②文:谓文采。 ③皋陶:传为舜时司法之臣。赞:辅佐,帮助。下文所引皋陶之语见《尚书·大禹谟》。 ④益:即伯益,相传为尧舜时大臣。谟:谋略。下文所引伯益之语见《尚书·大禹谟》。 ⑤丽辞:对偶的词句。 ⑥率然:轻率貌,此谓无意而为。尔:元至正本作"耳"。 ⑦《文》、《系》:指《易传》的《文言》、《系辞》。 ⑧序:同"叙",叙

述。四德:指元、亨、利、贞。《易·乾·文言》有"君子行此四德"之语。⑨句句:元至正本作"八句"。八句相衔:《易·乾·文言》:"元者,善之长也;亨者,嘉之会也;利者,义之和也;贞者,事之干也。" ⑩龙虎类感:《易·乾·文言》:"云从龙,风从虎……则各从其类也。" ⑪俪:指对仗、对偶。 ⑫乾坤易简:《易·系辞上》:"乾以易知,坤以简能;易则易知,简则易从。" ⑬宛转:谓回环。 ⑭日月往来:《周易·系辞下》:"日往则月来,月往则日来,日月相推,而明生焉;寒往则暑来,暑往则寒来,寒暑相生,而岁成焉。" ⑮悬合:谓遥相呼应。悬,相距遥远。 ⑯大夫联辞:指春秋时期各国大夫朝聘应对之辞。

自扬、马、张、蔡①,崇盛丽辞:如"宋画吴冶,刻形镂法"②;丽句与深采并流③,偶意共逸韵俱发④。至魏晋群才,析句弥密:联字合趣⑤,剖毫析厘;然契机者入巧⑥,浮假者无功⑦。

[注释]①扬:指扬雄。马:指司马相如。张:指张衡。蔡:指蔡邕。②"宋画吴冶"二句:语出《淮南子·修务训》,"形"原文为"刑"。宋画:指宋人之画,如《庄子·田子方》所载之"真画者"。吴冶:指吴人之冶,如《吴越春秋·阖闾内传》所载之"干将作剑"。刻形镂法:谓可以雕刻下来以为法式。形,通"刑",法度。 ③深采:浓厚的文采。 ④逸韵:美妙的声韵。 ⑤合趣:犹"偶意"。 ⑥契机:时机相合,谓对偶得当。 ⑦浮假:谓虚浮不实。

故丽辞之体,凡有四对:言对为易,事对为难①;反对为优,正对为劣。言对者,双比空辞者也②;事对者,并举人验者也③;反对者,理殊趣合者也;正对者,事异义同者也。

[注释]①事对:用典之对。 ②双比:即对偶。空辞:谓不用典故之辞。 ③人验:谓前人实有之事,即典故。

长卿《上林赋》云①:"修容乎《礼》园②,翱翔乎《书》圃③。"此言对之类也。宋玉《神女赋》云④:"毛嫱鄣袂⑤,不足程式⑥;西施掩面⑦,比之无色。"此事对之类也。仲宣《登楼》云⑧:"钟仪幽而楚奏⑨,庄舄显而越吟⑩。"此反对之类也。孟阳《七哀》云⑪:"汉祖想枌榆⑫,光武思白水⑬。"此正对之类也。

[注释]①长卿:司马相如之字。上林赋:元至正本无"赋"字。 ②修容:修饰仪表。 ③翱翔:回旋飞翔,谓学习。圃:园。 ④神女赋:疑彦和原作无"赋"字。 ⑤毛嫱:古代美女,传为越王之妾。鄣:同障,遮掩。袂:衣袖。 ⑥程式:法式,规格。 ⑦西施:春秋时越国美女。 ⑧仲宣:王粲之字。《登楼》:指《登楼赋》。 ⑨"钟仪"句:谓钟仪被囚于晋,仍奏楚国之乐。王粲原文句末有"兮"字。钟仪,春秋时楚国人。 ⑩"庄舄"句:谓庄舄虽为楚国高官,病中却发越国之音。庄舄(音 xì):战国时越人,仕于楚。 ⑪孟阳:张载之字,西晋作家。《七哀》:现存张载《七哀诗》二首,无刘勰所举之句。 ⑫汉祖:指汉高祖刘邦。枌榆:地名,在今江苏丰县,为刘邦之故乡。 ⑬光武:指东汉光武帝刘秀。白水:源出湖北枣阳,乃刘秀故乡。

　　凡偶辞胸臆,言对所以为易也;征人之学①,事对所以为难也;幽显同志②,反对所以为优也;并贵共心③,正对所以为劣也。又以事对④,各有反正;指类而求,万条自昭然矣。张华诗称⑤:"游雁比翼翔,归鸿知接翮⑥。"刘琨诗言⑦:"宣尼悲获麟⑧,西狩泣孔邱⑨。"若斯重出,即对句之骈枝也⑩。

[注释]①征:征引。 ②幽显:谓上述钟仪、庄舄之事。志:记。 ③并贵:谓上述刘邦、刘秀之事。 ④又以事对:纪昀评《文心雕龙》谓当作"又言对事对"。 ⑤张华:字茂先,下文所引见其《杂诗》。 ⑥翮:音 hé,谓鸟的

翅膀。　⑦刘琨:字越石,西晋诗人,下文所引见其《重赠卢谌》。　⑧宣尼:指孔子。汉平帝时曾追谥孔子为"褒成宣尼公"。悲获麟:事见《公羊传·哀公十四年》。麟,麒麟,传说中的一种动物,古人以为仁兽。　⑨狩:打猎。孔邱:元至正本作"孔丘"。　⑩骈枝(qí):即骈拇枝指,谓多余。

是以言对为美,贵在精巧;事对所先,务在允当。若两事相配,而优劣不均,是骥在左骖①,驽为右服也②。若夫事或孤立,莫与相偶,是夔之一足③,"跉踔而行"也④。若气无奇类,文乏异采,碌碌丽辞⑤,则昏睡耳目。必使理圆事密,联璧其章⑥;迭用奇偶⑦,节以杂佩⑧:乃其贵耳。类此而思,理自见也⑨。

[注释]①骥:骏马。骖:驾车时位于两边的马。　②驽:劣马。服:驾车时居中的两匹马。　③夔:音 kuí,传说中的一种独脚兽。　④跉踔而行:语出《庄子·秋水》。跉踔:音 chěn chuō,跳跃貌,跛行貌。　⑤碌碌:平庸貌。⑥联璧:并列的美玉。　⑦迭:交替。奇偶:散句和对句。　⑧杂佩:连缀在一起的各种佩玉。《诗·郑风·女曰鸡鸣》:"知子之来之,杂佩以赠之。"⑨自:元至正本作"斯"。

赞曰:体植必两①,辞动有配②。"左提右挈"③,精味兼载④。炳烁联华⑤,镜静含态⑥。玉润双流⑦,如彼珩珮⑧。

[注释]①体植必两:犹"造化赋形,支体必双。"植,生长。　②动:辄,每。配:配合,谓对偶。　③左提右挈:语出《史记·张耳陈余列传》。挈:提。④精味:疑当为"精末",犹精粗,指对句和散句。"精末兼载"犹"迭用奇偶"。⑤炳烁:光彩闪耀貌。联华:并蒂之花,喻对偶。"炳烁联华"犹"联璧其章·⑥镜静含态:明净之镜可以照见物象,喻对偶。静,清洁。　⑦玉润双流:犹"丽句与深采并流"。⑧珩珮:谓杂佩。珩,音 héng,佩之横玉,泛指佩玉。珮,玉佩。

比兴第三十六

《诗》文弘奥①,包韫"六义"②;毛公述《传》③,独标"兴"体④:岂不以"风"通而"赋"同⑤,"比"显而"兴"隐哉?故比者,附也⑥;兴者,起也。附理者切类以指事⑦,起情者依微以拟议⑧;起情故"兴"体以立,附理故"比"例以生。"比"则畜愤以斥言⑨,"兴"则环譬以记讽⑩;盖随时之义不一,故《诗》人之志有二也。

[注释]①弘奥:谓博大精深。 ②韫:藏,蕴藏。六义:参见《明诗》注。③毛公:指毛亨,西汉学者。《传》:指《诗训诂传》(亦称"故训传"、"诂训传"),简称"毛传"。 ④独标兴体:毛传只标明运用"兴"的诗句。 ⑤"风"通而"赋"同:谓"风"与"赋"乃《诗经》常例。 ⑥附:比附,依傍。 ⑦切:切合。类:相似。 ⑧拟:比拟。 ⑨畜:积蓄。斥:出。 ⑩环譬:谓委婉曲折的比喻。记:王惟俭《文心雕龙训故》作"托"。

观夫"兴"之托谕①,婉而成章;"称名也小"②,"取类也大"。《关雎》有别③,故后妃方德④;尸鸠贞一⑤,故夫人象义⑥。义取其贞,无从于夷禽⑦;德贵其别,不嫌于鸷鸟⑧:"明而未融"⑨,故发注而后见也。

[注释]①谕:告诫之辞。 ②"称名"二句:语出《周易·系辞下》,谓以小见大而寓意深广。称名:列举的物名。取类:概括的事类。 ③《关雎》:《诗经》之首篇,首句为"关关雎鸠"。关关,鸟类雌雄相和的鸣声。雎鸠,一种水鸟。有别:谓雌雄有别。 ④后妃:指周文王之后妃。方:比拟,比喻。《毛诗序·关雎》:"《关雎》,后妃之德也。" ⑤尸鸠:即鸤鸠,布谷鸟。贞一:守正专一。 ⑥夫人:谓诸侯之夫人。象:象征。《毛诗序·鹊巢》:"《鹊巢》,夫人之德也。" ⑦无从:不依从,谓不计较。夷禽:谓常禽。 ⑧鸷:音zhì,凶猛。 ⑨明而未融:语出《左传·昭公五年》。融,大明、大亮。

且何谓为"比"?盖写物以附意,飏言以切事者也①。故"金锡"以喻明德②,"圭璋"以譬秀民③,"螟蛉"以类教诲④,"蜩螗"以写号呼⑤,"浣衣"以拟心忧⑥,"席卷"以方志固⑦:凡斯切象,皆"比"义也。至如"麻衣如雪"⑧、"两骖如舞"⑨,若斯之类,皆"比"类者也。

[注释]①飏:谓声音高扬。 ②金锡:金和锡。《诗·卫风·淇奥》曾以"如金如锡"称赞卫武公。 ③圭璋:玉制的礼器。《诗·大雅·卷阿》曾以"如圭如璋"称赞贤人。 ④螟蛉:螟蛾的幼虫。《诗·小雅·小宛》曾用"螟蛉有子"比喻教养后辈。 ⑤蜩螗:音 tiáo táng,蝉。《诗·大雅·荡》曾用"如蜩如螗"比喻饮酒呼号之声。 ⑥浣衣:洗衣。《诗·邶风·柏舟》:"心之忧矣,如匪浣衣。" ⑦席卷:元至正本作"卷席"。《诗·邶风·柏舟》:"我心匪席,不可卷也。" ⑧麻衣如雪:语出《诗·曹风·蜉蝣》。 ⑨两骖如舞:语出《诗·郑风·大叔于田》。骖:驾车时在两边的马。

楚襄信谗①,而三闾忠烈②,依《诗》制《骚》,讽兼比兴。炎汉虽盛③,而辞人夸毗④;《诗》刺道丧,故"兴"义销亡⑤。于是赋颂先鸣,故"比"体云构⑥;纷纭杂遝⑦,信旧章矣⑧。

[注释]①楚襄:战国时楚顷襄王。　②三闾:即屈原,曾任三闾大夫。③炎汉:即汉代。旧说汉代属五行之火,故称。　④夸毗(音pí):谄媚阿谀。⑤销亡:消失。　⑥云构:谓作品众多如云。　⑦杂遝(音tà):杂乱众多。⑧信:范文澜《文心雕龙注》:"信,当作倍,倍即背也。"旧章:古代的篇章。

夫"比"之为义,取类不常:或喻于声,或方于貌,或拟于心,或譬于事。宋玉《高唐》云①:"纤条悲鸣,声似竽籁②。"此比声之类也。枚乘《菟园》云③:"焱焱纷纷④,若尘埃之间白云。"此则比貌之类也。贾生《鵩赋》云⑤:"祸之与福,何异糺纆⑥?"此以物比理者也。王褒《洞箫》云⑦:"优柔温润","如慈父之畜子也⑧"。此以声比心者也。马融《长笛》云⑨:"繁缛络绎⑩,范、蔡之说也⑪。"此以响比辩者也。张衡《南都》云⑫:"起郑舞"⑬,"茧曳绪"⑭。此以容比物者也。若斯之类,辞赋所先;日用乎"比",月忘乎"兴":习小而弃大,所以文谢于周人也⑮。

[注释]①《高唐》:指《高唐赋》。　②竽:音yú,古代竹制簧管乐器。籁:古代竹制管乐器。　③《菟园》:指《梁王菟园赋》。　④焱焱(音yàn):光采闪耀貌。　⑤贾生:指贾谊,有《鵩鸟赋》。　⑥糺(音jiū):同"纠",缠绕,纠缠。纆:音mò,绳索。　⑦《洞箫》:指《洞箫赋》。　⑧"如慈父"句:王褒原赋作"若慈父之畜子也"。畜:元至正本作"爱"。　⑨《长笛》:指《长笛赋》。　⑩繁缛:繁盛。络绎:马融原赋作"骆驿",连续不断。　⑪范、蔡:指:指范雎、蔡泽,皆为战国时辩士。说:游说。⑫《南都》:指《南都赋》。⑬郑舞:郑国的舞蹈,一说郑重屈折之舞。　⑭茧:蚕茧。曳:元至正本作"抽"。抽绪:抽丝,张衡原赋作"曳绪"。　⑮谢:逊让,不如。

至于扬、班之伦①,曹、刘以下②,图状山川,影写云物③，莫不纤综"比"义④，以敷其华⑤：惊听回视，资此效绩⑥。又安仁《萤赋》云"流金在沙"⑦，季鹰《杂诗》云"青条若总翠"⑧，皆其义者也。故"比"类虽繁，以切至为贵；若刻鹄类鹜⑨，则无所取焉。

[注释]①扬：指扬雄。班：指班固。伦：辈，类。 ②曹：指曹植。刘：指刘桢。 ③影写：描绘，描述。 ④纤：黄叔琳《文心雕龙辑注》："疑作织。"织综，织布，此喻组织运用。综：参见《正纬》注。 ⑤敷：铺陈。 ⑥资：凭借。效绩：显示功效。 ⑦安仁：潘岳之字，有《萤火赋》。流金在沙：原赋为"若流金之在沙"，谓萤火闪烁，如沙中流动的金子。 ⑧季鹰：张翰之字，西晋作家。总：聚合。翠：翠鸟。 ⑨鹄：音hú，天鹅。鹜：家鸭。马援《诫兄子严敦书》："所谓刻鹄不成尚类鹜者也。"

赞曰：诗人比兴，触物圆览①；物虽胡越②，合则肝胆。拟容取心③，断辞必敢④。攒杂咏歌⑤，如川之涣⑥。

[注释]①圆览：周密地观察。 ②"物虽胡越"二句：《淮南子·俶真训》："自其异者视之，肝胆胡越。"肝胆：喻距离很近。胡越：喻相距遥远。胡，指北方。越，指南方。 ③拟容：比拟形貌，谓比的运用。取心：即上文之"起情"，指兴的运用。 ④断：裁决。敢：果断。 ⑤攒：聚集。杂：指各种物象。 ⑥涣：水盛貌。

夸饰第三十七

夫"形而上者谓之道,形而下者谓之器"①。神道难摹②,精言不能追其极;形器易写,壮辞可得喻其真③:才非短长,理自难易耳。故自天地以降,豫入声貌④,文辞所被⑤,夸饰恒存。

[注释]①"形而上者"二句:语出《周易·系辞上》。形而上:成形以前,谓无形、抽象。形而下:成形以后,谓实在、具体。　②神道:神妙的道理,犹自然之道。摹:模写。　③壮辞:谓夸饰之辞。　④豫入:谓赋予。豫,通"与",参与。　⑤被:及,加。

虽《诗》、《书》雅言,风格训世①,事必宜广,文亦过焉②。是以言峻则嵩高极天③,论狭则河不容舠④;说多则"子孙千亿"⑤,称少则民靡孑遗⑥;襄陵举滔天之目⑦,倒戈立漂杵之论⑧:辞虽已甚,其义无害也。且夫鸮音之丑⑨,岂有泮林而变好?荼味之苦⑩,宁以周原而成饴?并意深褒赞,故义成矫饰⑪;大圣所录⑫,以垂宪章⑬:孟轲所云"说《诗》者不以文害辞,不以辞害意"⑭也。

[注释]①风:风化,教化。格:品格。　②过:超过,谓夸张。　③峻:高。

嵩:音 sōng,山高。《诗·大雅·嵩高》:"嵩高维岳,骏极于天。"骏,通"峻"。④舠:音 dāo,小船。《诗·卫风·河广》:"谁谓河广,曾不容刀。"刀:通"舠"。 ⑤子孙千亿:《诗·大雅·假乐》:"干禄百福,子孙千亿。" ⑥靡:无,没有。孑遗:遗留,残存。孑,音 jié,剩余。《诗·大雅·云汉》:"周余黎民,靡有孑遗。" ⑦襄陵:谓大水漫上丘陵。且:称。《尚书·尧典》:"汤汤洪水方割,荡荡怀山襄陵,浩浩滔天。" ⑧倒戈:谓掉转武器向己方攻击。杵:音 chǔ,舂捣用的棒槌。《尚书·武成》:"前徒倒戈,攻于后,以北,血流漂杵。" ⑨"鸮音"二句:《诗·鲁颂·泮水》:"翩彼飞鸮,集于泮林,食我桑黮,怀我好音。"鸮:音 xiāo,猫头鹰。泮:音 pàn,泮宫,古代学宫。桑黮(音 shèn):即桑葚。 ⑩"荼味"二句:《诗·大雅·绵》:"周原膴膴,堇荼如饴。"周:地名,在陕西岐山南,为周室之发祥地。膴:音 wǔ,肥沃。堇:音 jǐn,野菜。荼:苦菜。饴:饴糖。 ⑪矫饰:谓夸饰。 ⑫大圣:指孔子。 ⑬垂:留传下来。宪章:典章制度,引申为法度。 ⑭所云:王惟俭《文心雕龙训故》作"所谓"。"说《诗》者"二句:语出《孟子·万章上》,"意"原文作"志"。文:谓文饰。辞:指诗句本身。

自宋玉、景差①,夸饰始盛;相如凭风②,诡滥愈甚③。故《上林》之馆④,奔星与宛虹入轩⑤;从禽之盛⑥,飞廉与鹪鹩俱获⑦。及扬雄《甘泉》,酌其余波⑧:语瑰奇则假珍于玉树⑨,言峻极则颠坠于鬼神⑩。至《东都》之比目⑪,《西京》之海若⑫,验理则理无不验⑬,穷饰则饰犹未穷矣。

[注释]①景差:战国时期楚国作家。 ②相如:指司马相如。凭风:谓因袭夸饰之风。 ③诡滥:谓虚夸失实。 ④上林:帝王的园囿。 ⑤奔星:流星。宛虹:弯曲的虹。轩:窗户。 ⑥从禽:追逐禽兽,谓田猎。 ⑦飞廉:古代传说中的动物名。鹪鹩:王惟俭《文心雕龙训故》作"焦明",形似凤的鸟。 ⑧酌:挹取,谓继承。 ⑨玉树:用珍宝制作的树。 ⑩颠坠:坠落,跌落。 ⑪《东都》:班固《两都赋》的一部分。比目:两眼都在头部一侧的鱼,《两都赋》之《西都》曾写到此鱼。 ⑫《西京》:张衡《二京赋》的一部分。海若:传

说中的海神。 ⑬不验：王惟俭《文心雕龙训故》作"可验"。

又子云《羽猎》①，鞭宓妃以饷屈原②；张衡《羽猎》，困玄冥于朔野③。娈彼洛神④，既非罔两⑤；惟此水师⑥，亦非魑魅⑦；而虚用滥形，不其疏乎？此欲夸其威，而饰其事⑧，义睽剌也⑨。

[注释]①羽猎：元至正本作"校猎"，打猎。 ②宓（音 fú）妃：传说中的洛水女神。饷：馈食于人。 ③困：围困。玄冥：水神名。朔野：北方荒野之地。 ④娈：美好貌。 ⑤罔两：元至正本作"魑魅"，鬼怪。 ⑥水师：元至正本作"水怪"，指玄冥。 ⑦魑魅：明王志庆《古俪府》引作"魍魉"，鬼怪。 ⑧而饰其事：元至正本无"饰"字，"而其事"三字当与下句连读。 ⑨睽：元至正本作"暌"，音 kuí，乖离、违背。剌：音 là，乖戾、违背。

至如气貌山海①，体势宫殿②，嵯峨揭业、熠耀焜煌之状③，光采炜炜而欲然④，声貌岌岌其将动矣⑤：莫不因夸以成状，沿饰而得奇也。于是后进之才，奖气挟声⑥；轩翥而欲奋飞⑦，腾掷而羞踽步⑧。辞人炜烨⑨，春藻不能程其艳⑩；言在萎绝⑪，寒谷未足成其凋⑫。谈欢则字与笑并，论戚则声共泣偕⑬：信可以发蕴而飞滞⑭，披瞽而骇聋矣⑮。

[注释]①气貌：谓描述气势和形貌。 ②体势：谓描绘结构和态势。 ③嵯峨：山高峻貌。揭业：即揭蘖，极高貌。熠（音 yì）耀：光彩，鲜明。焜（音 kūn）煌：明亮，辉煌。 ④炜炜：光彩炫耀貌。然：即"燃"，燃烧。 ⑤岌岌（音 jí）：高貌。 ⑥奖气挟声：谓推波助澜。奖、挟，皆辅助之意。 ⑦轩翥（音 zhù）：飞举。 ⑧腾掷：元至正本作"腾踯"，腾空跳跃。踽步：小步。踽，音 jú，拘限。 ⑨炜烨：美盛貌。 ⑩春藻：谓春天之美景。程：呈现，表现。

⑪菱绝:凋谢败落。　⑫寒谷:阴冷的山谷。刘向《别录》:"燕有谷,地美而寒,不生五谷。"　⑬戚:忧伤。偕:俱,同。　⑭蕴:积聚,蓄藏。滞:凝结,积压。　⑮披:打开。瞽:音 gǔ,盲人。

然饰穷其要①,则心声锋起②;夸过其理,则名实两乖③。若能酌《诗》、《书》之旷旨④,翦扬、马之甚泰⑤,使夸而有节,饰而不诬⑥,亦可谓之懿也。

[注释]①饰穷其要:谓夸饰的运用在于抓住事物的本质特征。　②心声锋起:谓作者的思想感情得以充分表现。锋起:即蜂起,纷然并起。　③乖:背离,违背。　④旷旨:即"事必宜广"的原则。旷,广。　⑤翦:除去。扬:指扬雄。马:指司马相如。甚泰:谓过分。　⑥诬:虚妄。

赞曰:夸饰在用,文岂循检①?言必鹏运②,气靡鸿渐③。倒海探珠④,倾崑取琰⑤。旷而不溢⑥,奢而无玷⑦。

[注释]①循检:遵照规矩。检,法度　②鹏运:谓大鹏之奋然高飞远行。③鸿渐:谓大雁飞翔从低到高,循序渐进。　④探珠:即探骊得珠。骊珠,传为出自骊龙颔下的宝珠。　⑤崑:指昆仑山,在新疆与西藏之间,乃古代神话传说中的仙境。琰:音 yǎn,美玉。　⑥溢:谓泛滥。　⑦玷:玉的斑点,喻缺点。

事类第三十八

　　事类者①,盖文章之外,据事以类义,援古以证今者也②。昔文王繇《易》③,剖判爻位④。《既济》九三⑤,远引高宗之伐⑥;《明夷》六五⑦,近书"箕子之贞"⑧:斯略举人事,以征义者也⑨。至若胤征羲和⑩,陈政典之训⑪;盘庚诰民⑫,叙迟任之言⑬:此全引成辞⑭,以明理者也。然则明理引乎成辞,征义举乎人事,乃圣贤之鸿谟⑮,经籍之通矩也⑯。《大畜》之《象》⑰:"君子以多识前言往行"⑱,亦有包于文矣⑲。

　　[**注释**]①事类:谓引用古事故实以类比事理。　②援:引用。　③文王:指周文王。繇《易》:谓制作《易经》之"繇辞",即卦、爻辞。繇,音 zhòu,占卜。　④剖判:开辟,分开。爻位:卦爻所居的位次。《易经》有六十四卦,每卦六爻,共三百八十四爻,分为阳爻和阴爻,分别以"九"和"六"表示。阳爻之位自下而上为初九、九二、九三、九四、九五、上九,阴爻之位自下而上为初六、六二、六三、六四、六五、上六。　⑤《既济》:《易》卦名。　⑥高宗之伐:《既济》九三之爻辞有"高宗伐鬼方"之语。高宗,商王武丁之号。鬼方,上古种族名。　⑦《明夷》:《易》卦名。　⑧箕子之贞:语出《明夷》六五之象辞。箕(音 jī)子:名胥余,殷纣王叔父,封于箕(今山西太谷)。因谏纣王不听,便装疯为奴仆,以利守正。　⑨征:证验。　⑩胤征羲和:《尚书·胤征》载,羲

和沉湎于酒,荒误农时,胤君前往征讨。胤,古国名。羲和:羲氏、和氏,古代的历法官。 ⑪政典:为政之典籍。 ⑫盘庚:商代国王。诰:告诫。《尚书》有《盘庚》三篇,为盘庚之文诰。 ⑬迟任:传为上古贤人。《盘庚上》曾引用其言。 ⑭成辞:现成的语言。 ⑮鸿谟:犹大论、宏论。谟,记述君臣谋议国事的一种文体。 ⑯通矩:犹通则。矩,法度。 ⑰《大畜》:《易》卦名。《象》:谓解释卦象的象辞。 ⑱识:音zhì,记住。 ⑲亦有包于文:谓为文也要"多识前言往行"。

观夫屈、宋属篇①,号依《诗》人②;虽引古事,而莫取旧辞。唯贾谊《鵩赋》③,始用鹖冠之说④;相如《上林》⑤,撮引李斯之书⑥:此万分之一会也⑦。及扬雄《百官箴》⑧,颇酌于《诗》、《书》⑨;刘歆《遂初赋》,历叙于纪传⑩:渐渐综采矣⑪。至于崔、班、张、蔡⑫,遂捃摭经史⑬,华实布濩⑭:因书立功,皆后人之范式也⑮。

[注释]①屈、宋:指屈原和宋玉。属:音zhǔ,撰写,纂辑。 ②号依《诗》人:王逸《楚辞章句序》:"屈原履忠被谮,忧悲愁思,独依《诗》人之义而作《离骚》。"谮,音zèn,诬毁,诬陷。 ③《鵩赋》:指《鵩鸟赋》。 ④鹖(音hé)冠:指鹖冠子,战国时期楚人,《鹖冠子》传为其作。 ⑤相如:指司马相如,有《上林赋》。 ⑥撮引:谓摘取引用。李斯:秦始皇之相,有《谏逐客书》。 ⑦会:时机,机会。 ⑧《百官箴》:指扬雄为各种官职所写箴文。 ⑨酌:择善而取。 ⑩纪传:指史书,此谓史书所载之史实。 ⑪综采:谓综合采择。 ⑫崔、班、张、蔡:指崔骃、班固、张衡、蔡邕,均为东汉作家。 ⑬捃摭:音jùn zhí,采取,采集。 ⑭布濩(音hù):遍布,布散。 ⑮范式:典范,榜样。

夫姜桂同地①,辛在本性;文章由学,能在天资。才自内发,学以外成;有学饱而才馁②,有才富而学贫。学贫者迍邅于事义③,才馁者劬劳于辞情④,此内外之殊分也。

是以属意立文，心与笔谋；才为盟主⑤，学为辅佐。主佐合德，文采必霸；才学褊狭⑥，虽美少功。夫以子云之才，而自奏不学⑦；及观书石室⑧，乃成鸿采⑨：表里相资，古今一也。故魏武称⑩："张子之文为拙⑪，然学问肤浅，所见不博，专拾掇崔、杜小文⑫，所作不可悉难⑬，难便不知所出。"斯则寡闻之病也。

[注释]①姜桂：生姜和肉桂。同地：宋本《太平御览》引作"因地"。刘向《新序·杂事五》："夫姜桂因地而生，不因地而辛。" ②馁：空虚，贫乏。 ③迍邅：音zhūn zhān，困顿。 ④劬：音qú，劳苦。 ⑤盟主：古代诸侯盟会之主，此谓主宰。 ⑥褊（音biǎn）狭：谓狭隘。 ⑦自奏不学：扬雄《答刘歆书》有"自奏少不得学"之语。 ⑧石室：指石渠阁，汉代宫中藏书之所。《答刘歆书》有"得观书于石渠"之语。 ⑨鸿采：犹大作。 ⑩魏武：指魏武帝曹操，下引其语已佚。 ⑪张子：杨明照《文心雕龙校注》疑指张范。范字公仪，三国魏人。 ⑫拾掇：收罗，拾取。崔、杜：疑指崔骃、杜笃，均为东汉作家。 ⑬难：诘问。

夫经典沉深①，载籍浩瀚②，实群言之奥区③，而才思之神皋也④。扬、班以下⑤，莫不取资：任力耕耨⑥，纵意渔猎⑦；操刀能割，必列膏腴⑧。是以将赡才力⑨，务在博见：狐腋非一皮能温⑩，鸡蹠必数千而饱矣⑪。

[注释]①沉深：精深，深邃。 ②载籍：书籍，典籍。浩瀚：元至正本作"浩汗"，形容广大繁多。 ③奥区：深奥丰富之地。 ④神皋：神明所聚之地。 ⑤扬、班：指扬雄、班固。 ⑥耕耨：耕种，喻辛勤钩稽探索。耨，音nòu，锄草。 ⑦渔猎：捕鱼打猎，喻采择、获取。 ⑧列：元至正本作"裂"，分割。膏腴：土地肥沃，喻美辞。 ⑨赡：丰富，充足。 ⑩狐腋：指狐的腋下毛皮。 ⑪蹠：音zhí，足跟，脚掌。数千：疑当作"数十"。

是以综学在博，取事贵约；校练务精①，捃理须核②：众美辐辏③，表里发挥④。刘劭《赵都赋》云⑤："公子之客⑥，叱劲楚令歃盟⑦；管库隶臣⑧，呵强秦使鼓缶⑨。"用事如斯，可称理得而义要矣。故事得其要，虽小成绩，譬寸辖制轮⑩，尺枢运关也⑪。或微言美事⑫，置于闲散⑬，是缀金翠于足胫⑭，靓粉黛于胸臆也⑮。

[注释]①校练：考校核查。 ②捃：取。 ③辐辏：集中，聚集。 ④发挥：元至正本作"发辉"，散发光辉。 ⑤刘劭：字孔才，三国时魏国文人。 ⑥公子：指战国时赵国平原君赵胜，赵惠文王之弟，战国四公子之一。客：门客，指毛遂。 ⑦叱：呵斥。歃（音 shà）盟：歃血为盟。《史记·平原君列传》载，平原君带毛遂等人至楚订盟，久而未决，毛遂按剑叱责楚王，迫其同意订盟。 ⑧隶臣：贱臣，低贱的人。 ⑨缶：音 fǒu，一种瓦质的打击乐器。《史记·廉颇蔺相如列传》载，蔺相如随赵王与秦王会于渑池，秦王令赵王鼓瑟，蔺相如也逼迫秦王"为一击缶"。 ⑩辖：车轴两头防止车轮脱出之金属键。 ⑪枢：门的转轴。关：门，门扇。 ⑫微言：精深微妙的言辞。 ⑬闲散：谓无关紧要之处。 ⑭金翠：黄金和翠玉之饰物。足胫：小腿。 ⑮靓：音 jìng，妆饰，修饰。粉黛：敷面的白粉和画眉的黛墨。

凡用旧合机，不啻自其口出；引事乖谬，虽千载而为瑕。陈思①，群才之英也，《报孔璋书》云②："葛天氏之乐③，千人唱，万人和，听者因以蔑《韶》、《夏》矣④。"此引事之实谬也。按葛天之歌，唱和三人而已⑤。相如《上林》云："奏陶唐之舞⑥，听葛天之歌，千人唱，万人和。"唱和千万人，乃相如接人⑦。然而滥侈葛天⑧，推三成万者，信赋妄书⑨，致斯谬也。陆机《园葵》诗云："庇足同一智⑩，生理合异端。"夫葵能卫足⑪，事讥鲍庄；葛藟庇根⑫,辞自乐豫⑬。若譬葛为葵⑭,则引事为谬;若谓庇胜卫⑮,则改事失真:斯又不精之患。夫以子建明练⑯,士衡沉密,而不免于谬;曹仁之谬高唐⑰,又曷足以嘲哉!

[注释]①陈思:指曹植。 ②孔璋:陈琳之字。曹植的《报孔璋书》已佚。 ③葛天氏:传说中的古代帝王。 ④《韶》:传为舜时之乐。《夏》:传为禹时之乐。 ⑤唱和三人:《吕氏春秋·古乐》:"昔葛天氏之乐,三人操牛尾,投足以歌八阕。" ⑥"奏陶唐之舞"二句:《上林赋》原文为:"奏陶唐氏之舞,听葛天氏之歌。"陶唐,古帝名,即唐尧。 ⑦接人:李详《文心雕龙补注》:"接人乃接之讹。" ⑧滥侈:谓任意夸张。 ⑨"信赋妄书"二句:指曹植《报孔璋书》误信《上林赋》之言而致谬。 ⑩"庇足"二句:现存陆诗原文"同"一作"周","合异"作"各万",意谓葵叶向日以庇护其根,不过"一智",而人生之理则有"万端"。 ⑪"葵能卫足"二句:《左传·成公十七年》引孔子语曰:"鲍庄子之知,不如葵,葵犹能卫其足。"鲍庄:名牵,谥庄子,春秋时齐国大夫。 ⑫葛藟(音 lěi):藤类植物。 ⑬乐豫:春秋时宋国司马,《左传·文公七年》曾载其"葛藟犹能庇其本根"之语。 ⑭譬葛为葵:谓把葛藟误作葵叶。 ⑮谓庇胜卫:指把乐豫之言与孔子之言混为一谈。胜,谓相符。 ⑯子建:曹植之字。明练:精明练达。 ⑰曹仁:范文澜《文心雕龙注》:"'曹仁'当是'曹洪'之误。"二人均为曹操从弟。谬高唐:陈琳《为曹洪与魏文帝书》有"盖闻过高唐者"之语,其用《孟子·告子下》之典,而误"河西"为"高唐"。高唐,地名,今属山东。

夫山木为良匠所度①,经书为文士所择;木美而定于斧斤②,事美而制于刀笔③:研思之士,无惭匠石矣④!

[注释]①"山木"句:《左传·隐公十一年》:"山有木,工则度之。"度:音 duó,通"剫",加工木料。 ②斧斤:指斧子。 ③刀笔:古代书写工具。 ④匠石:《庄子·徐无鬼》所载技艺高超的工匠,后以称能工巧匠或擅长写作之人。

赞曰:经籍深富,辞理遐亘①;皓如江海②,郁若崐邓③。文梓共采④,琼珠交赠⑤。用人若己,古来无懵⑥。

[注释]①遐亘:久远,绵长。　②皓:通"浩",广大貌。　③郁:繁茂貌。崐:昆仑山。邓:指邓林,古代神话传说中的树林。　④文梓:纹理华美的梓树。采:砍伐。　⑤琼珠:玉珠。交:俱,皆。　⑥懵:音 mèng,不明。

练字第三十九

　　夫文象列而结绳移①,鸟迹明而书契作②,斯乃言语之体貌③,而文章之宅宇也。苍颉造之④,鬼哭粟飞⑤;黄帝用之,官治民察⑥。先王声教⑦,书必同文⑧;轩轩之使⑨,纪言殊俗,所以一字体,总异音。《周礼》保氏⑩,掌教"六书"⑪。秦灭旧章⑫,"以吏为师"⑬。乃李斯删籀而秦篆兴⑭,程邈造隶而古文废⑮。

　　[注释]①文象:文字的形象,即文字。结绳移:改变了上古结绳记事的方式。　②鸟迹:鸟的爪印,相传黄帝之史仓颉受鸟兽之迹的启发而创造了文字,代指文字。书契:文字,此指以文字写成的作品。契,刻。　③体貌:形体外貌,犹形象符号。　④苍颉:一作"仓颉",传为黄帝时的史官。　⑤鬼哭粟飞:《淮南子·本经训》:"昔者苍颉作书,而天雨粟,鬼夜哭。"　⑥官治民察:《周易·系辞下》:"上古结绳而治,后世圣人易之以书契,百官以治,万民以察。"　⑦声教:声威教化。　⑧同文:谓同用一种文字。　⑨轩(音 yóu)轩:古代使臣乘坐的一种轻车。　⑩保氏:古代官名,掌匡正君王、教育贵族子弟等。　⑪六书:构造文字的六种方式,即指事、象形、形声、会意、转注、假借。⑫旧章:古代典籍。　⑬以吏为师:李斯语,见《史记·秦始皇本纪》。⑭乃:元至正本作"及"。李斯:秦始皇的丞相。籀:音 zhòu,古代字体,一名大篆。秦篆:即小篆,以大篆为基础简化而成。　⑮程邈:字元岑,秦始皇时

御史。原为狱吏,因事下狱,在狱中将民间习用字体整理成隶书。古文:指篆书。

汉初草律①,明著厥法:太史学童,教试"六体";又吏民上书,字谬辄劾。是以马字缺画②,而石建惧死;虽云性慎,亦时重文也。至孝武之世③,则相如譔《篇》④。及宣、成二帝⑤,征集小学⑥:张敞以正读传业⑦,扬雄以奇字纂《训》⑧,并贯练《雅》、《颂》⑨,总阅音义。鸿笔之徒⑩,莫不洞晓⑪;且多赋京苑⑫,假借形声⑬。是以前汉小学,率多玮字⑭;非独制异⑮,乃共晓难也⑯。

[注释]①"汉初草律"六句:《汉书·艺文志》:"汉兴,萧何草律,亦著其法,曰:'太史试学童,能讽书九千字以上,乃得为史。又以六体试之,课最者,以为尚书、御史、史书令史。吏民上书,字或不正,辄举劾。'六体者,古文、奇字、篆书、隶书、缪篆、虫书。"太史:官名,掌天文历法、编修史书等。令史:官名,掌文书事务。劾:揭发过失或罪行。 ②"马字缺画"三句:《汉书·石奋传》:"建为郎中令,奏事下,建读之,惊恐曰:'书马者,与尾而五,今乃四,不足一,获谴死矣。'其为谨慎,虽他皆如是。"石建:石奋之子,汉武帝时为郎中令。 ③孝武:指汉武帝刘彻。 ④相如:指司马相如。譔:音 zhuàn,同"撰",著述。《篇》:指《凡将篇》,字书。 ⑤宣、成:指汉宣帝刘询、汉成帝刘骜。 ⑥小学:文字学,此谓精通文字学的人。 ⑦张敞:字子高,西汉宣帝时为京兆尹。正读:谓正音释义。《汉书·艺文志》:"《苍颉》多古字,俗师失其读。宣帝时,征齐人能正读者,张敞从受之,传至外孙之子杜林,为作训故,并列焉。" ⑧《训》:指《训纂篇》,字书。 ⑨贯练:贯通熟练。《雅》:指《尔雅》,我国最早解释词义的专著,编于秦汉之际。《颂》:范文澜《文心雕龙注》:"颂是颉字之误。"颉,指《仓颉》,古代字书。 ⑩鸿笔:元至正本作"鸣笔",谓提笔,即写作。 ⑪洞晓:谓精通。 ⑫京苑:谓京殿苑囿。 ⑬假借形声:谓多用假借、形声之字。 ⑭玮:谓奇异。 ⑮非独制异:谓并非有意

创造奇字。 ⑯晓难:谓通晓疑难文字。

暨乎后汉,小学转疏;复文隐训①,臧否大半②。及魏代缀藻③,则字有常检④;追观汉作,翻成阻奥⑤。故陈思称⑥:"扬、马之作⑦,趣幽旨深,读者非师传不能析其辞⑧,非博学不能综其理⑨。"岂直才悬⑩,抑亦字隐⑪。

[注释]①复文隐训:谓字体复杂,含义多重。 ②臧否(音 pǐ):谓得失。大半:元至正本作"太半"。 ③缀藻:谓写作。 ④常检:犹常规。 ⑤翻:反而。阻奥:深奥难通。 ⑥陈思:指曹植,下引其语已佚。 ⑦扬、马:指扬雄、司马相如。 ⑧析:辨析,谓明了。 ⑨综:总聚,谓把握。 ⑩直:仅,止。悬:悬殊,差别大。 ⑪抑:又,且。

自晋来用字,率从简易①;时并习易,人谁取难?今一字诡异②,则群句震惊③;三人弗识,则将成字妖矣。后世所同晓者,虽难斯易;时所共废,虽易斯难:趣舍之间④,不可不察。

[注释]①率:大概,一般。 ②诡异:怪异,奇特。 ③群句震惊:谓很多句子都受到影响。 ④趣舍:犹取舍。

夫《尔雅》者,孔徒之所纂,而《诗》、《书》之襟带也①;《仓颉》者②,李斯之所辑,而鸟籀之遗体也③。《雅》以渊源诂训④,《颉》以苑囿奇文⑤;异体相资⑥,如左右肩股:该旧而知新⑦,亦可以属文。

[注释]①襟带:衣领和衣带,喻不可或缺之物。 ②仓颉:元至正本作"苍颉"。 ③鸟籀:指鸟篆和籀书。遗体:谓前代之字体。 ④渊源:本原,

此为动词。诂训:即古义。 ⑤苑囿:古代帝王园林,此谓汇集。 ⑥异体:不同的体例。相资:谓相互凭借,取长补短。 ⑦该:具备,拥有。

若夫义训古今①,兴废殊用②;字形单复③,妍媸异体④。心既托声于言,言亦寄形于字;讽诵则绩在宫商⑤,临文则能归字形矣⑥。

[注释]①义训古今:谓含义上的古今之别。 ②兴废:产生和消亡。殊用:不同的功用。 ③单复:简单和复杂。 ④妍媸:元至正本作"妍蚩",美丑。 ⑤宫商:五音之二,代指音韵。 ⑥字形:谓文字。

是以缀字属篇,必须练择①:一避诡异,二省联边②,三权重出③,四调单复。诡异者,字体瑰怪者也④。曹摅诗称⑤:"岂不愿斯游,褊心恶呴呶⑥。"两字诡异,大疵美篇⑦;况乃过此,其可观乎!联边者,半字同文者也。状貌山川,古今咸用;施于常文,则龃龉为瑕⑧。如不获免,可至三接;三接之外,其字林乎!重出者,同字相犯者也。《诗》、《骚》适会⑨,而近世忌同;若两字俱要,则宁在相犯。故善为文者,富于万篇,贫于一字;一字非少,相避为难也。单复者,字形肥瘠者也⑩。瘠字累句,则纤疏而行劣⑪;肥字积文,则黯黕而篇暗⑫。善酌字者⑬,参伍单复⑭,磊落如珠矣⑮。凡此四条,虽文不必有,而体例不无;若值而莫悟⑯,则非精解。

[注释]①练择:犹精选。 ②联边:指字的半边相同。 ③权:衡量,比较。 ④瑰怪:奇特,怪异。 ⑤曹摅(音 shū):字颜远,西晋作家,下引其诗已佚。 ⑥褊(音 biǎn)心:谓心胸狭窄。呴:音 xiōng,喧扰。呶:音 náo,喧

闹,喧哗。　⑦疵:谓损害。　⑧龃龉:谓不协调。　⑨适会:谓适当运用。　⑩肥瘠:肥瘦,谓笔画的多少。　⑪纤疏:细长而稀疏。行劣:谓行列单薄。　⑫黷默(音 dǎn):元至正本作"黷默",黑暗。　⑬酌:择善而取。　⑭参伍:即三五,谓错综变化。　⑮磊落:错落分明貌。　⑯值:遇到,碰上。

至于经典隐暧①,方册纷纶②:简蠹帛裂③,三写易字④;或以音讹,或以文变。子思弟子⑤,"於穆不祀"者⑥,音讹之异也;晋之史记⑦,"三豕渡河"⑧,文变之谬也。《尚书大传》有"别风淮雨"⑨,《帝王世纪》云"列风淫雨"⑩:"别"、"列"、"淮"、"淫",字似潜移;"淫"、"列"义当而不奇,"淮"、"别"理乖而新异。傅毅制诔⑪,已用"淮雨";固知爱奇之心,古今一也。史之阙文⑫,圣人所慎⑬;若依义弃奇,则可与正文字矣。

[注释]①隐暧:指文义隐晦。　②方册:简牍,典籍。纷纶:众多貌。③蠹:音 dù,蛀蚀。帛:帛书。　④三写易字:《抱朴子·遐览》:"书三写,鱼成鲁,帝成虎。"　⑤子思:名伋(音 jí),孔子之孙。弟子:指孟仲子。　⑥於穆不祀:《诗·周颂·维天之命》有"於穆不已"之句,孟仲子则把"已"误为"巳",读为"於穆不祀",这里的"祀"只是标音而已。於,音 wū,叹辞。穆,美。　⑦晋:指春秋时的晋国。史记:谓史书。　⑧三豕渡河:《吕氏春秋·察传》载,有人读史书,将"己亥涉河"读作"三豕涉河",以形近而误。⑨《尚书大传》:西汉伏胜解说《尚书》之书,由其弟子辑录而成。　⑩《帝王世纪》:西晋皇甫谧撰,记载上古以来帝王事迹。列风:暴风。列,通"烈"。　⑪傅毅:字仲武,东汉作家。《诔》:指《北海王诔》。　⑫阙文:有疑暂缺之文字。　⑬圣人所慎:《论语·为政》:"多闻阙疑,慎言其余,则寡尤。"

赞曰:篆隶相镕①,《苍》、《雅》品训②;古今殊迹,妍媸异分③。字靡异流④,文阻难运⑤。声画昭精⑥,墨采腾奋⑦。

　　[**注释**]①篆隶相镕:谓由篆而隶的文字演进乃是一个熔冶提炼的过程。②品训:分类解释。品,分类编排。　③妍媸:元至正本作"妍蚩"。　④靡:风靡,谓流行。异:黄侃《文心雕龙札记》:"异当作易。"　⑤阻:即上文之"阻奥"。　⑥声画:指文字。扬雄《法言·问神》:"言,心声也;书,心画也。"昭精:谓精确明白。　⑦墨采:笔墨文采,谓作品。腾奋:腾跃奋飞。

隐秀第四十

夫心术之动远矣①,文情之变深矣②!源奥而派生③,根盛而颖峻④,是以文之英蕤⑤,有秀有隐。隐也者,文外之重旨者也⑥;秀也者,篇中之独拔者也⑦。隐以复意为工⑧,秀以卓绝为巧⑨,斯乃旧章之懿绩⑩,才情之嘉会也⑪。

[注释]①心术:谓内心。 ②文情:文章的情况,即文章。 ③源奥:谓内心感情深远。派生:谓文章形式多变。 ④根盛:谓内心感情丰沛。颖峻:谓文章形式高妙。颖:禾苗之末,此谓苗。 ⑤英蕤:犹英华。蕤,音ruí,花。 ⑥重旨:多重含意。 ⑦独拔:谓突出,出类拔萃。按:宋张戒《岁寒堂诗话》引刘勰语云:"情在词外曰隐,状溢目前曰秀。"或可接于此处。 ⑧复意:犹"重旨"。 ⑨卓绝:犹"独拔"。 ⑩旧章:前人作品。 ⑪才情:才思,才华。嘉会:美之聚会,谓集中体现。

夫隐之为体,义主文外①;秘响傍通②,伏采潜发③:譬爻象之变互体④,川渎之韫珠玉也⑤。故互体变爻,而化成四象⑥;珠玉潜水,而澜表方圆⑦。

[注释]①主:元至正本作"生"。 ②秘响:谓含而不露。傍通:即旁通,

谓委婉曲折。 ③伏采:谓文采内敛。潜发:犹引而不发。 ④爻象:《易》之每卦六爻所成之象。互体:亦称"互卦",每卦上下两体错综取象而成之新卦。 ⑤川渎:泛指河流。渎,江河大川。韫:藏,蕴藏。 ⑥四象:其说不一,如春、夏、秋、冬,实象、假象、义象、用象等。 ⑦澜表方圆:谓水面会呈现方圆不同的波纹。澜,波纹。《淮南子·地形训》:"水圆折者有珠,方折者有玉。"

按:"澜表方圆"句后有缺文,黄叔琳《文心雕龙辑注》据明刊本补入400余字。前人苦心,或有助于理解彦和命意,兹录如下,以供参考:

始正而末奇,内明而外润,使玩之者无穷,味之者不厌矣。彼波起辞间,是谓之秀。纤手丽音,宛乎逸态,若远山之浮烟霭,娈女之靓容华。然烟霭天成,不劳于妆点;容华格定,无待于裁镕。深浅而各奇,㛹纤而俱妙;若挥之则有余,而揽之则不足矣。

夫立意之士,务欲造奇,每驰心于玄默之表;工辞之人,必欲臻美,恒溺思于佳丽之乡。呕心吐胆,不足语穷;锻岁炼年,奚能喻苦?故能藏颖词间,昏迷乎庸目;露锋文外,惊绝乎妙心。使酝藉者蓄隐而意愉,英锐者抱秀而心悦。譬诸裁云制霞,不让乎天工;斫卉刻葩,有同乎神匠矣。若篇中乏隐,等宿儒之无学,或一叩而语穷;句间鲜秀,如巨室之少珍,若百诘而色沮:斯并不足于才思,而亦有愧于文辞矣。

将欲征隐,聊可指篇:《古诗》之"离别",乐府之"长城",词怨旨深,而复兼乎比兴;陈思之"黄雀",公干之"青松",格刚才劲,而并长于讽谕;叔夜之"□□",嗣宗之"□□",境玄思澹,而独得乎优闲;士衡之"□□",彭泽之"□□",心密语澄,而俱适乎□□。如欲辨秀,亦惟摘句:"常恐秋节至,凉飙夺炎热",意凄而词婉,此匹妇之无聊也;"临河濯长缨,念子怅悠悠",志高而言壮,此丈夫之不遂也;"东西安所之,徘徊以旁皇",心孤而情惧,此闺房之悲极也。

"朔风动秋草,边马有归心"①,气寒而事伤,此羁旅之怨曲也②。

[注释]①"朔风"二句:语出西晋诗人王赞《杂诗》。朔风:北风,寒风。

②羁旅：谓客居异乡之人。

　　凡文集胜篇①，不盈十一；篇章秀句，裁可百二②：并思合而自逢③，非研虑之所求也④。或有晦塞为深⑤，虽奥非隐；雕削取巧，虽美非秀矣。故自然会妙⑥，譬卉木之耀英华⑦；润色取美，譬缯帛之染朱绿⑧。朱绿染缯，深而繁鲜⑨；英华曜树⑩，浅而炜烨⑪：秀句所以照文苑，盖以此也。

　　[注释]①胜篇：优秀的篇章。　②裁：通"才"，仅仅。　③思合而自逢：谓构思顺应时机而自然形成。　④研虑：研究考虑。求：《四部丛刊》本作"果"。范文澜注："案'果'疑'课'字坏文，'课'亦有责求义。"　⑤"或有"二句：元至正本无"晦塞为深，虽奥非隐"八字。　⑥会：符合，相合。　⑦卉木：草木。耀：显示。英华：即花。　⑧缯：音 zēng，古代丝织品的总称。缯帛，丝绸之统称。　⑨繁鲜：过分鲜艳。　⑩曜：照耀，辉映。　⑪炜烨：美盛貌。

　　赞曰：深文隐蔚①，余味曲包②；辞生互体，有似变爻。言之秀矣，万虑一交③；动心惊耳，逸响笙匏④。

　　[注释]①蔚：草木繁盛，喻文采华美。　②曲包：犹"重旨"、"复意"，谓多层。　③交：逢，遇。　④逸响：谓非凡之作。笙匏（音 páo）：笙和匏，笙竽类管乐器。

指瑕第四十一

管仲有言①:"无翼而飞者,声也②;无根而固者,情也。"然则声不假翼③,其飞甚易;情不待根,其固匪难④。以之垂文⑤,可不慎欤! 古来文才⑥,异世争驱:或逸才以爽迅⑦,或精思以纤密;而虑动难圆⑧,鲜无瑕病。

[注释]①管仲:字夷吾,下引其语出于《管子·戒》。 ②声:谓人言。 ③假:凭借,依靠。 ④匪:同"非",不。 ⑤"以之垂文"二句:谓按照上述道理而言,写作应当谨慎,因为文章正可以使人的感情"无根而固"、使人的语言"无翼而飞"。 ⑥文才:萧绎《金楼子·立言下》引作"文士"。 ⑦逸才:指出众的才能。爽迅:谓豪迈奔放。 ⑧动:往往,常常。圆:周全。

陈思之文①,群才之俊也;而《武帝诔》云"尊灵永蛰"②,《明帝颂》云"圣体浮轻"③。"浮轻"有似于蝴蝶,"永蛰"颇疑于昆虫;施之尊极,岂其当乎? 左思《七讽》④,说孝而不从⑤;反道若斯,余不足观矣。潘岳为才,善于哀文。然悲内兄,则云感"口泽"⑥;伤弱子,则云心"如疑"⑦:《礼》文在尊极,而施之下流⑧;辞虽足哀,义斯替矣⑨。若夫君子,"拟人必于其伦"⑩。而崔瑗之诔李公⑪，比行于黄虞⑫；向秀之赋嵇生⑬，方罪于李斯⑭：与其失也⑮，虽"宁僭无滥"⑯；然高厚之诗⑰，"不类"甚矣。凡巧言易标，拙辞难隐；"斯言之玷"⑱，实深白圭。繁例难载，故略举四条。

[注释]①陈思：指曹植。 ②武帝：指魏武帝曹操。蛰：音zhé，动物冬眠。 ③《明帝颂》：指《冬至献袜颂》。明帝：指魏明帝曹叡。浮轻：轻飘貌。 ④左思：字太冲，其《七讽》已佚。 ⑤说孝而不从：指不遵守孝道。 ⑥口泽：语本《礼记·玉藻》："母没而杯圈不能饮焉，口泽之气存焉尔。"潘岳悲内兄之文已佚。 ⑦如疑：《礼记》之《檀弓》、《问丧》皆有"其反也如疑"之语，谓送葬者犹疑而不忍离去。潘岳《金鹿哀辞》云："将反如疑，回首长顾。"金鹿，潘岳之幼子。 ⑧下流：指子孙、后辈。 ⑨替：废弃。 ⑩"拟人"句：语出《礼记·曲礼下》。拟：比拟。伦：辈，类。 ⑪崔瑗：字子玉，其诔李公之文已佚。 ⑫黄虞：指黄帝、虞舜。 ⑬向秀：字子期，魏晋之际作家，"竹林七贤"之一，有怀念嵇康的《思旧赋》。嵇生：指嵇康，为司马昭所杀害。 ⑭方：比拟。 ⑮失：违背，指违背"拟人必于其伦"的原则。 ⑯宁僭无滥：语出《左传·襄公二十六年》，本谓奖赏宁可过一点而刑罚不能滥用，此谓"拟人"宁可高一点。僭：音jiàn，谓过分。 ⑰"高厚之诗"二句：谓上述崔瑗、向秀之"拟人"，就像高厚之诗，未免过分不伦不类了。高厚，春秋时齐国大夫。《左传·襄公十六年》："晋侯与诸侯宴于温，使诸大夫舞，曰：'歌诗必类。'齐高厚之诗不类。"类，同类，指同盟。 ⑱"斯言之玷"二句：《诗·大雅·抑》："白圭之玷，尚可磨也；斯言之玷，不可为也。"圭，玉制礼器。玷，音diàn，玉的斑点。

若夫立文之道，惟字与义；字以训正①，义以理宣②。而晋末篇章，依希其旨③：始有"赏际奇至"之言④，终无"抚叩酬即"之语⑤；每单举一字，指以为情。夫"赏"训锡赉⑥，岂关心解？"抚"训执握，何预情理⑦？《雅》、《颂》

未闻,汉魏莫用;悬领似如可辩⑧,课文了不成义⑨:斯实情讹之所变⑩,文浇之致弊⑪。而宋来才英⑫,未之或改;旧染成俗,非一朝也。

[注释]①训:解说。正:正定,校订改正。 ②宣:显示,彰明。 ③依希:隐约,不清晰。 ④赏际奇至:出处不详,李曰刚《文心雕龙斠诠》谓,犹言"赏会奇致"。 ⑤无:黄侃《文心雕龙札记》:"无当作有。"抚叩酬即:出处不详,当为致意应答之辞。 ⑥锡赉(音 lài):赏赐。 ⑦预:关涉,牵连。 ⑧悬领:抽象地领会。辩:通"辨",辨识。 ⑨课文:推敲文字。 ⑩讹:谓虚假。 ⑪文浇:文风浮薄。 ⑫才英:指才华杰出的文人。

近代辞人,率多猜忌①;至乃比语求蚩②,反音取瑕③:虽不屑于古④,而有择于今焉⑤。又制同他文⑥,理宜删革。若排人美辞⑦,以为己力;宝玉大弓⑧,终非其有。全写则"揭箧"⑨,傍采则"探囊"⑩;然世远者太轻⑪,时同者为尤矣⑫。

[注释]①猜忌:猜疑,忌讳。 ②比语求蚩:谓把语音相同或相近的文字联系起来以取笑别人,如以"是耶非"之"耶"为"爷"。蚩:通"嗤",嘲笑,讥笑。 ③反音取瑕:谓用反切之法挑毛病,如以高厚切"狗"、厚高切"号","高厚"随成"狗号"。 ④不屑:不介意,不顾。 ⑤择:挑选。 ⑥制:制作,作品。 ⑦排:王惟俭《文心雕龙训故》作"掠"。 ⑧"宝玉大弓"二句:史载阳虎曾盗窃宝玉大弓,后又归还。宝玉、大弓,均鲁国国宝。 ⑨全写:全部抄袭前人之作。揭箧(音 qiè):语出《庄子·胠箧》,谓偷走整个箱子。 ⑩傍采:即旁采,谓部分采取。探囊:语出《庄子·胠箧》,谓盗取口袋中的东西。 ⑪轻:轻贱。 ⑫尤:过失。

若夫注解为书,所以明正事理;然谬于研求,或率意而断。《西京赋》称"中黄"、"育、获之畴"①,而薛综谬注②,谓之"阉尹"③,是不闻执雕虎之人也④。又《周礼》井赋⑤,旧有"匹马"⑥;而应劭释"匹"⑦,或量首数蹄,斯岂辩物之要哉?原夫古之正名⑧,车"两"而马"匹"⑨;"匹"、"两"称目,以并耦为用⑩。盖车贰佐乘⑪,马俪骖服⑫;服乘不只,故名号必双;名号一正,则虽单为匹矣。匹夫匹妇,亦配义矣⑬。

[注释]①《西京赋》:东汉张衡所著《二京赋》之一。中黄:亦称"中黄伯",古代勇士。育、获:指夏育、乌获,均古代勇士。畴:类。 ②薛综:字敬文,三国吴人,曾为《二京赋》作注。 ③谓之"阉尹":薛综此注已佚。阉尹:宦官之首。 ④执雕虎之人:指中黄伯。《尸子》:"中黄伯曰:余左执太行之猱而右搏雕虎。"雕虎,即虎。 ⑤井赋:即田赋,按井田征收赋税。 ⑥旧有"匹马":《周礼·地官》郑玄注曾引《司马法》"通为匹马"之说,指三十户使出马一匹。 ⑦应劭:字仲远,东汉文人,有《风俗通义》,其佚文中有对"匹"的解释。 ⑧正名:辨正名称、名分,使名实相符。 ⑨两:音 liàng,即"辆"。 ⑩并耦:谓成双。耦,双数。 ⑪车贰佐乘:谓副车有两种,即贰车和佐车,分别用于朝祀和戎猎。 ⑫俪:双,两。骖服:谓驾车之马。骖,音 cān,驾车时位于两边的马。服,一车四马之居中的两匹。 ⑬矣:元至正本作"也"。

夫车马小义,而历代莫悟;辞赋近事,而千里致差①;况钻灼经典②,能不谬哉?夫辩言而数筌蹄③,选勇而驱阉尹④:失理太甚,故举以为戒。丹青初炳而后渝⑤,文章岁久而弥光;若能櫽括于一朝⑥,可以无惭于千载也。

[注释]①千里致差:犹差之千里,指"薛综谬注"。 ②钻灼:古代占卜之法,用龟甲钻孔烧灼以定凶吉,此喻钻研求解。 ③辩言:杨升庵批点梅庆生音注《文心雕龙》作"辩匹"。筌蹄:杨升庵批点曹学佺评《文心雕龙》作"首

蹄"。　④勇:勇士,指中黄伯。　⑤丹青:谓绘画。炳:鲜明。渝:改变。《法言·君子》:"丹青初则炳,久则渝。"　⑥檃括:矫正曲木的工具,此谓校正。

赞曰:羿氏舛射①,东野败驾②。虽有俊才,谬则多谢③。斯言一玷,千载弗化。令章靡疚④,亦善之亚⑤。

[注释]①羿:音 yì,即后羿,传为古代善射者。舛射:误射,《帝王世纪》曾载后羿误射之事。舛,差错。　②东野:复姓,谓东野稷,传为古代善御者。败驾:《庄子·达生》曾载东野稷驾驭车马失败之事。　③谢:惭愧。　④令章靡疚:谓使文章不留遗憾。　⑤亚:次。

养气第四十二

昔王充著述①,制"养气"之篇②;验己而作③,岂虚造哉!"夫耳目鼻口,生之役也"④;心虑言辞,神之用也⑤。率志委和⑥,则理融而情畅;钻砺过分⑦,则神疲而气衰:此性情之数也⑧。

[注释]①王充:字仲任,著有《论衡》。 ②"养气"之篇:《论衡·自纪》曾谓"作养性之书,凡十六篇",其书不传。 ③验己而作:谓根据自己的体验而写成。《论衡·自纪》有"养气自守"等语。 ④"夫耳目鼻口"二句:语出《吕氏春秋·贵生》。生:生命。役:役使,差遣。 ⑤神:精神。 ⑥率志:谓顺其情志。委和:谓随顺自然。 ⑦钻砺:钻研琢磨。 ⑧数:规律。

夫三皇辞质①,心绝于道华②;帝世始文③,言贵于敷奏④。三代、春秋,虽沿世弥缛⑤,并适分胸臆⑥,非牵课才外也⑦。战代枝诈⑧,攻奇饰说⑨;汉世迄今,辞务日新:争光鬻采⑩,虑亦竭矣。故淳言以比浇辞⑪,文质悬乎千载⑫;率志以方竭情,劳逸差于万里:古人所以余裕⑬,后进所以莫遑也⑭。

[注释]①三皇:其说不一,如伏羲、神农、女娲等。质:质朴。 ②道华:

谓华丽。《老子》第三十八章:"前识者,道之华而愚之始。" ③帝:谓五帝,其说不一,如黄帝、颛顼、帝喾、唐尧、虞舜等。 ④敷奏:陈奏,向君上报告。 ⑤缛:藻饰。 ⑥适分:适应天性。 ⑦牵课:谓勉强,强求。 ⑧战代:指战国时期。枝诈:王惟俭《文心雕龙训故》作"技诈",巧言欺骗。 ⑨攻:通"工",巧,善于。 ⑩鬻:炫耀,卖弄。 ⑪浇:浮薄。 ⑫文质:华丽和朴质。悬:悬殊,差别大。 ⑬余裕:谓从容不迫。 ⑭遑:闲暇,余裕。

凡童少鉴浅而志盛①,长艾识坚而气衰②;志盛者思锐以胜劳③,气衰者虑密以伤神:斯实中人之常资④,岁时之大较也⑤。若夫器分有限⑥,智用无涯⑦;或惭凫企鹤⑧,沥辞镌思⑨。于是精气内销⑩,有似尾闾之波⑪;神志外伤,同乎"牛山之木"⑫。怛惕之盛疾⑬,亦可推矣。至如仲任置砚以综述⑭,叔通怀笔以专业⑮;既暄之以岁序⑯,又煎之以日时⑰。是以曹公惧为文之伤命⑱,陆云叹用思之困神⑲:非虚谈也。

[注释]①鉴:谓识别能力。 ②长艾:指中老年人。艾:《礼记·曲礼上》:"五十曰艾。" ③胜:能够承受,禁得起。 ④中人:中等的人,常人。 ⑤岁时:犹年龄段。大较:大略,大致。 ⑥器分:谓天分。 ⑦智用无涯:《庄子·养生主》:"吾生也有涯,而知也无涯。"知,同"智"。 ⑧惭:羞愧。凫:音fú,野鸭。企:企慕。 ⑨沥辞:谓精选文辞。沥,下滴。镌思:谓精心构思。镌,雕刻。 ⑩销:消耗,耗费。 ⑪尾闾:传为泄海水之处。 ⑫牛山之木:《孟子·告子上》:"牛山之木尝美矣,以其郊于大国也。斧斤伐之……牛羊又从而牧之,是以若彼濯濯也。"牛山,在今山东淄博。濯濯,光秃貌。 ⑬怛惕:音dá tì,惊恐忧惧貌。 ⑭置砚以综述:谢承《后汉书》:"王充于室内门户墙柱,各置笔砚简牍,见事而作,著《论衡》八十五篇。" ⑮叔通,曹褒之字,东汉人。怀笔以专业:《后汉书·曹褒传》:"褒少笃志有大度……寝则怀抱笔札,行则诵习文书。" ⑯暄:炎热,喻思虑焦灼。岁序:谓

岁月。　⑰煎:煎熬,喻焦虑折磨。　⑱曹公:指曹操,其"为文伤命"之语已佚。　⑲陆云:字士龙,其《与兄平原书》有"用思困人"之语。

夫学业在勤,功庸弗怠①,故有锥股自厉②,和熊以苦之人③;志于文也④,则申写郁滞⑤,故宜从容率情,优柔适会⑥。若销铄精胆⑦,蹙迫和气⑧;秉牍以驱龄⑨,洒翰以伐性⑩:岂圣贤之素心⑪,会文之直理哉⑫!且夫思有利钝⑬,时有通塞⑭:"沐则心覆"⑮,且或反常;神之方昏,再三愈黩⑯。

[注释]①功庸弗怠:元至正本无此四字。功庸,功业。　②锥股:《战国策·秦策一》载,苏秦夜读兵书欲睡,引锥自刺其股。厉:同"励",劝勉。　③"和熊"句:乃唐代柳仲郢之母教子勤学故事,显为后人增补。元至正本无此六字。熊,指熊胆丸。　④志于:王惟俭《文心雕龙训故》作"至于"。　⑤郁滞:谓郁闷。　⑥优柔:宽舒,从容。适会:顺应时机。　⑦销铄精胆:犹"精气内销"。销铄:消耗,消磨。　⑧蹙迫:谓损伤。蹙,音 cù,促。　⑨秉牍:手持简牍,谓写作。　⑩洒翰:挥笔书写。伐性:危害性命。　⑪素心:谓本意。　⑫会文:谓写作。直理:正理。　⑬利钝:谓敏捷或迟钝。　⑭通塞:谓通畅或阻塞。　⑮沐则心覆:语出《左传·僖公二十四年》。沐:洗头。心覆:谓心脏倒置。　⑯黩:音 dú,烦杂。

是以吐纳文艺①,务在节宣②:清和其心③,调畅其气④;烦而即舍,勿使壅滞⑤。意得则舒怀以命笔,理伏则投笔以卷怀⑥;逍遥以针劳⑦,谈笑以药倦。常弄闲于才锋⑧,贾余于文勇⑨,使刃发如新⑩,凑理无滞⑪:虽非胎息之迈术⑫,斯亦卫气之一方也⑬。

[注释]①吐纳文艺:谓写作。　②节宣:节制宣泄,谓调适。　③清和:

清静平和。　④调畅:杨升庵批点曹学佺评《文心雕龙》作"条畅",通畅。　⑤壅滞:阻隔,堵塞。　⑥卷怀:语本《论语·卫灵公》"卷而怀之",谓收心息虑。　⑦针劳:谓解除疲劳。针,针疗。　⑧才锋:谓杰出的才华。　⑨贾(音 gǔ)余:出售余力,谓精力充沛。文勇:谓文坛勇士。　⑩刃发如新:语本《庄子·养生主》"刀刃若新发于硎"。硎,音 xíng,磨刀石。　⑪凑理:王惟俭《文心雕龙训故》作"腠理",谓肌肤之纹理,乃气血流灌之处。　⑫胎息:道家炼气之法。《抱朴子内篇·释滞》:"得胎息者,能不以鼻口嘘吸,如在胞胎之中,则道成矣。"迈:元至正本作"万",绝对。　⑬卫气:犹养气。

　　赞曰:纷哉万象,劳矣千想。玄神宜宝①,素气资养②。水停以鉴③,火静而朗④。无扰文虑,郁此精爽⑤。

　　[注释]①玄神:指精神。　②素气:谓元气。　③鉴:谓明洁如镜。　④朗:明亮。　⑤郁:繁茂貌。精爽:谓精气。

附会第四十三

何谓"附会"①?谓总文理②,统首尾,定与夺③,合涯际④;弥纶一篇⑤,使杂而不越者也⑥。若筑室之须基构⑦,裁衣之待缝缉矣⑧。

[注释]①附会:符合、会合,犹融会贯通。 ②文理:指文章的条理。 ③与夺:即取舍。 ④涯际:边际,指章节衔接处。 ⑤弥纶:综括、贯通。 ⑥杂而不越:谓丰富而精审。越,谓超过,多余。 ⑦基构:即构基,打地基。 ⑧缝缉:谓缝合缉口,完成最后的工序。

夫才量学文①,宜正体制:必以情志为神明②,事义为骨髓③,辞采为肌肤,宫商为声气④;然后品藻玄黄⑤,摛振金玉⑥,献可替否⑦,以裁厥中⑧:斯缀思之恒数也⑨。

[注释]①才量:宋本《太平御览》引作"才童"。 ②神明:谓人的精神。 ③事义:即事理。骨髓:宋本《太平御览》引作"骨鲠",谓人的躯干。 ④宫商:五音中的两种,代指声韵。 ⑤品藻:品评,此谓修饰运用。玄黄:泛指颜色,此喻文采。 ⑥摛振:铺展,运用。金玉:喻美好的文辞。 ⑦献可:保留适当的部分。替否:舍弃无用的部分。 ⑧裁:度量。厥:其。中:恰到好处。 ⑨缀思:谓写作。数:方法。

凡大体文章①，类多枝派②；整派者依源，理枝者循干。是以附辞会义③，务总纲领：驱万涂于同归④，贞百虑于一致。使众理虽繁，而无倒置之乖⑤；群言虽多，而无棼丝之乱⑥。扶阳而出条⑦，顺阴而藏迹；首尾周密，表里一体：此附会之术也。

[注释]①大体：谓规模宏大。　②枝派：分支、流派，谓头绪。　③附辞会义：即附会辞义，使辞义配合得当。　④"驱万涂"二句：《周易·系辞下》："天下同归而殊涂，一致而百虑。"涂，道路。贞：正，定。　⑤乖：背离，违背。⑥棼丝：语本《左传·隐公四年》"治丝而棼之"，谓乱丝。棼，音fén，纷乱。⑦"扶阳"二句：崔骃《达旨》："故能扶阳而出，顺阴而入；春发其华，秋收其实。"扶，攀附。

夫画者谨发而易貌①，射者仪毫而失墙：锐精细巧②，必疏体统③。故宜诎寸以信尺④，枉尺以直寻⑤；弃偏善之巧⑥，学具美之绩⑦：此命篇之经略也⑧。

[注释]①"夫画者"二句：《淮南子·说林训》："画者谨毛而失貌，射者仪小而遗大。"仪：弩上的瞄准部件，犹准星，此谓瞄准。毫：极细微之处，谓中心之点。　②锐精：集中精力。　③体统：谓整体结构。　④诎寸以信尺：《尸子》："诎寸而信尺，小枉而大直，吾为之者也。"诎：音qū，缩短。信：音shēn，通伸，伸长。枉，弯曲。　⑤枉尺以直寻：《孟子·滕文公下》："枉尺而直寻，宜若可为也。"寻：古代长度单位，一般为八尺。　⑥偏善：谓局部之完善。⑦具美：谓整体之完美。　⑧经略：谓大政方针。

夫文变多方①，意见浮杂②：约则义孤③，博则辞叛④；率故多尤⑤，需为事贼⑥。且才分不同，思绪各异：或制首以通尾⑦，或尺接以寸附⑧；然通制者盖寡⑨，接附者甚众。

若统绪失宗⑩,辞味必乱⑪;义脉不流⑫,则偏枯文体⑬。夫能悬识凑理⑭,然后节文自会⑮,如胶之粘木,豆之合黄矣⑯。是以骊牡异力⑰,而"六辔如琴";并驾齐驱⑱,而一毂统辐。驭文之法,有似于此:去留随心,修短在手;齐其步骤,总辔而已。

[注释]①多方:宋本《太平御览》引作"无方"。方,常。 ②浮杂:谓多而杂。 ③约:简省。义孤:谓内容单薄。 ④辞叛:谓文辞背离中心。叛,背离。 ⑤率:宋本《太平御览》引作"变",即"文变无方"之意。尤:过失。 ⑥需:迟疑,观望。《左传·哀公十四年》:"需,事之贼也。" ⑦制首以通尾:谓首尾连贯而能掌控全局。 ⑧尺接以寸附:谓东拼西凑而难以连贯。 ⑨通制:即"制首以通尾"。 ⑩统绪失宗:即不能"制首以通尾"。宗,宗旨、根本。 ⑪辞味:文辞意味,谓文章内容。 ⑫义脉不流:谓文义不畅,乃"尺接以寸附"所致。 ⑬偏枯文体:谓作品失衡。偏枯,半身不遂。 ⑭悬识:深切认识,谓明确。凑理:王惟俭《文心雕龙训故》作"腠理",肌肉的纹理,此喻文章之义脉。 ⑮节文:音节、文采,谓语言文辞。会:符合,相合。 ⑯豆之合黄:宋本《太平御览》引作"石之合玉",犹石之韫玉。合,谓包含。 ⑰骊:宋本《太平御览》引作"四"。"四牡异力"二句:《诗·小雅·车舝(音xiá)》:"四牡騑騑,六辔如琴。"牡,指雄性的马。騑騑(音fēi),马行走不止貌。辔:驭马之缰绳。 ⑱"并驾齐驱"二句:宋本《太平御览》及元至正本均无。

故善附者异旨如肝胆①,拙会者同音如胡越②。改章难于造篇,易字艰于代句,此已然之验也。昔张汤拟奏而再却③,虞松草表而屡谴④:并理事之不明⑤,而词旨之失调也。及倪宽更草⑥,钟会易字⑦,而汉武叹奇⑧,晋景称善者⑨,乃理得而事明,心敏而辞当也。以此而观,则知附会巧拙,相去远哉!

[注释]①肝胆：喻关系密切。　②胡越：喻疏远隔绝。胡，胡地，在北方。越，越地，在南方。　③张汤拟奏而再却：事见《汉书·倪宽传》。张汤：汉武帝时廷尉。却：退。　④虞松草表而屡谴：事见《三国志·魏书·钟会传》注引《世语》。虞松：三国时魏中书令。谴：谴责，责问。　⑤理事：宋本《太平御览》引作"事理"。　⑥倪宽：张汤僚属。更草：指更改张汤所拟奏章。⑦钟会：三国时魏司徒。易字：指更改虞松草表之文字。　⑧汉武：指汉武帝刘彻。叹奇：指赞叹倪宽所改之奏文。　⑨晋景：指晋景王司马师。称善：指称赏钟会所改之表文。

若夫绝笔断章①，譬乘舟之振楫②；会词切理③，如引辔以挥鞭。克终底绩④，寄深写远⑤。若首唱荣华⑥，而腰句憔悴⑦，则遗势郁湮⑧，余风不畅⑨：此《周易》所谓"臀无肤，其行次且"也⑩。惟首尾相援，则附会之体，固亦无以加于此矣。

[注释]①绝笔断章：指文章结尾。　②振楫：提起船桨。　③"会词切理"二句：元至正本无。　④克终：谓善终。底绩：谓获得成功。底，达到。⑤寄深写远：元至正本作"寄在写远送"，杨升庵批点曹学佺评《文心雕龙》作"寄在写以远送"。在写：谓目前之作。远送：谓不尽的言外之意。　⑥首唱：谓开端。荣华：花开茂盛，喻美好。　⑦腰句：谓结尾。腰：音yìng，致送，相送。　⑧遗势：犹余味。郁湮（yān）：滞塞不畅。　⑨余风：犹"遗势"。⑩"臀无肤"二句：语出《易·夬（音guài）》。次且：犹豫不进貌。

赞曰：篇统间关①，情数稠叠②。"原始要终"③，疏条布叶。道味相附④，悬绪自接⑤。"如乐之和"⑥，心声克协⑦。

[注释]①篇统：篇章之总括，即附会。间关：谓艰难曲折。　②情数稠叠：谓情况复杂。稠叠，稠密重叠。　③原始要终：语出《周易·系辞下》，指

全面探究事物发展的始末,此犹"制首以通尾"。 ④道味相附:谓辞义配合得当。 ⑤悬绪自接:谓思绪自然连贯。 ⑥如乐之和:《左传·襄公十一年》:"如乐之和,无所不谐。" ⑦心声:谓文章。扬雄《法言·问神》:"言,心声也。"克:能。

总术第四十四

今之常言,有文有笔;以为无韵者笔也,有韵者文也。夫"文以足言"①,理兼《诗》、《书》②;别目两名,自近代耳。

[注释]①文以足言:《左传·襄公二十五年》引孔子语。 ②《诗》:代表有韵之作。《书》:代表无韵之作。

颜延年以为①,笔之为体,言之文也②;经典则言而非笔,传记则笔而非言③。请夺彼矛,还攻其楯矣④。何者?《易》之《文言》,岂非言文?若笔不言文⑤,不得云经典非笔矣。将以立论,未见其论立也。予以为:发口为言,属笔曰翰⑥;常道曰经,述经曰传。经传之体,出言入笔⑦;笔为言使,可强可弱⑧。分经以典奥为不刊⑨,非以言、笔为优劣也。

[注释]①颜延年:名延之,晋宋之际作家。下述其论已佚。 ②文:谓文采。 ③传记:谓经书的注释。 ④楯:音dùn,同"盾",盾牌。 ⑤不:疑为"本"字之误。 ⑥属笔曰翰:杨明照《文心雕龙校注》:"当乙作属翰曰笔。"翰,毛笔。 ⑦出言入笔:谓不属于"言",而属于"笔"。 ⑧可强可弱:谓文

采可多可少。　⑨分:谓分清。典奥:典雅深奥。不刊:谓不可磨灭。

　　昔陆氏《文赋》①,号为"曲尽"②;然泛论纤悉③,而实体未该④。故知九变之贯匪穷⑤,"知言之选"难备矣。

　　[注释]①陆氏:指陆机。　②曲尽:详悉。《文赋》:"他日殆可谓曲尽其妙。"　③纤悉:谓细微详尽。　④体:谓文体。该:完备。　⑤"九变之贯"二句:《汉书·武帝纪》:"《诗》云:九变复贯,知言之选。"九变:谓复杂多变。贯:条贯,贯通。知言:识见高明之言。

　　凡精虑造文,各竞新丽;多欲练辞,莫肯研术①。落落之玉②,或乱乎石;碌碌之石③,时似乎玉。精者要约,匮者亦鲜④;博者该赡⑤,芜者亦繁⑥;辩者昭晰⑦,浅者亦露;奥者复隐⑧,诡者亦典⑨。或义华而声悴⑩,或理拙而文泽⑪;知夫调钟未易⑫,张琴实难⑬:"伶人告和"⑭,不必尽窈槬桍之中⑮;动用挥扇⑯,何必穷初终之韵⑰?魏文比篇章于音乐⑱,盖有征矣⑲。

　　[注释]①术:方法。　②落落:粗劣貌。　③碌碌:玉石美好貌。④匮:穷尽,空乏。鲜:少,此谓简单。　⑤该赡:详备丰富。　⑥芜:杂乱。⑦昭晰:元至正本作"昭晢",清楚明白。　⑧复隐:谓复杂深奥。　⑨诡:怪异。典:当为"曲"之误,谓曲折难懂。　⑩声悴:谓语言不美。　⑪文泽:谓富有文采。　⑫调:谓调试。钟:古代青铜乐器。　⑬张:谓张弦定音。⑭伶人告和:语出《国语·周语下》。伶人:乐人。和:调和,和谐。⑮尽:完全。窈:声音细小。槬:音 huà,声音洪大。桍:音 kū,元至正本无此字。中:谓恰到好处。　⑯动用挥扇:杨明照《文心雕龙校注》谓当为"动角挥羽",指弹奏各种曲调。　⑰穷:尽。初终:从头到尾。韵:和谐之音。　⑱魏文:指魏文帝曹丕,其《典论·论文》论"文气"曾以音乐为喻。　⑲征:证验。

夫不截盘根①，无以验利器；不剖文奥②，无以辨通才：才之能通，必资晓术。自非圆鉴区域③，大判条例④，岂能控引情源⑤，制胜文苑哉？

[注释]①"不截盘根"二句：《后汉书·虞诩传》："不遇盘根错节，何以别利器乎？"盘根：谓树木根株盘曲纠结。　②剖：剖析。　③圆鉴：周密地审察。区域：指各种体裁。　④大判：谓深入分析。条例：章程、规则，此谓写作规则。　⑤控引：控制，驾驭。

是以执术驭篇，似善弈之穷数①；弃术任心，如博塞之邀遇②。故博塞之文，借巧傥来③；虽前驱有功，而后援难继。少既无以相接，多亦不知所删；乃多少之并惑，何妍蚩之能制乎④？若夫善弈之文，则术有恒数⑤：按部整伍⑥，以待情会；因时顺机，动不失正⑦。数逢其极⑧，机入其巧，则义味腾跃而生，辞气丛杂而至⑨；视之则锦绘⑩，听之则丝簧⑪，味之则甘腴⑫，佩之则芬芳：断章之功，于斯盛矣。

[注释]①弈：围棋。数：技巧。　②博塞：指各种博戏。邀遇：谓希求偶然获胜。　③傥（音 tǎng）来：意外得来，偶然得到。　④妍蚩（音 chī）：美丑。　⑤恒数：一定的法则和规律。　⑥按部整伍：犹按部就班。按部，按照部类。整伍，整编队列。　⑦动不失正：谓写作活动不会偏离正确的轨道。　⑧数逢其极：谓技巧娴熟。极，穷尽。　⑨辞气：文辞气力，谓作品的文采和气势。丛杂：犹攒聚。　⑩锦绘：织锦彩绘，谓色彩绚烂。　⑪丝簧：丝竹管弦，谓声韵之美。　⑫甘腴：谓甘美醇厚。腴，丰美。

夫骥足虽骏①，辔牵忌长②；以万分一累③，且废千里。况文体多术④，共相弥纶⑤；一物携贰⑥，莫不解体。所以列在一篇,备总情变⑦,譬三十之辐⑧,共成一毂:虽未足观,亦鄙夫之见也⑨。

[注释]①骥:良马。骏:迅速。 ②纆(音 mò)牵:马缰绳。 ③累:过失。 ④文体:犹文之为体,谓文章。 ⑤共相:佛教术语,谓几种事物的共通相,此谓文章的基本原理。弥纶:综括、贯通。 ⑥携贰:有二心,此谓割裂开来。 ⑦情变:谓写作中的各种情况。 ⑧"三十之辐"二句:《老子》第十一章:"三十辐共一毂。"辐:辐条。毂:车轮中心聚集辐条之部件。 ⑨鄙夫:自谦之词,谓庸俗浅陋的人。

赞曰:文场笔苑,有术有门①。务先大体②,鉴必穷源。乘一总万③,举要治繁。思无定契④,理有恒存。

[注释]①门:门径,窍门。 ②"务先大体"二句:概括"论文叙笔"部分,谓先从总体上区分"文"和"笔",然后作追源溯流的考察。 ③乘一总万:谓用本篇来总括写作方法的种种变化。 ④契:契约,喻规则。

时序第四十五

时运交移①,质文代变②;古今情理,如可言乎?昔在陶唐③,德盛化钧④:野老吐"何力"之谈⑤,郊童含"不识"之歌⑥。有虞继作⑦,政阜民暇⑧:"薰风"诗于元后⑨,"烂云"歌于列臣⑩。尽其美者何?乃心乐而声泰也。至大禹敷土⑪,九序咏功⑫;成汤圣敬⑬,"猗欤"作颂⑭。逮姬文之德盛⑮,《周南》"勤而不怨"⑯;大王之化淳⑰,《邠风》"乐而不淫"⑱。幽、厉昏而《板》、《荡》怒⑲,平王微而《黍离》哀⑳。故知歌谣文理,与世推移;风动于上,而波震于下者。

[注释]①时:时世,时机。运:命运,运气。交移:交替变易。 ②质:朴质。文:文采。代变:更迭变化。 ③陶唐:古帝名,即唐尧。初封于陶(今山东定陶西南),后徙于唐(今河北唐县),故称。 ④化钧:谓教化普及。钧,同"均",全、都。 ⑤何力:指《击壤歌》,其中有"尧何力于我也"之句。击壤,古代一种投掷游戏。 ⑥不识:指《康衢谣》,其中有"不识不知"之句。 ⑦有虞:有虞氏,指虞舜,上古帝王。 ⑧阜:安定,安宁。暇:悠闲。 ⑨薰风:指《南风歌》,其首句为"南风之薰兮"。元后:指舜。 ⑩烂云:指《卿云歌》,其中有"卿云烂兮"之句。歌于列臣:相传舜时百官相和而歌"卿云"。

⑪敷:分布,治理。　⑫九序咏功:指治理天下的九种功业皆有其序,从而亦皆有其颂歌。《尚书·大禹谟》:"九功惟叙,九叙惟歌。"　⑬成汤:商代的开国之君。圣敬:圣明端肃。　⑭猗欤:指《诗·商颂·那》,其中有"猗与那与"之句。猗:叹辞。那:音nuó,多。　⑮姬文:即周文王,姓姬。　⑯《周南》:《诗经》的一部分,包括《关雎》等十一首诗。勤而不怨:吴公子季札语,见《左传·襄公二十九年》。　⑰大王:元至正本作"太王",指周文王之祖父。　⑱邠:音bīn,即豳,为太王所居之地。《豳风》乃《诗经》的一部分。乐而不淫:吴公子季札语,见《左传·襄公二十九年》。　⑲幽:指周幽王。厉:指周厉王。《板》、《荡》:均为《诗·大雅》之篇。　⑳平王:东周第一位国君。微:衰弱,衰败。《黍离》:《诗·王风》之篇。

　　春秋以后,角战英雄①;"六经"泥蟠②,百家飙骇③。方是时也,韩魏力政④,燕赵任权;"五蠹"、"六虱"⑤,严于秦令。唯齐楚两国,颇有文学⑥。齐开庄衢之第⑦,楚广兰台之宫⑧;孟轲宾馆⑨,荀卿宰邑⑩:故稷下扇其清风⑪,兰陵郁其茂俗⑫。邹子以谈天飞誉⑬,驺奭以雕龙驰响⑭;屈平联藻于日月⑮,宋玉交彩于风云⑯:观其艳说,则笼罩《雅》、《颂》。故知暐烨之奇意⑰,出乎纵横之诡俗也⑱。

　　[注释]①角战:争战,以战争较胜负。　②泥蟠(音pán):盘曲在泥污中,喻处境艰难。　③飙骇:谓迅猛兴起。飙,暴风。　④力政:犹力征,谓以武力征伐。　⑤"五蠹"、"六虱":参见《诸子》注。　⑥文学:谓文化学术。　⑦庄衢:即康庄大道。第:官邸,大宅。　⑧兰台:楚台名,相传在今湖北钟祥。　⑨宾馆:即宾于馆,谓受到礼遇。　⑩宰邑:荀子曾做兰陵令。宰,主宰,治理。　⑪稷下:齐国各学派活动之地,在今山东临淄。　⑫兰陵:在今山东枣庄东南。郁:聚集。茂:美好。　⑬邹子:即邹衍,稷下学者。飞誉:谓扬名。　⑭驺奭(音shì):稷下学者。雕龙:雕镂龙文,谓精雕细琢而使文辞

优美。驰响:谓驰名。 ⑮屈平:即屈原。联藻于日月:谓辞采之美可与日月争辉。 ⑯交彩于风云:谓文章之华美可与风云比色。 ⑰暐烨:音 wěi yè,光彩夺目貌。 ⑱诡:谓奇异。

爰至有汉①,运接燔书②;高祖尚武③,戏儒简学④。虽礼律草创,《诗》、《书》未遑⑤,然《大风》、《鸿鹄》之歌⑥,亦天纵之英作也⑦。施及孝惠⑧,迄于文、景⑨,经术颇兴⑩,而辞人勿用:贾谊抑而邹、枚沉⑪,亦可知已。

[注释]①爰:句首助词。 ②燔书:指秦始皇焚书。燔,音 fán,焚烧。 ③高祖:指汉高祖刘邦。 ④戏儒:戏弄儒生。简:轻贱,怠慢。 ⑤未遑:无暇顾及。 ⑥《大风》:指刘邦的《大风歌》,共三句。《鸿鹄》:指刘邦的《鸿鹄歌》,首句为"鸿鹄高飞"。 ⑦天纵:天所放任,谓上天赋予。 ⑧施:音 yì,延续,延伸。孝惠:指汉惠帝刘盈,为高祖之子。 ⑨文:指汉文帝刘恒,为高祖之子。景:指汉景帝刘启,为文帝之子。 ⑩经术:谓经学。 ⑪邹、枚:指邹阳、枚乘,均为西汉作家。沉:低,低下。

逮孝武崇儒①,润色鸿业②;礼乐争辉,辞藻竞骛③:柏梁展朝燕之诗④,金堤制恤民之咏⑤;征枚乘以蒲轮⑥,申主父以鼎食⑦;擢公孙之对策⑧,叹倪宽之拟奏⑨;买臣负薪而衣锦⑩,相如涤器而被绣⑪。于是史迁、寿王之徒⑫,严、终、枚皋之属⑬,应对固无方⑭,篇章亦不匮⑮:遗风余采,莫与比盛。

[注释]①孝武:指汉武帝刘彻,为景帝之子。 ②润色:使增加光彩。 ③骛:驰骋。 ④柏梁:指柏梁台。汉武帝曾置酒其上,诏群臣和诗。燕:同"宴",宴饮。 ⑤金堤:坚固的堤堰,此谓黄河瓠(音 hù)子堤,在河南濮阳境内。恤民之咏:指汉武帝视察瓠子决口时所作《瓠子歌》。恤,体恤,怜悯。

⑥征:征召。蒲轮:用蒲草裹车轮,以减轻车之振动。《汉书·枚乘传》载,汉武帝曾"以安车蒲轮征乘"。 ⑦申:此谓宴请。主父:指主父偃,武帝时为中大夫。鼎食:谓列五鼎而食,形容高官贵族之豪奢。鼎,古代食器。 ⑧擢:提拔。公孙:指公孙弘,其《举贤良对策》曾被汉武帝擢为第一。 ⑨倪宽:武帝时廷尉张汤的僚属,曾为张汤草拟奏文,为武帝所赏识。 ⑩买臣:指朱买臣,原以卖柴为生,后为家乡会稽之太守,可谓衣锦还乡。 ⑪相如:指司马相如,曾开过酒馆,亲自涤洗酒器,后做中郎将。被:音pī,同"披",穿着。绣:绣衣,彩绣的丝绸衣服,乃贵者之服。 ⑫史迁:谓太史令司马迁。寿王:谓吾丘寿王,西汉辞赋家。 ⑬严:指严助,西汉文人。终:指终军,西汉文人。 ⑭无方:谓变化无穷。 ⑮匮:穷尽,空乏。

越昭及宣①,实继武绩②:驰骋石渠③,暇豫文会④;集雕篆之轶材⑤,发绮縠之高喻⑥。于是王褒之伦,底禄待诏⑦。自元暨成⑧,降意图籍⑨。美玉屑之谭⑩,清金马之路⑪;子云锐思于千首⑫,子政雠校于六艺⑬:亦已美矣。

[注释]①昭:指汉昭帝刘弗陵,为武帝之子。宣:指汉宣帝刘询。②武:指汉武帝。 ③石渠:指石渠阁,乃西汉皇室藏书之处,宣帝时曾召集学者于此讲学。 ④暇豫:悠闲逸乐。 ⑤雕篆:语本扬雄《法言·吾子》"雕虫篆刻"之说,此谓写作。轶材:谓才华出众之人。 ⑥绮縠(音hú):丝织品的总称,此谓文采华美。高喻:谓高明之作。 ⑦底禄:谓获得俸禄或官位。待诏:等待诏命,实为后备之官。 ⑧元:指汉元帝刘奭,为宣帝之子。成:指汉成帝刘骜,为元帝之子。 ⑨降意:留心,注意。 ⑩玉屑:玉之碎末,喻美好的文辞。谭:同"谈"。 ⑪金马:与石渠同为西汉国家藏书之所。 ⑫子云:扬雄之字。锐思:精思。千首:《西京杂记》载,扬雄曾谓"读千首赋,乃能为之"。 ⑬子政:刘向之字,曾奉命校书。雠(音chóu)校:校勘。六艺:指六经。

爰自汉室,迄至成、哀①,虽世渐百龄,辞人九变②,而大抵所归,祖述《楚辞》:灵均余影③,于是乎在。

[注释]①哀:指汉哀帝刘欣。 ②九变:谓多变。 ③灵均:屈原之字。

自哀、平陵替①,光武中兴②,深怀图谶③,颇略文华④。然杜笃献诔以免刑⑤,班彪参奏以补令⑥:虽非旁求⑦,亦不遐弃⑧。及明帝叠耀⑨,崇爱儒术;肆礼璧堂⑩,讲文虎观⑪。孟坚珥笔于国史⑫,贾逵给札于瑞颂⑬;东平擅其懿文⑭,沛王振其通论⑮:帝则藩仪⑯,辉光相照矣。

[注释]①平:指汉平帝刘衎(音 kàn),为哀帝之弟。陵替:衰落,衰败。②光武:指东汉光武帝刘秀。 ③图谶:汉代盛行的预言帝王受命、吉凶得失等的文字、图记。 ④略:忽略,轻视。文华:指有文章才能的人。 ⑤杜笃:字季雅,东汉初年作家。《后汉书·文苑传》载,杜笃曾于狱中为大司马吴汉作诔文,被光武帝"赐帛免刑"。 ⑥班彪:字叔皮,东汉初年史家学、文学家。《后汉书·班彪传》载,班彪曾为大将军窦融草拟章奏而为光武帝赏识,并拜为徐县令。 ⑦旁求:谓广泛搜求。 ⑧遐弃:谓远离、疏远。 ⑨明帝:范文澜《文心雕龙注》谓当作"明章"。明:指汉明帝刘庄,为光武帝之子。章:指汉章帝刘炟(音 dá),为明帝之子。叠耀:谓相继为帝。 ⑩肆:学习。璧堂:指璧雍,亦称辟雍,即太学。 ⑪虎观:指白虎观,汉宫中讲论经学之所。⑫孟坚:班固之字。珥笔:插笔于冠侧,以备随时记录。珥,插。 ⑬贾逵:东汉学者、作家。给札:即"给笔札",谓朝廷对文士的特殊礼遇。瑞颂:指《神雀颂》。《后汉书·贾逵传》载,永平年间有神雀集于宫殿官府,汉明帝命贾逵作《神雀颂》。 ⑭东平:指东平王刘苍,光武帝六子。 ⑮沛王:指光武帝二子刘辅。通论:刘辅曾作《五经论》,时号《沛王通论》。 ⑯帝则藩仪:谓皇帝以身作则,藩王树立表率。

自安、和已下①,迄至顺、桓②,则有班、傅、三崔③,王、马、张、蔡④。磊落鸿儒⑤,才不时乏;而文章之选,存而不论。然中兴之后,群才稍改前辙⑥:华实所附⑦,斟酌经辞⑧,盖历政讲聚⑨,故渐靡儒风者也⑩。

[注释]①安和:按历史顺序当为"和、安"。和:指汉和帝刘肇,为章帝之子。安:指汉安帝刘祜(音 hù)。 ②顺:指汉顺帝刘保,为安帝之子。桓:指汉桓帝刘志。 ③班:指班固。傅:指傅毅,汉代作家。三崔:指崔骃、崔瑗、崔寔祖孙三人,皆为东汉作家。 ④王:指王延寿,东汉作家。马:指马融,东汉学者。张:指张衡。蔡:指蔡邕。 ⑤磊落:众多委积貌。 ⑥稍改前辙:谓与前代有所不同。 ⑦华实:内容与形式,此谓文章。附:依傍,依附。 ⑧经:谓儒家经典。 ⑨历政:犹历代。讲聚:谓聚集学者讲经。 ⑩靡:谓相随。

降及灵帝①,时好辞制,造羲皇之书②,开鸿都之赋③;而乐松之徒④,招集浅陋,故杨赐号为"驩兜"⑤,蔡邕比之"俳优"⑥:其余风遗文,盖蔑如也⑦。

[注释]①灵帝:指汉灵帝刘宏。 ②羲皇:即伏羲氏。羲皇之书:汉灵帝曾作《皇羲篇》五十章。 ③鸿都:汉代藏书之所,灵帝光和元年于鸿都门设立学校,专习辞赋书画。 ④乐松:灵帝时为侍中祭酒。 ⑤杨赐:灵帝时为司空。驩(音 huān)兜:传为尧舜时四个恶名昭彰的部落首领之一。《后汉书·杨赐传》载,杨赐曾上书灵帝,谓鸿都门下所招集之人乃驩兜之类。 ⑥俳优:古代以乐舞谐戏为业的艺人。《后汉书·蔡邕传》载,蔡邕曾上奏,谓鸿都门下以书画辞赋竞利者"有类俳优"。 ⑦蔑如:不足称道。

自献帝播迁①,文学蓬转②;建安之末③,区宇方辑④。魏武以相王之尊⑤,雅爱诗章;文帝以副君之重⑥,妙善辞赋;陈思以公子之豪⑦,下笔琳琅:并体貌英逸⑧,故俊才云蒸⑨。仲宣委质于汉南⑩,孔璋归命于河北⑪,伟长从宦于青土⑫,公干徇质于海隅⑬;德琏综其斐然之思⑭,元瑜展其翩翩之乐⑮。文蔚、休伯之俦⑯,于叔、德祖之侣⑰,傲雅觞豆之前⑱,雍容衽席之上⑲,洒笔以成酣歌,和墨以藉谈笑。观其时文,雅好慷慨,良由世积乱离,风衰俗怨,并志深而笔长,故梗概而多气也⑳。

[注释]①献帝:指汉献帝刘协,为灵帝之子。播迁:迁徙,流离。献帝先由洛阳迁长安,后又迁至许昌。　②蓬转:蓬草随风飞转,喻流离漂泊。③建安:汉献帝年号。　④区宇:谓天下。辑:安定。　⑤魏武:指曹操,曹丕继位后追尊其为魏武帝。相王:谓宰相而封王者。　⑥文帝:指魏文帝曹丕。副君:太子。　⑦陈思:指陈思王曹植。　⑧体貌:谓以礼相待,敬重。英逸:谓才智卓越之人。　⑨云蒸:云气升腾,喻盛多。　⑩仲宣,王粲之字。委质:谓归附。汉南:汉水之南,此谓荆州。　⑪孔璋:陈琳之字。河北:黄河以北,此谓冀州。　⑫伟长:徐干之字。青土:徐干原籍北海(今山东寿光),属古青州。　⑬公干:刘桢之字。徇质:犹"委质"。海隅:海角,海边。刘桢原籍东平(今属山东)。　⑭德琏:应玚(音yáng)之字。　⑮元瑜:阮瑀之字。翩翩:文采优美貌。　⑯文蔚:路粹之字,建安作家。休伯:繁(音pó)钦之字,建安作家。俦:辈,同类。　⑰于:元至正本作"子"。子叔,邯郸淳之字,建安作家。德祖:杨修之字,建安作家。侣:同伴。　⑱傲雅:谓雍容大方。觞(音shāng)豆:"觞酒豆肉"之省,谓筵席。　⑲雍容:谓从容不迫。衽席:谓宴席,座席。　⑳梗概:谓慷慨悲壮。

至明帝纂戎①,制诗度曲②;征篇章之士,置崇文之观③;何、刘群才④,迭相照耀⑤。少主相仍⑥,唯高贵英雅⑦;顾盼合章⑧,动言成论。于时正始余风⑨,篇体轻澹⑩;而嵇、阮、应、缪⑪,并驰文路矣。

[注释]①明帝:指魏明帝曹睿,为曹丕之子。纂戎:谓继承光大先人业绩。纂,继承。戎,大。　②度曲:制曲,谱曲。　③崇文之观:即崇文观,魏

明帝青龙四年所设官署,用以安置文学之士。　④何:指何晏,三国中期作家。刘:指刘劭,三国中期作家。　⑤迭相:相继,轮番。　⑥少主:年轻的君主,明帝之后几位皇帝均年轻而运短。相仍:相继。　⑦高贵:指高贵乡公曹髦。　⑧顾盼:疑当作"顾昒"。《辨骚》有"顾盼"一词,唐写本作"顾昒",谓转眼而视。合章:日本冈白驹校读本《文心雕龙》作"含章",谓气质优美。⑨正始:魏齐王曹芳的年号(240—249年)。　⑩篇体:谓文章。轻澹:清淡无味。　⑪嵇:指嵇康。阮:指阮籍。应:指应璩(音 qú),正始作家。缪:指缪袭,正始作家。

逮晋宣始基①,景、文克构②,并迹沉儒雅③,而务深方术④。至武帝惟新⑤,承平受命⑥,而胶序篇章⑦,弗简皇虑⑧。降及怀、愍⑨,缀旒而已⑩。然晋虽不文,人才实盛⑪:茂先摇笔而散珠⑫,太冲动墨而横锦⑬;岳、湛曜"联璧"之华⑭,机、云标"二俊"之采⑮。应、傅、三张之徒⑯,孙、挚、成公之属⑰,并结藻清英⑱,流韵绮靡⑲。前史以为运涉季世⑳,人未尽才:诚哉斯谈,可为叹息!

[注释]①晋宣:指司马懿,被追尊为晋宣帝。　②景:指司马师,司马懿之子,被追尊为晋景帝。文:指司马昭,司马懿之子,被追尊为晋文帝。克构:谓能完成前辈事业。　③迹沉:谓没有成就。　④方术:谓谋略、权术。⑤武帝:指晋武帝司马炎,司马昭之子,为西晋第一个皇帝。　⑥承平:相继太平。　⑦胶序:谓学校。　⑧弗简皇虑:谓没有引起皇帝的重视。简,检阅。　⑨怀:指晋怀帝司马炽,武帝之子。愍:音 mǐn,指晋愍帝司马邺。⑩缀旒:谓大权旁落,徒有虚名。旒,音 liú,旌旗悬垂的饰物。　⑪人才:元至正本作"文才"。　⑫茂先:张华之字。散珠:谓写出精品。　⑬太冲:左思之字。横锦:谓展现华章。　⑭岳、湛:指潘岳、夏侯湛,均为西晋作家,二人为好友,时称"连璧"。曜:闪耀。璧:圆形之玉器,泛指美玉。　⑮机、云:指陆机、陆云兄弟,史称"二俊"。　⑯应、傅:指应贞、傅玄,均为西晋作家。三张:

指张载、张协、张亢三兄弟,西晋作家。　⑰孙、挚:指孙楚、挚虞,均为西晋作家。成公:指成公绥,西晋作家。　⑱结藻:谓文章之辞采。清英:谓清新俊美。　⑲流韵:谓作品之风韵。绮靡:谓华美。　⑳季世:谓末代,衰败时期。

　　元皇中兴①,披文建学②;刘、刁礼吏而宠荣③,景纯文敏而优擢④。逮明帝秉哲⑤,雅好文会;升储御极⑥,孳孳讲艺⑦。练情于诰策,振采于辞赋;庾以笔才逾亲⑧,温以文思益厚⑨;揄扬风流⑩,亦彼时之汉武也。及成、康促龄⑪,穆、哀短祚⑫;简文勃兴⑬,渊乎清峻。微言精理,函满玄席⑭;澹思浓采,时洒文囿⑮。至孝武不嗣⑯,安、恭已矣⑰。其文史则有袁、殷之曹⑱,孙、干之辈⑲;虽才或浅深,圭璋足用⑳。

　　[注释]①元皇:指晋元帝司马睿,为东晋开国之君。　②披文:谓开拓重文之风。　③刘、刁:指刘隗(音wěi)、刁协,均为晋元帝所宠信的官吏。礼吏:谓精通礼法的官吏。　④景纯:郭璞之字。优擢:谓提升官职。　⑤明帝:指司马绍,为元帝之子。秉哲:谓富有才智。　⑥升储:谓升为太子。储,储君,太子。御极:登极,即位。　⑦孳孳(音zī):同"孜孜",勤勉,努力不懈。艺:指六艺。　⑧庾:指庾亮,字元规,东晋官吏、作家。逾:更加。　⑨温:指温峤,字太真,东晋官吏、作家。　⑩揄扬:宣扬,提倡。风流:此谓有文才之士。　⑪成:指晋成帝司马衍,明帝之子。康:指晋康帝司马岳,明帝之子。促龄:谓在位时间短促。　⑫穆:指晋穆帝司马聃,康帝之子。哀:指晋哀帝司马丕,成帝之子。祚:福,福运。　⑬简文:指晋简文帝司马昱,元帝之子。　⑭函:王惟俭《文心雕龙训故》作"亟",音qì,屡。玄席:讲论玄学之座席。　⑮文囿:文章园地,犹文坛。　⑯孝武:指晋孝武帝司马曜,简文帝之子。不嗣:没有继承者,谓国运将亡。　⑰安:指晋安帝司马德宗,孝武帝之子。恭:指晋恭帝司马德文,孝武帝之子。　⑱袁、殷:指袁宏、殷仲文,东晋作家。曹:等辈,侪类。　⑲孙、干:指孙盛、干宝,东晋文学家。　⑳圭璋:两种贵重

的玉制礼器,喻有用之才。

自中朝贵玄①,江左称盛②;因谈余气③,流成文体④。是以世极迍邅⑤,而辞意夷泰⑥;诗必柱下之旨归⑦,赋乃漆园之义疏⑧。故知文变染乎世情,兴废系乎时序⑨;原始以要终⑩,虽百世可知也。

[注释]①中朝:指西晋,以其建都中原而称。　②江左:江东,指东晋。称:元至正本作"弥"。　③谈:谓玄谈。　④文体:文章风格。　⑤迍邅:音zhūn zhān,难行貌。　⑥夷泰:平和闲静。　⑦柱下:指老子,相传其曾为周之柱下史。　⑧漆园:指庄子,其曾为漆园吏。　⑨时序:犹时世。　⑩原始以要终:语本《易·系辞下》"原始要终"之说,谓探本求末,追源溯流。原,推究。要,音yāo,探求。

自宋武爱文①,文帝彬雅②;秉文之德③,孝武多才④,英采云构⑤。自明帝以下⑥,文理替矣⑦。尔其缙绅之林⑧,霞蔚而飙起⑨:王、袁联宗以龙章⑩,颜、谢重叶以凤采⑪;何、范、张、沈之徒⑫,亦不可胜也⑬。盖闻之于世,故略举大较⑭。

[注释]①宋武:指宋武帝刘裕。　②文帝:指宋文帝刘义隆,武帝之子。彬雅:犹儒雅,文雅。　③秉:通"禀",承受。文:指宋文帝。　④孝武:指宋孝武帝刘骏,文帝之子。　⑤云构:形容大量涌现。　⑥明帝:指宋明帝刘彧,文帝之子。　⑦文理:文辞义理,谓文章。替:衰落。　⑧缙绅:指士大夫。　⑨霞蔚:云霞盛起貌。飙:暴风。　⑩王、袁联宗以龙章:谓王、袁二姓家族文才辈出。联宗,谓同姓宗族。龙章,谓精美的文章。　⑪颜、谢重叶以凤采:谓颜、谢二姓文人世代相继。重叶,累世、几代。凤采,谓华丽的辞采。　⑫何、范、张、沈:指何承天、范晔、张敷、沈怀文等,均为南朝刘宋时期文人。　⑬不可胜:当作"不可胜数"。　⑭大较:大略,大概。

暨皇齐驭宝①,运集休明②。太祖以圣武膺箓③,高祖以睿文纂业④,文帝以贰离含章⑤,中宗以上哲兴运⑥:并文明自天,缉遐景祚⑦。今圣历方兴⑧,文思光被⑨;海岳降神⑩,才英秀发;驭飞龙于天衢⑪,驾骐骥于万里⑫。经典礼章,跨周轹汉⑬;唐虞之文,其鼎盛乎!鸿风懿采⑭,短笔敢陈?飏言赞时⑮,请寄明哲!

[注释]①皇:大。驭宝:谓登上宝座。 ②休明:美好清明。 ③太祖:指齐高帝萧道成。膺箓:谓承受符命。膺,承受。箓,古称上天赐予帝王的符命文书。 ④高:范文澜《文心雕龙注》:"高是世之误。"世祖:指齐武帝萧赜(音zé),高帝之子。睿:通达,明智。 ⑤文帝:指文惠太子萧懋,武帝之子,被追尊为文帝。贰离:谓储君,即太子。离,指日,喻天子。 ⑥中:疑为"高"之误。高宗:指齐明帝萧鸾。 ⑦缉:光明。遐:梅庆生《文心雕龙音注》"疑作熙"。缉熙,光明。景祚:洪福,大福。 ⑧历:历数,国运。 ⑨光被:遍及。 ⑩海岳:谓四海与五岳。降神:谓神灵降临。 ⑪天衢:天上的大道。 ⑫骐骥:骏马。 ⑬轹:音lì,超过。 ⑭鸿风:谓作品内容深广。 ⑮飏言:谓大力宣扬。

　　赞曰:蔚映十代①,辞采九变;枢中所动②,环流无倦③。质文沿时,崇替在选④;终古虽远⑤,旷焉如面⑥。

[注释]①十代:谓历代。 ②枢中:机要,中心。 ③环流:围绕运转。 ④崇替:盛衰兴废。选:音suàn,通"算",数,此谓运数、时运。 ⑤终古:谓自古以来。 ⑥旷:元至正本作"暖",温暖。

物色第四十六

春秋代序①,阴阳惨舒②;物色之动③,心亦摇焉。盖阳气萌而玄驹步④,阴律凝而丹鸟羞⑤;微虫犹或入感⑥,四时之动物深矣。若夫珪璋挺其惠心⑦,英华秀其清气⑧;物色相召,人谁获安?是以"献岁发春"⑨,悦豫之情畅⑩;"滔滔孟夏"⑪,郁陶之心凝⑫;天高气清⑬,阴沉之志远⑭;霰雪无垠⑮,矜肃之虑深⑯。岁有其物⑰,"物有其容";情以物迁,辞以情发。一叶且或迎意,虫声有足引心;况清风与明月同夜,白日与春林共朝哉!

[注释]①代序:时序更替。 ②阴阳惨舒:张衡《西京赋》:"夫人在阳时则舒,在阴时则惨,此牵乎天者也。"阴,谓秋冬寒冷之季。阳,谓春夏温暖之季。 ③物色:物象,景色。 ④玄驹:即蚂蚁。 ⑤阴律:谓阴气。丹鸟:即萤火虫。羞:进食。 ⑥入感:谓感物而动。 ⑦珪璋:两种贵重的玉制礼器,喻具有美德之人。挺:突出,杰出。惠:通"慧"。 ⑧英华:即鲜花,喻人类生命之美。 ⑨献岁发春:语出《楚辞·招魂》。献岁,进入新的一年。 ⑩悦豫:喜悦,愉快。 ⑪滔滔孟夏:语出《楚辞·九章·怀沙》。滔滔:阳气升腾貌。孟夏:夏季的第一个月,农历四月。 ⑫郁陶:忧思积聚貌。 ⑬天高气清:《楚辞·九辩》:"沉寥兮天高而气清。"沉(音xuè)寥,清朗空旷貌。 ⑭阴沉:谓深沉。 ⑮霰:音xiàn,雪珠。无垠:无边际。《楚辞·九章·涉

江》:"霰雪纷其无垠兮,云霏霏而承宇。" ⑯矜肃:庄重严肃。 ⑰"岁有其物"二句:《左传·昭公九年》:"事有其物,物有其容。"

是以《诗》人感物,联类不穷①;流连万象之际,沉吟视听之区②。写气图貌,既随物以宛转③;属采附声④,亦与心而徘徊。故"灼灼"状桃花之鲜⑤,"依依"尽杨柳之貌⑥,"杲杲"为出日之容⑦,"瀌瀌"拟雨雪之状⑧,"喈喈"逐黄鸟之声⑨,"喓喓"学草虫之韵⑩。"皎"日、"嘒"星⑪,一言穷理;"参差"、"沃若"⑫,两字穷形⑬:并以少总多,情貌无遗矣;虽复思经千载,将何易夺?

[注释]①联类:谓类比联想。 ②沉吟:低声吟味,自语深思。 ③宛转:谓随顺变化。 ④属采:谓连缀辞采。附声:谓调和声律。 ⑤灼灼:鲜明貌。《诗·周南·桃夭》:"桃之夭夭,灼灼其华。" ⑥依依:《诗·小雅·采薇》:"昔我往矣,杨柳依依。" ⑦杲杲(音 gǎo):明亮貌。《诗·卫风·伯兮》:"其雨其雨,杲杲出日。" ⑧瀌瀌(音 biāo):雪盛貌。《诗·小雅·角弓》:"雨雪瀌瀌。" ⑨喈喈(音 jiē):鸟鸣之声。《诗·周南·葛覃》:"黄鸟于飞,集于灌木,其鸣喈喈。" ⑩喓喓(音 yāo):虫鸣声。《诗·召南·草虫》:"喓喓草虫。" ⑪皎:光明,光亮。《诗·王风·大车》:"谓予不信,有如皦日。"皦,音意同"皎"。嘒(音 huì):形容星光微小而明亮。《诗·召南·小星》:"嘒彼小星,三五在东。" ⑫参差:《诗·周南·关雎》:"参差荇菜,左右流之。"荇,音 xìng,一种水生植物。沃若:润泽貌。《诗·卫风·氓》:"桑之未落,其叶沃若。" ⑬穷:元至正本作"连",连缀,谓描摹。

及《离骚》代兴,"触类而长"①;物貌难尽,故重沓舒状②:于是"嵯峨"之类聚③,"葳蕤"之群积矣④。及长卿之徒⑤,诡势瑰声⑥;模山范水,字必鱼贯⑦:所谓诗人丽则而约言⑧,辞人丽淫而繁句也。至如《雅》咏棠华⑨,"或黄或白";《骚》述秋兰⑩,"绿叶"、"紫茎"⑪:凡摛表五色,贵在时见⑫;若青黄屡出,则繁而不珍。

[注释]①触类而长:语本《易·系辞上》"引而伸之,触类而长之",谓依据同类事物而引申发挥,犹触类旁通。　②重沓:重叠,重复。舒状:舒展形状,即描摹物象。　③嵯峨:山高峻貌。　④葳蕤:草木茂盛而枝叶下垂貌。⑤长卿:司马相如之字。　⑥诡势瑰声:谓追求不平凡的声势。诡,奇异。瑰,珍奇。　⑦鱼贯:游鱼先后接续,喻不断而出。　⑧"诗人"二句:扬雄《法言·吾子》:"诗人之赋丽以则,辞人之赋丽以淫。"淫,过度。　⑨"《雅》咏棠华"二句:棠华:棠棣之花。《诗·小雅·裳裳者华》:"裳裳者华,或黄或白。"裳裳,鲜明美盛貌。　⑩《骚》:代指《楚辞》。　⑪绿叶、紫茎:《楚辞·九歌·少司命》:"秋兰兮青青,绿叶兮紫茎。"　⑫时见:谓适当运用。

　　自近代以来,文贵形似;窥情风景之上①,钻貌草木之中②。吟咏所发,志惟深远③;体物为妙④,功在密附⑤。故巧言切状⑥,如印之印泥⑦;不加雕削,而曲写毫芥⑧:故能瞻言而见貌,印字而知时也⑨。

[注释]①窥情:谓观察神情。　②钻貌:谓体悟风貌。　③志惟深远:谓作者的情志深藏不露。　④体物:谓描摹物象。　⑤密附:谓准确逼真。⑥切:契合,贴近。　⑦印泥:盖印于泥。古代用泥封信,上面盖章。　⑧毫芥:谓事物的细微之处。　⑨印:黄叔琳《文心雕龙辑注》:"疑作即。"时:季节。

　　然物有恒姿①,而思无定检②;或率尔造极③,或精思愈疏。且《诗》、《骚》所标④,并据要害⑤;故后进锐笔⑥,怯于争锋⑦:莫不因方以借巧⑧,即势以会奇⑨。善于适要⑩,则虽旧弥新矣。

[注释]①恒姿:谓固定的形状。 ②检:法式,法度。 ③率尔:谓随便。④标:标明,显出。 ⑤要害:关键之处,谓事物的根本特征。 ⑥锐笔:谓出色的作者。 ⑦怯于争锋:谓不追求上述"形似"的创作倾向。 ⑧方:谓诗骚的创作方法。 ⑨即势以会奇:谓适应文体的特点而求出奇制胜。 ⑩适要:谓抓住事物的本质特征。

是以四序纷回①,而入兴贵闲②;物色虽繁,而析辞尚简③:使味飘飘而轻举,情晔晔而更新④。古来辞人,异代接武⑤,莫不参伍以相变⑥,因革以为功⑦;物色尽而情有余者,晓会通也⑧。

[注释]①四序:四季。纷回:变化繁多貌。 ②入兴:谓进入艺术构思的过程。闲:安静。 ③析辞:谓运用文辞。 ④晔晔(音 yè):美盛貌。⑤接武:步履相接,前后相继。武,脚。 ⑥参伍:即三五,谓变化错综。⑦因革:因袭与变革。 ⑧会通:谓融会贯通。

若乃山林皋壤①,实文思之奥府②。略语则阙③,详说则繁。然屈平所以能洞监《风》、《骚》之情者④,抑亦江山之助乎⑤!

[注释]①皋壤:泽边之地。 ②奥府:犹宝库。 ③阙:空缺。 ④屈平:即屈原。洞监:明察,透彻了解。《风》、《骚》之情:指上述所谓"并据要害",乃描绘物色的正确方法。 ⑤"抑亦"句:这是一个俏皮的说法,意谓或许得到了山川的帮助吧。

赞曰:山沓水匝①,树杂云合;目既往还,心亦吐纳。"春日迟迟"②,秋风飒飒③;情往似赠,兴来如答④。

[注释]①沓:重叠。匝:环绕,围绕。 ②春日迟迟:《诗·豳风·七

月》:"春日迟迟,采蘩祁祁。"蘩,白蒿。祁祁,多而盛貌。 ③飒飒:风声。《楚辞·九歌·山鬼》:"风飒飒兮木萧萧,思公子兮徒离忧。" ④兴:兴致,诗兴。

才略第四十七

九代之文①,富矣盛矣;其辞令华采,可略而详也②。虞夏文章,则有皋陶"六德"③,夔序"八音"④,益则有赞⑤;五子作歌⑥,辞义温雅,万代之仪表也。商周之世,则仲虺垂诰⑦,伊尹敷训⑧;吉甫之徒⑨,并述诗颂⑩:义固为经,文亦师矣。

[注释]①九代:谓历代。 ②详:了解;知悉。 ③皋陶:传为虞舜时的司法官。六德:语出《尚书·皋陶谟》,谓人的六种美德,如宽而栗、柔而立等。 ④夔:音 kuí,传为舜时乐官。序:谓按次序区分、排列。八音:参见《乐府》注。 ⑤益:即伯益,相传为尧舜时大臣。赞:辅佐,帮助。《尚书·大禹谟》载有"益赞于禹"之辞。 ⑥五子:参见《明诗》注。 ⑦仲虺(音 huǐ):商汤之臣,《尚书》有《仲虺之诰》。诰,告诫。 ⑧伊尹:亦名伊挚,商汤之臣,《尚书》有《伊训》。敷:陈述。 ⑨吉甫:指尹吉甫,周宣王时大臣。 ⑩诗:指尹吉甫歌颂周宣王之诗,如《诗·大雅》之《崧高》、《烝民》等。

及乎春秋大夫,则修辞聘会①,磊落如琅玕之圃②,焜耀似缛锦之肆③。薳敖"择楚国之令典"④,随会讲晋国之礼法⑤;赵衰以文胜从飨⑥,国侨以修辞扞郑⑦;子太叔

"美秀而文"⑧,公孙挥"善于辞令"⑨:皆文名之标者也⑩。

[注释]①修辞:修饰辞令。聘会:聘问集会。 ②磊落:众多貌。琅玕(音 gān):似珠玉的美石。圃:谓园地。 ③焜(音 kūn)耀:光辉,辉煌。缛锦:华美的锦绣。肆:店铺,市集。 ④蒍(音 wěi)敖:即孙叔敖,春秋时楚国人,楚庄王时为宰相。择楚国之令典:语出《左传·宣公十二年》。择,谓选用。 ⑤随会:春秋时晋国大夫,《左传·宣公十六年》谓其"修晋国之法"。 ⑥赵衰(音 cuī):字子余,春秋时晋国大夫。从飨:《左传·僖公二十三年》载,秦穆公宴请晋公子重耳,以赵衰有文采而使随从。 ⑦国侨:即公孙侨,字子产,春秋时郑国大夫,善为辞令。扞:音 hàn,保护,保卫。 ⑧子太叔:即游吉,春秋时郑国正卿。美秀而文:语出《左传·襄公三十一年》。美秀,谓貌美才秀。 ⑨公孙挥:字子羽,春秋时郑国人,曾为郑简公之行人。善于辞令:语出《左传·襄公三十一年》。 ⑩标:榜样,代表。

　　战代任武①,而文士不绝。诸子以道术取资②,屈、宋以《楚辞》发采③。乐毅报书辩以义④,范雎上书密而至⑤,苏秦历说壮而中⑥,李斯自奏丽而动⑦:若在文世,则扬、班俦矣⑧。荀况学宗⑨,而象物名赋⑩;文质相称,固巨儒之情也。

[注释]①战代:指战国时代。 ②道术:谓学术,学说。取资:取得凭借、助益。 ③屈、宋:指屈原、宋玉。 ④乐毅:战国时燕国上将军,封昌国君。报书:指报燕惠王书,事见《战国策·燕策二》。辩:元至正本作"辩",明辨。 ⑤范雎:字叔,战国时魏人,入秦为相。上书:指上秦昭王书,见《战国策·秦策三》。密而至:谓周密而恰当。 ⑥壮而中:谓雄辩有力而切中时势。 ⑦自奏:指上书秦始皇,即《谏逐客书》。动:动人。 ⑧扬、班:指扬雄、班固。俦:辈,同类。 ⑨荀况:即荀子。学宗:即学者宗之,谓学界领袖。 ⑩象物:谓描摹物象。赋:指《荀子·赋篇》。

汉室陆贾①,首发奇采,赋孟春而选典诰②,其辩之富矣③。贾谊才颖④,陵轶飞兔⑤,议愜而赋清⑥,岂虚至哉!枚乘之《七发》,邹阳之《上书》⑦,膏润于笔⑧,气形于言矣⑨。仲舒专儒⑩,子长纯史⑪,而丽缛成文⑫,亦《诗》人之"告哀"焉⑬。

[注释]①陆贾:西汉初年政论家、辞赋家。 ②孟春:春季的第一个月,农历正月。陆贾孟春之赋已佚。选:通"撰"。典诰:疑当作"典语",指陆贾的《新语》,《诸子》篇称《新语》为"典语"。 ③辩:谓论辩之辞。 ④才颖:谓才思敏捷。 ⑤陵轶:凌驾,超越。飞兔:古代骏马名。 ⑥愜:元至正本作"揠",谓挺拔。 ⑦邹阳:西汉文人,有《上书吴王》、《狱中上书自明》等。⑧膏:油脂,喻文采之富。 ⑨气:谓气势。 ⑩仲舒:指董仲舒。 ⑪子长:司马迁之字。 ⑫丽缛:华丽多采。文:指董仲舒的《士不遇赋》、司马迁的《悲士不遇赋》等作品。 ⑬告哀:《诗·小雅·四月》:"君子作歌,维以告哀。"

相如好书①,师范屈、宋,洞入夸艳②,致名"辞宗"③;然覆取精意④,理不胜辞,故扬子以为"文丽用寡者长卿"⑤,诚哉是言也!王褒构采,以密巧为致⑥,附声测貌⑦,泠然可观⑧。子云属意⑨,辞人最深⑩,观其涯度幽远⑪,搜选诡丽⑫,而竭才以钻思⑬,故能理赡而辞坚矣⑭。

[注释]①相如:指司马相如。 ②洞入:谓深入。 ③辞宗:《汉书·叙传》谓司马相如"蔚为辞宗"。 ④覆:审察,查核。精意:犹精神。 ⑤扬子:即扬雄。"文丽用寡"句:《法言·君子》:"文丽用寡,长卿也。" ⑥密巧:细密工巧。 ⑦附声测貌:谓描绘声音形貌。 ⑧泠然:轻妙之貌。 ⑨属意:谓用意,命意。 ⑩辞人最深:谓辞赋家之最为深刻者。 ⑪涯度:量度,谓用心。 ⑫诡丽:奇异华美。 ⑬钻思:犹深思。 ⑭赡:富足。坚:谓精当。

桓谭著论①，富号"猗顿"②，宋弘称荐③，爰比相如④；而《集灵》诸赋⑤，偏浅无才，故知长于讽论，不及丽文也。敬通雅好辞说⑥，而坎壈盛世⑦，《显志》自序⑧，亦蚌病成珠矣⑨。二班、两刘⑩，弈叶继采⑪，旧说以为固文优彪，歆学精向，然《王命》清辩⑫，《新序》该练⑬，璇璧产于崑冈⑭，亦难得而逾本矣。

[注释]①桓谭：字君山，有《新论》。 ②猗顿：战国时大富商，以养牛羊起家。《论衡·佚文》："挟桓君山之书，富于积猗顿之财。" ③宋弘：字仲子，东汉初为大司空。《后汉书·宋弘传》载，宋弘称桓谭"才学洽闻，几能及扬雄、刘向父子"。 ④爰：乃。相如：指司马相如。按：宋弘实把桓谭比作扬雄，或彦和记忆有误。 ⑤集灵：指集灵宫，汉代宫殿名，为皇帝祀神、求仙之所。桓谭现存《仙赋》一篇，或谓《集灵宫赋》。 ⑥敬通：冯衍之字，东汉初年作家。辞说：谓游说之辞。 ⑦坎壈（音 lǎn）：困顿，不得志。 ⑧《显志》：指冯衍的《显志赋》。自序：自述。 ⑨蚌病成珠：喻因不得志而写出好文章来。《淮南子·说林训》："明月之珠，蜘之病而我之利。"蜘，音 bàng，同"蚌"，大蛤。 ⑩二班：指班彪、班固父子。两刘：指刘向、刘歆父子。 ⑪弈：元至正本作"奕"。奕叶：累世，代代。 ⑫《王命》：指班彪的《王命论》。清辩：清晰明辩。 ⑬《新序》：刘向之作。该练：完备而精练。 ⑭璇（音 xuán）璧：美玉。崑冈：即昆仑山。

傅毅、崔骃①，光采比肩；瑗、寔踵武②，能世厥风者矣③。杜笃、贾逵④，亦有声于文；迹其为才⑤，崔、傅之末流也。李尤赋铭⑥，志慕鸿裁，而才力沉膇⑦，垂翼不飞。马融鸿儒⑧，思洽识高⑨，吐纳经范⑩，华实相扶。王逸博识有功⑪，而绚采无力⑫。延寿继志⑬，瑰颖独标⑭；其善图物写貌，岂枚乘之遗术欤！

[注释]①傅毅:字武仲,东汉作家。崔骃:字亭伯,东汉作家。 ②瑗:指崔瑗,字子玉,崔骃之子。寔:音shí,指崔寔,字子真,崔瑗之子。踵武:谓继承前人之业。 ③能世厥风:谓累世能文。 ④杜笃:字季雅,东汉文人。贾逵:字景伯,东汉文人。 ⑤迹:考核,推究。 ⑥李尤:字伯仁,东汉作家。 ⑦沉腄(音zhuì):沉溺重腄,即湿疾、足肿,此喻才力之低下。 ⑧马融:字季长,东汉经学家、文学家。 ⑨洽:通达。识:元至正本作"登"。登高:谓能作赋。《汉书·艺文志》引《毛传》曰:"登高能赋,可以为大夫。" ⑩吐纳:言谈,谓写作。经范:谓具有经典的风范。 ⑪王逸:字叔师,东汉作家,有《楚辞章句》,多览而博雅。 ⑫绚采:元至正本作"绚彩",文采,此谓写作。 ⑬延寿:指王延寿,字文考,王逸之子,东汉辞赋家。 ⑭瑰颖:奇特的才智。

张衡通赡①,蔡邕精雅;文史彬彬②,隔世相望:是则竹柏异心而同贞,金玉殊质而皆宝也。刘向之奏议,旨切而调缓;赵壹之辞赋③,意繁而体疏④。孔融气盛于为笔⑤,祢衡思锐于为文⑥:有偏美焉。潘勖凭经以骋才⑦,故绝群于锡命⑧;王朗发愤以托志⑨,亦致美于序铭。

[注释]①通赡:谓才学通达而文辞富丽。 ②文史彬彬:谓文史兼备。 ③赵壹:字元叔,东汉作家。 ④意繁:犹气盛,指赵壹之恃才傲物。繁,旺盛。体疏:谓体制松散。 ⑤笔:指无韵的书、表类文章。 ⑥文:指有韵的辞赋类作品。 ⑦潘勖:字元茂,汉末文人。 ⑧锡命:天子赐予财物的诏命,此谓潘勖的《册魏公九锡文》。九锡,帝王赐给有功之臣的九种器物。 ⑨王朗:字景兴,三国文人。

然自卿、渊已前①,多俊才而不课学②;雄、向以后③,颇引书以助文:此取与之大际④,其分不可乱者也。

[注释]①卿、渊:指司马相如、王褒。 ②俊:刘知几《史通·杂说下》引作"役",役使。课学:谓讲求学问。 ③雄、向:刘知几《史通·杂说下》引作

"向、雄",指刘向、扬雄。 ④取与:采取或给予,谓有所取舍。际:事物的分界,区分。

    魏文之才①,洋洋清绮②,旧谈抑之③,谓去植千里④。然子建思捷而才俊,诗丽而表逸⑤;子桓虑详而力缓,故不竞于先鸣⑥,而乐府清越⑦,《典论》辩要⑧:迭用短长⑨,亦无懵焉⑩。但俗情抑扬,雷同一响,遂令文帝以位尊减才,思王以势窘益价⑪,未为笃论也⑫。

    [注释]①魏文:指魏文帝曹丕,字子桓。 ②洋洋:盛大貌。清绮:谓清新华美。 ③抑:向下压。《老子》第七十七章:"高者抑之,下者举之。" ④植:指曹植,字子建。 ⑤逸:超过,超越。 ⑥不竞于先鸣:谓不会先声夺人。 ⑦清越:谓清秀拔俗。 ⑧辩要:论述能抓住要害。 ⑨迭用短长:谓各有短长。 ⑩懵:音 mèng,不明。 ⑪窘:困迫,指曹植政治上的困境。 ⑫笃论:犹确论。

    仲宣溢才①,捷而能密,文多兼善②,辞少瑕累③:摘其诗赋,则"七子"之冠冕乎④!琳、瑀以符檄擅声⑤,徐干以赋论标美⑥;刘桢情高以会采⑦,应玚学优以得文⑧。路粹、杨修⑨,颇怀笔记之工⑩;丁仪、邯郸⑪,亦含论述之美:有足算焉⑫。

    [注释]①仲宣:王粲之字。 ②文多兼善:谓擅长多种文体。 ③瑕累:玉上的斑痕,泛指缺点、毛病。 ④七子:语出《典论·论文》,指"建安七子",即孔融、陈琳、王粲、徐干、阮瑀、应玚、刘桢。冠冕:古代帝王、官员所戴的帽子,喻首位。 ⑤符檄:官符移檄等文书的统称。擅声:谓享有名声。 ⑥标美:谓获得美名。 ⑦情高以会采:谓性情高洁而为情造文。 ⑧学优以得文:谓学问优秀而在文章写作上有所成就。 ⑨路粹:字文蔚,东汉末文

人。杨修：字德祖，东汉末文人。 ⑩笔记：笔札书记。 ⑪丁仪：字正礼，东汉末文人。邯郸：指邯郸淳，字子叔，东汉末文人。 ⑫足算：谓足可称道。

刘劭《赵都》①，能攀于前修②；何晏《景福》③，克光于后进④。休琏风情⑤，则《百壹》标其志⑥；吉甫文理⑦，则《临丹》成其采⑧。嵇康师心以遣论，阮籍使气以命诗：殊声而合响，异翮而同飞⑨。

[注释]①刘劭：字孔才，三国时魏国文人，有《赵都赋》。 ②前修：犹前贤。 ③何晏：字平叔，三国时魏国作家、玄学家，有《景福殿赋》。 ④克光于后进：谓能光照后人。 ⑤休琏：应璩之字，三国时魏国作家，应玚之弟。风情：怀抱，志趣。 ⑥《百壹》：指应璩的《百一诗》。 ⑦吉甫：应贞之字，西晋作家，应璩之子。文理：文辞义理，谓文章。 ⑧《临丹》：指应贞的《临丹赋》。 ⑨翮：音 hé，指鸟的翅膀。

张华短章①，奕奕清畅②；其《鹪鹩》寓意③，即韩非之《说难》也④。左思奇才⑤，业深覃思⑥；尽锐于《三都》⑦，拔萃于《咏史》⑧，无遗力矣。潘岳敏给⑨，辞自和畅；钟美于《西征》⑩，贾余于哀诔⑪，非自外也⑫。陆机才欲窥深，辞务索广⑬，故思能入巧，而不制繁。士龙朗练⑭，以识检乱⑮，故能布采鲜净⑯，敏于短篇。

[注释]①短章：此谓短篇赋作。 ②奕奕：美好貌。 ③《鹪鹩》：指张华的《鹪鹩赋》。 ④《说（音 shuì）难》：《韩非子》之一篇，论述游说君主之难。 ⑤奇才：元至正本作"立才"，谓富有才华。 ⑥覃（音 tán）思：深思。 ⑦《三都》：指左思的《三都赋》。尽锐：谓投入主要精力。 ⑧《咏史》：指左思的八首《咏史诗》。 ⑨敏给：谓才思敏捷。 ⑩钟：汇聚，集中。《西征》：指《西征赋》。 ⑪贾（音 gǔ）余：出售余力。 ⑫非自外：谓情动于中。

⑬索广:谓广泛搜求。 ⑭士龙:陆云之字,陆机之弟。朗练:谓明快练达。 ⑮以识检乱:谓以清醒之识自觉地避免繁杂。识,陆云论文主张"清省"。检,约束、限制。 ⑯鲜净:鲜明省净。

　　孙楚缀思①,每直置以疏通②;挚虞述怀③,必循规以温雅,其品藻流别④,有条理焉。傅玄篇章⑤,义多规镜;长虞笔奏⑥,世执刚中⑦:并桢干之实才⑧,非群华之韡萼也⑨。成公子安⑩,选赋而时美⑪;夏侯孝若⑫,具体而皆微⑬。曹摅清靡于长篇⑭,季鹰辨切于短韵⑮:各其善也。孟阳、景阳⑯,才绮而相埒⑰,可谓"鲁卫之政"⑱,兄弟之文也。刘琨雅壮而多风⑲,卢谌情发而理昭⑳:亦遇之于时势也。

　　[注释]①孙楚:字子荆,西晋作家。缀思:犹构思。 ②直置:谓直书胸臆。疏通:谓通畅。 ③挚虞:字仲治,西晋作家。 ④品藻:品评,鉴定。流别:流派。挚虞有《文章流别集》,仅存残文。 ⑤傅玄:字休奕,西晋作家。 ⑥长虞:傅咸之字,傅玄之子,西晋作家。 ⑦世执刚中:谓继承其父的刚直中正。 ⑧桢干:筑墙时所用的木柱,喻骨干。 ⑨韡(音wěi)萼:明盛的花萼,谓陪衬。 ⑩成公子安:指成公绥,字子安,西晋作家。 ⑪选:通"撰"。 ⑫夏侯孝若:指夏侯湛(音zhàn),字孝若,西晋作家。 ⑬具体而皆微:语本《孟子·公孙丑上》"具体而微"之语,谓体制具备而规模较小,乃指夏侯湛一些摹仿《诗经》、《尚书》之作。 ⑭曹摅(音shū):字颜远,西晋作家。清靡:谓清新华丽。 ⑮季鹰:张翰之字,西晋作家。辨切:谓明辨切实。短韵:指小诗。 ⑯孟阳:张载之字。景阳:张协之字,张载之弟。 ⑰绮:华丽。相埒(音liè):相等。 ⑱鲁卫之政:《论语·子路》:"鲁卫之政,兄弟也。" ⑲刘琨:字越石,西晋诗人。多风:谓富有风力。 ⑳卢谌:字子谅,东晋作家。

景纯艳逸①,足冠中兴②:《郊赋》既穆穆以大观③,《仙诗》亦飘飘而凌云矣④。庾元规之表奏⑤,靡密以闲畅;温太真之笔记⑥,循理而清通:亦笔端之良工也。孙盛、干宝⑦,文胜为史⑧;准的所拟,志乎典训⑨:户牖虽异⑩,而笔彩略同。袁宏发轸以高骧⑪,故卓出而多偏⑫;孙绰规旋以矩步⑬,故伦序而寡状⑭。殷仲文之孤兴⑮,谢叔源之闲情⑯,并解散辞体⑰,缥渺浮音⑱:虽滔滔风流⑲,而大浇文意⑳。

[注释]①景纯:郭璞之字。艳逸:艳丽而飘逸。 ②中兴:谓偏安一隅之东晋政权。 ③《郊赋》:郭璞有《南郊赋》。穆穆:谓庄严美好。 ④《仙诗》:郭璞有《游仙诗》十四首。飘飘而凌云:化用《史记·司马相如传》"飘飘有凌云之气"语,谓《游仙诗》不同凡响。 ⑤庾元规:指庾亮,字元规。靡密:谓细致精密。闲畅:谓从容畅达。 ⑥温太真:指温峤,字太真。 ⑦孙盛:字安国,东晋史学家、文学家。干宝:字令升,东晋史学家、文学家。 ⑧文胜为史:谓富有文采而用力于史学。 ⑨《典》、《训》:谓《尚书》之《尧典》、《伊训》等篇。 ⑩户牖(音yǒu):门窗,此喻文史。 ⑪袁宏:字彦伯,东晋文学家、史学家。发轸(音zhěn):发车,喻发端,此谓文章立意。骧:音xiāng,举。 ⑫卓出而多偏:谓时有卓见但也不乏偏激之辞。 ⑬孙绰:字兴公,东晋玄言诗人。规旋以矩步:犹循规蹈矩。 ⑭伦序:有条理。寡状:谓不够生动形象。 ⑮殷仲文:字仲文,晋末诗人。孤兴:孤独之兴致。 ⑯谢叔源:指谢混,字叔源,晋末诗人。 ⑰解散辞体:谓破坏诗歌之体制。 ⑱缥渺浮音:谓虚浮之辞。 ⑲滔滔风流:谓盛大的时代潮流。 ⑳浇:薄而无味。

宋代逸才①,辞翰鳞萃②;世近易明,无劳甄序③。

[注释]①逸才:出众之才。 ②辞翰:文章,著述。鳞萃:犹鳞集,谓多。 ③甄序:谓评述。

观夫后汉才林,可参西京①;晋世文苑,足俪邺都②。然而魏时话言,必以元封为称首③;宋来美谈,亦以建安为口实④。何也?岂非崇文之盛世,招才之嘉会哉⑤?嗟夫,此古人所以贵乎时也!

[**注释**]①参:罗列,并立。西京:即长安,此谓西汉。 ②俪:比,相配。邺都:指魏都邺城(今河北临漳)。 ③元封:西汉武帝年号(前110—前105)。 ④口实:谓经常议论的内容。 ⑤嘉会:昌盛的际会。

赞曰:才难然乎①!性各异禀②。一朝综文③,千年凝锦④。余采徘徊⑤,遗风籍甚⑥。无曰纷杂,皎然可品⑦。

[**注释**]①才难然乎:《论语·泰伯》:"才难,不其然乎?" ②禀:禀赋,天赋。 ③综文:谓写成文章。综,参见《正纬》注。 ④凝锦:凝固的锦绣,喻不变的华章。 ⑤余采徘徊:谓丰富的文采流传后世。 ⑥籍甚:盛大,盛多。 ⑦皎然:清晰分明貌。

知音第四十八

"知音"①,其难哉!音实难知,知实难逢②;逢其知音③,千载其一乎!

[注释]①知音:语出《礼记·乐记》,原指懂得音乐,此喻文章之赏会。②知:谓知音者。 ③知音:谓知音者。

夫古来知音,多贱同而思古①,所谓"日进前而不御,遥闻声而相思"②也。昔《储说》始出③,《子虚》初成④,秦皇、汉武⑤,恨不同时;既同时矣,则韩囚而马轻⑥,岂不明鉴同时之贱哉⑦?

[注释]①同:指同时代的人。古:谓古人。 ②"日进前"二句:语出《鬼谷子·内楗(音jiàn)》。御,用。 ③《储说》:《韩非子》有《内储说》、《外储说》等篇。 ④《子虚》:指司马相如的《子虚赋》。 ⑤"秦皇、汉武"二句:《史记·老庄申韩列传》载,秦始皇读了韩非的《孤愤》等篇曾说:"寡人得见此人,与之游,死不恨矣!"《汉书·司马相如传》载:汉武帝读了司马相如的《子虚赋》曾说:"朕独不得与此人同时哉!" ⑥韩囚:韩非入秦后,被谗入狱而死。马轻:谓司马相如未被重视。 ⑦明鉴:谓明确显示。

至于班固、傅毅①,文在仲伯②,而固嗤毅云"下笔不能自休"③。及陈思论才④,亦深排孔璋⑤;敬礼请润色⑥,叹以为"美谈";季绪好诋诃⑦,方之于"田巴"⑧:意亦见矣。故魏文称"文人相轻"⑨,非虚谈也。

[注释]①傅毅:字武仲,东汉初年作家。 ②伯仲:兄弟,喻不相上下。③"下笔"句:引自《典论·论文》。 ④陈思:指曹植,下述其论均出自《与杨德祖书》。 ⑤孔璋:陈琳之字。 ⑥敬礼:丁廙(音 yì)之字,东汉末作家。⑦季绪:刘修之字,东汉末作家。诋诃(音 hē):诋毁,指责。 ⑧方:比。田巴:战国时齐国辩士。 ⑨魏文:指魏文帝曹丕。文人相轻:语出《典论·论文》。

至如君卿唇舌①,而谬欲论文,乃称史迁著书②,谘东方朔③;于是桓谭之徒,相顾嗤笑。彼实博徒④,轻言负诮⑤;况乎文士,可妄谈哉?

[注释]①君卿:楼护之字,西汉末年辩士,其论文之语已佚。唇舌:喻有口才。 ②史迁:即太史公司马迁。 ③谘:商议,征询。 ④博徒:赌徒,此谓地位低下之人。 ⑤诮:嘲笑,讥刺。

故鉴照洞明①,而贵古贱今者,二主是也②;才实鸿懿③,而崇己抑人者,班、曹是也;学不逮文,而信伪迷真者,楼护是也。"酱瓿"之议④,岂多叹哉?

[注释]①鉴照:鉴识照察。洞明:深明。 ②二主:指秦始皇与汉武帝。③鸿懿:博大完美。 ④"酱瓿"之议:《汉书·扬雄传》载,刘歆谈到扬雄的《太玄》时说:"吾恐后人用覆酱瓿也。"酱瓿(音 bù),盛酱的小坛子。

夫麟凤与麏雉悬绝①,珠玉与砾石超殊②,白日垂其照③，青眸写其形④。然鲁臣以麟为麇⑤，楚人以雉为凤⑥，魏氏以夜光为怪石⑦，宋客以燕砾为宝珠⑧。形器易征⑨，谬乃若是；文情难鉴，谁曰易分？

[注释]①麟：指麒麟，古代传说中的瑞兽。麇：音 jūn，獐子，似鹿而小。雉：野鸡。悬绝：悬殊极大。 ②砾(音 lì)石：小石块，砂石。超殊：犹迥异。③垂：谓附射。 ④青眸：清亮的黑眼珠。 ⑤"鲁臣"句：事见《公羊传·哀公十四年》。 ⑥"楚人"句：事见《尹文子·大道上》。 ⑦氏：杨升庵批点曹学佺评《文心雕龙》作"民"。"魏民"句：事见《尹文子·大道上》。夜光：珠名。 ⑧"宋客"句：事见《阚(音 kàn)子》。燕砾：燕山之砾石。 ⑨征：证验。

夫篇章杂沓①，质文交加；知多偏好②，人莫圆该③。慷慨者逆声而击节④，酝籍者见密而高蹈⑤，浮慧者观绮而跃心⑥，爱奇者闻诡而惊听⑦。会己则嗟讽⑧，异我则沮弃⑨；各执一隅之解⑩，欲拟万端之变⑪：所谓"东向而望，不见西墙"⑫也。

[注释]①杂沓：纷杂繁多貌。 ②知：谓读者。 ③圆该：谓完备。④逆：迎。击节：犹击节称赏。 ⑤籍：元至正本作"藉"。酝藉：犹蕴藉，宽和有涵容。高蹈：举足顿地，喜悦貌。 ⑥浮慧：谓才智浮浅。绮：谓华美。⑦诡：怪异。 ⑧会：符合，相合。嗟：谓赞叹。讽：谓诵读。 ⑨沮：阻止，诋毁。 ⑩隅：角落，喻事物的一个方面。 ⑪拟：揣度，推测。 ⑫"东向而望"二句：《淮南子·泛论训》："东面而望，不见西墙。"

凡操千曲而后晓声①，观千剑而后识器，故圆照之象②，务先博观。阅乔岳以形培塿③，酌沧波以喻畎浍④；无私于轻重，不偏于憎爱：然后能平理若衡⑤，照辞如镜矣。

[注释]①操:谓弹奏。桓谭《新论·琴道》:"音不通千曲以上,不足以为知音。" ②圆照之象:谓全面理解和把握各种情况。 ③乔岳:谓高山。培塿:音 pǒu lǒu,小土丘。 ④酌:挹取,舀。沧波:碧波,谓江海之波。畎浍:音 quǎn kuài,田间小沟,泛指溪流、沟渠。 ⑤衡:秤。

是以将阅文情,先标"六观":一观位体①,二观置辞,三观通变,四观奇正②,五观事义③,六观宫商④。斯术既形⑤,则优劣见矣。

[注释]①位体:指体裁的运用。 ②奇正:代指写作风格。 ③事义:指作品的事类征引。 ④宫商:五音之二,代指音律。 ⑤术:方法。

夫缀文者情动而辞发①,观文者披文以入情②:沿波讨源,虽幽必显。世远莫见其面,觇文辄见其心③;岂成篇之足深?患识照之自浅耳④!

[注释]①缀文:指写作。 ②披:翻阅。 ③觇:音 chān,观看,观察。 ④识照:辨识鉴察。

夫志在山水①,琴表其情;况形之笔端,理将焉匿②?故心之照理,譬目之照形:目瞭则形无不分③,心敏则理无不达。然而俗监之迷者④,深废浅售⑤;此庄周所以笑《折杨》⑥,宋玉所以伤《白雪》也⑦。昔屈平有言⑧:"文质疏内⑨,众不知余之异采。"见异,唯知音耳。扬雄自称"心好沉博绝丽之文"⑩,其事浮浅⑪,亦可知矣。

[注释]①"志在山水"二句:《吕氏春秋·本味》:"伯牙鼓琴,钟子期听

之。方鼓琴而志在太山,钟子期曰:'善哉乎鼓琴,巍巍乎若太山。'少选之间,而志在流水。钟子期又曰:'善哉乎鼓琴,汤汤乎若流水。'"伯牙,春秋时精于琴艺之人。钟子期,春秋时楚人,精音律。　②匿:隐藏。　③瞭:眼珠明亮。　④监:通"鉴",察看。　⑤深废浅售:谓抛弃深刻之作而看好浅薄之作。　⑥庄周:即庄子,其笑《折杨》事见《庄子·天地》。《折杨》,一种通俗歌曲。　⑦《白雪》:一种高雅乐曲。宋玉《对楚王问》:"客有歌于郢中者,其始曰《下里》、《巴人》,国中属而和者数千人……其为《阳春》、《白雪》,国中属而和者不过数十人……是其曲弥高,其和弥寡。"　⑧屈平:即屈原,下引其语见于《楚辞·九章·怀沙》。　⑨文质疏内:原文作"文质疏内兮"。文质:外表与内质,谓为人。疏:迂阔,不切实际。内:音 nà,通"讷",木讷,不善言辞。　⑩"心好"句:见于扬雄《答刘歆书》。沉博:谓博大精深。绝丽:谓华美绝伦。　⑪其:疑为"不"之误。

夫唯深识鉴奥①,必欢然内怿②,譬春台之熙众人③,乐饵之止过客④。盖闻兰为国香⑤,服媚弥芬;书亦国华⑥,玩泽方美⑦:知音君子,其垂意焉⑧。

[注释]①鉴奥:察其微妙。　②怿:音 yì,喜悦,快乐。　③"春台"句:《老子》第二十章:"众人熙熙,如春登台。"熙:和乐,和悦。　④"乐饵"句:《老子》第三十五章:"乐与饵,止过客。"饵,食物。　⑤"兰为国香"二句:《左传·宣公三年》:"以兰有国香,人服媚之如是。"国香:谓其香甲于一国,后以指兰花。服:佩带。媚:喜爱。　⑥国华:即国花,谓国之精华。　⑦玩泽:王惟俭《文心雕龙训故》作"玩绎",谓玩味探析。　⑧垂意:注意,留心。

赞曰:"洪钟万钧"①,夔、旷所定②;良书盈箧③,妙鉴乃订④。流郑淫人⑤,无或失听⑥。独有此律⑦,不谬蹊径⑧。

[注释]①洪钟万钧:语出张衡《西京赋》。钧:古代重量单位,三十斤。

②夔:舜时乐官。旷:指师旷,春秋时晋国乐师。　③箧:音 qiè,小箱子,此谓书箱。　④妙鉴:谓高明的鉴赏力。订:评议,评定。　⑤流郑:谓流行小曲。郑,谓郑国的音乐,指与雅乐相对的俗乐。淫人:谓使人变得庸俗。　⑥无或:不要。失听:谓听闻有误。　⑦此律:谓上述"六观"。　⑧蹊径:路径,方法。

程器第四十九①

　　《周书》论士②,方之"梓材",盖贵器用而兼文采也。是以"朴斫"成而"丹艧"施③,"垣墉"立而雕杇附④。而近代辞人⑤,务华弃实,故魏文以为⑥:"古今文人,类不护细行⑦。"韦诞所评⑧,又历诋群才⑨。后人雷同,混之一贯,吁可悲矣⑩!

[注释]①程器:程其器能,谓衡量、品评作家之才能。 ②"《周书》论士"二句:《尚书·周书》有《梓材》篇。方:比。梓材:谓优质的木材。 ③"朴斫成"句:《尚书·梓材》:"若作梓材,既勤朴斫,惟其涂丹艧。"朴斫:谓削治。丹艧(音wò):红色涂漆。 ④"垣墉"句:《尚书·梓材》:"若作室家,既勤垣墉,惟其涂塈茨。"垣墉(音yōng):墙。雕杇(音wū):即塈茨,音jì cí,谓墙壁之绘饰。 ⑤辞人:元至正本作"词人"。 ⑥魏文:指曹丕,下述引文见其《与吴质书》。 ⑦类:大多。不护细行:谓不拘小节。 ⑧韦诞:字仲将,三国时书法家。 ⑨诋:谓指责。群才:指建安文人王粲等。《三国志·魏书·王粲传》注引鱼豢《魏略》载有韦诞历诋群才之语。 ⑩吁:叹词。

　　略观文士之疵①:相如窃妻而受金②,扬雄嗜酒而少算③;敬通之不循廉隅④,杜笃之请求无厌⑤;班固谄窦以作威⑥,马融党梁而黩货⑦;文举傲诞以速诛⑧,正平狂憨以致戮⑨;仲宣轻脆以躁竞⑩,孔璋偬恫以粗疏⑪;丁仪贪婪以乞货⑫,路粹餔啜而无耻⑬;潘岳诡祷于愍怀⑭,陆机倾仄于贾、郭⑮;傅玄刚隘而詈台⑯,孙楚狠愎而讼府⑰。诸有此类,并文士之瑕累⑱。

[注释]①疵:小病,引申为过失、缺点。 ②相如:指司马相如。窃妻而受金:《汉书·司马相如传》载,司马相如引诱寡妇卓文君并与其私奔。又载,有人上书言其使蜀时受金,相如因此失官。 ③少算:有两说,一为扬雄疏于精打细算而致家贫,一为扬雄作《剧秦美新》而美化王莽之新朝。 ④敬通:冯衍之字,东汉初年作家。不循廉隅:谓品行不够端正。廉隅,棱角,喻品行端方。 ⑤杜笃:东汉作家。请求无厌:《后汉书·文苑传》载,杜笃曾数次请托美阳县令。 ⑥谄:音 chǎn,奉承,献媚。窦:指大将军窦宪。 ⑦党:谓结党阿附。梁:指大将军梁冀。黩(音 dú)货:贪污纳贿。 ⑧文举:孔融之字。速诛:招致杀戮。孔融被曹操杀害。 ⑨正平:祢衡之字。狂憨:狂放憨直。致戮:祢衡终为江夏太守黄祖所杀。 ⑩仲宣:王粲之字。轻脆:形容软弱。躁竞:谓急于仕进。 ⑪孔璋:陈琳之字。偬恫:音 zǒng dòng,鲁莽貌。 ⑫丁仪:建安时文人。乞货:谓贪财。 ⑬路粹:建安时文人。餔啜:音 bū chuò,谓吃喝。 ⑭诪:音 zhōu,元至正本作"祷"。诡祷于愍(音 mǐn)怀:《晋书·愍怀太子传》载,贾后欲废愍怀太子,便命潘岳以太子口吻拟写一封要求晋惠帝"自了"的书信,"草若祷神之文",使醉酒后的太子"依而写之",此信呈上,太子随废。 ⑮倾仄:谓依附。贾、郭:指贾谧、郭彰,均为贾后亲信。 ⑯刚隘:刚愎褊狭。詈:音 lì,骂。台:尚书台,尚书之官署,此谓尚书台之官员。 ⑰孙楚:西晋作家。狠愎:元至正本作"佷(音 hěn)愎",凶狠固执。讼府:谓控告军府。孙楚曾与骠骑将军石苞互相攻击。 ⑱瑕累:玉之斑痕,泛指缺点、毛病。

文既有之,武亦宜然;古之将相,疵咎实多①。至如管仲之盗窃②,吴起之贪淫③,陈平之污点④,绛、灌之谗嫉⑤:沿兹以下,不可胜数。孔光负衡据鼎⑥,而仄媚董贤⑦;况班、马之贱职⑧,潘岳之下位哉?王戎开国上秩⑨,而鬻官嚣俗⑩;况马、杜之磬悬⑪,丁、路之贫薄哉⑫?然子夏无亏于名儒⑬,浚冲不尘乎竹林者⑭,名崇而讥减也。若夫屈、贾之忠贞⑮,邹、枚之机觉⑯,黄香之淳孝⑰,徐干之沉默⑱:岂曰文士,必其玷欤⑲?

[注释]①咎:罪过,过失。 ②管仲:春秋时政治家,相传曾为盗。 ③吴起:春秋时军事家。贪淫:贪财而好色。 ④陈平:西汉开国功臣。污点:《史记·陈丞相世家》载,周勃、灌婴等人曾谓陈平"盗其嫂"。 ⑤绛、灌:指周勃、灌婴,均为汉文帝时丞相。绛:地名(今属山西),周勃赐爵列侯,食邑于绛,故称"绛侯"。谗嫉:谗害嫉妒。 ⑥孔光:字子夏,西汉成帝、哀帝时为丞相。衡:喻权力中枢。鼎:喻重臣之位。 ⑦仄媚:以不正之道讨好奉承。董贤:汉哀帝之男宠。 ⑧班、马:指班固、马融。 ⑨王戎:字浚冲,魏末"竹林七贤"之一,西晋初因功封侯,惠帝时官至司徒、尚书令。上秩:谓高官。 ⑩嚣俗:为世人所喧嚷、叱骂。 ⑪马、杜:指司马相如、杜笃。磬悬:悬挂着的磬,形容空无所有,家徒四壁。磬,古代打击乐器。 ⑫丁、路:指丁仪、路粹。 ⑬名儒:孔光为孔子十四世孙,故称。 ⑭尘:污染。竹林:指魏末"竹林七贤"。 ⑮屈:指屈原。贾:指贾谊。 ⑯邹、枚:指邹阳、枚乘。机觉:机敏警觉。吴王刘濞谋反,邹、枚俱上书以谏,不听而离去。 ⑰黄香:东汉文人。淳孝:犹至孝。 ⑱徐干:字伟长。沉默:犹沉静。曹丕《与吴质书》:"伟长独怀文抱质,恬淡寡欲,有箕山之志,可谓彬彬君子者矣。"箕山,尧时隐士许由隐居之所,后以"箕山之志"谓隐居不仕之节。 ⑲玷:玉之斑点,喻缺点。

盖人禀五材①,修短殊用;自非上哲,难以求备。然将相以位隆特达,文士以职卑多诮②,此江河所以腾涌,涓流所以寸折者也。名之抑扬,既其然矣;位之通塞③,亦有以焉④。

[注释]①五材:即五行,指金、木、水、火、土。 ②诮:责备。 ③通塞:谓顺逆、高低、贵贱。 ④以:原因。

盖士之登庸①,以成务为用②。鲁之敬姜③,妇人之聪明耳,然推其机综④,以方治国;安有丈夫学文,而不达于政事哉?彼扬、马之徒⑤,有文无质,所以终乎下位也。昔庾元规才华清英⑥,勋庸有声⑦,故文艺不称;若非台岳⑧,则正以文才也。文武之术,左右惟宜⑨。郤縠敦《书》⑩,故举为元帅⑪,岂以好文而不练武哉?孙武《兵经》⑫,辞如珠玉,岂以习武而不晓文也?

[注释]①登庸:选拔任用。 ②成务:谓成就事业。 ③敬姜:春秋时鲁相文伯之母。 ④推:推论。机综(音zèng):织机之经纬相成的装置。 ⑤扬、马:指扬雄、司马相如。 ⑥庾元规:名亮,东晋成帝初为中书令,掌握朝政。 ⑦勋庸:功勋。 ⑧台岳:三台四岳,谓权力中枢。三台,星名,喻三公,乃古代中央三种最高官衔的合称。四岳,传为古代四方诸侯之长。 ⑨左右惟宜:谓文武兼备。《诗·小雅·裳裳者华》:"左之左之,君子宜之;右之右之,君子有之。" ⑩郤縠(音hú):春秋时晋国将帅。敦:崇尚,注重。 ⑪举为元帅:郤縠以崇尚《诗》《书》而被举为元帅,事见《左传·僖公二十七年》。 ⑫孙武:春秋时军事家。《兵经》:即《孙子兵法》。

是以"君子藏器"①,"待时而动",发挥事业。固宜蓄素以弸中②,散采以彪外;梗楠其质③,豫章其干④。摛文必在纬军国⑤,负重必在任栋梁;穷则独善以垂文⑥,达则奉时以骋绩:若此文人,应"梓材"之士矣。

[注释]①"君子"二句:《周易·系辞下》:"君子藏器于身,待时而动。"器:才能,能力。 ②"蓄素以弸中"二句:语本《法言·君子》"弸中而彪外"之语。素:原始、根本,谓道德。弸:音 péng,充满。彪:虎纹,喻文采。 ③楩(音 pián)楠:黄楩木与楠木,皆为大木,质地坚密。 ④豫章:枕木与樟木的并称,皆为大木。 ⑤纬:治理。 ⑥"穷则"二句:语本《孟子·尽心上》:"穷则独善其身,达则兼善天下。"

赞曰:瞻彼前修①,有懿文德②。声昭楚南③,采动梁北④。雕而不器⑤,贞干谁则⑥?岂无华身⑦,亦有光国!

[注释]①前修:犹前贤。 ②文德:谓文才和德行。 ③楚南:即南楚,南方的楚国。屈原乃楚国人,贾谊则曾为长沙王太傅。 ④梁北:即北梁,北方的梁国(今河南商丘一带),邹阳、枚乘曾去吴王而投梁孝王。 ⑤雕而不器:谓只有文采而没有实际的才干。 ⑥贞干:支柱、骨干,谓栋梁之材。 ⑦"岂无华身"二句:谓岂能没有斐然的文采呢,那也是国家的光彩啊!

序志第五十

　　夫"文心"者,言为文之用心也。昔涓子《琴心》①,王孙《巧心》②,心哉美矣③,故用之焉。古来文章,以雕缛成体④,岂取驺奭之群言"雕龙"也⑤?

　　[注释]①涓子:齐人,传为得道成仙者,著《琴心》三篇。　②王孙:姓,名不传。《汉书·艺文志》有《王孙子》一篇,一名《巧心》,属儒家。　③矣:《梁书·刘勰传》引作"矣夫"。　④雕缛:雕镂彩饰,谓精雕细琢而使文辞优美,犹雕龙。　⑤驺奭(音 shì):战国时齐国学者。群言"雕龙":《史记·孟子荀卿列传》载,齐人称颂驺奭为"雕龙奭"。

　　夫宇宙绵邈①,黎献纷杂②;拔萃出类③,智术而已④。岁月飘忽,性灵不居⑤;腾声飞实⑥,制作而已⑦。夫有肖貌天地⑧,禀性五才,拟耳目于日月⑨,方声气乎风雷:其超出万物,亦已灵矣。形同草木之脆⑩,名逾金石之坚,是以君子处世,树德建言⑪。岂好辩哉⑫?不得已也。

　　[注释]①宇宙:谓天地。四方上下曰宇,古往今来曰宙。绵邈:长久,遥远。　②黎:民众,百姓。献:贤者。　③拔萃:谓出众。《孟子·公孙丑上》:"出乎其类,拔乎其萃。"　④智术:才智与计谋。　⑤性灵:聪明才智,此谓人

的生命。 ⑥腾声:谓传扬名声。飞实:谓流传业绩。 ⑦制做:创作,写作。 ⑧有:《梁书·刘勰传》引文无此字。"肖貌天地"二句:肖貌:相像、貌似。禀性:谓天赋的品性资质。五才:即五行。《汉书·刑法志》:"夫人宵天地之貌,怀五常之性。"宵,通"肖"。五常,即五行。 ⑨"拟耳目"二句:《淮南子·精神训》:"是故耳目者,日月也;血气者,风雨也。" ⑩同:《梁书·刘勰传》引作"甚"。 ⑪树德建言:《左传·襄公二十四年》:"太上有立德,其次有立功,其次有立言:虽久不废,此之谓不朽。" ⑫"岂好辩"二句:《孟子·滕文公下》:"予岂好辩哉,予不得已也。"

予生七龄,乃梦彩云若锦,则攀而采之。齿在逾立①,则尝夜梦执丹漆之礼器②,随仲尼而南行③;旦而寤④,乃怡然而喜:大哉,圣人之难见哉⑤,乃小子之垂梦欤!

[注释]①逾立:过了三十岁。《论语·为政》:"三十而立。" ②礼器:祭器。 ③仲尼:孔子之字。 ④寤:音 wù,醒。 ⑤哉:《梁书·刘勰传》引作"也"。

自生人以来①,未有如夫子者也。敷赞圣旨②,莫若注经;而马、郑诸儒③,弘之已精④,就有深解,未足立家。唯文章之用,实经典枝条⑤。五礼资之以成⑥,六典因之致用⑦;君臣所以炳焕⑧,军国所以昭明:详其本源,莫非经典。而去圣久远,文体解散⑨。辞人爱奇⑩,言贵浮诡⑪;饰羽尚画⑫,文绣鞶帨⑬:离本弥甚,将遂讹滥⑭。盖《周书》论辞⑮,贵乎"体要";尼父陈训⑯,恶乎"异端":辞、训之"异"⑰,宜体于要。于是搦笔和墨,乃始论文。

[注释]①"自生人"二句:《孟子·公孙丑上》:"自生民以来,未有夫子也。"杨明照《文心雕龙校注》:"'人'当作'民'。" ②敷赞:陈述阐明。

③马：指马融，曾遍注群经。郑：指郑玄，曾师事马融，亦遍注群经，成为东汉末年经学大师。　④弘：光大。　⑤枝条：喻分支、支派。　⑥五礼：古代用于祭丧朝觐等的五种礼制，即吉礼、凶礼、宾礼、军礼、嘉礼。　⑦六典：古代安邦治国之六种法典，包括治典、教典、礼典、政典、刑典、事典。　⑧炳焕：显明。　⑨文体解散：指文章体制败坏。　⑩辞人：辞赋家，泛指作家。　⑪浮诡：谓虚华怪异。　⑫饰羽尚画：谓彩饰羽毛，喻刻意追求文采。《庄子·列御寇》："仲尼方且饰羽而画，从事华辞。"　⑬文绣鞶（音pán）帨（音shuì）：刺绣腰带和佩巾，喻过分雕饰辞采。《法言·寡见》："今之学也，非独为之华藻也，又从而绣其鞶帨。"　⑭讹滥：谓怪异虚妄。　⑮"《周书》论辞"二句：《尚书·周书·毕命》："辞尚体要，不惟好异。"体要：谓切实而简要。　⑯"尼父陈训"二句：《论语·为政》："子曰：攻乎异端，斯害也已。"尼父，指孔子。　⑰"辞训之异"二句：谓《周书》和孔子均言及"怪异"的问题，正说明文章应该以切实简要为根本。

　　详观近代之论文者，多矣。至于魏文述典①，陈思序书②，应玚《文论》③，陆机《文赋》，仲洽《流别》④，宏范《翰林》⑤：各照隅隙⑥，鲜观衢路⑦。或臧否当时之才⑧，或铨品前修之文⑨；或泛举雅俗之旨，或撮题篇章之意⑩。魏典密而不周，陈书辩而无当；应论华而疏略，陆赋巧而碎乱；《流别》精而少巧⑪，《翰林》浅而寡要。又君山、公干之徒⑫，吉甫、士龙之辈⑬，泛议文意，"往往间出"⑭：并未能振叶以寻根，观澜而索源；不述先哲之诰⑮，无益后生之虑。

　　[注释]①于：《梁书·刘勰传》引作"如"。魏文：指曹丕，著有《典论》，仅存《论文》、《自序》等篇。　②陈思：指曹植，有《与杨德祖书》。杨德祖，名修，东汉末作家。　③《文论》：应玚有《文质论》一篇，虽并非专论文章，但论述颇为华丽，或即刘勰所指。　④仲洽：王惟俭《文心雕龙训故》作"仲治"，

挚虞之字。《流别》:挚虞有《文章流别集》,乃文章分类选集,其于所选文体各为之论,称《文章流别论》。 ⑤宏范:李充之字,东晋学者,有《翰林论》。 ⑥各照隅隙:语本《淮南子·说山训》"受光于隙,照一隅",谓只论及次要方面。 ⑦衢:大路。 ⑧臧否(音 pǐ):品评,褒贬。 ⑨铨品:衡量品评。 ⑩撮题:概括提要。 ⑪巧:《梁书·刘勰传》引作"功",谓功用。 ⑫君山:桓谭之字。公干:刘桢之字,其论文之作已佚,《风骨》、《定势》诸篇有所征引。 ⑬吉甫:应贞之字,西晋学者,其论文之作已佚。士龙:陆云之字,有《与兄平原书》三十五篇。 ⑭往往间出:语出《史记·太史公自序》,此谓偶有可取之说。 ⑮诰:告诫。

盖《文心》之作也,本乎道①,师乎圣,体乎经②,酌乎纬③,变乎骚④;文之枢纽⑤,亦云极矣。若乃论文叙笔⑥,则囿别区分⑦:原始以表末⑧,释名以章义⑨,选文以定篇⑩,敷理以举统⑪。上篇以上,纲领明矣。

[注释]①道:天地自然之运行规律和法则。 ②体乎经:以经典为主体。 ③酌:择善而取。 ④变乎骚:以离骚为变体。 ⑤"文之枢纽"二句:谓文章的关键问题,也就是这些了。 ⑥论文叙笔:指从《明诗》至《书记》的二十篇。文,谓有韵的文体。笔,谓无韵的文体。 ⑦囿别区分:谓分为几个方面。 ⑧原始以表末:犹"原始要终",即探究各体文章发展的始末。 ⑨章:显示,表明。 ⑩选文以定篇:谓选取各体文章的代表作品而予以评定。 ⑪敷理以举统:谓概括各体文章的写作之理并总结共同的为文之道。

至于割情析采①,笼圈条贯②:摘神、性③,图风、势④,苞会、通⑤,阅声、字⑥。崇替于《时序》⑦,褒贬于《才略》,怊怅于《知音》⑧,耿介于《程器》⑨。长怀《序志》⑩,以驭群篇。下篇以下,毛目显矣⑪。位理定名,彰乎大《易》之数⑫:其为文用,四十九篇而已。

[注释]①割:元至正本作"剖"。剖情析采:指从《神思》至《总术》的十九篇。 ②笼圈:包举,概括。条贯:条理,系统。 ③神、性:指《神思》、《体性》。 ④图:谓探讨。风、势:指《风骨》、《定势》。 ⑤苞:汇聚。会、通:指《附会》、《通变》。 ⑥声、字:指《声律》、《练字》。 ⑦崇替:盛衰兴亡。 ⑧怊怅:犹惆怅。 ⑨耿介:谓正直不阿。 ⑩长怀:谓遐思抒怀。 ⑪毛目:谓细目。 ⑫"大《易》之数"三句:《周易·系辞上》:"大衍之数五十,其用四十有九。"衍,推演,即算卦。大衍之数五十:金景芳《易通》:"当作'大衍之数五十有五'。"这一说法得到现代易学家的肯定,盖以《系辞上》之说为据:"天数五,地数五,五位相得各有合。天数二十有五,地数三十,凡天地之数五十有五。"《周易》以一三五七九为"天数",相加为二十五;以二四六八十为地数,相加为三十。算卦之时,备蓍草五十五策,但只用四十九策,其余六策象征六爻之数。故刘勰所谓"彰乎大《易》之数"云云,未必是说《文心雕龙》全书五十篇符合"大衍之数",而主要是说"其为文用,四十九篇而已",即除《序志》为全书序言外,论文部分共有四十九篇。

夫铨序一文为易①,弥纶群言为难②。虽复轻采毛发③,深极骨髓;或有曲意密源④,似近而远:辞所不载,亦不胜数矣。及其品列成文⑤,有同乎旧谈者,非雷同也,势自不可异也;有异乎前论者,非苟异也⑥,理自不可同也。同之与异,不屑古今⑦;"擘肌分理"⑧,唯务折衷⑨。按辔文雅之场⑩,环络藻绘之府⑪,亦几乎备矣。但"言不尽意"⑫,圣人所难;识在瓶管⑬,何能矩蠖⑭?茫茫往代,既沉予闻⑮;眇眇来世⑯,倘尘彼观也⑰。

[注释]①铨序:衡量论述。 ②弥纶:综括、贯通。 ③"虽复"二句:犹牵一发而动全身,谓即使所论属于细枝末节,也可能牵涉根本性的问题。 ④曲意密源:谓曲折深藏之理。 ⑤品列:《梁书·刘勰传》引作"品评"。 ⑥苟:随便,不审慎。 ⑦不屑:不介意,不顾。 ⑧擘肌分理:语出张衡《西

京赋》,谓进行精密分析。擘,音 bò,分剖。 ⑨折衷:即折中,取正。 ⑩按辔:犹驾御。文雅之场:谓文坛。 ⑪环络:犹按辔。络,马笼头。藻绘之府:犹文坛。 ⑫言不尽意:语出《周易·系辞上》。 ⑬瓶管:喻狭窄、短浅。 ⑭矩矱(音 yuē):谓定为法度,以为法式。 ⑮沉:《梁书·刘勰传》引作"洗"。 ⑯眇眇:远望貌。 ⑰尘:污染,与"洗"相对,乃自谦之词。

赞曰:"生也有涯"①,无涯惟智。逐物实难②,凭性良易③。傲岸泉石④,咀嚼文义。文果载心,余心有寄。

[注释]①"生也有涯"二句:《庄子·养生主》:"吾生也有涯,而知也无涯。"知,同"智"。 ②逐物:谓追逐世俗的名利。 ③性:天性,本性。 ④傲岸:高傲。泉石:谓山水。

参考文献

黄叔琳:《文心雕龙辑注》,北京:中华书局,1957年版。
范文澜:《文心雕龙注》,北京:人民文学出版社,1958年版。
黄侃:《文心雕龙札记》,北京:中华书局,1962年版。
刘永济:《文心雕龙校释》,北京:中华书局,1962年版。
王利器:《文心雕龙校证》,上海:上海古籍出版社,1980年版。
周振甫:《文心雕龙注释》,北京:人民文学出版社,1981年版。
陆侃如、牟世金:《文心雕龙译注》,济南:齐鲁书社,1981、1982年版。
詹锳:《文心雕龙的风格学》,北京:人民文学出版社,1982年版。
李曰刚:《文心雕龙斠诠》,台北:中华丛书编审委员会,1982年版。
牟世金:《雕龙集》,北京:中国社会科学出版社,1983年版。
张文勋:《刘勰的文学史论》,北京:人民文学出版社,1984年版。
王礼卿:《文心雕龙通解》,台北:黎明文化公司,1986年版。
冯春田:《文心雕龙释义》,济南:山东教育出版社,1986年版。
周振甫:《文心雕龙今译》,北京:中华书局,1986年版。
涂光社:《文心十论》,沈阳:春风文艺出版社,1986年版。
张少康:《文心雕龙新探》,济南:齐鲁书社,1987年版。
牟世金:《刘勰年谱汇考》,成都:巴蜀书社,1988年年版。
詹锳:《文心雕龙义证》,上海:上海古籍出版社,1989年版。

李庆甲:《文心识隅集》,上海:上海古籍出版社,1989年版。

冯春田:《文心雕龙语词通释》,济南:明天出版社,1990年版。

林其锬、陈凤金:《敦煌遗书文心雕龙残卷集校》,上海:上海书店出版社,1991年版。

户田浩晓:《文心雕龙研究》,上海:上海古籍出版社,1992年版。

王元化:《文心雕龙讲疏》,上海:上海古籍出版社,1992年版。

祖保泉:《文心雕龙解说》,合肥:安徽教育出版社,1993年版。

牟世金:《雕龙后集》,济南:山东大学出版社,1993年版。

牟世金:《文心雕龙研究》,北京:人民出版社,1995年版。

杨明照主编:《文心雕龙学综览》,上海:上海书店出版社,1995年版。

张灯:《文心雕龙辨疑》,贵阳:贵州人民出版社,1995年版。

周振甫主编:《文心雕龙辞典》,北京:中华书局,1996年版。

寇效信:《文心雕龙美学范畴研究》,西安:陕西人民出版社,1997年版。

詹福瑞:《中古文学理论范畴》,保定:河北大学出版社,1997年版。

刘师培:《中古文学论著三种》,沈阳:辽宁教育出版社,1997年版。

王运熙、周锋:《文心雕龙译注》,上海:上海古籍出版社,1998年版。

刘文忠:《中古文学与文论研究》,北京:学苑出版社,2000年版。

杨明照:《增订文心雕龙校注》,北京:中华书局,2000年版。

张光年:《骈体语译文心雕龙》,上海:上海书店出版社,2001年版。

杨明照:《文心雕龙校注拾遗补正》,南京:江苏古籍出版社,2001年版。

石家宜:《〈文心雕龙〉系统观》,南京:江苏古籍出版社,2001年版。

张文勋:《文心雕龙研究史》,昆明:云南大学出版社,2001年版。

张少康、汪春泓、陈允锋、陶礼天:《文心雕龙研究史》,北京:北京大学出版社,2001年版。

吴林伯:《〈文心雕龙〉义疏》,武汉:武汉大学出版社,2002年版。

林其锬、陈凤金:《文心雕龙集校合编》,台南:暨南出版社,2002年版。

穆克宏:《文心雕龙研究》,福州:鹭江出版社,2002年版。

张灯:《文心雕龙新注新译》,贵阳:贵州教育出版社,2003年版。

周绍恒:《文心雕龙散论及其它(增订本)》,北京:学苑出版社,2004年版。

中国文心雕龙学会等:《〈文心雕龙〉资料丛书》,北京:学苑出版社,2004年版。

王运熙:《文心雕龙探索(增补本)》,上海:上海古籍出版社,2005年版。

戚良德:《文论巨典:〈文心雕龙〉与中国文化》,开封:河南大学出版社,2005年版。

黄霖编:《文心雕龙汇评》,上海:上海古籍出版社,2005年版。

戚良德编:《文心雕龙学分类索引》,上海:上海古籍出版社,2005年版。

近期国学读物要目

国学新读本

诗经　梁锡锋　注说
论语　臧知非　注说
尚书　姜建设　注说
国语　曹建国　张玖青　注说
孔子家语　杨朝明　注说
山海经　郑慧生　注说
墨子　苏凤捷　程梅花　注说
孟子　何晓明　周春健　注说
庄子　曹础基　注说
荀子　杨朝明　注说
韩非子　赵沛　注说
孙子兵法　赵国华　注说
楚辞　李中华　邹福清　注说
潜夫论　王健　注说
文心雕龙　戚良德　注说
商君书　徐莹　注说
战国策　张彦修　注说
淮南子　杨有礼　注说
老子　曹峰　注说
礼记　杨天宇　注说
吕氏春秋　张福祥　注说
世说新语　赵成林　陈艳　注说
史通　李振宏　注说
春秋繁露　曾振宇　注说

百年河大国学旧著新刊

河洛方言诠诂　王广庆　著
三统历表　邵瑞彭　著
中国戏剧概论　卢前　著
晚明思想史论　嵇文甫　著
论语新探　赵纪彬　著

天问研究　孙作云　著
汉魏六朝文学史　李嘉言　著
金艺文志　金登科记考　万曼　著
唐集叙录　万曼　著
中国文学史新编　张长弓　著
汉碑集释　高文　著
袁中郎研究　任访秋　著
东夷杂考　李白凤　著
宋会要辑稿考校　王云海　著
长江集新校　李嘉言　著
高适岑参选集　高文　王刘纯　选著
花间集注　华锺彦　著
庆湖遗老诗集校注　王梦隐　著
曾瑞散曲集校注　李春祥　著
辛弃疾选集　佟培基　选著

于安澜书画学四种
画论丛刊
画史丛书
画品丛书
书学名著选

元典文化丛书
中华第一经——《周易》与中国文化　宋会群　苗雪兰　著
教化百科——《诗经》与中国文化　孙克强　张小平　著
经国治民之典——《周礼》与中国文化　郝铁川　著
哲人的智慧——《老子》与中国文化　高秀昌　龚力　著
圣人箴言录——《论语》与中国文化　李振宏　著
武学圣典——《孙子兵法》与中国文化　龚留柱　著
亚圣思辨录——《孟子》与中国文化　何晓明　著
逍遥之祖——《庄子》与中国文化　白本松　王利锁　著
外王之学——《荀子》与中国文化　张曙光　著
中国帝王术——《韩非子》与中国文化　王宏斌　著
史家绝唱——《史记》与中国文化　邓鸿光　著
诸经总龟——《春秋》与中国文化　涂文学　周德钧　著
管理宝典——《管子》与中国文化　袁闿　著
纵横家书——《战国策》与中国文化　张彦修　著
人仙之间——《抱朴子》与中国文化　徐仪明　冷天吉　著

医学圣典——《黄帝内经》与中国文化　王庆宪　梁晓珍　著
礼乐渊薮——《礼记》与中国文化　黄宛峰　著
词章之祖——《楚辞》与中国文化　李中华　著
星学宝典——《历书天官书》与中国文化　郑慧生　著
天人衡中——《春秋繁露》与中国文化　曾振宇　范学辉　著
王政全书——《吕氏春秋》与中国文化　张富祥　著
神话之源——《山海经》与中国文化　高有鹏　孟芳　著
新道鸿烈——《淮南子》与中国文化　杨有礼　著
史家龟鉴——《史通》与中国文化　曾凡英　著
政事纲纪——《尚书》与中国文化　姜建设　著
春秋弦歌——《左传》与中国文化　龚留柱　著
平民理想——《墨子》与中国文化　苏凤捷　程梅花　著
人伦本原——《孝经》与中国文化　臧知非　著
法典之王——《唐律疏议》与中国文化　徐永康　吉霁光　郑取　著
文论巨典——《文心雕龙》与中国文化　戚良德　著

宋代研究丛书

北宋诗学　张海鸥　著
宋代东京研究　周宝珠　著
宋代地域经济　程民生　著
宋代监察制度　贾玉英　著
宋代官员选任和管理制度　苗书梅　著
宋代地域文化　程民生　著
宋代文学通论　王水照　主编
宋代司法制度　王云海　主编
宋代教育　苗春德　主编
清明上河图与清明上河学　周宝珠　著
宋代文化史　姚瀛艇　主编
黄庭坚与宋代文化　杨庆存　著
宋代交通管理制度研究　曹家齐　著
岳飞和南宋前期政治与军事研究　王曾瑜　著
成圣之道——北宋二程修养工夫论之研究　温伟耀　著
宋代绘画研究　邓乔彬　著

汉语史专书语法研究丛书

《三朝北盟会编》语法研究　刁晏斌　著
《荀子》虚词研究　黄珊　著
《晏子春秋》词类研究　姚振武　著

《聊斋俚曲》语法研究　冯春田　著
《孟子》词类研究　崔立斌　著
《朱子语类辑略》语法研究　吴福祥　著
敦煌变文12种语法研究　吴福祥　著
《吕氏春秋》句法研究　殷国光　著
《尚书》语法论稿　钱宗武　著
《左传》语法研究　何乐士　著
《元典章·刑部》语法研究　李崇兴　祖生利　著
汉语语法史断代专书比较研究　何乐士　著

图书在版编目（CIP）数据

文心雕龙/刘勰著；戚良德注说.—开封：河南大学出版社，2008.3(2015.1重印)
（国学新读本）
ISBN 978-7-81091-739-1

Ⅰ.文… Ⅱ.①刘… ②戚… Ⅲ.①文学理论—中国—南朝时代 ②文心雕龙—注释 Ⅳ.I206.2

中国版本图书馆CIP数据核字（2008）第002876号

责任编辑	朱建伟
封面设计	马　龙

出版发行	河南大学出版社
	地址：河南省开封市明伦街85号　邮编：475001
	电话：0371—22825003(营销部)　网址：www.hupress.com
排　版	河南第一新华印刷厂
印　刷	开封智圣印务有限公司
版　次	2008年3月第1版　印　次　2015年1月第2次印刷
开　本	650mm×960mm　1/16　印　张　23
字　数	289千字　印　数　2001—3000册
定　价	41.00元

（本书如有印装质量问题请与河南大学出版社营销部联系调换）